KB000996

영어 논문 · 논술 · 에세이 대비

영어상식사전

영어 상식 사전

지은이 이윤재 · 이종준
펴낸이 임상진
펴낸곳 (주)넥서스

초판 1쇄 발행 2009년 6월 15일
초판 4쇄 발행 2009년 7월 25일

2판 1쇄 인쇄 2016년 10월 1일
2판 1쇄 발행 2016년 10월 5일

출판신고 1992년 4월 3일 제311-2002-2호
10880 경기도 파주시 지목로 5
Tel (02)330-5500 Fax (02)330-5555

ISBN 979-11-5752-925-4 93740

본 책은『영어 에세이 상식사전』의
개정판입니다.

www.nexusbook.com

영어 논문 · 논술 · 에세이 대비

영어상식사전

이윤재 · 이종준 지음

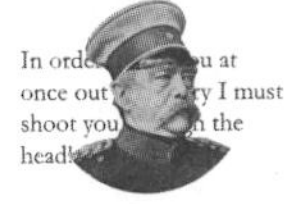

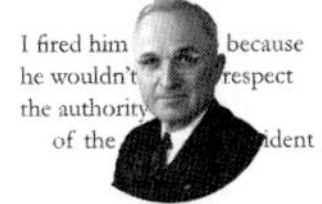

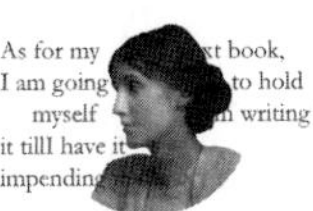

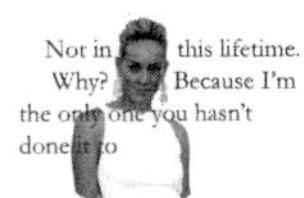

넥서스

추천의 말

● **감수 | 조숙희** 중앙대학교 영어영문학 학사
중앙대학교대학원 영어영문학 석사
미국 오하이오 주립대학교 대학원 영문학 석·박사
(현) 중앙대학교 문과대 영어영문학과 교수

이윤재 선생님은 제가 알고 있는 어느 분보다도 영어에 대해 많은 지식을 가지신 실력가이십니다. 이는 선생님께서 영어에 대한 식을 줄 모르는 열정을 갖고 평생 동안 끊임없이 연구를 계속하시면서 쌓은 소중한 결과입니다. 선생님의 영어에 대한 깊은 지식과 그 쓰임에 대한 해박함은 오히려 학문적으로 영어영문학을 전공하고 가르치는 제도권 속의 학자나 교수들을 능가하고 있다고 해도 과언이 아닙니다.

이번에 새로 내시는 책의 원고를 출판사에 넘기시기 직전에 보내 주셔서 제일 먼저 읽어보는 영광을 갖게 되었습니다. 책의 내용이 좋고 실속이 있어 읽으면서 감탄을 금치 못한 대목이 수없이 많았습니다. 이 책은 고품격 영어를 구사하기 위해서 꼭 알아두어야 할 수사법적인 영어 표현들을 집대성한 것입니다. 선생님께서 항상 지향하시는 바와 같이 영어로 의사소통을 성공적으로 하려면 문법과 어휘 실력만 가지고는 충분하지 않습니다. 흔히 하는 말로 2%가 부족합니다.

그 부족한 부분을 채워주는 것이 바로 수사법적인 표현들입니다. 재치 있는 표현, 대구어법, 모순어법, 독설, 동음이의어(同音異議語)가 갖는 익살 등 여러 가지 다양한 표현들을 배우고 익혀서 적재적소에 사용할 수 있을 때, 비로소 품격 높은 영어 실력을 갖추었다고 말할 수 있을 것입니다. 이러한 수사법적인 표현들은 뛰어난 영어 실력을 필요로 함은 물론이고 문학작품, 명연설, 신문기사 등 그야말로 "영어의 바다"를 속속들이 연구하고 탐구한 후에야 비로소 자연스럽게 사용할 수 있습니다.

이 책은 이윤재 선생님께서 오랜 세월을 거쳐 습득하신 영어의 수사학적인 표현들을 아주 편하고 효과적으로 배울 수 있게 정리한 것입니다. 영어가 모국어가 아닌 외국인이 영어 속에 녹아 있는 미묘한 뉘앙스와 고차원적인 표현을 마스터하기란 정말 어려운 일인데, 그 과정을 다 거치시고 이처럼 일반인들이 쉽게 익힐 수 있도록 알찬 한 권의 책으로 엮어 주신 이윤재 선생님께 깊은 경의를 표하는 바입니다. 이에 품격 높은 영어를 구사하기를 원하는 독자 여러분께 아주 기쁜 마음으로 이 책을 권해 드립니다.

들어가는 말 _하나

● 대학 입시를 위해 논술 공부를 하면서 여러 가지 방법을 시도해 보았다. 그중 가장 효과적이었던 방법은 잘 쓴 사람의 글을 베껴 써보는 것이었다. 내 생각은 전혀 집어넣지 않은 채 마치 받아쓰기를 하는 것처럼 남의 글을 베껴 쓰는 일이 그리 유쾌하지만은 않았지만, 쓰고 난 다음에 후회를 해본 적은 한 번도 없었다. 신예 작가들도 글쓰기 연습을 위해서 좋은 문학작품을 통째로 베껴 쓰는 연습을 적잖이 한다고들 한다.

내용만 통하면 되지 굳이 똑같이 따라 쓰는 것이 무슨 소용이 있느냐는 반문이 나올 만하다. 하지만 토씨 하나도 바꾸지 않은 채 문장들을 베껴 쓰다 보면, 글쓴이의 생각을 적확하게 이해할 수 있고 이를 통해 글 전체를 유기적으로 완벽하게 이해할 수 있다. 더구나 좋은 글이라고 검증된 글은 같은 내용도 훨씬 매끄럽고 품위 있게 서술하기 때문에 문장 연습을 위해서 충분히 베껴 쓸 만한 가치가 있다.

'아' 다르고 '어' 다른 언어의 특성은 비단 한국어에만 해당되지 않는다. 오히려 외국어를 배우는 사람들에게 더욱 필요한 방법이다. 영어를 공부하면서 동의어(synonym), 반의어(antonym)를 낑낑대며 외운 경험이 있다. 한 가지 뜻에 대해 서너 가지, 많게는 예닐곱 가지의 동의어와 그에 따른 반의어를 모두 알고 있다고 할지라도 실제로 영작을 할 때는 어떤 단어를 써야 할지 막막한 경우가 생긴다.

단어의 문제에서 그친다면 다행이다. 문법을 열심히 공부하여 여러 가지 문장 구조를 알고 있다 하더라도, 각 대목에서 어떤 구조를 사용해야 하는지 결정하는 일은 결코 쉬운 일이 아니다. 나름대로 고민하면서 작문을 한 후에 영어를 모국어로 하는 외국인 교수에게 글을 보여주었을 때, 단번에 어색하다며 몇몇 문장을 지적받은 씁쓸한 기억이 있다. 그런데 영어를 외국어로 배우는 사람들이 숙명적으로 가질 수밖에 없는 한계라고 치부하고 '영어 다듬기'를 포기하는 것은 금물이다. 다듬어지지 않은 문장은 깊은 의미를 전달하기는커녕 본래의 의도마저도 왜곡시킬 수 있는 위험성이 있기 때문이다. 좋은 영어 문장들을 접하고 익히는 작업이 매우 중요하다. 이를 통해 점차 '외국어 같은' 영어를 '영어다운' 영어로 다듬어 나갈 수 있기 때문이다.

이 저술에는 인류 역사를 통한 명문장가(wordsmith)에 의해서 태어난 걸출한 문장들로 꽉 차 있다. 단어 하나를 통해, 또는 그 단어의 배열을 통해, 재치 있게 변화하는 영어 문장들을 읽고 느끼는 것만으로도 꽤나 큰 감각적 충격이 될 것이라고 생각한다. 뿐만 아니라 이 책의 유익하고 다양하고 흥미진진한 예문은 읽는 맛이 어지간함은 물론 상식과 교양도 증진시켜 주어 얻는 바가 쏠쏠할 것이라고 확신한다.

이 책을 통하여 문장들을 베껴 써보거나 곱씹어보는 수고를 아끼지 않는다면 매끄러운 영어 실력으로 승화될 수 있을 것이다. Writing을 잘하려면 처음부터 Writing을 연습하기보다는 많은 책을 Reading하는 Reading for Writing을 해야 한다. 남의 글을 분석적으로 읽어보는 것이 글을 쓰는 데 효과가 있다. Wisdom Quotes Site(명언 인용 사이트)도 도움이 되니 참고하기 바란다.

이종준

들어가는 말 _둘

● Correct English(정확한 영어), Passable English(소통 가능한 영어), Proper English(상황에 걸맞은 영어), Safe English(안전한 영어), Fluent English(거침없는 영어), Decent English(점잖은 영어), Proficient English(숙달된 영어), Authentic English(검증된 영어), Intelligible English(알아들을 수 있는 영어), More English like English(보다 영어다운 영어)를 추구하는 것이 영어를 배우는 사람 누구나의 소망이다.

거기로 가는 지름길은 없을까? '학문에는 왕도가 없다'는 말이 옳다고 우길 수도 없고, '학문에는 왕도가 있다'는 말이 옳다고 우길 수도 없다. 지리산은 전라북도 · 전라남도 · 경상남도에 걸쳐 있다. 최고봉에 이르는 길이 어찌 하나뿐이랴? 처한 입장에 따라 방법을 찾아야 한다. 필자는 화법(話法 말하는 방법)과 영어를 동시에 배울 수 없을까를 고민하다가 이 책을 내게 되었다. 이 두 가지를 동시에 해결할 수 있다면 영어 학습은 물론 실생활 응용을 아우르는 시너지 효과도 자못 클 것이라고 생각했기 때문이다.

수사학은 그리스 · 로마에서 정치 연설이나 법정 변론을 위한 화법 연구에서 비롯됐다. 그리스의 아리스토텔레스(Aristoteles)에 따르면 수사학은 남을 설득하는 기술이다. 그 후 로마의 키케로Cicero)를 거쳐 웅변술보다는 전인교육의 기초로서 중세에 크게 발달하였다. 시인(poet), 작가(writer), 웅변가(orator), 금언작가(aphorist), 언어술사(wordsmith), 수사학자(rhetorician)가 펼치는 명문장(felicity)은 그들 정신세계의 결정체다. 그들은 논리적 사고력, 치밀한 분석력, 날카로운 통찰력을 가진 언어전략가(language strategist)다.

그들의 wording power(의사를 전달하는 능력)를 통하여 오늘을 살아가는 지혜를 얻는 것은 덤이다. 그들의 말과 글은 서로 양립할 수 없는 대립을 통합으로 승화시키는 능력을 가졌을 뿐만 아니라, 부정을 긍정으로 바꾸어 버리는 역설적인 교훈을 준다. 그들을 통하여 '자살'을 '살자'로, '위기'를 '기회'로, '부정'을 '긍정'으로, nowhere(아무 데도 없다)를 now here(지금 여기에 있다)로, Impossible(불가능한)을 possible(가능한)로 바꿔 버리는 연금(鍊金)능력을 얻는다. 영국 소설가 · 시인 키플링(Rudyard Kipling 1865~1936)은 Words are, of course, the most powerful drug used by mankind(말은 인류가 사용하는 가장 강력한 마약이다)라고 말한 바 있다.

수사학의 대가이자 고전 라틴 산문의 창조자였던 키케로(Cicero)의 문체는 도도하게 흐르는 대하에 비유된다. 그러나 그는 어떤 저술에 대해서도 독창성을 주장하지 않았다. 그는 "나의 책들은 남의 생각을 베낀 사본이다"고 말했다. 로마에 일종의 철학백과사전을 제공하는 것이 그의 목적이었다. 키케로의 이 말을 흉내 내어 필자 또한 "이 졸저(拙著)는 남의 글과 말을 베낀 사본이다"고 말하고자 한다.

I'm not a very good writer, but I'm an excellent rewriter(나는 그다지 뛰어난 작가가 아니다. 다만 고쳐 쓰는 일에 뛰어난 작가일 뿐이다)라는 미케너(Michener)의 말이 생각난다. 재주가 없으니 몸이 고달플 수밖에 없다. 마치 1,000개의 가시가 전신에 꽂혀 있는 것 같다. 가시가 있기에 장미꽃이 아름다운 거 아닌가라는 생각도 해보지만 '글을 짜는 일'은 허업(虛業)이나 역(逆)클라이맥스로 끝나기 십상이다. philosopher가 되는 일만 남았다. 이 단어에는 '달관한 사람', '체념(resignation)을 빨리 하는 사람'이라는 의미도 있기 때문이다.

처음부터 끝까지 감수하여 주신 중앙대학교 조숙희 교수님께 감사드린다. 집필 과정에서부터 많은 도움을 주신 넥서스 외국어부문 직원들과 공들여 편집하여 주신 김정한 선생님께 감사드린다. 공동 집필한 아들 이종준에 대하여 뿌듯하고 흐뭇하게 생각한다. 집필만을 할 수 있도록 환경을 마련해준 '집에 있는 사람' 신순이, 항상 젊은 감각을 불어넣어 준 딸 이어진에게 고마움을 표한다.

이윤재

차례

PART I

01 재치즉답 *Repartee*

02 모순어법 *Oxymoron*

PART Ⅱ

03 대구어법 *Parallelism*

04 대구어법 관용별

05 교차대구어법 *Chiasmus*

06 교차대구어법 내용별

07 교차대구어법 인물별

PART Ⅲ

PART IV

PART V

19 오웰의 언어 *Orwellian Language*

20 오스카 와일드 언어 해독

ARE THREE KINDS OF LIES: LIES, DAMNED LIES, AND STATISTICS."
AFTER ALL, FACTS ARE FACTS, AND ALTHOUGH WE MAY QUOTE ONE TO ANOTHER WITH A CHUCKLE THE
THE SIMPLEST
CANNOT

PART I

01 재치즉답 *Repartee*

많은 학자들은 다른 동물과 비교하여 인간의 특징을 규정하면서 인간을 호모 로퀜스(Homo loquens 언어적 인간)라고도 하고, 이를 더 심화시킨 개념으로 호모 그라마티쿠스(Homo grammaticus 문법적 인간)라고도 한다. 따라서 수사학(修辭學 rhetoric)의 생성은 당연한 것이었다. 수사학은 그리스 · 로마에서 정치 연설이나 법정 변론을 위한 화법 연구에서 비롯됐다. 그리스의 아리스토텔레스(Aristoteles)에 따르면 수사학은 남을 설득하는 기술이었다. 그 후 로마의 키케로(Cicero)를 거쳐 웅변술보다는 전인 교육의 기초로서 중세에 크게 발달하였다. 말의 개념도 인간의 감정만큼이나 다양하다.

■ 이런 말 & 저런 말

clincher	결정적인 간결한 표현
repartee	재치 있는 즉답(a swift and witty reply)
moving speech	심금을 울리는 연설
attracting word	마음을 사로잡는 말
words that work	먹히는 말
what people hear	사람들에게 솔깃한 말
words good to listen to	듣기에 좋은 말
black humor	냉소적이고 우울한 유머
sick sense of humor	상대를 기분 나쁘게 하는 유머 감각
animating sense of humor	상대를 고무하는 유머 감각
blasphemy	신성모독 · 벌받을 소리
bad words	나쁜 말
good words	좋은 말
malediction	악담 · 중상 · 비방
benediction	기도 · 축복
aspiration language	소망 · 언어
insult	모욕 (의학용어 '손상' (brain insult [damage] 뇌 손상)
satire	풍자 (사회 제도 등에 대한 비꼼)
sarcasm	개인을 비꼬는 말, 그리스어로 '살을 찢다'란 의미
innuendo	풍자 · 비꼼 (라틴어로 'by hinting(넌지시)'이란 의미)
reproach	비방

acrimony	호된 말 · 표독스러운 말 · 신랄한 말
vituperation	독설 · 혹평
quibble · quirk	핑계 · 변명 · 둔사(遁 숨을 둔 辭 말씀 사)
curmudgeon comment	인색한 비평 · 심술궂은 비평
insinuation · intimation	암시 · 넌지시 비춤(hint)
a slip of the tongue	말실수 · 헛나간 말
gaffe	특히 사교나 외교상의 실언(프랑스어)

■ Repartee: 재치 있는 즉답(a swift and witty reply)

The American Heritage®Dictionary of the English Language에 따르면, repartee는 1635~1645년에 생긴 말로 프랑스어 repartie에서 비롯됐다. 영어의 to retort(말대꾸하는 것)에 해당한다. 어원은 라틴어 re(= again 다시) + partre(= to part 나가는 것)다.

비교		
	retort	말대꾸
	refutation	논박(論駁)
	tit for tat	오는 말에 가는 말 · 맞받아치기
	put-down	상대를 납작하게 하는 말

■ a Roland for an Oliver

Roland와 그의 벗 Oliver는 샤를마뉴(Charlemagne) 대제(大帝)(서로마제국 황제 742~814) 휘하의 용사였다. a Roland for an Oliver는 '막상막하', '백중(伯仲)', '대갚음', '되쏘아붙이기'란 의미로 사용된다. 두 장수가 5일간 싸웠어도 승부가 나지 않은 데서 나온 말이다.

1. 샤론 스톤 vs. 마돈나

샤론 스톤(Sharon Stone)이 마돈나(Madonna)에게 던진 insulting repartee(모욕적 리파티)를 보자.

Madonna *I want to kiss you.*
Sharon Stone *Not in this lifetime. Why? Because I'm the only one you hasn't done it to.*

마돈나 당신에게 키스하고 싶군요.
샤론 스톤 절대로 안 되죠. 왜냐고요? 나는 당신이 키스한 적이 없는 유일한 사람이기 때문이에요.

1992년 영화 〈원초적 본능 Basic Instinct〉의 유명한 '다리 꼬기' 장면은 샤론 스톤을 세기의 섹스 심벌로 자리 매김시켰다. 팬들은 170cm 키의 섹시한 S라인이 돋보이는 몸매를 보고 감탄했다. 그녀로 인하여 할리우드에서는 섹스(sex)와 스릴(thrill)이 겸비된 영화 제작이 가속되었다.

2006년 3월 30일 〈데일리 텔레그래프 The Daily Telegraph〉는 Stone appears naked in a sequel to the provocative 1992 sex thriller Basic Instinct(스톤은 성(性) 도발적인 1992년 작 섹스 스릴러 〈원초적 본능〉의 속편에서 나체로 나온다)고 보도했다. 샤론 스톤에 대한 curmudgeon comment(심술궂은 비평)를 보자.

It's a new low for actresses when you have to wonder what's between her ears instead of her legs.

그녀의 다리와 다리 사이가 아니라 귀와 귀 사이에 무엇이 있을까라는 생각을 하면 여배우의 최저 수준이 더 내려갈 것이다.

– 여배우 캐서린 헵번(Katherine Hepburn 1907~2003)의 말

해설 what is between the ears를 직역하면 '귀와 귀 사이에 있는 것'이지만, 의역하면 '정신력', '통찰의 원천(sources of insight)'이다. 반대 개념은 what is between in the legs(다리와 다리 사이에 있는 것)이다. Achieving success in your life is all about using what's between your ears(성공적인 삶을 거두는 것은 전적으로 정신 활용에 대한 문제다). What is between the ears on the golf course determines who wins and loses(골프 코스에서의 정신력은 누가 이기고 지느냐를 결정한다). For some children, what's between their legs doesn't match what's between their ears(육체와 정신이 조화를 이루지 못한 어린이가 있다). Which organ in the human body is the most important for sex? The key to a successful love life isn't what's between your legs but what's between your ears. Your brain is the real sex machine(섹스에 있어서 어느 기관이 가장 중요한가? 성공적인 애정 생활의 열쇠는 육체가 아니라 정신이다. 뇌가 진정한 섹스 도구다). He had nothing between his ears that he made a big mistake(그는 생각이 깊지 못해서 큰 실수를 했다).

■ 마돈나에 대한 curmudgeon comment(인색한 비평 · 심술궂은 비평)

마돈나

출처 : Wikipedia

She is so hairy, when she lifted up her arm; I thought it was Tina Turner in her armpit.

그녀가 팔을 들어 올릴 때, 겨드랑이에 털이 너무 많아서 티나 터너가 그녀의 겨드랑이에 있다는 생각이 들었다.

– 에미상 수상자 코미디언 조안 리버스(Joan Rivers 1933~)

She is closer to organized prostitution than anything else.

그녀는 그 무엇보다도 조직적인 매춘 그 자체나 다름없다.

– 영국 가수 모리세이(Morrissey 1959~)

Armed with a wiggle and a Minnie Mouse squawk, she is coarse and charmless.

몸부림과 미니 마우스의 꽥꽥거리는 소리로 무장한 그녀는 상스럽고 매력 없다.

주 미니 마우스: 디즈니가 만든 만화 주인공으로 미키 마우스의 여자친구.

– 여자 농구팀 Washington Mystics의 President 존슨(Sheila Crump Johnson)

그녀는 단순히 팝 스타가 아닌 이미지 제조 능력이 탁월한 커뮤니케이션 전문가였다. 육감적인 요부 이미지 그 자체였고 그리스 신화에 나오는 사이렌(Siren) – 아름다운 노랫소리로 지나가는 뱃사공을 꾀어 죽인 반은 여자이고 반은 새인 요정 – 이었다. 섹시한 패션과 섹시한 몸짓으로 빨간 침대 위에서 Like A Virgin(처녀처럼)을 요염하게 불러대는 그녀의 연출은 즉흥적인 것이 아니고 치밀한 계산에서 나온 것이다. 가톨릭 신자이면서도 "십자가는 섹시하잖아요? 벌거벗은 남자가 매달려 있으니까"라며 종교를 자신의 사업에 활용하기까지 했다.

2. 헤밍웨이 vs. 포크너

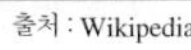

헤밍웨이

출처 : Wikipedia

포크너

출처 : Wikipedia

헤밍웨이(Ernest Hemingway 1899~1961)의 글은 강하고 힘차다. 그의 생활은 대담했다. 삶을 사랑하면서도 그 자신이 고백했듯이 죽음에 대한 강박관념에 사로잡혀 있었다. 그가 애용했던 사냥용 총으로 스스로를 사냥함으로써 무자비하게 자기 자신을 버린 용기의 화신 그 자체였다. 신문기자 출신인 헤밍웨이는 쉬운 단어와 짧은 문장으로 소설을 쓴 것으로 유명하다. 반면에 미국 소설가 포크너(William Faulkner 1897~1962)는 어려운 단어로 긴 문장을 쓴 것으로 유명하다. 1949년 노벨 문학상을 받은 미국의 소설가 포크너는 역시 1954년 노벨 문학상을 탄 헤밍웨이에 대해서 이렇게 말했다.

He has never been known to use a word that might send a reader to the dictionary.

그는 독자로 하여금 사전을 찾아야 하는 단어를 결코 단 한 번도 사용하지 않은 작가로 알려졌다.

주 never는 to use를 부정한다.

Poor Faulkner. Does he really think big emotions come from big words?

불쌍한 포크너. 정말로 커다란 감동이 어려운 단어에서 나온다고 생각하는 것인가?

- 헤밍웨이가 포크너의 말을 되받아 친 말

관련 어록

Easy reading is damn hard writing.

읽기 쉬운 글이 가장 쓰기 어렵다.

- 미국 소설가 호손(Nathaniel Hawthorne 1804~1864)

Oh! don't use big words. They mean so little.

아! 어려운 단어를 사용하지 말라. 그것들은 의미가 거의 없다.

- 영국 소설가 · 극작가 · 시인 와일드(Oscar Wilde 1854~1900)

Say all you have to say in the fewest possible words,
or your reader will be sure to skip them;
and in the plainest possible words or he will certainly misunderstand them.

말하고자 하는 것을 가능한 적은 수의 낱말로 말하라.
그렇지 않으면 읽는 사람은 틀림없이 대충 훑어볼 것이다.
그리고 될 수 있는 한 알기 쉬운 말로 하여라. 그렇지 않으면 분명히 오해할 것이다.

- 영국 비평가 존 러스킨(John Ruskin 1819~1900)

I rewrote the first part of 『Farewell to Arms』 at least fifty times.

나는 〈무기여 잘 있거라〉의 첫 부분을 적어도 50번은 고쳐 썼다.

- 헤밍웨이

The most essential gift for a good writer is a built-in, shockproof shit detector. This is the writer's radar and all great writers have had it.

훌륭한 작가의 가장 필수적인 재능은 무의미한 단어를 찾아내는 타고난 탐지 능력이다. 이것은 작가의 레이더이며 모든 위대한 작가는 그것을 갖고 있었던 것이다.

해설 문학잡지 Paris Review(1958년 봄호)에 실린 헤밍웨이와의 인터뷰에 있는 말이다. shit detector는 '무의미한 단어를 알아낼 수 있는 탐지 재능'이라고 해야 문맥에 어울리는 번역이 된다.

주 shit: 배설물, 걸치레, 거짓말, 실없는 소리, 쓸모없는 것, 시시한 것, full of shit(거짓말투성이의), not worth a shit(전혀 가치가 없는)

3. 맥아더 vs. 아이젠하워

Eisenhower is the best clerk that I have ever had.

아이젠하워는 내가 지금까지 만난 최고의 사무원이다.

맥아더

출처 : Wikipedia

아이젠하워

출처 : Wikipedia

맥아더(MacArthur 미국 육군 원수 1880~1964)가 한 말이다. 아이젠하워(Eisenhower 미국 제34대 대통령 1890~1969)는 1933년부터 1939년까지 7년 동안 맥아더의 휘하에 있었다. 맥아더가 참모총장으로 있을 때 2년간 부관으로 있다가 맥아더가 필리핀 군사 고문으로 가자 따라갔다. 한편 누가 맥아더에 대해서 묻자 아이젠하워는 이렇게 답했다.

Someone	*Do you know MacArthur?*
Eisenhower	*Know him? I studied dramatics under him for seven years!*
아무개	맥아더를 잘 아십니까?
아이젠하워	그를 잘 아느냐고? 나는 7년 동안 그의 휘하에서 연기를 배웠소.

맥아더는 멋을 냈다. 머리가 약간 벗겨진 그는 모자를 쓰지 않는 경우가 거의 없었다. 후리후리한 키의 맥아더는 레이밴(Ray-Ban) 안경을 걸치고 옥수숫대 파이프를 입에 문 멋쟁이였다. 그 모습은 포토제닉(photogenic)하여 그를 영화배우보다 멋져 보이게 하였다. 당대에 자웅을 겨루었던 트루먼, 맥아더, 아이젠하워, 셋 중 영화로 제작된 인물은 맥아더밖에 없다. 1981년 작 〈오! 인천〉은 007 시리즈로 유명한 테렌스 영 감독이 연출을 맡고 맥아더 장군 역에 로렌스 올리비에가 출연했다. 아카데미 남우주연상 수상자인 그레고리 펙(Gregory Peck)이 맥아더 장군으로 분한 〈맥아더 MacArthur〉(1977)가 1977년 12월 22일 국도극장에서 개봉되었다. 그레고리 펙(Gregory Peck)은 이 영화로 골든 래즈베리상(Golden Raspberry Award)에서 최악의 남우주연상을 받았다. 아카데미상까지 받은 명배우지만 맥아더의 연기만큼은 훌륭하지 못했던 모양이다.

해설 골든 래즈베리상(Golden Raspberry Awards): 성깔 있는 상이다. Golden Raspberry라는 예쁜 이름을 붙인 이유

는 raspberry가 '나무딸기'라는 뜻 외에도 미국 구어에서 '입술 사이에서 혀를 진동시켜 내는 야유 소리'를 의미하기 때문이다. give[hand] the raspberry는 '혹평[조소]하다'란 의미고, get the raspberry는 '혹평[조소] 받다'란 의미다.

Golden Raspberry Awards를 번역하면 '황금 조롱(嘲弄) 상'쯤 된다. 아카데미가 그해 최고의 영화에 주어지는 명예의 트로피라면, 이 상은 그해 최악의 영화에 주어지는 야유와 조롱이 섞인 보고서이다. 영화제 성격상 시상식에 참석하는 수상자는 거의 없으며, 4달러 89센트짜리 싸구려 트로피가 수상자에게 제대로 전달되는지도 의문이다. 하지만 전 세계 언론은 아카데미 행사 전 맛있는 에피타이저(appetizer)를 즐기듯 이 시상식에 카메라를 들이민다.

4. 존 몬타규 vs. 존 윌크스

존 몬타규

출처 : Wikipedia

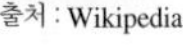

존 윌크스

출처 : Wikipedia

영국의 존 몬타규(John Montague 1718~1792)는 1729년 샌드위치 백작 4세(4th Earl of Sandwich)가 된다. 그는 카드놀이에 너무 열중해 식사하는 시간마저 귀찮아 했다. 그래서 쉬지 않고 계속 게임을 하려고 버터를 바른 두 장의 빵에 야채나 구운 고기를 넣어 먹으면서 놀이를 계속하였다. 이런 모습을 본 다른 사람들도 이것을 따라 먹게 되었고, 이때부터 이런 음식을 '샌드위치'라고 부르게 되었다. 그는 국무장관(1763~1765) 시절, 한때 친구였던 선동정치가 존 윌크스(John Wilkes 1725~1797)를 탄핵소추(1763)하는 데 앞장섰다. 존 윌크스는 18세기 언론인으로 대중적 인기를 얻었다. 여러 차례 의회에서 추방당한 것 때문에 '박해의 희생자' 또는 '자유의 기수' 등으로 불렸다. 그는 사팔뜨기에다 추한 용모의 소유자였으나 이러한 단점을 극복하고도 남는 매력을 지니고 있었다. 스스로도 자신과 단 30분만 대화를 나누고 나면 못생긴 외모에 관해서는 전혀 신경 쓰지 않게 된다고 자랑했으며, 또 1개월 정도의 시간적 여유만 있다면 어떤 애정 문제에서도 승리를 자신할 수 있다고 장담했다. 그는 천부적인 말재간을 지니고 있었다. John Montague가 던진 말에 대한 John Wilkes의 대응은 feisty repartee(공격적 맞받아치기)였다.

Montague *You, sir, will die either on the gallows or of a loathsome disease!*

Wilkes *That will depend, my Lord, on whether I embrace your principles or your mistress.*

몬타규 경은 틀림없이 교수대에서 죽든가 아니면 끔찍한 병에 걸려 죽을 것이오.

윌크스 각하, 그거야 내가 당신의 주장을 받아들이느냐, 아니면 당신의 정부(情婦)를 껴안느냐에 달려있지요.

5. 디즈레일리 vs. 글래드스턴

디즈레일리

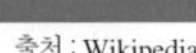
출처 : Wikipedia

글래드스턴

출처 : Wikipedia

디즈레일리(Benjamin Disraeli 1804~1881)는 이탈리아계 유대인 후손으로 두 차례 총리를 지낸 인물이다. 백작의 위(位)를 받았다. 글래드스턴(William Gladstone 1809~1898)은 빅토리아 여왕(Queen Victoria) 시절 네 차례에 걸쳐 영국 총리를 지냈다. 동시대의 인물인 이 둘은 정치적으로 앙숙이었다. 한번은 기자가 디즈레일리에게 "불운과 재난의 차이점은 무엇인가요?"하고 묻자, 정적에 대한 정문일침 촌철살인의 리파티를 날렸다.

주 촌철살인(寸鐵殺人) : 한 치의 쇠붙이로도 사람을 죽일 수 있다는 뜻으로 간단한 말로도 남을 감동시키거나 남의 약점을 찌를 수 있는 말을 뜻함

정문일침(頂門一鍼) : 정수리에 침을 놓는다는 뜻으로 따끔한 충고나 교훈을 뜻함

If Gladstone fell into the Thames, that would be a misfortune; and if anybody pulled him out, that I suppose would be a calamity.

글래드스턴이 템스 강에 빠지면 그것은 불운이요, 그가 강에서 구출되면 그것은 재난이오.

디즈레일리에 관한 이런 일화도 있다. 한 젊은 여인이 글래드스턴 옆에서 식사하는 행운을 갖게 되었다. 다음날 저녁 이 여인은 디즈레일리와 동석했다. 이 두 라이벌에 대한 느낌에 대하여 질문을 받자 이렇게 대답했다.

About Gladstone	*I thought he was the most brilliant man I've ever met.*
About Disraeli	*I thought myself to be the most fascinating woman in the world.*
글래드스턴에 관하여	나는 그가 지금까지 만난 중에 가장 훌륭한 사람이었다고 생각했어요.
디즈레일리에 관하여	내 자신이 이 세상에서 가장 매혹적인 여자라고 생각했어요.

글래드스턴은 인격적으로 훌륭할지는 모르지만, 디즈레일리는 여성의 마음을 이해하고 여성으로 하여금 존중받고 있다는 느낌을 갖게 하는 신사이므로 후자가 훨씬 더 매력적인 신사라고 평가하는 내용이다.

6. 윈스턴 처칠 vs. 애스터 부인

Democracy is the worst form of government except all the others that have been tried.

민주주의는 지금까지 해본 다른 모든 정치 형태를 제외하면 최악의 정치 형태다.

출처 : Wikipedia

처칠(Winston Churchill 1874~1965)의 말이다. 그의 유머 감각과 세계인의 마음을 뒤흔드는 명연설도 거저 주어진 것이 아니다. 끈질긴 노력의 결과다. 그는 즉흥 연설까지도 미리 준비했다. 준비된 즉흥이었던 것이다. 처칠은 1944년 의회에서 제1차 세계대전 때 저지른 실수를 반복하지 않을 수 있느냐는 질문을 받자 이렇게 대답했다고 한다. "그때의 실수는 다시 저지르지 않을 것이 확실합니다. 다른 실수를 저질러야 하니까요." 이런 일도 있었다. 처칠 영국 총리가 30분 늦게 의회에 참석했다. '게으른 사람'이라고 비난이 쏟아졌다. 처칠은 "예쁜 부인을 데리고 살면 일찍 일어날 수가 없습니다. 다음부터는 회의가 있는 전날 밤에는 방을 따로 쓰겠습니다"라고 답했다.

윈스턴 처칠은 어느 날 애스터 부인(Lady Aster)이 지나치게 사치한다고 비난했다. 이에 화가 난 애스터 부인과 처칠은 한 Dinner Party에서 다음과 같은 설전을 벌였다. Skit(촌극) 두 개를 소개한다.

■ Skit 촌극

Astor	*Sir, if you were my husband, I would poison your coffee! (Version 1)* *Sir, if you were my husband, I'd put poison in your coffee! (Version 2)*
Churchill	*Madam, if I were your husband, I'd drink it! (Version 1)* *Madam, if I were married to you, I'd drink it! (Version 2)*
애스터 부인	경(卿), 당신이 내 남편이라면 나는 당신 커피에 독약을 타겠소.
처칠	내가 당신 남편이라면 그것을 마시겠소!

■ Skit 촌극

Astor	*Sir, you're drunk.*
Churchill	*Yes, Madam, I am. And you're ugly! But in the morning, I will be sober. And you will still be ugly!*
애스터 부인	취하셨네요.
처칠	맞아요, 부인, 취했어요. 그런데 당신은 못생겼군요! 그러나 아침이 되면 나는 술이 깨겠지만 당신은 여전히 그 얼굴일 거요.

애스터(Nancy Astor 1879~1964)는 흔히 Lady Astor(애스터 부인)로 불린다. 미국 버지니아에서 태어난 미국 출신이면서 최초로 영국 하원에 진출한 여성 정치가다. 그녀는 첫 남편과 1903년에 이혼하고, 1906년 애스터(Waldorf Astor 1879~1952)와 재혼했다. 그녀의 남편은 아버지의 자작 작위를 물려받은 후 선거구를 그녀에게 넘겨주었다. 그녀는 플리머스(Plymouth) 선거구에서 1919년 하원의원에 당선되었다. 뒤이은 총선 때마다 출마한 그녀는

1945년 의회에서 물러났다. Astor는 1935년 〈Royal Cavalcade 왕립 기마대〉라는 영화에서 여성 최초의 헌병으로 출연하기도 했다. (서구의 유명 정치가 중에는 자신의 행적을 묘사한 작품에 스스로 출연을 자처하여 배우 못지않은 열연을 보여주었던 경우가 많이 있다.)

윈스턴 처칠은 그의 저서 〈제2차 세계대전 The Second World War〉로 노벨 문학상을 탔다. 그는 거저 노벨 문학상을 탄 것이 아니다. 전쟁의 와중에도 단어 하나하나에 신경 썼다. 1994년 5월 13일(금)자 International Herald Tribune의 보도를 보자.

No one has dared question his use of English. Not only did Churchill raise the arts of invective and exhortation to new heights, but he often took time out from the pressures of war to admonish officials up with whose grammar he would not put. "Why must you write 'intensive' here? 'Intense' is the right word," he wrote to the director of military intelligence. "You should read Fowler's Modern English Usage on the use of the two words."

지금까지 그의 영어 사용 능력에 대하여 감히 의문을 제기한 사람은 아무도 없다. 처칠은 독설을 퍼붓고 훈계를 하는 기교까지도 탁월했다. 그는 종종 전쟁의 와중에서도 짬을 내어 관공리의 잘못된 문법을 참지 못하고 훈계했다. 그는 군(軍)정보국장에게 이렇게 써 보냈다. "왜 'intense(강렬한)'를 써야 할 자리에 'intensive(집중적인)'를 사용한 것이오? 두 단어의 사용에 대하여 〈Fowler's Modern English Usage〉를 읽으시오."

비교 intense　사물의 결과적 현상을 나타내는 형용사
intensive　사람의 인위적 의도를 나타내는 형용사

intense cold	혹한	intensive reading	정독
intense gale	맹렬한 강풍	intensive farming	집약 농업
intense discussion	격렬한 토의	intensive instruction	집중 교육
intense competition	격렬한 경쟁	intensive investigation	철저한 조사

작문 (1) 훈련은 강도가 높았다.
(2) 그는 3주간 집중 치료를 받아야 했다.
(3) 세계적인 경쟁이 가열됨에 따라 우방간의 스파이 활동이 치열해질 것이다.
(4) 지식 집약형 산업은 세계 경제에서 어느 때보다도 더 큰 비중을 차지하고 있다.

(1) The training was intense.
(2) He needed intensive care for three weeks.
(3) As global competition heats up, spying among allies will grow intense.
(4) Knowledge-intensive industries are forming an ever-greater part of the world economy.

단어의 위치가 잘못되면 단추를 잘못 낀 것과 같다. 전치(前置)사는 그 명칭처럼 원칙적으로 목적어 앞에 전치(前置: 앞 전 · 둘 치)한다. 다시 말해 전치사를 문장 끝에 두는 글쓰기를 피해야 한다. 그러나 반드시 그런 것은 아니다. 오히려 전치사를 후치(後置: 뒤 후 · 둘 치)해야 하는 경우

가 있다. 전치사의 위치에 관한 처칠의 다음 일화는 정곡을 찌른다. 그는 grammar stickler(문법적으로 까다로운 사람)였다.

When an editor dared to change a sentence of Churchill's that appeared to end inappropriately with a preposition, Churchill responded by writing to the editor, "This is the kind of impertinence up with which I shall not put." His purpose, of course, was to illustrate the awkwardness that can result from rigid adherence to the notion that prepositions at the end of sentences are always incorrect.

전치사로 끝낸 처칠의 문장이 부적절하게 보였던지 편집자가 무엄하게도 그 문장을 바꾸어 놓았다. 처칠은 그 편집자에게 "This is the kind of impertinence up with which I shall not put(이것은 내가 결코 참지 못하는 주제 넘은 짓이다)"라고 메모하여 보냈다. 당연히 그는 '전치사가 문장 끝에 오는 것은 언제나 눈에 거슬린다'는 원칙을 무조건 고수함으로써 생길 수 있는 어색함을 실례를 들어 설명하고자 했던 것이다.

해설 **글쓰기 규칙 A: 전치사로 문장을 끝내는 것은 좋지 않다.**
글쓰기 규칙 B: 〈동사 · 부사 · 전치사〉가 강하게 결합된 관용구를 분리시키는 것은 좋지 않다.

작문 나는 내가 사는 집이 있다.
I have a house in which I live.
I have a house which I live in. (눈에 거슬리는 문장)

작문 나는 그녀에게서 내가 참을 수 없는 무례함을 발견했다.
I find in her a rudeness which I cannot put up with.
I find in her a rudeness with which I cannot put up. (눈에 거슬리는 문장)

7. 윈스턴 처칠 vs. 버나드 쇼

버나드 쇼
출처 : Wikipedia

깡마른 체구, 무성한 턱수염, 멋진 지팡이는 쇼의 작품만큼이나 세계적으로 유명하다. 특히 건방지고 불손하며 항상 자기과시가 남달랐던 쇼는 94세에 죽을 때까지 자신의 쾌활한 기지를 발휘하여 줄곧 세인의 관심을 끌었다. 쇼는 처칠 수상에게 자기 작품 〈피그말리온 Pygmalion〉을 무대에 올리는 첫날밤 공연에 초청하는 단신(短信)을 보냈는데 처칠은 이에 대한 회답을 보냈다.

TO WINSTON CHURCHILL:
Am reserving two tickets for you for my premiere.
Come and bring a friend if you have one.

윈스턴 처칠 귀하:
귀하를 위해 저의 작품 초연(初演) 표 두 장을 남겨놓았습니다. 친구가 있으면 같이 와서 보시지요.

TO BERNARD SHAW:

Version 1	*Impossible to be present for the first performance. Will attend the second if there is one.*
Version 2	*Would it be possible to have tickets for the second night if there was one?*

버나드 쇼 귀하:	
버전 1	첫 번째 공연은 갈 수가 없습니다. 두 번째 공연이 있으면 참석하겠습니다.
버전 2	두 번째 날 밤 공연이 있으면 그 표를 구할 수 있을까요?

쇼가 if you have one(친구가 있으면)이라고 sarcastic comment(빈정대는 말)를 한 것에 대해 처칠은 if there is one(두 번째 공연이 있으면)이라고 맞받아친 것이다. 처칠 네까짓 게 친구가 있겠느냐는 모욕적인 언사에 대해, 역시 쇼의 연극도 두 번째 공연이 없을 것이라는 모욕적인 언사로 응수한 것이다. 막상막하다.

8. 이사도라 덩컨 vs. 버나드 쇼

이사도라 덩컨

출처 : Wikipedia

쇼와 미모의 무용가 덩컨(Isadora Duncan 1877~1927)에 관한 유명한 일화가 있다. 우생학 신봉자인 덩컨은 쇼에게 아이를 갖자고 제안하며 이렇게 말했다.

Duncan	*Think of a child with my body and your mind. What a wonder it would be!*
Shaw	*Ah, but what if it had my body and your brains?*
덩컨	나의 육체와 당신의 두뇌를 닮은 아이를 상상해 보세요. 얼마나 놀라워요!
쇼	그렇지만 말이야, 만일 내 육체와 당신의 두뇌를 닮으면 어쩐담?

이 일화의 주인공이 덩컨이 아니라 이탈리아의 배우 두세(Eleonora Duse 1858~1924)라는 설도 있다. 이 일화는 우리나라에 많이 퍼져 있다. 상대자가 덩컨이든 두세든, 확실한 전거(典據 authentic source)는 찾을 수 없다. 누군가 지어낸 이야기일 가능성이 높다. 확실한 것은 쇼가 덩컨에 대해서 이렇게 평한 바 있다는 사실이다.

A woman whose face looked as if it had been made of sugar and someone had licked it.
설탕으로 만들어져 누군가가 핥은 것처럼 보였던 얼굴의 여인.

덩컨은 전통적인 투투(tutu)와 토슈즈(toe shoes)는 육체를 속박하는 것이라면서 투명한 의상을 입고 맨발로 춤을 추는 등 고전 발레 형식을 배격하고 자유로운 무용을 제창했다. 무녀(巫女)를 흉내 내어 격렬하고도 도취적으로 머리를 뒤로 떨어뜨리면서 춤추기도 하였다. 1913년 파리에서 덩컨의 두 아이와 유모를 태운 차가 센 강으로 추락해 모두 익사한 비극이 일어났다. 1927년 9월, 그녀가 타고 있던 친구의 부가티 자동차(Bugatti automobile)의 뒷바퀴에 그녀가 목에 두르고 있었던 붉은 빛의 긴 스카프가 타이어에 말려 들어가 질식사했다.

■ 쇼의 빅토리아 여왕(Victoria 1819~1901 · 재위 1837~1901)에 대한 혹평

Nowadays a parlor maid as ignorant as Queen Victoria was when she came to the throne would be classed as mentally defective.
왕위에 올랐을 때의 빅토리아 여왕만큼 무식한 하녀가 오늘날 있다면, 그 하녀는 '정신박약'으로 분류될 것이다.

어휘 **mentally defective[deficient · handicapped]** 정신박약의

쇼는 여왕의 지적 수준을 정신박약의 하녀에 비교했다. 1837년 윌리엄 4세가 죽자 처녀 빅토리아는 18세의 나이로 왕위에 오른다. 빅토리아는 외사촌 동생인 앨버트 공과 1840년 결혼한다. 앨버트는 여왕의 정치적 관심을 다른 쪽으로 돌렸고, 여왕은 모든 일에서 남편에게 의지했다. 군주라는 칭호는 빅토리아가 갖고 있었지만, 실제로 군주의 기능을 수행하는 사람은 앨버트였다. 앨버트 공이 죽은 뒤에는 지적인 문제에 거의 접촉하지 않았고, 세계가 급격히 변화하고 있다는 사실을 알지 못했다. 영국 총리 멜버른은 1841년 총선에서 패배한 뒤 후임 총리에게 여왕을 다루는 법을 다음과 같이 말한다. "여왕이 결코 잘난 체하는 사람이 아니고, 모르는 일이 많다는 것을 스스로 잘 알고 있으며, 그런 일들을 쉽게 설명해 주는 것을 좋아한다."

9. 런던의 출판사 vs. 버나드 쇼

쇼가 유명해지기 전인 1880년대, 런던의 유명 출판사에 원고를 하나 보냈다가 거절당한 적이 있었다. 몇 년이 지나 쇼가 한창 이름을 날릴 때 그 출판사로부터 작품을 출판할 의향이 있다는 전보가 날아왔다. 그러자 쇼는 다음의 답신을 보냈다.

Better never than late.
늦는 것보단 아예 하지 않는 게 낫지요.

Better late than never(아예 안 하는 것보다는 늦게라도 하는 것이 낫다)라는 household word(잘 알려진 속담)를 변형시켜 출판사를 제대로 한 방 먹인 셈이다. There are some things that are better never than late: There are some things that are better late than never(늦게라도 하는 것보다 결코 하지 않는 게 좋은 경우도 있고, 결코 하지 않는 것보다 늦게라도 하는 게 좋은 경우도 있다). (이것은 필자의 말임)

10. 알렉산더 해밀턴 vs. 애런 버

1804년 7월 11일 아침 7시 미국 뉴저지 주 허드슨 강변 숲 끝 바위 절벽 아래 두 발의 56구경 권총의 총성이 잇따라 새벽 공기를 갈랐다. 10보의 거리를 두고 한 사람은 그대로 서 있었고 다른 한 사람은 일어서다 다시 쓰러졌다. 전자는 당시 미국의 현직 부통령(3대) 애런 버

결투를 벌이는 해밀턴과 버

출처 : Wikipedia

(Aaron Burr 1756~1836 · 재임 1801~1805)였고, 후자는 미국의 초대 재무장관을 지낸 알렉산더 해밀턴(Alexander Hamilton 1755~1804 · 재임 1789~1795)이었다. 두 사람은 친구들의 입회아래 권총 결투(pistol duel)를 했다. 그곳은 3년 전 해밀턴의 장남 필립(Philip)(당시 19세)이 결투에서 숨진 바로 그 장소이기도 하다. 해밀턴의 탄환은 버(Burr)에게서 몇 피트 떨어진 나무에 박혔고 버(Aaron Burr)의 탄환은 해밀턴의 오른 쪽 간(肝)을 관통했다. 그는 그 다음날 죽었다. 그의 나이 49세였다. 해밀턴은 결투 전날 밤 이런 글을 썼다.

I am strongly opposed to the practice of dueling for both religious and practical reasons, and I have resolved to reserve and throw away my first fire, and I have thoughts even of reserving my second fire.

나는 종교적 이유와 실제적 이유(아들이 결투로 죽었음) 때문에 결투라는 관습을 강력히 반대한다. 첫 발은 쏘지 않고 버려야겠다고 결심했다. 그리고 두 번째 발사도 사양할까 생각한다.

나중에 이런 해밀턴의 얘기를 전해들은 버(Aaron Burr)는 "Contemptible, if true(사실이라면 한심한 짓이군)"라고 말했고, 해밀턴은 숨을 거두기 전 "I was going to intentionally fire my first shot to the side(나는 일부러 첫 발을 빗나가게 쏘려고 하였다)"라고 말했다.

한편 결투 다음날 오후 버(Burr)는 이렇게 말했다. "Had my vision not been impaired by the morning mist, I would have shot Hamilton in the heart(아침 안개가 시야를 가리지 않았더라면 해밀턴의 심장을 맞췄을 텐데)."

버(Burr)를 만난 벤담(Jeremy Bentham)이라는 사람은 이렇게 말했다. "Burr is little better than a murderer(버는 살인자나 다름없다)."

사건의 발단은 이렇다. 뉴욕 주지사 선거를 앞두고 해밀턴이 버(Burr)에 대해서 a dangerous man, and one who ought not to be trusted with the reins of government(위험한 인간, 정권을 맡겨서는 안 될 인간)이라고 말했다. 버(Burr)가 신문보도를 보고, prompt and unqualified denial or an immediate apology(즉각적이고 무조건적인 부인, 아니면 즉각적인 사과)를 요구했다. 이에 대해 해밀턴이 만족스러운 답을 않자 버(Burr)가 결투를 요청했던 것이다. 결국 해밀턴은 아내와 7명의 자식을 빚더미에 남겨두고 죽었다. 해밀턴은 미국독립전쟁 중 워싱턴의 부관으로 활약하였고 미국이 배출한 최고의 재무장관으로 연방은행 창립 등 미국 경제의 기초를 닦는 등 미국 경제의 기본 틀을 마련했다. 주마다 제 각각이던 화폐 단위도 통합시켰다. 현재의 10달러짜리 지폐에는 그의 얼굴이 새겨져 있다. 2002년 로버트 버드 미 상원 예산위원장이 오닐 재무장관에게 You are not Alexander Hamilton(당신이 해밀턴인 줄 착각하지 마라)이라고 공박한 일화는 유명하다.

11. 뉴욕 세관원 vs. 오스카 와일드

■ 제1화(뉴욕 세관원과 오스카 와일드)

오스카 와일드

출처 : Wikipedia

영국 소설가 · 극작가 · 시인 와일드(Oscar Wilde 1854~1900)는 1882년 더 많은 인기와 갈채를 얻기 위해 미국을 방문했다. 1882년 1월 3일 여객선(passenger vessel) SS Arizona호를 타고 뉴욕에 도착했다.

Customs Officer	*Do you have anything to declare?*
Oscar Wilde	*I have nothing to declare but[except] my genius.*
뉴욕 세관원	신고할 게 있습니까?
오스카 와일드	나의 천재(天才 천부적 재능)밖에는 신고할 것이 없소이다.

이 대화 한 토막의 명성은 지금까지도 자자하다. 그러나 '당시의 증거(contemporary evidence)'는 없다. 나른한 포즈와 벨벳 재킷, 짧은 바지, 검은 비단 양말 등으로 인해 그에 대한 반감이 미국 신문에 노골화됐다. 그는 12개월 동안 미국인들에게 미와 예술을 사랑하라고 권했으며, 다시 영국으로 돌아와 미국의 인상을 강연했다. 다음은 오스카 와일드의 어록이다.

Genius is born - not paid.
천재는 천부적인 것이지 노력의 대가가 아니다.

The only thing that sustains one through life is the consciousness of the immense inferiority of everybody else, and this is a feeling that I have always cultivated.
자기의 삶을 영위하도록 떠받쳐준 유일한 것은 자기 이외의 모든 사람이 자기보다 무한히 열등하다는 의식이다. 이것은 내가 항상 계발시켜 온 의식이다.

■ 제2화(오스카 와일드와 병아리에 대한 속담)

'Don't count your chickens before they are hatched(부화하기도 전에 병아리를 세지 마라)'란 속담이 있다. 이와 비슷한 의미의 우리말 속담에는 '떡 줄 사람은 생각도 않는데 김칫국부터 마시지 마라'가 있다. 오스카 와일드는 이 속담에 대하여 이렇게 반박했다.

People who count their chickens before they are hatched, act very wisely, because chickens run about so absurdly that it is impossible to count them accurately.
부화하기도 전에 병아리를 세는 사람은 아주 현명하다. 병아리는 아주 제멋대로 뛰어다녀 정확히 셀 수 없기 때문이다.

■ 제3화(오스카 와일드와 사라 베르나르)

오스카 와일드와 사라 베르나르의 대화 한 토막이다. 사라 베르나르(Sarah Bernhardt 1844~1923)는 19세기 후반을 장식한 프랑스의 대표적 여배우로 연극사에서 가장 유명한 인물 가운데 한 사람이다. 그녀는 국장(國葬)의 예우를 받았다.

Oscar Wilde	*Do you mind if I smoke?*
Sarah Bernhardt	*I don't care if you burn.*
오스카 와일드	담배 피워도 괜찮겠습니까?
사라 베르나르	당신이 타서 죽든 말든 제가 알 바 아니죠.

12. 병사들 vs. 정복(征服)왕 윌리엄

정복(征服)왕 윌리엄(1027~1087)이 영국의 해안에 상륙 중 자갈이 많은 해변에서 한쪽 발을 헛디디는 바람에 엎어져 두 손을 땅에 짚게 되었다. 이런 상서롭지 못한 꼴을 보자 그의 휘하 군사들은 탄식했다.

Soldiers	*An evil omen!*
William	*No, my lords. By the splendour of God, I have taken possession of England with both my hands; it is now mine, and what is mine is yours.*
병사들	흉조입니다!
윌리엄	아니야, 귀관들. 신의 위업으로 나는 내 두 손으로 영국을 움켜쥐었으니, 이제 영국은 내 것이요, 내 것은 곧 그대들의 것이로다.

13. 죄수 vs. 프리드리히 대왕

■ Situation 장면

While visiting a prison in Potsdam, King Frederick William I listened to a number of pleas for pardon. All the prisoners swore that prejudiced judges, false witnesses, or unethical lawyers were responsible for their imprisonment. From cell to cell the same story of wronged innocence continued. But at one cell the prisoner had noting to say.

프리드리히 빌헬름 1세(1713~1740)가 포츠담에 있는 교도소를 방문하는 중, 사면해 달라는 수많은 간청을 접하게 되었다. 죄수들은 자기들이 투옥된 것은 편파적 판결을 한 판사, 거짓 증인, 파렴치한 변호사 때문이라고 하나같이 주장했다. 이 방이나 저 방이나 죄가 없는데 부당하게 투옥되었다는 한결같은 이야기였다. 그러나 한 방의 죄수는 말이 없었다.

King	*(jokingly) I suppose you are innocent, too.*
Convict	*No, Your Majesty, I am guilty and richly deserving of punishment.*
King	*(to Prison Governor) Release this prisoner quickly, before he corrupts all the noble innocent people in here.*
국왕	(농담으로) 그대도 죄가 없으렷다.
죄수	아닙니다. 폐하. 저는 죄를 지어 벌을 받아 쌉니다.
국왕	(형무소장에게) 이 죄수를 즉시 석방하여라. 저 놈이 여기에 있는 모든 고결한 사람들을 물들이기 전에.

If we confess our sins,
he is faithful and just and will forgive us our sins and purify us from all unrighteousness.

만일 우리가 우리 죄를 자백하면,
그는 미쁘시고 의로우시니 우리 죄를 사하시며 모든 불의에서 우리를 깨끗게 하실 것이다.

- 요한(John) 1서 1장 9절(New International Version)

14. 친구 vs. 비스마르크

비스마르크

출처 : Wikipedia

"삶이란 치과의사 앞에 앉아 있을 때와 같다. 당신은 언제나 가장 심한 통증이 곧 이어질 것이라고 생각한다. 그러다 보면 통증은 이미 끝나 있을 것이다." 비스마르크(Bismarck 1815~1898)의 말이다. 그는 1862년 국왕 빌헬름 1세가 군비 확장 문제로 의회와 충돌하였을 때 프로이센 총리로 임명된다. 취임 첫 연설에서 "현재의 큰 문제는 언론이나 다수결에 의해서가 아니라 철과 피에 의해서 결정된다"고 하여 철혈재상이라 불린다. 누차에 걸친 전쟁에서 승리함으로써 독일 통일을 이룩한다. 1871년 독일제국 초대 총리가 되어 1890년까지 이 지위를 독점한다. 그가 젊은 시절 어느 날 친구와 함께 사냥을 나갔는데, 그 친구가 그만 발을 헛디뎌 수렁에 빠지고 말았다.

Friend *For God's sake, come to my help, or I shall be lost in this quicksand.*

Bismark *No, I will not venture into the morass, for then I should be lost, too. It is evident your end is inevitable; therefore, to relieve you from the cruel agony of slow death, I will shoot you. Keep quiet, I cannot take correct aim. In order to put you at once out of misery I must shoot you through the head!*

친구 제발 좀 살려주게, 그렇지 않으면 이 유사(流砂) 속에 묻혀버리겠네.

비스마르크 안 돼, 늪 속에 함부로 뛰어들지 않을 테야. 그랬다가는 나마저 헤매게 될 테니까. 자네는 결단코 죽음을 면할 수가 없어. 그러니 천천히 죽어가는 잔인한 고통에서 벗어날 수 있도록 자네를 쏘아야겠어. 가만히 있어, 제대로 겨냥할 수가 없잖아. 자네를 즉시 비참함에서 면하게 해주기 위해 자네의 머리를 날려버려야겠네.

그 친구는 그 극한 상황에 처하자 안간힘을 다해 수렁에서 벗어나려 무진 애를 쓰며 기어 나왔다. 그러다 결국 뭍에 가까이 이르렀을 때, 그제야 비스마르크는 그 친구에게 손을 내밀어 건져 주고는 이렇게 말한다. "나는 네 머리에 총을 겨눈 게 아니라 포기하려는 네 마음에 총을 겨눈 거야." 비스마르크의 소름 끼치는 냉철한 지혜!

15. 카트라이트 vs. 링컨

유머 한 토막. 목사가 설교 중 천당에 가기를 원하는 분들은 일어나라고 하였다. 코를 골며 졸고 있는 한 명의 신도를 제외하고는 모두 다 일어섰다. 목사는 이 신도를 골려 주기 위해 테이블을 손바닥으로 치며 지옥에 가고 싶은 분 일어서라고 했다. 깜짝 놀란 이 술꾼은 벌떡 일어서서 "어떤 영문인지 모르지만 서 있는 사람은 목사님과 저 뿐이네요"라고 말했다. 결국은 repartee가 된 셈이다. 1846년 연방 하원의원 선거에서 링컨은 휘그당 후보(Whig Party candidate)로 유명한 감리교 복음전도사(Methodist evangelist) 카트라이트(Peter Cartwright 1785~1872)와 맞붙었다. 선거운동 기간 중 링컨은 카트라이트가 인도하는 종교 집회에 갔는데 카트라이트가 한바탕의 설교를 한 후 이렇게 외쳐댔다.

Peter Cartwright *All who desire to lead a new life, to give their hearts to God, and go to heaven, will stand.*

A few in the congregation get on their feet.

Peter Cartwright *All who do not wish to go to hell will stand.*

The rest of the men and women rose - all but Lincoln.

Peter Cartwright *Mr. Lincoln, where are you going?*
Abraham Lincoln *If it is all the same to you, I am going to congress.*

Lincoln was elected to the House of Representatives.

피터 카트라이트 새로운 삶을 누리며 하나님을 충심으로 사랑하며 천국에 가기를 소망하는 자는 모두 일어나시오.
일어서는 사람이 몇 안 되었다.
피터 카트라이트 지옥에 가고 싶지 않는 사람은 모두 일어나시오.
모든 남녀가 일어났는데, 오직 링컨만 그대로 앉아 있었다.
피터 카트라이트 미스터 링컨, 당신은 어디로 가시렵니까?
에이브러햄 링컨 당신에게 상관이 없으면, 나는 국회로 가겠습니다.
링컨은 연방 하원의원에 당선되었다.

16. 더글러스 vs. 링컨

링컨

출처 : Wikipedia

Truth is generally the best vindication against slander.
대체로 진실은 중상모략에 대한 최선의 해명이다.

\- 링컨

■ 제1화

링컨은 1856년 연방 상원의원에 출마하여 Little Giant(작은 거인)란 별명의 더글러스(Stephen Arnold Douglas 1813~1861)와 겨뤄 낙선했다. 1858년, 그는 다시 더글러스와 맞붙었다. 더글러스는 링컨이 지난날 경영했던 식품가게에서 금주시대인데도 술을 팔았다고 꼬투리를 잡았다. 링컨은 이렇게 받아쳤다.

What Mr. Douglas has said is true enough.
But in those days Mr, Douglas was one of my best customers.
I can also say this: I have since left my side of the counter,
while Mr. Douglas sticks to his.

더글러스 씨가 말한 것은 분명히 사실입니다.
그러나 더글러스 씨는 저의 가게를 가장 많이 이용했던 고객 중의 한 분이었습니다.
또 이걸 말씀드릴 수 있습니다. 저는 그 후 그 술집을 그만두었지만
더글러스 씨는 여전히 그 가게를 드나들고 있습니다.

어휘 **my side of the counter:** 카운터의 나의 쪽 → 주인 자리
his (side of the counter): 카운터의 그의 쪽 → 손님 자리

■ 제2화

역시 1858년 더글러스가 링컨을 two-faced man(두 얼굴을 가진 이중인격자)이라고 몰아붙였다. 그러자 링컨은 이렇게 받아쳤다.

I leave it to my audience, if I were two-faced, would I be wearing this one? (*Version 1*)
If I had another face, do you think I would wear this one? (*Version 2*)

저는 여러분들의 판단에 맡깁니다. 만일 내게 또 하나의 얼굴이 있다면 제가 이 (못생긴) 얼굴을 하고 있겠습니까?

결국 1859년 더글러스는 주(州)의회(그 당시는 주(州)의회가 미국 상원의원을 선출했음)에서 54표 대 46표로 간신히 링컨을 물리쳤다. 링컨은 더글러스와의 대결에서 결국 패했지만 7회에 걸친 공개 토론 결과 전국적으로 명성을 얻게 되었다. 1860년 〈Lincoln-Douglas Debates 링컨-더글러스 논쟁〉이 출판되었고, 같은 해 공화당의 링컨과 민주당의 더글러스가 다시 한 번 맞붙은 1860년 대통령 선거에서 중요한 선거운동 자료로 쓰였다. 링컨은 대통령이 되었고, 더글러스는 링컨보다 훨씬 적은 표를 얻어 차점자가 되었다.

■ 링컨의 유머 한 토막

1996년 미국 대통령 선거에서 민주당 클린턴 후보와 경쟁했던 밥 돌 공화당 상원의원은 유머가 풍부한 역대 대통령 1위에 링컨(16대), 2위에 레이건(40대), 3위에 프랭클린 루스벨트(32대), 4위에 시어도어 루스벨트(26대)를 꼽았다. 링컨의 유머 한 토막을 보자.

One cold day when Lincoln was walking along the Springfield road, he came up to a man who was driving by in a carriage and asked him if he would take his overcoat into town. "With pleasure," the man said, "but how will you get it again?" "Very readily," said Lincoln, "I intend to remain in it."

어느 추운 날 링컨이 스프링필드 거리를 걷고 있다가, 마차를 타고 지나가는 어떤 사내에게 다가가더니 자기 코트를 시내로 실어다 주겠느냐고 물었다. 그러자 그 사내는 "물론이죠. 그러나 그걸 어떻게 찾아가시겠습니까?"라고 물었다. "아주 쉽지요. 나는 그 속에 있을 테니까요"라고 링컨이 대답했다.

17. 그릴리 vs. 링컨

남북전쟁이 한창일 때 당시 영향력 있는 New York Tribune의 주필 그릴리(Horace Greeley 1811~ 1872)가 링컨에게 Lincoln's administration lacks direction and resolve(링컨 행정부는 방향도 없고 결의도 없다)라고 주장하는 공개 서한을 보낸다. 1862년 8월 22일 링컨은 이에 대답한다.

■ 링컨의 답

If there be those who would not save the Union, unless they could at the same time save slavery, I do not agree with them. If there be those who would not save the Union unless they could at the same time destroy slavery, I do not agree with them. My paramount object in this struggle is to save the Union, and is not either to save or to destroy slavery. If I could save the Union without freeing any slave I would do it, and if I could save it by freeing all the slaves I would do it; and if I could save it by freeing some and leaving others alone I would also do that.

노예 제도를 살리면서, 연방을 구하기를 원하는 사람이 있다면, 본인은 그들과 의견이 다릅니다. 노예 제도를 죽이면서, 연방을 구하기를 원하는 사람이 있다면, 본인은 그들과 의견이 다릅니다. 이 싸움에 있어서 본인의 지상 목표는 연방을 구하는 것이지, 노예 제도를 살리는 것도 죽이는 것도 아닙니다. 어떤 노예도 해방하지 않고 연방을 구할 수 있다면, 그렇게 하겠습니다. 모든 노예를 해방함으로써 연방을 구할 수 있다면, 그렇게 하겠습니다. 노예의 일부는 해방하고 일부는 방치함으로써 연방을 구할 수 있다면, 역시 그렇게 하겠습니다.

18. 독자 vs. 마크 트웨인

마크 트웨인

출처 : Wikipedia

〈톰 소여의 모험 The Adventures of Tom Sawyer〉(1876)로 전 세계에 많은 독자를 만들었던 미국 소설가 트웨인(Mark Twain 1835~1910)이 젊어서 미주리(Missouri) 주의 어떤 신문의 편집자로 일할 때의 일이다. 어떤 superstitious subscriber(미신에 사로잡힌 구독자)가 편지를 보냈다. 그는 답신을 신문에 실었다.

Subscriber *I have found a spider in my paper. Is this a sign of good luck or bad?*

Mark Twain *Old subscriber: Finding a spider in your paper was neither good luck nor bad luck for you. The spider was merely looking over our paper to see which merchant is not advertising, so that he can go to that store, spin his web across the door and lead a life of undisturbed peace ever afterward.*

구독자 신문에서 거미를 발견했는데, 그것이 길조인지요, 흉조인지요?

마크 트웨인 구독자 귀하: 귀하가 신문에서 거미를 발견하신 것은 귀하에게는 행운도 아니거니와 불행도 아니올시다. 그 거미 놈은 그저 어느 상인이 광고를 하지 않고 있는가를 알기 위하여, 저희들의 신문을 대강 훑어보고 있었을 따름입니다. 그리하여 그놈은 그 (광고를 하고 있지 않는) 상점에 가서 문을 가로질러 거미줄을 쳐 놓고 그 후에 계속해서 마음 편한 생활을 할 수 있는 것입니다.

주 자기 신문에 광고하라는 이야기를 익살스럽게 표현하고 있다.

19. 출판사 vs. 오 헨리

〈마지막 잎새 The Last Leaf〉로 유명한 미국 단편소설가 헨리(O. Henry 1862~1910)는 따뜻한 유머와 깊은 페이소스를 작품에 풍겼다. 특히 독자의 의표를 찌르는 줄거리의 결말은 기교적으로 뛰어나다. 1896년 2년 전 그만둔 은행에서의 공금 횡령 혐의로 3년간 감옥 생활을 하는 사이에 얻은 풍부한 체험을 소재로 단편소설을 쓰기 시작하여, 이 복역이 한 저널리스트가 훌륭한 작가로 성장하는 계기가 되었다. 별난 유머 감각(whimsical sense of humor)으로도 유명하다. 죽기 얼마 전 뉴욕의 한 출판사(publishing house)에 인세를 보내달라고 몇 차례 편지를 썼으나 보람이 없자 출납직원(cashier)을 찾아갔다.

Cashier *I'm sorry, but Mr. Blank, who signs the checks, is laid up with a sprained ankle.*

Henry *But, my dear sir, does he sign them with his feet?*

출납직원 미안합니다만, 수표에 사인을 하는 모(謀)씨가 발목이 삐어서 누워있는데요.

헨리 그렇지만 여보시오, 그이는 발로 사인을 합니까?

20. 닉슨 vs. 소렌센

닉슨

출처 : Wikipedia

밥 돌(Bob Dole 1923~) 전 미국 상원의원 저(著) 〈Great Presidential Wit: A Collection of Humorous Anecdotes and Quotations 대통령의 탁월한 위트: 유머러스한 일화와 인용문 모음집〉에 있는 일화다. 1961년 케네디가 닉슨을 이기고 감동적인 취임 연설(stirring inaugural address)을 한 후 닉슨이 케네디의 연설 원고 작성자(ghost writer)에게 말했다.

Nixon *I wish I had said some of those things.*

Sorensen *What part? That part about 'Ask not what your country can do for you?'*

Nixon *No. The part that starts, 'I do solemnly swear.'*

닉슨 취임 연설 중 일부는 내가 했으면 좋았을 텐데.

소렌센 어떤 부분이죠? '국가가 국민 여러분들을 위하여 무엇을 할 수 있는가를 묻지 말라'에 관한 그 부분인가요?

닉슨 아니요. '나는 엄숙히 선서합니다(I do solemnly swear)'로 시작하는 부분요.

미국 대통령 취임 선서문(35개 단어)은 미국 헌법 2조 1항 8절에 명시되어 있다. 미국 헌법 2조는 행정부(Executive Branch)에 관한 조항이다. 4개항 중 1항이 대통령(President)에 관한 것으로 선거(Election), 취임(Installation), 이임(Removal)에 관한 사항이 명시되어 있다. 8

절(Clause 8)을 보자.

Before he enters on the execution of his office, he shall take the following oath or affirmation: "I do solemnly swear (or affirm) that I will faithfully execute the office of President of the United States, and will to the best of my ability, preserve, protect and defend the Constitution of the United States."

그는 대통령직을 수행하기 전에 다음과 같은 선서를 한다. "나는 미국 대통령직을 성실히 수행하며, 최선을 다하여 미국의 헌법을 유지하고, 보호하고, 수호할 것을 엄숙히 선언합니다."

Before he enters on the execution of his office에서 he는 the President를 말한다. 여성 대통령의 출현을 예견해서라도 이 부분을 he/she로 바꾸어야 할 것 아닌지? 단 he가 남녀 공통으로 '그 사람'이라는 의미가 있기는 하다. Go and see who is there and what he wants(누가 왔는지 무슨 볼일인지 가서 알아보아라). 한편 미국 것을 본뜬 우리나라의 대통령 취임 선서는 미국 대통령의 취임 선서보다 구체적이다. "나는 헌법을 준수하고 국가를 보위하며, 조국의 평화적 통일과 국민의 자유와 복리의 증진 및 민족 문화의 창달에 노력하여 대통령으로서의 직책을 성실히 수행할 것을 국민 앞에 엄숙히 선서합니다."

어휘 **-stitution** –立(설 립)에 해당하는 접미사(接尾辭)
institution 내(內)+립(立) = 설립
destitution 비(非)+립(立) = 결핍 (destitute 빈곤한)
constitution 병(竝)+립(立) = 구성 · 헌법
substitution 하(下)+립(立) = 대리 · 대용 (substitute 대신하다)
prostitution 전(前)+립(立) = 매춘 (손님을 끌기 위해 업소 앞에 나와 서 있음) (prostitute 매춘부)

그런데 2009년 1월 20일 오바마가 취임 선서를 할 때 이런 일이 있었다. 로버츠(John G. Roberts Jr.) 대법원장(Chief Justice)이 헌법에 명시된 문구 faithfully execute the office of President of the United States를 'execute the office to President of the United States faithfully'라고 잘못 선창하는 말실수(tongue slip)를 했다. 부사 faithfully의 위치가 바뀌었고 of President에서 전치사 of가 to로 바뀐 것이다. 오바마는 틀린 것을 알고 잠시 멈칫했으나 대법원장이 불러주는 대로 따라했다. 취임식 다음날인 21일 저녁, 로버츠 대법원장 앞에서 다시 취임 선서를 했다. 이러한 말실수를 a slip of the tongue이라 한다.

어휘 **a slip of the pen**: 잘못 쓰기. **a slip of the press**: (인쇄) 오식

미국의 매스컴은 이것을 'noticeable gaffe(주목할 만한 실언)', 'wardrobe malfunction(의상 오작동 · 우발적 신체 노출 사고)'라고 했다. wardrobe malfunction이란 a euphemistic term for an embarrassing display of a body part when clothing droops, falls, or is torn(의상이 처지거나 흘러내리거나 찢어질 때 신체의 일부가 노출되어 난처한 처지에 이르는 것에 대한 완곡적 표현)이다.

미국은 정교(政教)분리 국가다. Congress shall make no law respecting an establishment of religion, or prohibiting the free exercise thereof(연방 의회는 종교 설립을 존중하거나 자유로운 신앙 행위를 금지하는 법률을 제정할 수 없다)라고 The First Amendment(미국 수정헌법 제1조)에 명시되어 있다. 그러나 워싱턴 초대 대통령 이래 성경에 손을 얹고 선서하는 것이 일종의 관례로 되어 있다. 개신교 문화 영향 때문이다. 제6대 애덤스 대통령은 성경 대신에 헌법과 법률을 담은 법전에 손을 얹고 선서했다. 성경이 종교적인 목적으로만 사용되어야 한다는 소신 때문이었다.

21. 세평 vs. 볼테르

볼테르

출처 : Wikipedia

피신, 체포, 연금, 추방, 망명, 두 번에 걸친 바스티유 감옥에의 투옥. 프랑스 작가 볼테르(Voltaire 1694~1778)의 인생이다. 저항과 논쟁이 주된 동기였다. 비판적 활동과 재치와 풍자로 뭉쳐진 작품은 유럽의 진로에 영향을 주었다. 개인의 사상을 부당하게 침해받을 때 기본권을 수호하겠다는 결연한 의지를 표명하면서 인용하는 유명한 문구가 있다. I disapprove of what you say, but I will defend to the death your right to say it(나는 당신의 의견에는 찬성하지 않으나 당신이 그것을 말할 권리는 죽을 때까지 옹호한다). 2005년 3월 21일자 동아일보의 〈애국과 표현의 자유〉라는 제하의 「횡설수설」에서 박명진 객원논설위원(서울대 교수 · 언론학)은 "볼테르는 '나는 당신의 의견에 동의하지 않는다. 그러나 당신이 자유롭게 의견을 말할 수 있도록 하기 위해선 목숨 걸고 싸울 것이다'고 말한 것으로 전해진다. 언제 어디서 볼테르가 그런 발언을 했는지는 기록이 분명치 않으나 언론의 자유를 강조할 때 흔히 인용되는 문구다"라고 적고 있다. 필자는 여러 문서를 살펴본 결과 다음과 같은 결론에 도달했다.

Think for yourselves and let others enjoy the privilege to do so too.
스스로 사유하고, 다른 사람들도 그럴 특권을 누리게 하라.

- 볼테르가 직접 한 말

I hate what you write, but I will give my life so that you can continue to write.
나는 당신의 의견을 혐오하나 당신이 계속해서 글을 쓸 수 있도록 생명을 바쳐 옹호하겠다.

- 볼테르가 직접 한 말

I disapprove of what you say, but I will defend to the death your right to say it.
나는 당신의 의견에는 찬성하지 않으나 당신이 그것을 말할 권리는 죽을 때까지 옹호하겠다.

- 볼테르의 전기 작가 Hall이 볼테르의 신념을 설명하는 일종의 삽화(illustration)로 한 말

"I disapprove of what you say, but I will defend to the death your right to say it(나는 당신의 의견에는 찬성하지 않으나 당신이 그것을 말할 권리는 죽을 때까지 옹호하겠다)." 이 말이 〈리더스 다이제스트〉(1934년 6월호)에 볼테르의 〈훌륭한 말 Quotable Quote〉라고 인용되었으나, 이는 잘못이었다. 이 말은 볼테르의 말이 아니라 〈볼테르의 친구들 The Friends of Voltaire〉(1906)라는 전기를 쓴 여류 작가 홀(Evelyn Beatrice Hall 1868~1919)이 처음 쓴 말이다. 그녀는 볼테르의 신념을 구체적으로 설명하는 일종의 삽화(illustration)로 이 구절을 썼다. 이 말은 인용문이 아니라 볼테르의 저술 〈관용(寬容)론 · Traite Sur La Tolerance · Essay on Tolerance〉를 근거로 한 볼테르의 태도에 대한 부연설명(paraphrase)이었다. 볼테르는 이 저술에서 "Think for yourselves and let others enjoy the privilege to do so too(스스로 사유하고, 다른 사람들도 그럴 특권을 누리게 하라)"라고 주장했다. 홀(Hall)의 저서 〈볼테르의 친구들 The Friends of Voltaire〉(1906)에서 이 말이 처음 등장한 단락(paragraph)은 이렇다.

On the Mind (De l'Esprit) by Helvétius became not the success of the season, but one of the most famous books of the century. The men who had hated it and had not particularly loved Helvétius, flocked round him now. Voltaire forgave him all injuries, intentional or unintentional. 'What a fuss about an omelette!' he exclaimed when he heard of the burning. 'How abominably unjust to persecute a man for such an airy trifle as that! I disapprove of what you say, but I will defend to the death your right to say it.' was his attitude now.

엘베티우스(Helvétius)가 쓴 〈On the Mind · De l'Esprit〉는 당시에는 성공하지 못했으나 당(當)세기의 가장 유명한 책 중의 하나가 되었다. 이 저술을 혐오했고 특히 엘베티우스를 좋아하지 않았던 사람들이 볼테르의 주변에 대거 몰려들었다. 볼테르는 고의적이든 아니든 그를 모욕하지 않았다. 그 책의 논란에 대한 세평을 듣자 볼테르는 '오믈렛 하나에 무슨 소란이야!'라고 호통 쳤다. '그와 같이 사소한 일을 가지고 한 인간을 괴롭힌다는 것은 대단히 부당한 일 아닌가! '나는 당신의 의견에는 찬성하지 않으나 당신이 그것을 말할 권리는 죽을 때까지 옹호하겠다'가 당시 그의 태도였다.

홀(Hall)은 볼테르가 대수도원장 le Riche에게 보낸 1770년의 편지의 한 구절 "Reverend, I hate what you write, but I will give my life so that you can continue to write(대수도 원장님, 나는 당신의 의견을 혐오하나 당신이 계속해서 글을 쓸 수 있도록 생명을 바쳐 옹호하겠다)"이라는 구절에서 감을 잡고 엘베티우스(Claude Adrien Helvétius)와 그의 저서 〈On the Mind · De l'Esprit〉에 대한 볼테르의 태도를 그녀 자신의 말로 요약하고자 했다. 결국 1인칭 표현이 볼테르가 실제로 그렇게 말한 것으로 오해되었던 것이다. 홀(Hall)은 이렇게 말한 바 있다.

The phrase 'I disapprove of what you say, but I will defend to the death your right to say it.' which you have found in my book 'Voltaire in His Letters' is my own expression and should not have been put in inverted commas. Please accept my apologies for having, quite unintentionally, misled you into thinking I was quoting a sentence used by Voltaire.

〈볼테르의 편지에 나타난 볼테르〉라는 제목의 저술에 있는 '나는 당신의 의견에는 찬성하지 않으나 당신이 그것을 말할 권리는 죽을 때까지 옹호한다'라는 구절은 내 자신의 표현이기 때문에 인용 부호를 넣지 말았어야 했다. 전혀 고의는 아니었지만 볼테르가 사용한 문장을 내가 인용하고 있는 것처럼 독자를 오도한 점에 대하여 사죄를 받아주기를 빈다.

22. 신부 vs. 볼테르

볼테르는 임종의 순간에 요행을 바라지 않았다. 신부가 울면서 그에게 갑자기 말한다. 볼테르는 부드럽게 답한다.

Priest	*Do you utterly renounce and abhor the Devil and all his works?*
Voltaire	*Father, is this any time to be making enemies?*
신부	사탄과 사탄의 모든 소행을 완전히 거부하고 부인하십니까?
볼테르	신부님. 지금이 적을 만들고 있을 때인가요?

해설 이신론자(deist)로서 이미 하느님과 적이 되었는데, '이제 죽는 마당에 사탄까지 적을 만들라는 말인가?'라고 묻는 재치 있는 말.
Is this any time to be making enemies?(수사의문문)
= This is no time to be making enemies(지금은 적을 만들고 있을 때가 아니다).

볼테르의 이 한마디는 그의 인생 전체를 대변하는 말이다. 볼테르는 이신론자(deist)다. Deism is the belief that God created the universe but does not influence human lives(이신론(理神論)이란 신이 우주를 창조했으나 인간의 삶을 좌우하지 않는다는 신앙이다). 성서를 비판적으로 보고 초자연적 존재로서의 하느님을 부정한다. 즉 계시, 기적, 은총, 신비 등을 부정한다. Voltairean(= Voltairian)라고 하면 '종교적 회의주의자'라는 의미가 된다. 미국 건국의 아버지들(Founding Fathers)인 제퍼슨과 프랭클린은 딱 부러진 이신론자(outspoken deist)였다. Thomas Jefferson stripped away all supernatural references from the Christ story(토머스 제퍼슨은 예수의 이야기에서 기적에 관한 부분은 모두 떼어냈다). 이것이 Jefferson Bible(제퍼슨 바이블)이다.

제퍼슨이 초안을 잡은 독립선언서(Declaration of Independence)의 구절 the separate and equal station to which the Laws of Nature and of Nature's God entitle them(one people)(자연의 법과 자연의 신이 한 국민에게 부여한 독립 평등의 지위)에서의 God은 여호와(Jehovah 전능한 신)가 아닌 이성(자연법칙)이다. 사탄은 그리스도교에서 하나님에게 대적하는 마귀를 이르는 말이다. 〈창세기〉 3장에서는 사탄이 뱀으로 나타나 하와를 유혹해서 하느님의 명령을 배반케 하였으며, 〈누가복음〉 22장에서는 유다의 마음에 들어가 예수를 배반하게 만들었으며, 〈요한계시록〉 20장에서는 예수 그리스도에 의해 멸망해 없어질 존재로 취급되어 있다. 따라서 볼테르가 사탄의 존재를 인정하면 곧 그가 하나님이 초자연적 존재라는 것을 인정하는 셈이 된다. 그는 죽는 순간까지 deist였다.

23. 아무개 vs. 장 콕도

Someone	*Do you believe in luck?*
Jean Cocteau	*Certainly, how else do you explain the success of those you don't like?*
아무개	운(運)이라는 것이 있는 것인가?
장 콕도	확실히 있지, 없다면 좋아하지 않는 사람들의 성공을 어떻게 설명할 수 있단 말인가?

장 콕도(Jean Maurice Eugene Clement Cocteau 1889~1963)는 프랑스의 시인, 소설가, 극작가, 저술가, 복싱 매니저, 영화 제작자이다.

24. 참사 회원 vs. 피터 릴리

피터 릴리
출처 : Wikipedia

네덜란드 화가 피터 릴리 경(卿)(Sir Peter Lely 1618~1680)은 17세기 중반 영국 귀족들의 초상화로 유명한 초상화가다. 그는 1643년경 영국으로 건너갔다. 공화정 시대와 왕정복고 시대에 가장 훌륭한 초상화들을 그렸다. 1679년 기사 작위를 받았다. 왕정복고 시대에 그린 여인 초상화들은 신비스러운 채색과 노련한 비단 옷의 묘사, 주제를 감싸는 감각적인 나른한 분위기로 유명하다. 그런데 이런 일이 있었다. 릴리 경은 부유한 런던시의 참사(參事) 회원(alderman)을 그리기로 하고 초상화의 값을 미리 합의했다. 그 회원은 풍채나 얼굴을 타고나지 못했다. 그림이 다 되자 회원은 자기가 그림을 사지 않으면 그림은 그대로 화가의 손에 있을 수밖에 없을 것이라고 우겨대면서 값을 깎으려고 하였다.

Sir Peter	*That's your mistake, for I can sell it at double the price I demand.*
Alderman	*How can that be? For it is like no one but myself.*
Sir Peter	*True, but I will draw a tail to it, and then it will be an excellent monkey.*
피터	잘못 생각한 것이오. 이 그림을 내가 요구한 금액의 배를 받고 팔 수 있기 때문이오.
참사 회원	어떻게 그럴 수 있단 말이오? 이 그림은 나 말고는 아무도 닮지 않았는데요.
피터	옳은 말씀입니다만, 이 그림에 꼬리를 붙이면 영락없는 원숭이가 될 것이오.

Mr. Alderman, to prevent being exposed, paid down the money the painter demanded, and carried off the picture.

참사 회원은 이런 그림을 남이 볼까 봐 화가가 요구한 돈을 치르고 그림을 갖고 자리를 떴다.

25. 기자 vs. 신경심리학자 헵

신경심리학(neuropsychology)의 아버지인 캐나다의 심리학자 헵(Donald Olding Hebb 1904~1985)은 어떤 기자의 질문에 다음과 같이 되물었다.

journalist *Which, nature or nurture, contributes more to personality?*
Hebb *Which contributes more to the area of a rectangle, its length or its width?*

기자 천성과 양육 중 어느 것이 성격에 더 많은 영향을 미칠까요?
헵 길이와 너비 중 어느 쪽이 직사각형의 면적에 더 기여할까요?

Nature versus nurture(본성 대 양육)

인간의 신체적 그리고 행태적 특성을 결정하는 요인이 타고난 성질(innate quality)인가? 아니면 양육인가? 이 대결은 지금도 현재진행형이다. 이른바 '선천론(유전자결정론) 대 경험론', '본성 대 양육', '유전 대 환경', '성숙 대 학습' 논쟁만큼 심각한 주제도 없다.

• 양육(養育)론

인간은 '선천적 혹은 내재적 정신 알맹이(innate or built-in mental content)'를 갖고 태어나는 것이 아니라, '외부 세계의 경험과 감각적 지각(experiences and sensory perceptions)', 즉 양육(nurture)으로 인간의 성격이 형성된다는 이론이다. 인간의 본성(천성)은 교육 환경으로 바뀔 수 있다는 주장이다. 양육 이론을 라틴어로 타불라 라사(tabula rasa) 이론, 즉 영어로 빈 서판(blank slate) 이론이라고 한다. '사람의 마음은 아무것도 쓰여 있지 않은 흰 종이와 같으며 그 내용은 오로지 경험에 의해 채워진다'는 이론이다. 로크(John Locke 1632~1704)가 이 이론을 주창했으며, 프로이드(Sigmund Freud 1856~1939)가 어린 시절의 경험이 사람의 마음에 미치는 영향을 강조하며 경험론을 거들었다. 미국 심리학자 왓슨(John Watson 1878~1958)은 러시아의 생리학자 파블로프(Pavlov 1849~1936)의 조건 반사 이론 - 개에게 먹이를 줄 때마다 종을 치면 나중에는 학습 효과로 인해 종만 치더라도 침을 흘린다는 이론 - 을 발전시켜 훈련만으로도 사람의 성격을 바꿀 수 있다고 밝혔다.

• 본성(本性)론(유전자결정론)

원조는 진화론을 창시한 영국 박물학자 다윈(Charles Darwin 1809~1882)이다. 어떤 종류의 유전자가 동물을 동물답게 하고, 어떤 종류의 유전자가 인간을 인간답게 하며, 어떤 개인의 유전자가 개인을 그답게 한다는 것이다. 다윈의 사촌인 골턴(Francis Galton 1822~1911)도 1883년 우생학(eugenics)을 창시하며 "인간 행동에서 중요한 것은 유전적 요소이지 양육이나 환경이 아니다"라고 유전자 결정론을 적극 옹호했다. 미국의 언어학자 촘스키(1928~)는 "말문이 조금 트인 아이가 전에 한 번도 들은 적이 없는 문장을 자유롭게 말하는 것은 태생적으로 언어 능력을 갖고 있기 때문이다"는 태생적 언어 능력을 제시하면서 본성을 강조했다.

미국의 진화심리학자 스티븐 핑커(Steven Finker 1954~)는 그의 저서 〈Blank Slate 빈 서판〉에서 양육(養育)론을 비판했다. '태어나서 다른 환경에서 자란 일란성 쌍둥이와 다른 부모에게서 태어났지만 같은 부모 밑에서 자란 두 명의 입양아를 비교했을 때, 다른 환경에서 자란 일란성 쌍둥이가 같은 환경에서 자란 입양아보다 성품, 지능, 습관 등이 훨씬 비슷하다'는 실험 결과를 내놓았다. 일란성 쌍둥이 자매인 프랑스 파리에서 단편영화 감독 겸 작가로 활동하는 셰인(Elyse Schein)과 미국 뉴욕에서 활동하는 작가 번스타인(Paula Bernstein)이 태어나자마자 생이별한 후 35세 때인 2004년 처음 만났다. 35년간 떨어져 지냈음에도 불구하고 자매는 유사성이 많았다. 여기서 Identical Strangers(일란성 타인 · 태어나자마자 생이별한 쌍둥이)란 말이 생겼다.

• Nature via Nurture(양육을 통한 본성)

영국의 science writer(과학 저술가) 리들리(Matthew White Ridley 1958~)는 그의 2003년 저서 〈Nature via Nurture: Genes, Experience, and What Makes Us Human 양육을 통한 본성: 유전자, 경험, 그리고 무엇이 우리를 인간으로 만드는가?〉에서 본성이나 양육 어느 하나로 규정하는 이분법에 마침표를 찍으면서 '양육을 통한 본성'이라는 이론을 제시했다. "유전자는 양육에 의존하고 양육은 유전자에 의존한다. 본성 대 양육의 논쟁은 제로섬 게임 같은 싸움이 아니라 상호 보완을 통해 서로가 승리하는 win-win 게임이다"라고 주장했다. '유전자를 두려워하지 말라', '유전자는 압제자가 아니라 조력자다' 등의 주장은 본성에 약간 경도된 시각이지만 애써 양육의 중요성을 강조하고 있다. 타고난 것을 조금도 바꿀 수 없다면 교육이 무의미해지게 되고, 노력할 필요가 없다. 조선 중기 김득신(金得臣 1604~1684)은 뒤돌아서면 잊어버려 똑같은 책을 만 번 읽은 노력 하나로 과거에 급제하였을 뿐만 아니라 시명(詩名)을 날린 문장가가 되었다. 오바마(Barack Hussein Obama II 1961~)는 한때 흑인이라는 정체성(identity)을 고민하며 술과 마약에 빠졌지만 강한 의지로 마음을 잡고 마침내 미국 대통령이 됐다. 의지는 유전되지 않는다.

26. 요기 베라 vs. 뉴욕시장 부인

요기 베라

출처 : Wikipedia

'요기' 베라(Lawrence Peter 'Yogi' Berra 1925~)는 미국의 전직 야구 선수로 나중에 팀 감독이 되었다. 그는 yogi(요가 수행자)를 닮았다고 말한 친구로부터 yogi라는 닉네임을 얻었다. 베라는 pun(재담)으로 유명하고, 영어를 도발적, 파격적으로 사용하는 것으로 유명하다.

The Mayor's wife	*You look <u>cool</u> in your summer suit.*
Yogi Berra	*You don't look so <u>hot</u> yourself.*
시장 부인	여름 정장이 멋있어(시원해) 보이는군요.
요기 베라	당신은 그다지 멋있어(더워) 보이지 않는군요.

여기에서 cool은 '멋있는', '시원한'이라는 두 가지 의미를 담고 있으며, hot도 '멋있는', '더운'이라는 두 가지 의미를 담고 있다. 대화의 시점이 여름이므로 cool을 hot로 받아쳐, 요기 베라 특유의 재치 있는 word play(말장난)를 하고 있다.

The Mayor's wife	*Where would you like to be buried?*
Yogi Berra	*Surprise me!*
시장 부인	어디에 묻히고 싶으세요?
요기 베라	당신이 고르고, 나중에 나한테 말해줘요!

어휘 surprise me: 나를 놀라게 해줘

A What movie do you feel like seeing?
어떤 영화 보고 싶어?

B I don't know. Surprise me.
네가 고르고 나중에 나한테 말해.

Waiter	*How many slices should be cut in your pizza?*
Yogi	*You better cut the pizza in four pieces because I'm not hungry enough to eat six.*
웨이터	피자를 몇 조각으로 잘라야 하나요?
요기	네 조각으로 자르는 게 좋겠어요. 여섯 조각을 먹을 만큼 배가 고프지 않아요.

Someone	*What makes a good manager of a baseball team?*
Yogi Berra	*A good ball club.*
아무개	훌륭한 야구 감독은 무엇으로 만들어지나요?
요기 베라	훌륭한 야구팀.

Someone	*Has first baseman Don Mattingly exceeded expectations?*
Yogi Berra	*I'd say he's done more than that!*
아무개	제1 내야수 돈 매팅리(Don Mattingly)가 기대 이상이었습니까?
요기 베라	그보다 더 많이 해냈다고 말하고 싶습니다!

Someone	*What would you do if you found a million dollars?*
Yogi Berra	*I'd find the fellow who lost it, and, if he was poor, I'd return it.*
아무개	만약 100만 달러를 줍는다면 그것으로 무엇을 하겠습니까?
요기 베라	주인을 찾은 후에, 만일 그가 가난하다면 그것을 돌려주겠습니다.

27. 워싱턴 포스트지 vs. 루스벨트

Washington Post headline	FDR IN BED WITH COED
President Franklin Roosevelt	*I'll send a hundred copies to my friends.*
워싱턴 포스트지 헤드라인	여대생과 동침 중인 루즈벨트 대통령
프랭클린 루스벨트 대통령	나의 친구들에게 100부를 보내겠다.

The New Deal period saw one of the Washington Post's most comical typographical errors. US president Franklin Roosevelt was bedridden owing to a cold. The Washington Post headline read, "FDR IN BED WITH COED," thereby conveying an altogether different and a perhaps more beguiling message. The President was so amused that he called the paper to ask for a hundred copies of the first edition to be sent to his friends. Unfortunately the Post's circulation department had already managed to gather and destroy all remaining copies.

루즈벨트 정권 시절(1940년대 뉴딜 정책 시절) 워싱턴 포스트지의 가장 희극적인 인쇄 실수 사건 하나가 있었다. 루스벨트 대통령이 독감에 걸려 고생하고 있을 때, 워싱턴 포스트지는 "여대생과 동침 중인 루즈벨트 대통령"라는 표제를 달았다. 이로 인해서 전혀 다른, 어쩌면 오히려 재미있는 메시지가 전해졌다. 대통령은 매우 즐거워한 나머지 신문사에 전화를 걸어 초판 100부를 주문했다. 친구들에게 보내기 위해서였다. 불행하게도 포스트지의 보급국은 이미 전력을 다해 회수하고 남아있는 모든 부수를 전량 폐기해버린 후였다.

해설 conveying an altogether different and a perhaps **more** beguiling message에서 more는, She is more kind than wise(그녀는 현명하다기보다는 상냥하다)란 문장에서처럼, different와 beguiling을 비교하여 '오히려'란 의미로 사용되어 있다.

28. 모리스 vs. 대학생

■ Situation 장면

William "Willie" Morris(1934~1999) was an American writer and editor born in Mississippi. In 1967 he became the youngest editor of Harper's Magazine. He wrote several works of fiction and non-fiction. He was on a college lecture tour during the Vietnam War years. A student at one school tried to taunt him.

모리스(William "Willie" Morris 1934~1999)는 미시시피 출신의 미국 작가이며 편집자다. 그는 1967년 Harper's Magazine(뉴욕시에서 발행되는 미국에서 가장 유서 깊고 권위 있는 월간 문예시론 잡지)의 최연소 편집장이 되었다. 그는 여러 편의 논픽션과 소설을 썼다. 그가 베트남전쟁 때 대학을 돌아다니며 강연을 했다. 한 대학에 갔더니 어떤 학생이 그를 조롱하려고 하였다.

Student I don't trust anyone over 30. What do you think of that ?

Morris I don't trust anyone under 30 — they lack experience, are self-righteous and ignorant of the rhythms of history. Furthermore, I trust no one over 30, obsessed as they are with material things.

Student How old are you ?

Morris I'm 30.

대학생 전 서른 살보다 많은 사람을 믿지 않습니다. 선생님은 어떻게 생각하세요?

모리스 난 서른 살이 안 된 사람을 믿지 않습니다. 그들은 경험이 모자라고 독선적이며 역사의 흐름을 모릅니다. 그리고요, 서른 살보다 많은 사람도 믿지 않습니다. 그들은 물질적인 것에 사로잡혀 있기 때문입니다.

대학생 선생님은 몇 살이신데요?

모리스 난 서른이오.

29. 레이건 vs 지오다노

Reagan I hope you're all Republicans!

Giordano Today, Mr. President, we're all Republicans.

레이건 당신들 모두가 공화당원이었으면 하오!

지오다노 대통령 각하, 오늘은 우리 모두 공화당원입니다.

1981년 3월 30일(현지 시간) 미국 워싱턴에서 레이건 미국 대통령은 미국노동총연맹산업별회의(American Federation of Labor and Congress of Industrial Organizations)에 참석해 연설을 마친 후 차에 오르고 있었다. 군중을 향해 손을 들어 흔드는 순간 총성이 여러 번 울렸다. assassination attempt(암살 기도)였다. 대통령은 가슴에 총탄을 맞았다. 수행하던 백악관 대변인(Press Secretary) 제임스 브래디(James Brady)와 다른 두 명도 총탄을 맞았다. 암살 시도자(would-be assassin)는 당시 25세의 존 힌클리 2세(John Hinckley, Jr.)였다. 저격 동기는 영화배우 '조디 포스터(Jodie Foster)에 대한 짝사랑(obsession with Jodie Foster)'이었다. 자신의 존재를 알리기 위하여 포스터가 출연한 영화 〈택시 드라이버 Taxi Driver〉의 한 장면을 흉내 내어 저격했던 것이다. 탄환이 레이건의 왼쪽 폐를 뚫었다. 심장과의 거리는 '1인치(2.54 cm) 미만(less than one inch)'이었다. 대통령은 그런 와중에서도 해학이 넘쳤다. 총알 제거 수술에 들어가기 전 부인에게 "Honey, I forgot to duck(여보, 고개를 숙이는 것을 잊었구려)"라고 말했다. 수술실에 들어온 의사들에겐 "당신들 모두가 공화당원이었으면 하오!"라고 말하기도 했다. 그들은 공화당원이 아니었지만, 닥터 지오다노(Dr. Joseph Giordano)가 "대통령 각하, 오늘은 우리 모두 공화당원입니다"라고 대답했다. 유머 한 마디로 심각한 상황(grave situation)을 낙천적 상황(light-hearted situation)으로 바꿨다. 그는 4월 11일에 퇴원했다. 그는 암살 저격을 받고도 살아난 미국 최초의 현직 대통령(the first serving US President to survive being shot in an assassination attempt)이 되었다.

■ 예화 2

1986년 1월 28일 7명의 승무원을 태운 미국의 우주 왕복선 챌린저호(Space Shuttle Challenger)가 플로리다(Florida)주의 케이프 커내버럴 공군기지(Cape Canaveral Air Force Station)에서 발사된 후 75초 만에 공중에서 폭발했다. 그날 저녁 레이건 대통령은 백악관 집무실 TV 카메라 앞에서 연설을 했다. 다음은 마지막 부분이다. 시적(poetic)이다.

There's a coincidence today. On this day 390 years ago, the great explorer Sir Francis Drake died aboard ship off the coast of Panama. In his lifetime the great frontiers were the oceans, and a historian later said, "He lived by the sea, died on it, and was buried in it." Well, today, we can say of the Challenger crew: Their dedication was, like Drake's, complete. The crew of the space shuttle Challenger honored us by the manner in which they lived their lives. We will never forget them, nor the last time we saw them, this morning, as they prepared for their journey and waved goodbye and slipped the surly bonds of earth to touch the face of God.

우연하게도 390년 전 오늘 (영국의) 위대한 탐험가 프랜시스 드레이크(Francis Drake)경이 파나마 앞바다의 배에서 죽었습니다. 평생 동안 바다는 그의 광대한 개척지였습니다. 후에 한 역사가는 말했습니다. "그는 바다에서 살았고, 바다에서 죽었고, 바다에 묻혔다"고. 그런데 오늘 우리는 챌린저호 승무원에 대해 말할 수 있게 되었습니다. 그들의 헌신은 드레이크의 공헌처럼 완전했습니다. 우주 왕복선 챌린저호의 승무원들은 그들의 삶의 방식대로 우리에게 영광을 주었습니다. 우리는 그들을 결코 잊지 않을 것입니다. 그리고 오늘 아침 그들을 보았던 마지막 순간을 결코 잊지 않을 것입니다. 그들은 여행을 채비한 후 작별인사를 하며, 결국은 신의 얼굴을 만지러 가기 위하여 지상의 험악한 굴레를 빠져나갔기 때문입니다.

30. 아무개 vs. 아인슈타인

아인슈타인

출처 : Wikipedia

Someone *Can we see your laboratory?*
Einstein *(Taking a fountain pen from his pocket) There it is!*
아무개 당신의 실험실을 볼 수 있을까요?
아인슈타인 (자기의 주머니에서 만년필을 꺼내며) 여기가 실험실입니다.

또 한 번은 이렇게 말했다. My most important piece of scientific equipment is my wastepaper basket where I throw much of my paper work containing mathematical computations(나의 가장 중요한 과학 연구 장비는 수학 계산이 적힌 많은 기록물을 던져놓은 휴지통이다). 지식 창조(creation of knowledge)란 사례 연구 조사(case study research)를 통하여 이루어진다는 것을 단적으로 보여 준 일화들이다. 폴란드 태생 미국 작가(1978년 노벨 문학상 수상) 싱어(Isaac B. Singer 1902~1991)도 이런 말을 했다. The wastebasket is a writer's best friend(휴지통이 글을 쓰는 사람의 가장 좋은 친구다).

31. 트루먼이 더글러스 맥아더를 해임하면서

트루먼

출처 : Wikipedia

I'm going to fire that son of a bitch right now.
그 개자식을 당장 해임시켜야겠소.

- 트루먼 대통령이 맥아더를 해임하기 전 국방장관 마셜(Marshall)에게 한 말

I fired him because he wouldn't respect the authority of the President.
<u>I didn't fire him because he was a dumb son of a bitch,</u> although he was, but that's not against the law for generals. If it was, half to three-quarters of them would be in jail.
내가 그를 해임한 것은 그가 대통령의 권위를 존중하지 않으려 했기 때문이었습니다.
그가 멍청한 개자식이었지만 그것 때문에 해임한 건 아니었어요.
그게(멍청한 개자식이라는 사실) 장군 관련 법률에 위반되진 않아요.
만약 위반된다면 장군들의 절반 내지는 4분의 3이 감옥 신세를 지겠지요.

- 트루먼 대통령이 더글러스 맥아더 사령관을 해임한 후 한 말

주 I didn't fire him because he was a dumb son of a bitch.
(not이 because 이하를 부정)
그가 멍청한 개자식이었기 때문에 그를 해임하지 않았다. (x)
그를 해임한 것은 그가 멍청한 개자식이었기 때문이 아니었다. (o)

트루먼이 맥아더를 해임한 전말(顚末)을 보자. 트루먼 행정부는 만주를 폭격하면 소련이 개입할 것이란 점을 우려했다. 1951년 3월 리지웨이(Matthew Bunker Ridgway 1895~1993) 장군이 38선까지 반격하여 전쟁 이전 상태(status quo ante)가 되자 트루먼은 휴전(ceasefire)을 할 의사가 있다는 공개 선언을 할 결심을 하였다. 휴전은 중공과의 전면전(all-out war · full-scale war)을 구상하고 있었던 맥아더의 희망을 앗아갔다.

맥아더는 미국의 어느 누구에게도 통보하지 않고 자신이 직접 중공에게 성명(사실상의 최후통첩 a virtual ultimatum)을 발표했다. 이것은 상관의 지시와 국가 정책을 공공연히 깔아뭉갠 역사상 가장 시끄러운 행위(the most blatant act)로 기록됐다. 보도진에게 성명을 발표한 시간은 3월 24일(극동시간)이었다. 미국 대통령의 권한을 침해하는 것은 그렇다 치고, 중공이 평화를 간청하지 않으면 확전하겠다고 위협했다. 맥아더의 메시지를 발췌하면 이렇다.

The enemy must now be painfully aware that a decision of the United Nations to depart from its tolerant effort to contain the war to the area of Korea through expansion of our military operations to his coastal areas and interior bases would doom Red China to the risks of imminent military collapse. Within my area of authority as military commander, however, it should be needless to say I stand ready at any time to confer in the field with the commander in chief of the enemy forces in an earnest effort to find any military means whereby the realization of the political objectives of the United Nations in Korea, to which no nation may justly take exception, might be accomplished without further bloodshed.

UN이 전쟁을 한국 지역으로 제한하는 (중공에게) 관대한 (유엔의) 전략을 바꾸는 결정을 내린다면, 우리는 군사 작전을 중공 연안과 내륙 기지로까지 확대할 것이며, 이는 중공의 급속한 군사적 붕괴를 가져올 것임을 중공은 원치 않더라도 이제는 인식해야 한다. 그러나 어떠한 국가도 결코 이의를 달지 않는 한국에 대한 유엔의 정치적 목적이 더 이상의 유혈 없이 이루어질 수 있도록 군사적 방법을 모색해야 한다. 이를 위한 진지한 노력의 일환으로 나는 군사령관으로서의 권한 내에서 적군 최고 사령관과 언제라도 전장에서 협의할 준비가 되어 있다는 것은 말할 필요도 없다.

주 its tolerant effort to contain the war to the area of Korea
전쟁을 한국 지역으로 제한하는 (중공에게) 관대한 (유엔의) 전략 (contain: 제한하다)

맥아더는 트루먼의 평화주도권(Truman's peace initiative)을 무력화시키는 방법을 모색했던 것이다. 미국의 정책이 바뀌었느냐를 알아보려는 동맹국들의 문의가 엄청나게 쏟아졌으며 트루먼이 하려고 했던 제안은 이미 김이 새버렸다. 맥아더는 트루먼의 평화주도권이 끝장날 것이라고 생각했다. 사실상의 중공에 대한 최후통첩은 그가 트루먼의 계획을 안 지 단 며칠 만에 나왔으므로 우연의 일치라고 보기 어렵다.

1951년 4월 11일 트루먼 대통령은 미 극동군 총사령관 겸 유엔군 총사령관 맥아더 원수를 전격 해임한다. 맥아더는 라디오 뉴스를 통해 자신의 해임 사실을 접한다. 맥아더는 라디오로 뉴스를 듣고 해임 사실을 받아들였다. 트루먼(Truman)은 평소에 I always considered statesmen to be more expendable than soldiers(나는 정치가가 군인보다 소모적이라고 항상 생각했다)라고 말한 바 있지만 맥아더를 소모품으로 만들었다. 트루먼은 곧바로 맥아더 자리에 리지웨이(Ridgway) 대장을 임명했다.

32. '잘 때 무엇을 걸치고 자는가?'에 대한 먼로의 답

마릴린 먼로

출처 : Wikipedia

What do I wear in bed? Why, Chanel No. 5, of course.

내가 잘 때 무엇을 걸치고 자냐고? 그야 물론 샤넬 넘버 5 향수만 뿌리고 (벌거벗고) 잔다.

It's not true that I had nothing on. I had the radio on.

내가 아무것도 걸치지 않았다는 것은 사실이 아니다. 나는 라디오를 듣고 있었다.

주 on의 두 가지 의미, '옷을 걸치다', '라디오를 켜다'를 재치 있게 섞어 말장난하는 것임.

그녀는 자신이 섹스 심벌이 된 것을 숙명으로 받아들인 듯하다. 그녀는 거침없는 말을 하여 가상 성적 이미지를 연출했다. 또한 세상을 조롱한 당당한 섹스 심벌이었다.

Sex is part of nature. I go along with nature.

섹스는 자연의 일부이다. 나는 자연에 순응한다.

The body is meant to be seen, not all covered up.

육체는 온통 감싸라고 있는 것이 아니라 보여주라고 있는 것이다.

When my face goes, my body goes, I'll be nothing.

나의 얼굴이 소멸하고, 나의 육체가 소멸하면, 나는 무의미하게 될 것이다.

Being a sex symbol is a heavy load to carry,
especially when one is tired, hurt and bewildered.

섹스 심벌이라는 건 짊어지고 가야 할 무거운 짐이다.
특히 지치고, 상처입고, 당혹스러울 때 그렇다.

That's the trouble, a sex symbol becomes a thing.
But if I'm going to be a symbol of something,
I'd rather have it sex than some other things we've got symbols of.

섹스 심벌이 일종의 물체가 되는 것, 그것이 문제다.
그러나 무언가의 심벌이 되려고 한다면
세상 사람들이 갖고 있는 어떤 다른 심벌이 되느니 차라리 섹스 심벌이 되고 싶다.

해설 (1) That과 a sex symbol becomes a thing은 동격 관계다.

(2) I'd rather have it sex는 I'd rather have it that I'm going to be a symbol of sex than some other things we've got symbols of에서 밑줄 부분이 생략된 것임.

(3) have it that = say = argue = insist
Know yourself, as Socrates has it
소크라테스가 말한 것처럼, 너 자신을 알아라.
The lover and the poet are filled with imagination, as Shakespeare has it.
셰익스피어가 말한 것처럼 연인과 시인은 상상으로 꽉 차 있다.

People have a habit of looking at me
as if I were some kind of mirror instead of a person.
They don't see me, they see their own lewd thoughts,
then they white-mask themselves by calling me the lewd one.

사람들은 항상 나를 쳐다본다. 내가 마치 사람이 아니라 거울인 것처럼.

그들은 나를 보는 게 아니라 자신들의 음란한 생각을 본 것이다.
그리고는 나더러 음란하다고 비난함으로써 자신들은 순결한 척한다.

33. 알렉산더가 부친의 정복에 관한 소식을 전해 듣고

알렉산더

출처 : Wikipedia

When my father dies I shall weep, for he will get ahead of me in everything, and will leave nothing great for me to do.
나의 아버지가 죽으면 난 울 것이다. 나의 아버지는 모든 면에서 나보다 훌륭해 내가 할 일을 아무것도 남겨주지 않을 것이기 때문이다.

알렉산더가 어린 시절 아버지의 정복에 관한 소식을 전해 듣고 통렬히 울면서 한 말이다. 알렉산더 대왕은 필립포스 2세(Philip II)와 그의 네 번째 부인의 아들이다. 탄생에 관하여 〈플루타르크 영웅전〉의 작가 플루타르크는 '벼락이 배에 떨어지는 꿈을 꾸고 부인이 임신하였다' 또는 '필립포스가 아내의 곁에 있는 뱀을 보았다' 등의 이야기를 전한다. 필립포스 2세는 기원전 4세기에 은화를 발행하면서 제우스와 자신의 얼굴을 넣었다. 중국인이 화폐를 처음 발명했지만, 그가 최초로 인간 얼굴을 화폐에 넣었다는 것이 화폐 역사의 기록이다. 대왕의 아버지 필립포스 2세는 이렇게 말했다.

O my son, seek out a kingdom worthy of yourself, for Macedonia is too little for you.
오 나의 아들아, 너에게 어울리는 왕국을 찾아 나서라, 마케도니아는 너에게 너무나 작으니라.

34. Humorous Repartee(익살 재치즉답)

■ Skit 촌극 1

할리우드에서 출연료가 가장 많은 한 여배우는 유능했지만 자만심이 강하여 함께 일하기 힘들었다. 늘 여러 가지 요구 사항을 내걸어 감독들을 겁주곤 했다. 그런데 임자를 만났다. 예리한 위트로 정평이 나있는 젊은 감독이었다. 그녀가 그의 신경을 건드렸다. 그러자 그는 거침없이 응수했다.

Actress *You are not photographing my best side.*
Director *How can I, darling? You are sitting on it.*

여배우 당신이 나의 가장 아름다운 부분을 찍지 않고 있어요.
감독 도리가 없지 않소, 당신이 그것을 깔고 앉아 있으니 말이오.

주 그녀의 가장 아름다운 부분은 엉덩이라는 말을 재치 있게 표현.

■ Skit 촌극 2

성마른 성격과 독설로 정평이 나 있는 미국 상원이 어느 날 회의 도중 버럭 소리를 질렀다.

Half of this Senate is made up of cowards and corrupt politicians!
상원의원의 절반은 비겁하고 부패한 정치인들입니다!

다른 상원의원들은 모두 그 '버럭' 의원에게 그가 한 발언을 철회하지 않으면 이후 회의에 참석치 못하도록 퇴장시키겠다고 요구했다. 한참 생각한 끝에 그 '버럭' 의원은 마지못해 그 요구를 받아들여 철회하기로 했다.

Half of this Senate is NOT made up of cowards and corrupt politicians!
상원의원의 반은 비겁하고 부패한 정치인들이 아닙니다!

Skit 촌극 3

대학 3학년 비비안은 허술한 음식점에서 아르바이트를 하고 있었다. 어느 날 저녁 그녀가 시중든 화려한 옷차림의 남자 손님이 짐짓 잘난 체하는 어투로 그녀에게 말했다.

Customer	*Have you ever thought of going to college?*
Waitress	*Actually, I do go to college.*
Customer	*Well, I went to Harvard. And I'd never work in a place like this.*
Waitress	*I go to Columbia. And I'd never eat in a place like this.*
손님	대학에 다녀야겠다고 생각해 본 적 없어요?
여급	실은 대학에 다니고 있는걸요.
손님	난 말이죠, 하버드를 졸업했거든요. 그러니까 나는 이런 데서 일할 이유가 없지요.
여급	난 컬럼비아에 다니고 있거든요. 그러니까 나는 이런 데서 식사를 하지 않아요.

Skit 촌극 4

• Situation 장면

Noah Webster, the maker of the dictionary, carried his exact knowledge as to the meaning of words into ordinary speech. A story told of him – which is, of course, untrue – illustrates the point. Noah's wife entered the kitchen, to find him kissing the maid.
사전 편찬자인 노아 웹스터는 평소에 이야기할 때도 낱말의 뜻에 대한 정확한 지식을 활용했다. 물론 지어낸 이야기이지만 그의 특징을 잘 나타내주는 일화가 있다. 노아의 부인이 부엌에 들어가니 노아가 하녀와 키스를 하고 있었다.

Wife	*Why, Noah, I am surprised.*
Noah	*(regarding his wife disapprovingly) You are astonished – I am surprised.*
부인	아니, 노아, 놀랍군요.
노아	(못마땅하게 쳐다보고는) 놀란 사람은 나야, 당신은 자지러질 뻔했다고 해야지.

어휘 **surprised:** 놀란
astonished: 깜짝 놀란(surprised greatly)

소감 a fine skit for appreciation of the nice(= delicate) shades of meaning that synonymous words have(동의어가 갖는 의미상의 미묘한 차이를 식별하기 위한 좋은 촌극)

■ Skit 촌극 5

• Situation 장면

A defense attorney was cross-examining a police officer during a felony trial. The lawyer was trying to undermine the policeman's credibility.

변호사가 중범죄 재판에서 경찰관을 반대심문하고 있다. 변호사는 경찰관의 신뢰성을 훼손하려고 애쓰고 있었다.

Q: Officer, did you see my client fleeing the scene?
A: No sir. But I subsequently observed a person matching the description of the offender, running several blocks away.
질문: 경관님, 나의 변호 의뢰인('피고'를 말함)이 범행 현장에서 도주하는 걸 봤습니까?
답변: 아닙니다. 하지만 그 후에 범인의 인상착의와 일치하는 사람이 몇 블록 떨어진 데서 달아나고 있는 것을 보았습니다.

Q: Officer, who provided this description?
A: The officer who responded to the scene.
질문: 경관님, 그 인상착의는 누가 말한 것입니까?
답변: 현장에 갔던 경관입니다.

Q: A fellow officer provided the description of this so-called offender. Do you trust your fellow officers?
A: Yes, sir. With my life.
질문: 동료 경관이 소위 그 범죄자의 인상착의를 말했다 이거지요. 당신은 동료 경관을 믿습니까?
답변: 네, 맹세코 믿습니다.

Q: With your life? Let me ask you this then, officer. Do you have a room you change your clothes in preparation for your daily duties?
A: Yes sir, we do.
질문: 맹세코? 그러면 이것을 물어보겠습니다, 경관님. 근무복으로 갈아입을 방이 있지요?
답변: 네, 예 있습니다.

Q: And do you have a locker in the room?
A: Yes sir, I do.
질문: 그러면 방에 보관함이 있지요?
답변: 네, 있습니다.

Q: And do you have a lock on your locker?
A: Yes sir.
질문: 그러면 보관함에는 자물쇠가 있지요?
답변: 그렇습니다.

Q:	*Now why is it, officer, if you trust your fellow officers with your life, you find it necessary to lock your locker in a room you share with these same officers?*
A:	*You see, sir, we share the building with the court complex, and sometimes lawyers walk through that room.*
질문:	그렇다면 경관님, 맹세코 동료 경관을 신뢰한다면, 어째서 같이 쓰는 방에 있는 옷장을 잠글 필요가 있을까요?
답변:	우리가 법원 사람들과 같은 건물을 쓰고 있는데 이따금 변호사들이 그 방을 지나다닙니다.

35. 이상재와 이승만의 재치즉답(Repartee)

암울한 현실을 해학으로 풍자하는 탁월한 해학을 갖고 있었던 월남(月南) 이상재(李商在),
일본 시찰 때 도쿄의 병기공장을 보고;
"성경에 '칼로 흥한 자 칼로 망한다.'고 했으니 이것이 걱정이오."
조선 주둔군 사령관 우쓰노미야가 감기 때문에 불편하다고 말하자;
"아니, 감기는 대포로 못 고치시오?"
청년들과 허물없이 지내는 그에게 '청년들 버릇이 나빠진다'고 걱정하자;
"내가 청년이 되어야지 청년들보고 노인이 되라고 하겠나."
민립대학 설립 모금운동의 일환으로 하와이 교포들이 초청하자;
"뜻은 고마우나 나는 일본 여권으로는 하와이는커녕 천당에서 오래도 가지 않겠소."

■ 이승만 vs. 요시다 시게루

요시다 총리	한국에는 아직도 호랑이가 많다면서요?
이승만 대통령	이제 한국에는 호랑이가 없소.
요시다 총리	그럴 리가요. 옛날부터 백두산 호랑이가 유명하지 않습니까?
이승만 대통령	당신들 일본 사람이 다 잡아가는 바람에 호랑이 씨가 말랐소.

이승만 대통령은 6·25전쟁 중인 1953년 1월 5일 일본을 비공식 방문했다. 미군정 당국이 그를 초청했다. 교착 상태에 빠진 한일국교정상화 회담을 중재하려는 의도였다. 어렵게 이 대통령과 요시다 시게루 일본 총리의 회동 자리를 마련했다. 두 정상은 마주 앉았지만 둘 사이의 골은 넓고 깊었다. 이승만 대통령의 통쾌한 재치즉답 속에 일본에 대한 우리의 감정이 압축되어 있다.

02 모순어법 *Oxymoron*

1. Oxymoron의 의미는 sharp fool(똑똑한 바보)

모순어법은 셰익스피어 문학 등에서 흔히 사용된다. 겉보기에는 논리에 어긋나는 단어와 개념을 하나로 묶는 '역설의 미학'을 통해 더 깊은 진리를 깨닫게 한다는 설명이다. 번역가 이윤재는 사이먼 앤 가펑클의 노래 '침묵의 소리(The Sound of Silence)' 등을 예로 들며, '모순어법은 활발한 두뇌 활동의 결실'이라고 규정했다.

– 한국일보(지평선 2008. 11. 27.) 강병태 수석논설위원(현재 논설위원실장)의 '대통령의 모순어법'에서

'영원히 잊을 수 없는 그 모습, 그 음성을 영원히 지우려고 하다', '얼음보다 차가운 극진한 영접을 받고 무거운 발걸음을 재빨리 돌리다', '연습은 실전처럼, 실전은 연습처럼' 등은 모순적 표현이다. 영영사전에서는 oxymoron을 a rhetorical figure of speech in which contradictory terms are used together, often for emphasis or effect(상반된 어휘가 때로는 강조와 효과를 위하여 함께 사용된 수사법)라고 설명한다. 모순이라는 단어는 창과 방패에 근거를 둔 어휘이며 옥시모론(oxymoron)은 인간을 모델로 한 어휘다. oxymoron은 고대 그리스어에서 유래한 단어로 영어에서 1640년 처음 사용되었다. oxy는 '날카로운(sharp)', '예리한(keen)'을 의미하고 moron은 '저능아(fool)'를 의미한다. 결국 oxymoron은 sharp fool(똑똑한 바보)이라는 뜻으로 단어 자체가 모순적이다. oxymoron의 복수형은 oxymora다(그리스어에서는 어미 on을 a로 변화시켜 복수형을 만든다).

참고 sophomore(4년제 대학 2년생)의 folk etymology(통속 어원)는 그리스어로 sophos(= wise) plus moros(= foolish · mentally dull)다. 2학년은 1학년보다 지혜가 있지만 3·4학년보다는 어리석다는 의미다.

모순어법은 대립적인 사실이나 상반된 생각을 맞붙여놓음으로써 겉보기에는 논리에 어긋난 뒤집어진 논리 체계를 갖고 있는 듯하며, 삶의 부조리를 포착하는 통쾌한 말놀이 같다. 그러나 속을 들여다보면 심오한 진리를 담고 있다. 모순어법은 양면가치(ambivalence)를 기교적으로 표현하는 언어 방식이다. 역설(paradox)의 미학이요, 상황의 특이성을 강조하면서 맛과 멋을 극대화시키는 수사법이다. 동서고금을 막론하고 wordsmith(언어술사 혹은 명문장가)들의 화려한 모순어법은 사고의 폭을 한없이 넓혀줄 뿐만 아니라 차원 높은 진리의 세계로 안내한다.

주 모순(矛: 창 모, 盾: 방패 순): 중국 춘추전국시대의 초(楚)나라 때 어떤 상인이 창과 방패를 팔면서 먼저 창을 자랑하여 이르길 '이 창으론 어떤 방패도 뚫을 수 있다'고 말하고, 다시 방패를 자랑하여 말하길 '어떤 창으로도 이 방패를 뚫을 수 없다'고 말하자, 듣던 사람이 '그렇다면 당신의 창으로 당신의 방패를 찌르면 어떻게 되겠소?'라고 물으니 아무 대답도 못했다고 한다. 여기에서 '모순'이라는 말이 생겨났다.

Be obscure clearly.
분명히 불분명하게 하여라.

- 미국 작가 화이트(White 1899~1985)

Thank God I'm an atheist.
제가 무신론자라는 것을 신에게 감사드립니다.

- 영화 제작자 Luis Bunuel(1900~1983)의 초현실주의 영화(surrealistic cinema)의 제목

I am a deeply superficial person.
나는 깊이 있는 천박한 사람이다.

- 미국 영화 감독 · 화가 앤디 워홀(Andy Warhol 1928~1987)

Some bird populations soaring down.
아래로 날아오르는 여러 새 집단

- 1993년 2월 20일자 Science News(미국의 과학 주간지) 기사(126페이지) 제목

Painful pleasure turns to pleasing pain.
괴로운 쾌락이 즐거운 고통으로 변한다.

- 영국 시인 스펜서(Edmund Spencer 1552~1599)

Always be sincere, even when you don't mean it.
항상 진지해야 한다. 진지하지 않으려고 할 때조차도.

- 미국 제33대 대통령 트루먼(Harry S Truman 1884~1972)

We must believe in free will. We have no choice.
우리는 자유 의지가 좋다는 것을 믿어야 한다. 우리에게는 선택의 여지가 없다.

- 유대인 박해를 피해 출생지인 폴란드에서 미국으로 이주한
노벨상 수상 작가 싱어(Isaac B. Singer 1902~1991)

The best cure for insomnia is to get a lot of sleep.
불면증에 대한 가장 좋은 치료약은 잠을 많이 자는 것이다.

- 미국의 희극배우 필즈(W.C. Fields 1880~1946)

People ask you for criticism, but they only want praise.
사람들은 비평을 요구하지만, 칭찬받고 싶어할 뿐이다.

- 영국 작가 몸(William Somerset Maugham 1874~1965)

She used to diet on any kind of food she could lay her hands on.
그녀는 손댈 수 있는 어떤 종류의 음식에 대해서든지 다이어트를 하였다.

- 미국 칼럼니스트 · 유머 작가 아서 베어(Arthur Baer 1886~1969)

Every exit is an entrance somewhere else.
모든 출구는 그 밖에 어딘가로 들어가는 입구이기도 하다.

- 토니상 수상 체코슬로바키아 태생 영국 극작가
톰 스토파드 (Tom Stoppard 1937~)

Of course I can keep secrets. It's the people I tell them to that can't keep them.
물론 나는 비밀을 지킨다. 비밀을 지키지 않은 사람은 나로부터 그 비밀을 들은 사람이다.

- 미국 작가 · 만화가(cartoonist)
하덴-게스트(Anthony Haden-Guest 1937~)

주 〈소더러 한 말은 안 나도 처(妻)더러 한 말은 난다〉는 속담이 있다. 아무리 가까운 사이라도 말을 조심하라는 뜻이다.

After marriage, husband and wife become two sides of a coin. They just can't face each other, but still they stay together.
결혼 후 남편과 아내는 동전의 양면이 된다. 그들은 결코 서로 얼굴을 대면할 수 없지만 여전히 함께 머무른다.

- 작자 미상의 경구

After Donald Trump's stretch limousine was stolen and found undamaged a few blocks away; he said, "Nothing was stolen. I had an honest thief."
도널드 트럼프가 스트레치 리무진을 도둑맞고 몇 블록 떨어진 곳에서 손상되지 않은 채 그대로 있는 것을 본 후 "잃어버린 것은 없다. 나는 정직한 도둑을 만났다"고 말했다.

- 1992년 3월 2일자 International Herald Tribune 3페이지

In formal logic, a contradiction is a sign of defeat; but in the evolution of knowledge it marks the first step in progress towards a victory.
정식 논리에서는 모순은 패배의 표시. 지식의 전개에서는 승리에 이르는 첫 단계의 표시.

- 영국 철학자 · 수학자 화이트헤드(Alfred North Whitehead 1861~1947)

Procrastinate now – don't put it off.
꾸물거리면서라도 지금 해라. 절대로 미루지는 마라.

- 작자 미상의 경구

Procrastinate: something you do when you don't.
질질 끌기: 행하지 않을 때 행하는 것.

- 동기부여 강연자(Motivational Speaker) 조 휴어(Joe Heuer)

Never put off until tomorrow what you can do the day after tomorrow.
모레 할 수 있는 일을 내일로 미루지 말라.

- 미국 작가 트웨인(Mark Twain 1835~1910)

이 말은 결국 '모레 할 수 있는 일을 앞당겨서 내일 하라'는 말이다. 트웨인은 미국 정치가이며 과학자인 프랭클린(Benjamin Franklin 1706~1790)의 말 Never leave that till tomorrow which you can do today(오늘 할 수 있는 일을 내일로 미루지 마라)를 벤치마크(benchmark 기준)하여 모순어법을 동원하여 말의 묘미를 더해주고 있다. '미루지 말고 앞당겨서 하라'는 보다 강한 메시지를 던져주고 있다. What is not started today is never finished tomorrow(오늘 시작하지 않는 일이 내일 완성될 수 있겠는가?)는 괴테의 말이다.

2. 신(新)군부 세력에게 10 · 26 이후의 혼란은 〈Fine Mess 끝내주는 혼란〉

시인 고은(1933~)은 백두산 천지의 장관을 보고 '위대한 절망'이라고 표현했다. 인간의 능력으로는 창조할 수 없는 자연의 위대함을 인간의 왜소함에 견주어 더욱 강조한 모순어법이다. 1979년 10월 26일 밤 박정희 대통령이 급서한 후 신군부 세력은 집권 시나리오를 연출하는 과정에서 전략적으로 혼란을 야기했다. 혼란을 원했던 측에서 보면 당시의 상황은 clear confusion(깨끗한 혼란)이자, fine mess(끝내주는 혼란)였다. 그때의 혼란은 accidentally on purpose(우연을 가장하여 고의적으로)로 야기된 것이었다. 이미 격언이 된 의미심장한 모순어법의 예를 보자.

Out of good still to find means of evil.
악의 수단은 선에서도 찾을 수 있는 것.

- 밀턴(John Milton 1608~1674)의 〈실낙원 Paradise Lost〉(1667)

Loveliness is, when unadorned, adorned the most.
아름다움은 장식하지 않을 때 가장 아름답게 장식된다.

- 스코틀랜드 시인 제임스 톰슨(James Thomson 1700~1748)

His honour rooted in dishonour stood, and faith unfaithful kept him falsely true.
그의 명예는 불명예에 뿌리박고 있었으며, 불충한 충성은 그를 거짓 진실하게 하였소.

- 영국 시인 테니슨(Tennyson)의 〈Lancelot and Elaine〉(1888)

Lancelot은 아서왕의 원탁의 기사 중 으뜸가는 기사(the greatest knight of King Arthur's Round Table)였지만, 바로 자신의 오랜 친구이자 군주인 아서왕의 아내인 Guinevere를 사랑하는 약점이 있었다. Elaine(엘레인)은 Lancelot을 사랑하는 여자.

3. agreement to disagree(합의하지 않기로 합의)

Less is More.
적은 것이 많은 것보다 낫다(단순화할수록 가치는 더 커진다).

해설 미국 일리노이 공과대학 학장을 지낸 독일 출신 건축가이며 산업 디자이너인 루트비히 미스 반 데어 로에(Ludwig Mies van der Rohe 1886~1969)가 그의 건축 철학을 설명하는 표현으로 즐겨 쓰면서 유명해진 말이다. 미니멀리즘(Minimalism 최소화) 또는 최소화 디자인(minimalist design)의 모토가 되었다. 허울 좋은 장식에 대한 욕심을 과감하게 포기해야 본질적이고 아름다운 건축 공간이 생긴다는 주장이다. 이 말은 웹 디자인(Web design)에 관하여도 널리 사용된다. '세부사항, 정보 등을 많이 주는 것보다는 적게 주는 것이 보다 효과적이다(It is more effective to give a small amount of detail, information, etc. than a large amount)'라는 개념이다.

Fall back in order to leap the better.
2보 전진을 위하여 일보 후퇴하라.

(1) Common sense is the least common of all the senses.

(2) Common sense is the most uncommon thing in the world.

(1) 상식은 이 세상에서 가장 귀하다.
(2) 상식은 모든 관념 중에서 가장 귀하다.

- anonymous epigram(작자 미상의 경구)

Man was born free, and everywhere he is in chains.
인간은 자유롭게 태어났으나 도처에서 사슬에 묶여 있다.

- 프랑스 사상가 루소(Rousseau 1712~1778)의 〈민약론 民約論〉(1762)에서

A wise man gets more use from his enemies than a fool from his friends.
슬기로운 자는 어리석은 자가 친구로부터 얻는 것보다 더 많은 이로움을 적에게서 얻는다.

- 스페인 산문 작가 그라시안(Gracian 1601~1658)

시대가 변하면서 예전에는 볼 수 없던 상황이 생겨나기도 한다. We are living apart together(우리는 별거하지만 함께 살고 있는 것이다)란 문장에서는 live apart(별거하다)와

live together(함께 살다)가 서로 반대되는 개념이다. 이런 상황은 커플의 애정에 이상이 없다 해도 사회적으로 복잡다단한 요즘 흔히 있을 수 있는 현실이다. home office는 원래 '본사'나 '본점'을 의미했으나 오늘날에는 '재택근무 사무실'을 말한다. home school는 '가정 학교(학교에 보내지 않고 부모가 가르치는 학교)'를 말한다. at one's earliest convenience(편리한 시간에 가능한 한 빨리)도 일상사에서 사용되는 모순어법의 예다.

wrong mistake	잘못된 실수
friendly divorce	사이좋은 이혼
hopeful pessimist	가망성 있는 염세주의자
crowded solitude	군중 속의 고독(solitude among multitude)
roaring silence	포효하는 침묵
beggarly riches	거지같은 부
abundant poverty	풍요 속의 빈곤
miserable abundance	비참한 풍요
cruel kindness	지독한 친절
open secret	공공연한 비밀
current history	당대의 역사
genuine fake	진짜 가짜(가짜로서는 완전무결한 진품)
genuine imitation	진짜 모조품
laborious idleness	고된 나태
full-time hobby	직업 같은 취미
creative destruction	창조적 파괴
democratic leadership	민주적 리더십(demo: 민중 · 인민)
cold hotdog	식은 핫도그
roughly account	개략적 정산
accurate estimate	정확한 견적
detailed summary	상세한 요약
foreign national	외국인 동국인
amateur expert	아마추어 전문가
faultily faultless	불완전하지만 결점이 없는
horribly good	지독하게 좋은
agreement to disagree	합의하지 않기로 합의 · 견해 차이를 인정하고 다투지 않기
jarring harmony	삐걱거리는 조화

■ Identical Strangers(일란성 타인 · 태어나자마자 생이별한 쌍둥이)

일란성 쌍둥이 자매인 프랑스 파리에서 단편영화 감독 겸 작가로 활동하는 엘리스 셰인(Elyse

Schein)과 미국 뉴욕에서 활동하는 작가 폴라 번스타인(Paula Bernstein)이 태어나자마자 생이별한 후 35세 때인 2004년 처음 만났다. 35년간 떨어져 지냈음에도 불구하고 자매는 유사성이 많았다. 링컨과 다윈은 다 같이 1809년 2월 12일 생이다. 그들은 인류사에 위대한 업적을 남겼다는 공통점이 있다. 사주팔자(四柱八字)가 있긴 있는 모양이다.

세상사가 헷갈리는 때가 많다 그것은 녹피(鹿皮)에 가로 왈(曰)자처럼 때론 날 일(日)자가 되다가 때론 가로 왈(曰)자가 되는 경우가 많다. 교차대구법으로 된 우스갯소리를 보자.

When doing something without being told, you're overstepping your authority.
When your boss does the same thing, that's initiative.
When you take a firm stand, you're being bullheaded.
When your boss does it, he's being firm.
When you please your boss, you're creeping.
When your boss please his boss, he's being cooperative.

부하가 시키지도 않은 일을 하는 것은 주제넘은 것이요.
상사가 그렇게 하는 것은 독창적인 것이다.
부하가 확고한 태도를 취하는 것은 고집불통이요.
상사가 그렇게 하는 것은 신념이 확고한 것이다.
부하가 상사 비위를 맞추는 것은 빌붙는 것이요.
상사가 그의 상사에게 그렇게 하는 것은 협조적인 것이다.

4. 불멸의 첫 번째 조건은 죽음

랙(Stanislaw J. Lec 1909~1966)은 유대계 폴란드 시인이며, 2차 대전 후 폴란드의 가장 위대한 작가 중 하나이다. 또한 20세기 가장 영향력 있는 금언 작가 중 한 사람이다. 그의 금언을 보면 모순어법으로 된 게 많다.

There are grammatical errors even in his silence.
침묵할 때도 문법적 실수를 할 수 있다.

You must first have a lot of patience to learn to have patience.
참는 법을 배우기 위해서는 우선 많은 인내를 해야 한다.

Do not ask God the way to heaven; he will show you the hardest one.
천국으로 가는 길을 하나님에게 묻지 마라; 하나님은 그대에게 가장 힘든 길을 가르쳐 준다.

Advice to writers: Sometimes you just have to stop writing. Even before you begin.
작가에 대한 충고: 글쓰기를 중단해야 할 때가 있다. 글쓰기를 시작하기 전이라도.

When you jump for joy, beware that no one moves the ground from beneath your feet.
기뻐서 뛸 때 아무도 발 아래의 땅을 치우지 않도록 조심해야 한다.

The first condition of immortality is death.
불멸의 첫 번째 조건은 죽음이다.

주 immortality(불멸)이란 단어는 mortality(죽음)이란 단어에 im(不 아니 불)을 붙여 생성된 단어라는 점에 착안하면 immortality는 mortality가 전제되어야 한다. 불멸(immortality)이란 죽은 자에게 붙이는 최고의 명예다.

5. 우둔한 천재(Foolish Genius) 뉴턴

뉴턴
출처 : Wikipedia

불세출의 천재 영국 물리학자 뉴턴(Isaac Newton 1642~1727)에 대한 재미있는 일화이다. 뉴턴이 어느 날 난로 앞에 앉아 있었는데, 너무 뜨거워 하인을 불러 벌겋게 달구어진 석탄을 꺼내도록 했다.

Servant	*But why not move your chair a little way from the fire?*
Newton	*Upon my word. I never thought of doing that.*
하인	의자를 옮겨 조금만 난로에서 더 떨어져 앉으시지 그러세요?
뉴턴	그런 생각을 미처 못했네 그려.

뉴턴은 크고 작은 두 마리의 고양이를 길렀는데 그놈들이 서재에 들어오려고 소란을 피울 때마다 문을 열어줘야 했다. 뉴턴은 성가신 나머지 기발한 방법이랍시고 문짝에다 큰 놈을 위해서 큰 구멍을, 작은 놈을 위해서 작은 구멍을 뚫어놓았다. 작은 놈이 작은 구멍으로만 들어올까? 이럴 경우 '우둔한 천재(foolish genius)'라는 모순법이 적절하다. 반대 개념으로는 '현명한 바보(wise fool)', '영리한 바보(clever fool)'가 있다. 또 하나의 일화이다. 뉴턴이 말을 타고 집으로 향하고 있었다. 언덕 하나를 넘어야 했기에 그는 말에서 내려 고삐를 잡고 비탈길을 오르기 시작했다. 늘 그렇듯 생각의 세계로 빠져들었다. 언덕을 다 오른 그는 말을 타려고 했다. 그러나 말은 온데간데 없고 고삐만 손에 쥐여 있었다. 생각에 얼마나 몰입했으면!

뉴턴은 기존의 지식을 습득할 때도 기억하는 데 머무르지 않고 깊이 이해할 때까지 읽고 또 읽었다. 뉴턴에게 '한순간의 번득이는 영감'이나 '천재성'이라는 말은 그를 설명하는 데 적합하지 않다. 빛의 구성에 관한 저서 〈광학〉은 30여 년에 이르는 오랜 연구 결과였으며, 만유인력도 사과에서 아이디어를 얻어 발표하기까지 20년이 넘는 세월 동안 발전된 개념이다. 사과가 떨어져 만유인력 법칙을 알게 된 것이 아니라 항상 만유인력의 법칙을 생각하고 있었기 때문이었다.

6. 넘어져 다리가 부러지더라도 나에게 달려오지 마라

골드윈(Samuel Goldwyn 1882~1974)은 미국 영화 제작자이자 연출가이다. 1918년 골드윈(Goldwyn)사(社)를 설립하였다가 1924년 이를 Metro에게 팔았는데, 이것이 후에 유명 영화사인 MGM(Metro-Goldwyn- Mayer)이 되었다. 주요 작품에 〈우리 생애 최고의 해〉 등이 있다. 그의 모순어법적 표현을 살펴보자.

I'll give you a definite maybe.
확실한 '어쩌면'을 당신에게 주고자 한다.

Our comedies are not to be laughed at.
우리의 코미디는 우스갯거리가 아니다.

It's more than magnificent – it's mediocre.
그것은 위대함을 넘어서 평범함이다.

Referring to a book: I read part of it all the way through.
어떤 책에 관한 한, 그 책의 일부를 끝까지 통째로 읽었다.

If you fall and break your legs, don't come running to me.
넘어져 다리가 부러지더라도 나에게 달려오지 마라.

If I could drop dead right now, I'd be the happiest man alive!
내가 지금 당장 죽어서 쓰러질 수 있다면, 나는 살아있는 가장 행복한 사람이다.

Gentlemen, I want you to know that I am not always right, but I am never wrong.
신사 여러분, 제가 항상 옳지는 않지만 절대로 틀리지도 않다는 것을 알아주시기 바랍니다.

7. 모든 우연은 그대가 알지 못하는 필연

All nature is but art unknown to thee;
All chance, direction which thou canst not see;
All discord, harmony not understood;
All partial evil, universal good;
And, spite of pride, in erring reason's spite,
One truth is clear, "Whatever IS, is RIGHT."
모든 (자연)은 그대가 알지 못하는 (예술)일 뿐;
모든 (우연)은 그대가 알지 못하는 (필연);
모든 (불화)는 그대가 알지 못하는 (조화);
모든 부분적인 (악)은 어디에나 있는 (선);
자만에도 불구하고, 잘못된 이성에도 불구하고,
존재하는 것은 모두가 옳다는 진리는 명백하다.

영국 시인 알렉산더 포프(Alexander Pope 1688~1744)의 〈An Essay on Criticism 비평 소론〉(1711)에 있는 시구다. 모순적인 수사법을 거침없이 발휘하고 있다. 사전에 나와 있는 direction의 뜻은 (1)지도, 지휘, 감독, 관리 (2)방향, 방위, 방면이다. 이외에도 서너 개의 의미가 있으나, 어느 것도 이 시구에는 어울리지 않는다. 사전에는 없지만 '필연'이라고 해야 앞의 '우연'과 맞아 떨어진다.

8. 열 번의 키스는 한 번같이 짧고, 한 번의 키스는 스무 번같이 길게

셰익스피어

출처 : Wikipedia

셰익스피어는 키스를 예찬했다. 〈햄릿 Hamlet〉 2막(Act) 2장(Scene)에서 햄릿 왕자가 간신 폴로니우스(Polonius)에게 말한 대사 중에 '썩은 살에도 키스는 좋은 것(a good kissing carrion)'이라는 구절이 나온다. 셰익스피어의 설화(說話)시 〈Venus and Adonis〉를 보자.

I'll smother thee with kisses;
And yet not cloy thy lips with loathed satiety,
But rather famish them amid their plenty,
Making them red and pale with fresh variety,
Ten kisses short as one, one long as twenty:
A summer's day will seem an hour but short,
Being wasted in such time-beguiling sport.

키스로 그대를 숨 막히게 하리라;
그러나 지겹도록 하여 입술을 물리게 않게,
오히려 풍요로움 속에 갈증을 느끼게,
싱싱한 다채로움으로 입술이 빨갛게도 하얗게도 되게,
열 번의 키스는 한 번같이 짧고, 한 번은 스무 번같이 길게:
시간가는 줄 모르게 하는 그런 유희 속에서 보내면,
여름날 하루도 한 시간처럼 짧으리.

– 셰익스피어의 설화(說話)시 〈Venus and Adonis〉의 18~24행

9. 납으로 된 나래 · 빛나는 연기 · 차디찬 불 · 병든 건강

엘리자베스 시대의 관객은 오늘날의 관객보다 무대 위에서 주인공이 말하는 대사에 훨씬 민감하게 반응했다. 조명이나 무대 장치 등 연출의 기술적인 분야가 발달하지 않아 관객은 극작가의 수사적 표현을 듣고서 무대 상황을 파악했기 때문이다. 비유가 많으면 많을수록, 그 표현은 더 뛰어난 수사로 여겨졌다. 그래서 당대의 극을 '수사의 극(Play of Rhetoric)'이라고 부르기도 한다. 프랑스 작가 볼테르는 32세 때인 1726년 영국으로 망명, 3년 가까이 그곳에 살면서 문학에서도 프랑스가 영국으로부터 배울 것이 있다는 결론에 도달했다. 셰익스피어 연극이 그를 압도했고, 등장인물의 수사적 표현에서 흘러나오는 활력과 줄거리의 극적인 힘은 그에게 깊은 인상을 남겼다. Magician of Language(언어의 마술사) 셰익스피어는 〈로미오와 줄리엣 Romeo and Juliet〉에서 절묘한 모순어법을 보여준다. 그는 모순어법으로 '위대한 이야기 예술(great narrative art)'을 창조했다. 이것은 작품 전체에 놀랄 만한 향기를 불어넣는다.

이탈리아 북부의 베로나(Verona)를 배경으로 한 이 작품에서 캐풀렛(Capulet)이 딸 줄리엣의 갑작스러운 죽음을 전해 듣고 내뱉는 탄식(4막 5절 86~90행)을 보자. 모순어법이 극의 분위기를 반전시키는 절묘한 도구로 사용되고 있다.

주 본 저서에 인용된 〈로이오와 줄리엣〉의 원문은 모두 Bantam Books를 기준으로 하였다. 셰익스피어 당시의 언어는 오늘날의 문법과 차이가 있음을 밝혀둔다.

Our instruments to melancholy bells,
Our wedding cheer to a sad burial feast,
Our solemn hymns to sullen dirges change,
Our bridal flowers serve for a buried corpse,
And all things change them to the contrary.
악기의 축하 음악은 슬픈 종소리로,
혼례식 성찬은 슬픈 장례식 음식으로,
장엄한 찬미가는 음울한 애도가로,
혼례식의 꽃은 매장된 시체의 조화로 쓰이니,
모든 것이 반대로 바뀌는구나.

1막 1장 175~182행에서 로미오는 사랑과 미움이 공존하는 모순적 세계를 모순어법을 빌려 다양하게 표현한다. 하나의 특정한 상황을 설명하기 위해 여러 가지 비유를 열거하며 주제를 두드러지게 부각시킨다.

Here's much to do with hate, but more with love.
Why, then, O brawling love, O loving hate,
O anything of nothing first create,
O heavy lightness, serious vanity,
Misshapen chaos of well-seeming forms,
Feather of lead, bright smoke, cold fire, sick health,
Still-waking sleep, that is not what it is!
This love feel I, that feel no love in this.
미움과 관련된 것도 많지만, 사랑과 관련된 것은 더 많은걸.
그러면 어째서, 오! 싸우는 사랑, 오! 사랑하는 미움,
오! 어떤 일이든 무에서 처음 생겨나기 마련,
오, 무거운 가벼움, 진지한 허식,
보기엔 근사한 것 같지만 꼴사나운 혼돈,
납으로 된 나래, 빛나는 연기, 차디찬 불, 병든 건강,
늘 눈떠 있는 잠, 그것 아닌 그것!
내가 느끼는 사랑은 이런 것, 여기서는 전혀 사랑을 느낄 수 없다네.

10. Sweet Sorrow(감미로운 슬픔)의 유래

sweet sorrow(달콤한 슬픔)는 셰익스피어가 〈로미오와 줄리엣〉에서 구사한 표현이다. 그는 작품 전체에서 gall(쓴 것), sorrow(슬픔), bitter(쓰라린), fearful(무서운), division(이별)이라는 어휘를 sweet(달콤한)과 번갈아가며 결합시켜 사랑의 ambivalence(반대 감정 병존)를 나타낸다. 로미오는 사랑의 이중성을 이렇게 표현한다(1막 1장 190행~194행).

Love is a smoke made with a fume of sighs;
Being purged, a fire sparkling in lovers' eyes;
Being vexed, a sea nourished with lovers' tears.
What is it else? A madness most discreet,
A choking gall and a preserving sweet.

사랑이란 한숨으로 된 연기;
연기가 사라지면 연인의 눈에서 불꽃이 번쩍이고;
연기가 난무하면 연인의 눈물이 바다를 이루네.
사랑이란 이런 게 아닌가? 가장 분별 있는 광기이고,
숨 막히는 고통이자 영원한 즐거움이다.

제2막 서막(Prologue) 8행에서 해설자(Chorus)가 두 사람의 사랑에 뒤따르는 달콤한 고통을 다음과 같이 표현한다.

주 해설자(Chorus) : 엘리자베스 여왕 시대의 연극에서 서막과 끝말 부분을 말하는 배우

She steal love's sweet bait from fearful hooks.

그녀는 무서운 바늘에서 사랑의 달콤한 미끼를 훔친다.

줄리엣은 로미오에게 사랑을 맹세한 후 이렇게 작별 인사를 한다(2막 2장 185행~186행).

Good night, good night! Parting is such sweet sorrow
That I shall say good night till it be morrow.

안녕, 안녕! 헤어지는 것은 아주 감미로운 슬픔이므로 날이 샐 때까지 작별 인사를 하겠어요.

슬픔이면 슬픔이지 왜 sweet sorrow(감미로운 슬픔)라고 했을까? 일단 의문으로 남겨두자. 3막 5장에서 새벽이 다가옴을 알리는 종다리의 노랫소리가 들리자 로미오와 줄리엣의 행복한 부부 생활은 단 하루로 끝나게 된다. 로미오는 떠나야 하고, 줄리엣은 종다리의 아름다운 노랫소리가 가져다준 슬픔을 한탄하며 이렇게 말한다(3막 5장 29행~30행).

Some say the lark makes sweet division;This does not so, for she divides us.

종다리 소리를 들으면 달콤한 이별을 한다는데; 달콤하지 않아요. 종다리가 우리를 떼어 놓는데요.

가사(假死) 상태에서 깨어난 줄리엣은 진짜 죽어버린 애인의 뒤를 따르면서 다음과 같이 말한다. 이들의 부활을 암시하는 것 같은 대목이다(5막 3장 161행~166행).

What's here? A cup, closed in my true love's hand?
Poison, I see, hath been his timeless end.
O churl, drunk all, and left no friendly drop
To help me after? I will kiss thy lips;
Happily some poison yet doth hang on them,
To make me die with a restorative.

이게 뭐지? 잔이 우리 낭군의 손에 꼭 쥐어져 있네?
그렇군, 독약을 마시고 영원히 저 세상으로 갔구나.
오! 인색한 사람, 내가 뒤따라가지 못하게 다 마시고 매정하게

한 방울도 남겨놓지 않았단 말인가? 당신 입술에 키스하겠어요.
다행히 아직도 독약이 입술에 묻어 있다면,
생명의 묘약처럼 날 영생케 하리라.

종합하면 셰익스피어는 1막에서 gall(쓴 약)과 sweet(달콤한 사탕)를, sweet(달콤한)과 bitter(쓰디쓴)를 모순적으로 대비시킨다. 2막에서는 sweet bait(무서운 바늘)와 fearful hooks(달콤한 미끼)를 모순적으로 대비시킨다. 그리고는 Parting is such sweet sorrow(헤어진다는 것은 감미로운 슬픔이다)라고 표현했다. 이어 3막에서도 sweet division(달콤한 이별)이라는 모순어법을 썼고, 5막에서는 restorative(생명의 묘약·부활의 묘약)와 die(죽음)라는 모순된 두 단어를 함께 쓰고 있다. 이제 왜 sweet sorrow(감미로운 슬픔)라고 했는지 의문을 풀어보자.

헤어짐(parting · division)은 슬픔(sorrow)이지만 달콤한(sweet)이란 말을 붙여 헤어짐에 운치를 견인했다. 더불어 생명의 묘약(restorative)으로 죽음(die)을 영생으로 승화시켜 결국 부활(resurrection)에 이르게 한다. 이 극은 역설적 해피엔딩이다. 비극 아닌 비극이다. 작품은 비극이지만 비극의 침울함을 찾아볼 수 없다. 두 사람의 인연은 불행하게 끝나지만 그 불행은 오히려 두 사람의 사랑을 승화시킨다. 빛과 생명을 준 사랑은 어둠과 죽음을 초래하나, 오랜 원수지간이던 양가를 화해시키고, 시민들의 싸움을 종식시킨다. 이 극의 주제인 모순적 사랑은 지상의 것이면서 천상의 것이며, 생명이면서 죽음이다.

11. Sweet Sorrow를 현대화시킨 Bittersweet

레이건

출처 : Wikipedia

원어민은 sweet sorrow를 작별 인사(farewell)로 많이 쓴다. 다음은 1989년 1월 11일 행한 레이건 대통령의 퇴임 연설(President Reagan's Farewell Speech)이다.

People ask how I feel about leaving. And the fact is, 'parting is such sweet sorrow.' The sweet part is California and the ranch and freedom.
The sorrow – the goodbyes, of course, and leaving this beautiful place.

떠나는 기분이 어떠냐고 사람들이 묻습니다. 사실 '떠나는 기분이 아주 시원섭섭합니다.'
시원한 건 고향 캘리포니아로 돌아가 목장에서 자유를 만끽하는 것이지요.
섭섭한 건 물론 우리의 작별이지요. 그리고 이 아름다운 곳을 떠나야 하는 것이지요.

'감산(甘酸 달고 신맛)', '쓰고 단맛', '씁쓸하고 달콤함', '괴로움과 즐거움', '희비 교차', '시원섭섭함'을 영어에서는 이렇게 표현한다.

the sweet and the sour
the sweet and the bitter
pleasures and pains
joys and sorrows

아예 형용사 bitter와 sweet가 합쳐져서 bittersweet란 단어가 사전에 실려 있다. feeling relief and sorrow at the same time(즐겁고도 슬프기도 한)이란 의미다. '시원섭섭한 이별'을 bittersweet parting이라고 한다. 다음은 팝계의 흑진주라 불리는 휘트니 휴스턴(Whitney Houston)의 I'll Always Love You – 영화 〈보디가드 The Bodyguard〉에 삽입된 곡 – 의 일부분이다.

Bittersweet Memories.
That is all I'm taking with me.
So, goodbye. Please, don't cry.
We both know I'm not
what you, you need.
And I will always love you.
I will always love you.
달콤 씁쓸한 기억들.
나는 그 기억들만을 가지고 떠나요.
그러니 잘 있어요. 제발 울지 말아요.
우린 둘 다 알잖아요, 제가 당신께,
당신께 짐만 될 뿐이라는 것을.
언제까지나 당신을 사랑하겠어요.
언제까지나 당신을 사랑하겠어요.

12. Triumph without Victory(승리 없는 대승리)

Triumph without Victory, The Unreported History of the Persian Gulf War
승리 없는 대승리, 페르시아만 전쟁의 보도되지 않은 사실(史實)

– US News & World Report의 표제

어휘 **triumph**: a great or notable victory, success, achievement victory(커다란 혹은 주목할 만한 승리, 성공, 성취)
success: against an opponent in a war or contest(전쟁이나 시합에서 적을 이기는 것)

걸프전쟁(Gulf War)은 이라크의 쿠웨이트 침탈이 계기가 되어, 1991년 1월 17일~2월 28일, UN 결의 하에 미국, 영국, 프랑스 등 34개 다국적군(coalition force)이 이라크를 상대로 전개된 전쟁이다. 미국은 이라크의 철수 시한 이틀 뒤인 91년 1월 17일 대공습을 단행하여 이로부터 1개월간 10만여 회에 걸친 공중 폭격을 감행, 이라크의 주요 시설을 거의 파괴하였으며, 2월 24일에는 전면 지상 작전을 전개, 쿠웨이트로부터 이라크군을 축출한 뒤 지상전 개시 100시간 만인 2월 28일 전쟁 종식을 선언했다. 이라크군은 42개 사단 중 41개 사단이 무력화되고 약 20

만 명의 사망자를 낸 끝에 패퇴하였으며, 다국적군은 378명의 전사자를 냈다. triumph(대승리)란 여러 번의 victory(승리)가 합쳐져서 이루어진 것인데 이 전쟁은 그야말로 싱겁게 끝나버린 Triumph without Victory(승리 없는 대승리)였다.

선조 30년(1597), 이순신의 수군이 명량에서 대승했다. 명량대첩이다. 13척이 일본 수군 133척을 격파했다. 이 또한 Triumph without Victory다. 명량의 지형적 조건을 이용한 이순신의 뛰어난 전략과 과학주의가 이룩한 쾌거였다. 〈난중일기 亂中日記〉의 한 대목 "오늘은 흐리고 추웠다. 오수(부하)가 청어 365마리를 잡아왔다"가 그의 과학주의를 증거한다.

Somebody up there likes me.

하늘에 계신 분도 날 좋아하나 봐.

저기 위 누군가도 날 좋아하나 봐. / 종이를 뿌려주는 저 빌딩 위의 사람들도 날 좋아하나 봐.

1956년 영화 〈상처뿐인 영광〉은 실존 인물인 미국 전설적 복서 로키 그라지아노(Rocky Graziano 1919~1990)를 그린 영화다. 미들급 권투 선수와 같은 근육질의 폴 뉴먼(Paul Newman 2008년 9월 26일 사망)은 이 영화에서 로키의 역을 맡아 〈로키〉의 Sylvester Stallon과는 태양과 반딧불 차이의 연기를 보여준다. 싸움꾼으로 전전하다 형무소에 가게 된 로키는 복싱 코치의 눈에 띄게 된다. 마침내 챔피언의 자리에 오른다. 〈상처뿐인 영광〉의 원제목은 Somebody Up There Likes Me다. 이 말은 영화 마지막 장면에 나온다. 챔피언이 된 주인공을 축하하는 오픈카 퍼레이드에서 로키가 높은 빌딩을 쳐다보며 옆자리에 앉은 부인에게 한 말이다. 이 영화가 개봉된 이후, '상처뿐인 영광'은 우리나라에서 대단한 유행어가 됐다. 오랜 가시밭길의 고통을 견뎌내며 이룬 값진 승리를 우린 곧잘 '상처뿐인 영광'이라 표현하는가 하면, 또 단어를 바꿔 '영광의 상처'라는 표현도 곧잘 쓰기도 한다. 역시 모순어법을 동원한 제목이다.

It is remarkable that in so many great wars it has been the defeated who have won. The people who were left worst at the end of the war were generally the people who were left best at the end of the whole business.

그렇게도 많은 대(大)전쟁에서 승리자가 패배자였다는 것은 주목할 만한 사실이다.

모두 결산하고 나면 결국 최악의 상태로 남은 사람들이 최선의 상태로 남은 사람들이었다.

호탕한 성격과 육중한 체구의 소유자로 유명한 영국 작가 체스터턴(Gilbert Keith Chesterton 1874~1936)이 한 말이다. 부연 설명하자면 프랑스 혁명은 패배로 끝났다. 혁명은 최후의 싸움에서 패했다. 그러나 혁명의 첫 목표는 달성했다. 세계는 결코 전과 같지 않았다. 이후로는 어느 누구도 가난한 사람을 단지 디디고 걸어가는 바닥으로만 여길 수가 없었다.

13. Cruel 2 B Kind(귀할수록 엄하게)

Cruel 2 B Kind(= Cruel to be Kind) 귀할수록 엄하게
Cruel 2 B Kind is an experimental law 귀할수록 엄하게는 경험 법칙이다

Spare the rod and spoil the child(매를 아끼면 자식을 망친다)와 같은 의미다. Cruel to be Kind가 어떠한 변화 과정을 거쳐 '귀할수록 엄하게'란 의미를 갖게 되었을까? Parents must be cruel to be kind to their children(자식을 사랑하면 자식에게 엄해야 한다)에서 밑줄 부분이 생략된 것이다. kind는 loving(애정 깊은) 혹은 affectionate(사랑이 넘치는)라는 의미다.

작문 자식을 사랑하면 자식에게 엄해야 한다.
Parents must be cruel if they are kind to their children.
Parents must be cruel to be kind to their children.
Cruel to be Kind(Cruel 2 B Kind).

수십 년 전 사슴과 늑대가 알래스카의 자연보호 지역에서 함께 살았다. 그런데 당국은 사슴의 안전을 위해 늑대를 모조리 없애버렸다. 그러고 나서 절대적인 안전을 구가하던 사슴은 그 수가 10년 동안에 4,000마리에서 무려 4만 2,000마리로 늘었다. 그러나 사슴의 편안하고 게으른 삶은 예기치 못한 결과를 낳았다. 운동량의 감소는 체질의 약화를 가져와 생명을 재촉했다. 결국 4,000마리도 남지 않게 되었다. 이 위기를 타개하기 위해 다시 늑대를 투입했다. 사슴은 늑대에게 희생되지 않기 위해 필사적으로 뛰었고, 사슴은 다시 건강해졌다. 늑대 없는 인위적 안전 지대에서 사는 허약한 사슴은 죽게 마련이다.

줄탁동시(啐啄同時)란 말이 있다. 줄탁동기(啐啄同機)라고도 하고 줄탁지기(啐啄之機)라고도 한다. 줄탁(啐啄)으로 줄여 쓰기도 한다. 병아리가 알에서 나오기 위해서는 새끼와 어미 닭이 안팎에서 서로 쫀다는 뜻이다. 알 속에서 다 자란(卒: 마칠 졸 finish) 병아리가 마침내 밖으로 나오려고 알 껍데기를 안에서 쪼아대는 방식으로 입(口: 입 구 · mouth 혹은 bick)으로 외친다. 이것을 줄(口+卒=啐: 떠들 줄 outcry)이라 한다. 알을 품고 있던 어미 닭이 이 소리를 알아듣고 밖에서 알을 탁탁 쫀다. 이것을 탁(啄 쫄 탁 pick)이라 한다. 중요한 것은 '줄'과 '탁'이 동시에 이루어진다는 사실이다.

어미 닭은 품고 있는 알 속의 병아리가 부리로 쪼는 소리를 듣고 밖에서 알을 쪼아 새끼가 알을 깨는 행위를 도와준다. 새끼와 어미가 동시에 알을 쪼지만, 어미가 새끼를 나오게 하는 것은 아니다. 어미는 다만 알을 깨고 나오는 데 작은 도움만 줄 뿐, 결국 알을 깨고 나오는 것은 새끼 자신이다. 스승은 깨우침의 계기만 제시할 뿐이고, 나머지는 제자가 스스로 노력하여 깨달음에 이르러야 함을 의미한다. '달걀은 자신이 깨면 병아리가 되지만 남이 깨면 계란 프라이가 된다'는 말도 있다.

엄마가 아기에게 맨 먼저 하는 말은 '까꿍'이다. 아기와 마주 보고 앉아 손으로 얼굴을 가렸다가 치우면서 '까꿍'이라고 한다. 한 번으로 끝나지 않고 반복한다. 이때 엄마의 눈은 아기의 눈과 초점을 맞춘다. 엄마의 다양한 얼굴 표정은 아기를 즐겁게 할 뿐만 아니라 아이의 정서 발달과 표현 훈련에도 도움을 준다. 아기의 사회화 훈련의 시작이며, 시(視)지각력 · 청(聽)지각력 · 집중력 · 상상력 계발에 도움을 준다. '까꿍'을 한자로 쓰면 각(覺 깨달을 각) 궁(窮 다할 궁)이다. 궁구(窮究)하면 – 파고들어 깊게 연구하면 – 깨닫게 된다는 말이다. [각]의 폐쇄음 받침 'ㄱ'과 [궁]의 첫소리 'ㄱ'이 만나 'ㄲ'으로 진화되었다. 아기가 각궁하기를 바라는 엄마의 간절한 소망의 투영이다.

14. last but not least(마지막으로 말하지만 중요한)

Last but not least의 의미는 an introduction, often on stage, indicating that the person announced last is no less important than those introduced earlier(종종 무대에서 마지막으로 소개할 때 서두에 붙이는 말로서, 앞에 소개된 사람과 마찬가지로 중요한 인물이라는 것을 나타내기 위한 언사)'로 상당히 모순적(oxymoric)이다. 이 표현의 유래를 셰익스피어의 리어왕(King Lear) 1막 1장에서 찾을 수 있다.

King Lear *To you and yours hereditary ever remains this ample third of our fair kingdom; no less in space, validity, and pleasure, than that conferred on Goneril.*
Now, our joy, although the last, not least; to whose young love the vines of France and milk of Burgundy strive to be interested; what can you say to draw a third more opulent than your sisters? Speak.

Cordelia *Nothing, my lord.*

King Lear *Nothing?*

Cordelia *Nothing.*

King Lear *Nothing will come of nothing: speak again.*

리어왕 고네릴에게 준 것 못지않게 넓고 쓸모 있으며 만족할 만한, 짐의 아름다운 왕토(王土) 중 이 광대한 3분의 1이 너의 유산으로 여전히 남아 있다. 자 그러면, 막내이지만 특별한 짐의 기쁨인 코딜리어; 풋풋한 너의 사랑을 차지하기 위해 포도의 나라 프랑스 왕과 우유의 나라 부르고뉴 왕이 환심을 사려고 경쟁을 하고 있는 코딜리어: 언니들보다 더 풍성한 3분의 1의 영토를 갖고 싶으면 무슨 말을 해보아라.

코딜리어 말할 것이 아무것도 없어요.

리어왕 아무것도 없어?

코딜리어 아무것도 없어요.

리어왕 아무것도 없는 데서는 아무것도 생기지 않는다. 다시 말해 보거라.

해설 (1) 첫 줄은 도치(倒置)구문이다. 정상 어순으로 바꾸어보자.

To you and yours hereditary ever remains this ample third of our fair kingdom; (도치)

This ample third of our fair kingdom ever remains hereditary to you and yours; (정상)
(주어) (동사) (보어)

(2) Goneril: 리어왕의 배은망덕한 두 딸 중의 언니
(3) Cordelia: 리어왕의 효녀 막내딸

(4) **our**: (1) (군주가 my 대신에 써서) 짐의 (2) (저자가 써서) 필자의
(5) **Burgundy**: 프랑스의 동남부 지방(본래 왕국), (종종 b-) 그곳에서 나는 포도주(보통 적포도주)

Every one that has forsaken houses, or brethren, or sisters, or father, or mother, or wife, or children, or lands, for my name's sake, shall receive an hundredfold, and shall inherit everlasting life. But many that are first shall be last; and the last shall be first.

내 이름을 위하여 집, 형, 자매, 부모, 아내, 자식, 토지를 버린 자마다 여러 배로 받고 또 영생을 상속하리라. 그러나 먼저 된 자로서 나중 되고 나중 된 자로서 먼저 될 자가 많으니라.

– 마태복음(Matthew) 19장 29절~30절

15. 하나의 단어가 갖는 모순 의미(contradictory meaning)

창조(創造)에는 두 가지 의미가 있다. '신(神)이 우주 만물을 처음으로 만듦'이라는 의미와 '전에 없던 것을 처음으로 만듦'이라는 의미다. 인간이 할 수 있는 창조는 후자다. 창조(創造)의 창(創)자는 창(倉 곳집 창)과 도(刀 칼 도)가 합쳐진 말이다. 창(倉)은 사각(四角)으로 된 쌀 곳간의 모양을 본뜬 글자다. 조(造 지을 조)는 '짓다', '만들다'는 뜻이다. 곳간에 있는 것을 칼로 잘라서 무언가를 만든다는 의미다. 곳간에서 쌀을 퍼내와 화학적으로 변화시키면 술이 된다. 창조란 무에서 유를 만드는 것이 아니라 변화시키는 것을 말한다. 이와 같이 한 단어가 dual meaning(두 가지 의미)으로, 아니 정반대의 의미를 갖는 경우가 있다. 잘 들여다보면 겉으로는 모순되어 보이지만 숨은 내용은 서로 통하는 경우가 많다.

■ commencement

'시작'이라는 의미지만 '졸업식', '졸업일'이라는 모순된 의미도 있다. 열매는 생명의 끝이지만 그것이 씨앗이 되면 또 다른 시작을 잉태한다. 이치가 어긋난 듯 보이지만 진리가 숨어 있다.

■ subject

- **명사**[sʌ́bdʒikt]

1) [국가] 신하 · 신민 · 국민
2) [글] 주제 · 제목
3) [문장] 주어 · 주부
4) [철학] 주관 · 자아
5) [철학] 주체 · 실체
6) [음악] 주제 · 테마

겉보기에는 1)번과 2)~6)번이 상반되어 보이지만 속뜻은 동일하다. 따지고 보면 국가에서의 국

민이나 글에서의 주제는 결국 개념이다. 국민 없는 국가가 존재할 수 없듯 주제 없는 글도 존재할 수 없다. 영국인은 오늘날에도 I'm her subject(나는 엘리자베스 영국 여왕의 신하다)라는 표현을 즐겨 사용한다. British subject(영국 국민).

• **동사**[səbdʒékt]

sub-: 下(아래 하) / -ject: 던지다

inject	안으로 던지다	→ 주사하다
reject	되던지다	→ 거절하다
project	앞으로 던지다	→ 계획[발사]하다
subject	아래로 던지다	→ 복종[종속]시키다
		→ (좋지 않은 일을) 당하게 하다

작문 모욕당하기보다는 차라리 굶어 죽겠다.
I would rather die of hunger than subject myself to an insult.
I would rather die of hunger than be subjected to an insult.

• **형용사**[sʌ́bdʒikt] **(명사와 형용사의 발음이 동일)**

(1) 지배를 받는 · 복종하는 · 종속하는
(2) 「서술적」 (~을) 입기[걸리기] 쉬운
(3) 「서술적」 (~을) 조건으로 하는 · (~을) 받지 않으면 안 되는

This treaty is subject to ratification. 이 조약은 비준을 받아야 한다.
The prices are subject to alteration. 가격은 변경할 수 있다
Life is subject to decay. 생명은 쇠하게 되어 있다.

• **temper**

'화', '노여움'이라는 의미지만 '평정', '참기'라는 모순된 의미도 있다.

작문 그는 화를 냈다.
He got into a temper. 화 속으로 들어갔다.
He got out of temper. 참기에서 벗어났다.

• **oath**

'맹세', '서약'이란 의미지만 '욕설'이라는 모순된 의미도 있다.

예문 take an oath 선서하다
rap out an oath 내뱉듯이 욕하다

• swear

'선서하다'란 의미지만 '욕하다'라는 모순된 의미도 있다.

예문 I swore on the Bible. 나는 성경에 손을 얹고 선서했다.

I swore at his children. 나는 그의 아이들에게 욕을 퍼부었다.

I swear I won't swear again. 다시는 욕을 하지 않을 거라고 맹세한다.

• scan

의미 (1) look at every part of something carefully to look for a particular thing or person 특정의 사물이나 사람을 찾기 위하여 어떤 것을 세세히 보다

(2) look through written material quickly to find important or interesting information 중요하거나 흥미로운 정보를 찾기 위하여 인쇄물을 빠르게 훑어보다

예문 She was nervous and kept scanning the crowd for her son.
그녀는 마음을 졸이며 아들을 찾으려고 북적대는 사람들을 세세히 살피고 있었다.

He raised the binoculars to his eye again, scanning across the scene.
그는 다시 망원경을 눈에다 대고 그 장면을 눈여겨보았다.

예문 She scanned the advertisement pages of the newspapers.
그녀는 신문 광고면을 대충 훑어보았다.

I haven't read much into the newspaper as yet. I've only just scanned through it. 나는 아직 신문을 많이 보지 못하고 잠시 훑어보았을 뿐이다.

• bless

고대 영어에서 '피(blood)로 정화하다', '제단에 희생의 피를 뿌려 신성하게 하다'란 의미로 사용되었다. 오늘날에는 상반된 다음 두 가지 의미로 사용된다.
(1) 축복하다 (2) 저주하다(curse · damn) (반어적 어법).

작문 (1) 모든 악을 막아주는 축복을 주소서.

(2) 잠을 못 자게 방해하다니, 얼마나 그를 욕했는지 몰라!

(1) Bless me from all evils!

(2) How I blessed him for disturbing my sleep!

• 수동태 용법

작문 (1) 복이 있다

I am blessed with children. 나는 자식이 있어서 행복이다.

(2) 복이 없다(cursed) (반어적 어법)

I am blessed with no children. 나는 자식이 없어서 불행하다.

• out

해석 (1) 나타난 visible

(2) 사라진 invisible

(1) When the stars are out, they are visible. 별이 나오면 별이 보인다.

(2) When the lights are out, they are invisible. 전등이 나가면 전등이 보이지 않는다.

• through

예문 (1) As a boxer he is through. 그는 권투 선수 생활을 마감했다. (부정적 의미)

(2) He is through with the disease? 그는 병이 다 나았습니까? (긍정적 의미)

• luck

예문 I lucked out. (1) 운 좋게 잘되었다.

(2) 아주 운이 나빴다.

해설 luck out이 반어적으로 사용되면 '아주 운이 나쁘다', '(전장 등에서) 죽다'는 의미로 사용된다.

• screw up

(1) up이 (나사를) '바짝' (조이다)란 의미로 ~을 바짝 죄다

(2) up이 (나사를) '위로' (풀다)란 의미로 ~을 엉망으로 만들다(mess up)

만세를 부를 때도 손을 들고, 적에게 항복할 때도 손을 들 듯, up의 의미에도 음양이 있다.

비교 She's up at the head of her class. 그녀는 반에서 일등이다.

It's all up with him. (= He is ruined). 그 사람 이젠 볼 장 다 봤다.

작문 (1) 그는 용기를 내어 바위를 오르기 시작했다.

(2) 네가 내 계획을 망쳤어.

(1) He screwed up his courage and began to climb up the rock.

(2) You screwed up my plans.

■ big deal

big deal의 기본적인 의미는 '큰 거래', '대단한 것', '큰일', '큰 인물'이지만, 미국 구어에서 비꼼 · 조소를 나타내어 감탄사적으로, '별 것 아니지 않아!', '그것이 어쨌다는 거야!'라는 의미로 사용된다.

• '큰 거래', '대단한 것', '큰일', '큰 인물'

예문 Hey, that's not a big deal. Cheer up!

어휴, 그게 뭐 대수라고. 기운 내!

It seems small, that semicolon is a big deal.

사소한 것처럼 보이지만 그 세미콜론은 대단히 중요합니다.

Wishing to appear the hot shot, the young businessman picked up the phone and started to pretend he had a big deal working.
자신이 거물로 보였으면 하는 마음에, 이 젊은 사업가는 수화기를 들고 큰 거래를 진행 중인 체하기 시작했다.

- '별 것 아니지 않아!', '그것이 어쨌다는 거야!'

예문 I lost ten thousand dollars, but it's no big deal.
만 달러를 잃었지만 상관없어.

A : *I make 500 dollars a week.*
B : *Big deal! I make twice that much.*
A : 나는 한 주에 500달러 번다네.
B : 별것 아니군. 나는 그 갑절은 번다네.

16. 전혀 없는 자가 되나 모든 것을 갖고 있다

신약 고린도(Corinthians)후서 6장 8~10절은 전체가 모순어법이다.

Through glory and dishonor, insult and praise, we are treated
as deceivers and yet are truthful;
as unrecognized and yet acknowledged;
as dying and behold we live;
as chastised and yet not put to death;
as sorrowful, yet always rejoicing;
as poor, yet enriching many;
as having nothing and yet possessing all things.
우리는 영광과 치욕 그리고 모욕과 칭찬을 통하여,
속이는 자 같으나 진실하다.
무명한 자 같으나 유명하다.
죽어가는 자 같으나 우리가 살아있는 것을 보라.
응징을 받는 자 같으나 죽임을 당하지 않는다.
근심하는 자 같으나 항상 기뻐한다.
가난한 자 같으나 많은 사람을 부유케 한다.
전혀 없는 자 같으나 모든 것을 갖고 있다.

마태복음(Matthew) 5장 3~10절 그리스도가 산상수훈(山上垂訓)에서 가르친 the Beatitudes(여덟 가지 참 행복) 또한 모순어법이다.

Blessed are the poor in spirit, for theirs is the kingdom of heaven.
Blessed are those who mourn, for they will be comforted.
Blessed are the meek, for they will inherit the earth.
Blessed are those who hunger and thirst for righteousness, for they will be filled.

Blessed are the merciful, for they will be shown mercy.
Blessed are the pure in heart, for they will see God.
Blessed are the peacemakers, for they will be called sons of God.
Blessed are those who are persecuted because of righteousness, for theirs is the kingdom of heaven.

심령이 가난한 자는 복이 있나니, 천국이 그들의 것이기 때문이니라.
슬퍼하는 자는 복이 있나니, 그들은 위로를 받을 것이기 때문이니라.
온유한 자는 복이 있나니, 그들은 땅을 기업으로 받을 것이기 때문이니라.
의에 주리고 목마른 자는 복이 있나니, 그들은 배부를 것이기 때문이니라.
자비로운 자는 복이 있나니, 그들은 자비를 받을 것이기 때문이니라.
마음이 청결한 자는 복이 있나니, 그들은 하나님을 볼 것이기 때문이니라.
화평케 하는 자는 복이 있나니, 그들은 하나님의 아들이라 불릴 것이기 때문이니라.
의를 위하여 핍박받은 자는 복이 있나니, 천국이 그들의 것이기 때문이니라.

the poor in spirit(심령이 가난한 자)만을 떼어내서 보면 those who are not well supplied with in spirit(심령이 충만하지 않는 자)로 해석될 수 있다. 그러나 전체 문맥 - Blessed are the poor in spirit, for theirs is the kingdom of heaven(심령이 가난한 자는 복이 있나니, 천국이 그들의 것이기 때문이니라) - 을 보면 the poor in spirit(항상 회개하며 자만하지 않고 부족하다는 겸손한 정신 자세를 갖는 자)는 그 채워지지 않는 부분을 하나님이 채워주신다는 의미로 해석할 수 있다.

17. 색즉시공 공즉시색(色卽是空 空卽是色 Form is emptiness; Emptiness is form)

반야심경(般若心經)의 공(空)사상

색불이공(色不異空)	형체는 헛것과 다르지 않고; Form is not different from emptiness;
공불이색(空不異色)	헛것은 형체와 다르지 않다. Emptiness is not different from form.
색즉시공(色卽是空)	형체는 헛것이고; Form is emptiness;
공즉시색(空卽是色)	헛것은 형체이다. Emptiness is form.

'불(不)'이라는 부정의 단어를 통해 부정의 논리를 펴다가, '즉(卽)'이라는 긍정의 단어를 통해 긍정의 논리를 편다. '색'은 '형체'요, '공'은 '헛것'이다. 즉 '색'은 '세속(世俗)'이고 '공'은 열반(涅槃)이다. 결국 '속(俗)과 진(眞)은 원융(圓融)하다'라는 말이다. 원융이란 일체의 사리가 널리 어울리어 하나가 되어 구별이 없음을 뜻한다.

18. The devil is in the details(악마는 세밀한 부분에 깃들어 있다)

The devil is in the details. 마(魔)는 세밀한 부분에 깃들어 있다.
God is in the details. 신(神)은 세밀한 부분에 깃들어 있다.

The devil is in the details(마는 세밀한 부분에 깃들어 있다). 〈The New Dictionary of Cultural Literacy〉(Third Edition 2002)는 다음과 같이 설명한다. Even the grandest project depends on the success of the smallest components. This version of the proverb often implies that the details might cause failure(아무리 큰 계획이라 할지라도 그것은 대단히 적은 구성 요소의 성공에 달렸다. 흔히 이 속담은 세세한 일이 실패의 원인이 될 수 있다는 것을 의미한다).

이 말의 긍정 버전(positive version)은 God is in the details(신(神)은 세밀한 부분에 깃들어 있다). 부정 버전이나 긍정 버전이나 겉으로 볼 때는 서로 모순적이지만 함축하고 있는 의미는 같다. 사회도 규범이 있듯 글에 있어서도 마찬가지다. 규범을 따지는 사람을 grammar stickler(문법적으로 까다로운 사람)나 hair-splitter(머리카락을 세로로 쪼개듯 일을 세세하게 따지는 사람)로 치부해서는 안 된다. 규범에 맞고 논리를 잘 갖춘 언어를 구사하는 것이 accomplished intellectual[highbrow](세련된 지성인)로 가는 길이다.

· **예1 hyphen(연자부호 連字符號)하나로 의미가 완전히 달라지는 경우**

비교 제3차 세계대전 a third world war
제3세계의 전쟁 a third-world war

a third world war (third가 world war를 수식)

a third-world war (third-world가 war를 수식)

작문 월남은 1960년대에 제3세계의 지정학적 분쟁 지역이 되었다.
In the 1960's, Vietnam became a third-world geopolitical hot spot.

'제2차 세계대전'은 the second world war이지만, '제3차 세계대전'은 a third world war이다. '21세기'는 the twenty-first century, '22세기' the twenty-second century다. 제3차 세계대전은 일어날 수도 있고 안 일어날 수도 있는 미정의 사실이기 때문에 [a]를 붙이지만, 22세기는 세월이 지나면 마땅히 도래하기 때문에 [the]를 붙인다.

· **예2 세심한 주의가 필요한 [a]와 [the]**

비교 비핵의 한반도 a nuclear-free Korean peninsula
한반도 핵문제 the nuclear issue on the Korean peninsula

필자가 이 원고를 쓰고 있는 2008년 12월 31일 현재 '비핵화의 한반도'는 아직 이루어지지 않은 미정 사실이기 때문에 부정관사를 붙이지만, '한반도 핵문제'는 기정 사실이기 때문에 정관사를 붙인다.

· 예3 왜 the flu(독감) & a cold(감기)인가?

작문 그는 감기로 누워 있느냐, 독감으로 누워 있느냐?
Is he is laid up with the flu or a cold?

독감은 '독한 감기'인가? 사람들은 독감을 일반 감기가 좀 오래가고 심한 것으로 생각한다. 하지만 감기와 독감은 전혀 다른 질병이다. 환절기 및 겨울철(11월~다음해 3월)에 기승을 부리는 유행성 독감은 인플루엔자 바이러스에 의해 발병하는 '전염병'이다. 반면에 감기는 200종류 이상의 다양한 바이러스에 의해 발생할 수 있는 '급성 호흡기 질환'이다. 감기는 열이 안 나고 비교적 증상이 가볍다.

독감을 the influenza 또는 the flu라 한다. influence of the cold(추위의 영향)를 의미하는 이태리어 influenza del freddo가 어원이다. the flu는 특정 바이러스, 즉 Orthomyxovirus(오르토믹소바이러스)과에 속하는 RNA 바이러스로 감염되기 때문에 정관사 the를 붙인다.

주 flu를 일으킬 수 있는 바이러스는 influenza virus A/B, parainfluenza virus 같은 것이 있다.

감기는 the (common) cold라 한다. the most (common) infectious diseases(가장 전염성이 강한 질병)라고 해서 common이 붙었다. 100개 이상의 바이러스 균이 원인으로 감기는 그중 하나에 걸리는 것을 말하므로 a를 붙인다.

· 예4 Unless의 의미도 제대로 모르는 한국 정부 관리들

정부가 미국산 쇠고기 수입 재개 협상과 관련하여 미국의 '동물성 사료 금지 조치'를 국민에게 설명하는 문답 자료에서 오역을 했다. 미 식품의약청(FDA)이 지난 4월 25일자에 게재한 미국연방관보 원문을 보자. The entire carcass of cattle not inspected and passed for human consumption is also prohibited unless the cattle are less than 30 months of age, or the brains and spinal cords have been removed(도축 검사를 통과하지 않아 식용으로 쓸 수 없는 소는 (동물 사료로) 금지된다. 다만 30개월 미만의 소나 뇌와 척수를 제거한 소는 제외된다). 즉 '30개월 미만의 소는 도축 검사를 받지 않아도 사료로 사용될 수 있고 30개월 이상의 소도 뇌와 척수를 제거하면 사료로 사용될 수 있다'는 의미다.

not inspected and passed에서 not이 inspected만 부정하느냐 passed도 부정하느냐는 문제로 'MBC 백분토론'에서 독해 논쟁이 벌어졌다. 이 문제에 대한 정답은 간단하다. inspected and passed(검사 통과된)는 한 단어로 취급되는 collocation(연어 連語)이다. 이는 연어에 대한 학습 부족의 결과로 인한 사례다. 또 하나는 unless다. unless는 'if ~ not(만약 ~이 아니라면)'이라는 [조건] 개념보다는 '~은 제외다'는 [제외] 개념이 강하다.

원문을 번역하면서 unless를 even though(비록 ~라 할지라도)로 오역했다. 그 때문에 농림수산식품부에서는 보도 자료에서 미국 측의 조치와는 정반대로 '30개월 미만 소라 할지라도 도축검사를 통과한 소만 사료로 쓰일 수 있다'고 잘못 설명했다. 즉 미국의 동물 사료 금지 조치가 강화됐기 때문에 사료에 대한 지나친 우려를 할 필요가 없으며 우리는 미국산 쇠고기를 안심하고 먹어도 된다고 했던 것이다. 우리는 미국 연방관보의 고시조차 제대로 번역하지 못할 정도로 건성이었다. 그 건성으로 인해 우리는 얼마나 많은 비용을 지불했던가?

19. 패배에 당당하고 꿋꿋하며 승리에 겸손하고 온화한 아들

■ A Soldier and a Father(군인과 아버지)

맥아더는 그의 가족이 그를 군인이 아니라 기도하는 아버지로 기억되기를 바랐다.

맥아더

출처 : Wikipedia

By profession I am a soldier and take pride in that fact.
But I am prouder-infinitely prouder-to be a father.
A soldier destroys in order to build; the father only builds, never destroys.
The one has the potentiality of death; the other embodies creation and life.
And while the hordes of death are mighty, the battalions of life are mightier still.
It is my hope that my son, when I am gone, will remember me not from the battle field but in the home repeating with him our simple daily prayer, 'Our Father Who Art in Heaven.'

나의 직업은 군인이며 거기에 대해서 긍지를 갖고 있다.
그러나 나는 아버지라는 사실에 더욱-무한히 더욱-긍지를 갖고 있다.
군인은 건설하기 위하여 파괴하지만 아버지는 건설만 하지 결코 파괴하지 않는다.
군인은 죽음의 잠재성을 가지고 있지만 아버지는 창조와 생명을 구현한다.
사람을 죽이는 군대가 힘이 세지만, 삶의 군대는 훨씬 더 센 힘을 가지고 있다.
나는 소망한다. 내가 죽고 없을 때 나의 아들이, 전쟁터의 내가 아니라
집에서 자기와 함께 '하늘에 계신 하나님 아버지'를 매일 기도하고 있는 나를 기억해주길.

■ A Father's Prayer(아버지의 기도)

1922년 2월 14일 맥아더는 두 아이를 가진 부유한 이혼녀 브룩스(Henrietta Louise Cromwell Brooks 1885~1973)와 첫 번째 결혼을 했다. 아이를 갖지 못한 이 결합은 1929년 이혼으로 끝났다. 그의 나이 57세 때인 1937년 진 페어클로스(Jean Faircloth 1898~2000)와 재혼했다. 결혼 이듬해인 1938년 2월 21일 마닐라에서 외아들 아서 맥아더 4세(Arthur MacArthur IV)가 태어났다. 그는 'doting father(아들을 애지중지하는 아빠)'였다. 그는 태평양 전쟁 초기 틈을 내어 아들을 위하여 〈A Father's Prayer 어느 아버지의 기도〉를 썼다. 그의 아들 아서 맥아더 4세(Arthur MacArthur IV)는 현재 뉴욕에서 활동하는 익명(匿名)의 색소폰 연주가다. 예술가로 살기 위하여 성(surname)을 바꿨다고 하는데 아버지의 그늘을 벗어나 평범하게 살기 위하여 그렇게 한 것이 아닌가 싶다.

다음의 유명한 기도문은 예수가 자기의 제자들에게 가르쳤던 지혜로 가득 찬 내용이 담겨 있을 뿐만 아니라 모순법을 적절히 배합해 시(詩)와 진배없는 감동적인 기도문이다. 우리나라에 많이 소개되었으나 부분적으로 오역된 부분이 많아 이를 바로잡고 상세한 해설을 붙여 놓았다. 이 기도문은 오늘날 모든 아버지의 아들에 대한 기도의 전형(典型)이 되었다. 맥아더는 모순어법을 동원하여 아들이 courage(용기)가 있으면서도 gentleness(온순)하고 compassion(동정심)을 가져주기를 하나님께 기도했다.

Build me a son, O Lord,
who will be strong enough to know when he is weak,
and brave enough to face himself when he is afraid;
one who will be proud and unbending in honest defeat,
and humble and gentle in victory.

오! 주여, 이러한 아들이 되게 하여 주옵소서.
약할 때 자신을 지킬 정도로 강한,
두려울 때에 자신에게 맞설 정도로 용감한,
정직한 패배에 당당하고 꿋꿋한,
승리에 겸손하고 온화한 아들이 되게 하여 주옵소서.

Build me a son whose wishbone will not be where his backbone should be; a son who will know Thee - and that to know himself is the foundation stone of knowledge.

소망만 하지 말고 소망을 실행하는 아들이 되게 하여 주옵소서.
하나님을 알고 자신을 아는 것이 지식의 근본임을 아는 아들이 되게 하여 주옵소서.

해설 Build me a son whose wishbone will not be where his backbone should be.
등뼈가 있어야 할 곳에 차골(새의 가슴에 있는 뼈)이 있지 않는 아들이 되게 하여 주옵소서.
= Build me a son whose wishes will not take the place of deeds.
소망이 실현을 대신하지 않는 아들이 되게 하여 주옵소서.
→ 소망만 하지 말고 실행하는 아들이 되게 하여 주옵소서.

해설 a son who will know Thee — and <u>that to know himself is the foundation stone of knowledge.</u>
know의 목적어가 Thee와 that 이하이다. Thee는 단어이고 that 이하는 절이기 때문에 구조가 맞지 않다. 그래서 and 앞에 대시(dash: —)가 있다.

Lead him, I pray, not in the path of ease and comfort,
but under the stress and spur of difficulties and challenge.
Here, let him learn to stand up in the storm;
here, let him learn compassion for those who fall.
바라옵건대 그를 평탄하고 안락한 길이 아니라,
고난과 도전의 긴장과 자극 속으로 인도하여 주옵소서.
폭풍 속에서도 일어날 줄 알도록 하여 주옵소서.
패자를 동정할 줄 알도록 하여 주옵소서.

Build me a son whose heart will be clear, whose goals will be high;
a son who will master himself before he seeks to master other men;
one who will learn to laugh, yet never forget how to weep;
one who will reach into the future, yet never forget the past.
마음이 깨끗한, 목표가 드높은 아들이 되게 하여 주옵소서;
타인을 지배하려고 하기 전에 자신을 지배하는 아들이 되게 하여 주옵소서;
웃을 줄 알되 울 줄도 아는 아들이 되게 하여 주옵소서;
미래로 나아가되 과거를 결코 잊지 않는 아들이 되게 하여 주옵소서.

And after all these things are his, add, I pray, enough of a sense of humor,
so that he may always be serious, yet never take himself too seriously.
Give him humility, so that he may always remember the simplicity of true greatness,
the open mind of true wisdom, the meekness of true strength.
Then I, his father, will dare to whisper, "I have not lived in vain".
결국 이러한 모든 것들을 아들에게 허락하시고, 더 나아가 항상 진지하지만
결코 자신을 너무 진지하여 옥죄지 않도록 넉넉한 유머 감각을 갖도록 하여 주옵소서.
참된 위대함은 소박함이요, 참된 지혜는 열린 마음이요, 참된 힘은 온유함이라는 것을
항상 명심하도록 아들에게 겸손을 주옵소서.
그렇게 되면 그의 아버지인 나는 "헛된 인생을 살지 않았노라"고 감히 나직하게 말하겠나이다.

해설 add(= add[added] to this): [접속사적] 이에 더하여

20. Close your eyes, and you will see(눈을 감아라. 그러면 보일 것이다)

Close your eyes, and you will see.
눈을 감아라. 그러면 보일 것이다.

– 프랑스 윤리사상가(moralist) · essayist(평론가) 주베르(Joseph Joubert 1754~1824)

농맹아(聾盲啞)의 삼중고를 극복한 미국의 여류 작가 창도자(advocate)이며 교육가 헬렌 켈러(Helen Adams Keller 1880~1968)는 언젠가 시청각 장애에 대한 질문을 받자 이렇게 답했다.

Question	What could be worse than being born blind?
Helen Keller	Being born with sight, but having no vision.
질문	시각 장애를 갖고 태어난 것보다 너 나쁜 것은 무엇일까요?
헬렌 켈러	시력은 갖고 태어났으나 비전이 없는 것이 더 나쁘다.

시력 · 시각에 대한 영어 단어에는 sight · vision이 있다. 그러나 vision에는 sight에 없는 의미가 있는데 '(보이지 않는 것을 마음속에 그리는) 상상력'이 그것이다.

The blind man with a lighted lantern
등불 든 장님(알면서 잘못을 저지르는 자를 경고하는 교훈)

(Situation) Some one saw a blind man walking with a lighted lantern.

Someone *How foolish you are to walk with a lighted lantern when you are blind!*
Why have you the lantern?

Blind man *It's not for myself. I have this so that you, who can see, may not knock against me.*

(상황) 어떤 사람이 장님이 등불을 들고 가는 것을 보았다.

아무개 눈이 멀었는데 등불을 들고 다니다니 바보 천치로군! 등불은 뭣 땜에 들고 있소.

장님 나를 위한 게 아니요. 눈 뜬 당신이 나에게 부딪치지 않게 하려고 들고 있소.

21. 속도는 훌륭한 것, 정확성은 결정적인 것(총잡이의 좌우명)

와이엇 업
출처 : Wikipedia

Speed is fine but accuracy is final.
속도는 훌륭한 것. 정확은 결정적인 것.

- Wyatt Earp's Shooting Maxim(와이엇 업의 사격 좌우명)

와이엇 업(Wyatt Earp 1848~1929)은 미국 서부 연방보안관으로 권총의 명수로 부를 찾아 모험하는 미국의 전설적 서부 개척자였다. 들소 사냥꾼(buffalo hunter), 도박꾼(gambler), 술집 주인(saloon-keeper), 복싱 심판(boxing referee)이기도 하였다. 폭력단과 그의 가족 사이에 싸움이 일어나 마침내 1881년 10월 26일 그 유명한 OK 목장의 결투(the Gunfight at the OK Corral)가 벌어졌다. 〈변경의 보안관 와이엇 업 Wyatt Earp, Frontier Marshal〉(1931)이 그에 대한 전기다. 이 전기를 통해 용감무쌍한 보안관으로서의 그의 이미지가 형성되었다. 그는 미국 문화사의 우상(iconic figure in American folk history)이 되었다.

22. Slow but sure(더디더라도 확실한) & deliberate speed(신중한 신속)

■ 더디더라도 확실한

손자병법에 '우(迂)직(直)지(之)계(計)'라는 말이 있다. 우(迂)는 우회한다는 뜻이고 직(直)은 직선 거리(beeline)로 간다는 말이다. 직선 코스에는 적도 많고 장애물도 많아 우회하는 것이 안전하고 신속할 수 있다. 돌아감으로써 적을 오판케 할 수도 있다. 매가 사냥감을 발견하면 목표물 상공에서 수직 강하하지 않는다. 사냥감이 안 보이는 데서 수직 강하하다가 수평 비행으로 바꾸어 시속 320㎞ 속도로 최후의 스퍼트(finishing spurt)하여 순간적으로 사냥감을 낚아챈다. 단거리 표적용인 권총과 소총의 탄도는 직선이지만 장거리 표적용인 대포와 미사일의 탄도는 곡선이다. 달로켓은 달을 보고 발사하지 않으며 궤도는 곡선을 그린다. 엉킨 실을 잡아당기면 더 엉킨다. '우직기계', 'U턴 사고', '곡선 사고'는 '급할수록 돌아가라'는 속담이나 나그네에게 건네준 '버들잎 띄운 바가지 물'의 의미와 통한다.

Slow and[but] sure wins the race.	더디더라도 확실한 편이 결국 이긴다.
Slow and[but] steady wins the race.	천천히 착실히 하는 편이 결국 이긴다.
Haste makes waste.	서두르면 일을 그르친다.
More haste, less[worse] speed.	급할수록 천천히 하라.

Nec temere nec timide.	(Latin proverb 라틴 금언)
Neither rashly nor timidly.	(English equivalent 같은 의미의 영어)
서둘지도 두려워하지도 말라.	(Korean equivalent 같은 의미의 국어)

우리말에는 '느릿느릿 걸어도 황소 걸음'이라는 말이 있다. 소가 걷는 것을 보면 느리지만 개울물에 빠지는 실수는 하지 않는다. 더디지만 실수 없이 해 나가는 행동을 이르는 말이다.

The mills of God grind slowly but surely.
(의미1) 하늘의 벌은 늦어도 반드시 온다.
(의미2) 하나님의 맷돌은 더디지만 곱게 갈린다.

속담이란 경우에 따라서 여러 가지로 해석된다. A rolling stone gathers no moss(구르는 돌에는 이끼도 끼지 않는다)는 '직업을 자주 바꾸면 돈이 안 붙는다'라는 부정적인 의미로 쓰이는가 하면 '늘 활동하는 사람은 침체하지 않는다'라는 긍정적인 의미로 쓰인다. 전자와 같은 의미로 쓰이는 말에 Plant often removed can't thrive(자주 옮겨 심는 나무는 잘 자라지 않는다)라는 말이 있다.

■ 신중한 신속

오바마 미국 대통령 당선자는 2008년 11월 7일(현지 시간) 당선 후 사흘 만에 경제 참모진 회의를 긴급 주재한 뒤 first post-election press conference(선거 후 첫 기자회견)를 갖고 경제 위기 타개를 위한 정책 방향을 밝혔다. 당선자는 재무장관 등 경제팀 인선 일정과 관련한 질문을 받고 이렇게 답했다.

When we have an announcement to make about cabinet appointments, we will make it, I want to move with all deliberate haste, but I want to emphasize deliberate as well as haste.
우리는 각료 임명에 대해 때가 되면 발표할 것입니다.
나는 아주 신중하고 신속하게 대처하기를 원합니다.
그러나 '신속'뿐만 아니라 '신중'을 강조하고자 합니다.

2008년 11월 25일 전 Oxford University Press의 American dictionaries의 편집자인 미국 언어학자(linguist)이며 사전편찬가(lexicographer)인 벤저민 짐머(Benjamin Zimmer)는 이런 평을 내놓았다.

President-Elect Obama has begun to assemble his nominees for Cabinet posts – something he had promised to do, in his first post-election press conference, "with all deliberate haste." If deliberate means "marked by careful consideration or reflection," and haste means "overly eager speed (and possible carelessness)," doesn't that make "deliberate haste" an oxymoron?
대통령 당선자 오바마는 각료 지명자들을 소집하기 시작했다. 이것은 그가 당선 후 가진 첫 기자회견에서 '아주 신중하고 신속하게' 대처하겠다고 약속했던 그것이었다. deliberate가 '뚜렷하게 주도면밀(周到綿密)하거나 심사숙고(深思熟考)한'을, haste(신속)가 'overly eager speed(속도를 간절히 갈망함(소홀할 가능성 있음)'을 의미한다면 'deliberate haste(신중한 신속)'은 모순어(矛盾語)가 아닌가?

festina lente	(Latin proverb 라틴 금언)
Make haste slowly.	(English equivalent 같은 의미의 영어)
천천히 서둘러라.	(Korean equivalent 같은 의미의 국어)

Be quick, but don't hurry.
민첩하되 서두르진 말라.

– 미국 농구 코치 우든(John Robert Wooden 1910~)

해설 우든(Wooden)은 미국 농구 전설이며 명예의 전당(Basketball Hall of Fame)에 선수(1961)로 코치(1973)로 두 번이나 오른 인물이다. 빛나는 선수 시절을 거쳐 감독으로도 UCLA를 10차례나 전국 챔피언에 올렸다.

23. 죽어서 태어난 이순신 · 김구 · 예수

I am the resurrection and the life. He who believes in me will live, even though he dies; and whoever lives and believes in me will never die. Do you believe this?
나는 부활이요 생명이다. 나를 믿는 사람은 죽더라도 살고, 또 살아서 나를 믿는 모든 사람은 영원히 죽지 않을 것이다. 너는 이것을 믿느냐?

– 요한(John)복음 11장 25 · 26절

33세에 생을 마감한 예수처럼, 45구경 권총에 맞아 쓰러진 김구 선생처럼, '죽어서 태어난(born dead)' 사람이 있는가 하면, 현직(顯職)에 있다가 퇴임 후 '숨죽이며 사는(living dead)' 사람도 있다. 나폴레옹이나 박정희는 '작은 거인(little big man)'이었다. 삶이란 다분히 모순적인 여정이 아닌가 싶다.

충무공(忠武公) 이순신 장군의 명문구(felicity) 필사즉생 필생즉사(必死卽生 必生卽死 · 죽으려고 하면 반드시 살고 살려고 하면 반드시 죽는다)라는 임전(臨戰)의 훈(訓)은 반동역학으로 작용하여 7년간 지속된 임진왜란을 승리로 이끈다. 그는 노량해전에서 전사했으나 그의 이름은 불멸(不滅)했다.

Sic Vis Pacem Para Bellum.	(Latin proverb 라틴 금언)
If you want peace, prepare for war.	(English equivalent 같은 의미의 영어)
평화를 원하면 전쟁을 준비하라.	(Korean equivalent 같은 의미의 국어)

겉으로 보면 모순적이지만 국가 안보나 국제 정세를 논할 때 자주 인용되는 경구다. Sic Vis Pacem Para Bellum은 영화 퍼니셔(The Punisher · 응징하는 사람)〈2004〉에서 주인공 Thomas Jane의 대사로도 인용되었다. 가수 Children Of Bodom의 앨범 〈Are You Dead Yet? 이미 죽었나?〉에 〈If You Want Peace... Prepare For War〉라는 노래가 있다.

24. 납과 금은 모순적 존재이나 현자의 돌(Philosophers' Stone)이 있으면

고대에는 물질 세계가 더운 것과 찬 것, 젖은 것과 마른 것, 양성과 음성, 남과 여 등 정반대의 개념에 의해 작용한다고 보았다. 이후 납과 같은 천한 물질을 금과 같은 귀한 물질로 변성시키는 연금술(alchemy)이 발전했다. 연금술사는 섞으면 금이 되는 특별한 물질 Philosophers' Stone(현자의 돌)을 만들어 내는 일에 몰두했다. 변성 작용을 일어나게 하는 '현자의 돌'을 만드는 아타노르(athanor · alchemical furnace · 연금술용 아궁이)를 동물의 자궁(matrix)에 비유하기도 한다. 새로운 물질을 만들어 내기 위해서는 특별한 고통을 감수해야 하기 때문이다. 모든 동물은 태어날 때 고통이 따르듯 고통을 수반해야 새로운 것이 탄생한다. 이것이 바로 '현자의 돌' 아닌가!

주 아타노르(athanor): 원래는 아랍어로 baker's oven(빵 굽는 사람의 가마)이라는 의미였다.

그래서 스위스 심리학자 구스타프 융(Carl Gustav Jung 1875~1961)은 연금술의 공정을 마음의 치료를 위한 정신 분석 과정에 적용하였다. 연금술이란 메시지는 단순한 물질 조작에만 머무는 것이 아니라, 인간의 새로운 자아를 창조하는 사상 체계로 승화될 수 있다는 것을 보여 준 것이다. 현자의 돌은 먼 곳에 있지 않고 우리 안에 있다. '자살'을 거꾸로 하면 '살자'가 되고, nowhere(아무 데도 없다)를 띄어 쓰면 now here(지금 여기에 있다)가 된다. Impossible의 앞 음절을 분리하면 I'm possible(나는 괜찮은 사람이다)이 된다. change(변화)의 g만 c로 바꾸면 chance(기회)가 된다. 위기를 기회로, 부정을 긍정으로 보는 지혜가 필요하다.

vaccination scar(우두 자국)의 scar는 '상처', '자국', '흉터'가 아니라 star(별 · 훈장)다. '통쾌'란 '통(痛 아플 통)을 통하여 쾌(快 쾌할 쾌)를 얻다'란 의미다. 이에 해당하는 영어 단어는 없다. suffering(고통 · 수난)이라는 의미의 passion이라는 단어는 라틴어 passus에서 나온 말이다.

(십자가의) '예수의 수난'을 the Passion of the Christ라 한다. 그때 이래 passion은 (평상시의 자기를 잊게 할 정도의 어떤 일에 대한 강렬한) '열정(熱情)', '정열(情熱)', '광(狂)'이라는 또 하나의 의미를 갖게 되었다.

맹인들이 널리 사용하는 브라유식 점자(點字)를 발명한 프랑스의 브라유(Louis Braille 1809~1852)는 세 살 때 부친이 경영하는 마구 공장에서 연장을 가지고 놀다가 사고로 왼쪽 눈을 잃고 감염되어 오른쪽 눈까지 잃었다. 그리고 열다섯 살 되던 해에 small raised dots on paper(종이 위로 솟아오른 작은 점들)를 만들었다. 그것이 브라유식 점자다. 그가 발명한 점자의 돌기는 송곳 끝 모양 그대로다. 우연의 일치로 그는 전 세계 시각 장애인에게 빛이 되었다.

■ possible·impossible은 사용에 주의를 요함

'(~하는 것은) (불)가능한'이란 의미로 사용될 때는 사람을 주어로 할 수 없다.

작문 네가 영어를 마스터하는 것은 가능하다. (= 너는 영어를 마스터할 수 있다).

(1) You are possible to master English. (x)
(2) For you to master English is possible. (o)
(3) English is possible for you to master. (o) (2)의 밑줄 부분이 뒤로 자리 바꿈
(4) You can master English. (o)

작문 그가 그녀를 이해하는 것은 불가능하다(=그는 그녀를 이해할 수 없다).

(1) He is impossible to get hold of her. (x)
(2) For him to get hold of her is impossible. (o)
(3) She is impossible for him to get hold of. (o)
(4) He cannot get hold of her. (o)

해설 (3)이 맞는 이유

For him to get hold of her is impossible. (a)
→ Her is impossible for him to get hold of. (b) (a)의 밑줄 부분이 뒤로 자리 바꿈
→ She is impossible for him to get hold of. (c) (b)의 Her가 She로 바뀜

문장 첫 머리에 목적격을 쓸 수 없기 때문에 Her(b)가 She(c)로 바뀌었다. 겉으로 보기에는 사람 She(c)가 주어이지만 내용상[실질적] 주어는 for him to get hold of Her[She](그가 그녀를 이해하는 것)'이다. '그가 그녀를 이해하는 것'은 사물 개념이다.

아래의 뜻으로 사용될 때는 사람 · 사물을 주어로 할 수도 있고, 사람 · 사물을 수식할 수도 있다.

(un)suitable	(부)적합한
(in)tolerable	참을 수 있는(없는)
(un)acceptable	받아들일 수 있는(없는)

작문 (1) 당신 정말 못 말려! (당신 대책 없는 사람이군요!)

(2) 그들 중에 말이 통하는 사람은 오직 한 사람 있다.

(1) You are impossible!

(2) There is only one possible man among them.

주 possible이 명사로 사용되면 '후보자'

작문 에드워드 케네디는 대통령 후보군에서 탈락했다.

Edward Kennedy was tipped as a presidential possible.

25. 자연의 양면성과 모순성에서 삶의 지혜를 찾아야

Poison, properly used, turns to medicine.

독도 잘 쓰면 약이 된다.

The darkest hour is that before the dawn.

해뜨기 직전이 가장 어두운 법. 최악의 상태는 호전의 일보 직전. 독초 옆에 약초 있는 법.

You can't get unless you give. And you have to give without wanting to get.

베풀지 않으면 받을 수 없다. 그러나 얻기를 원하지 말고 주어야 한다.

- 영국 저널리스트 역사가 소설가 화이트(Theodore H. White 1915~1986)

Remember that the most beautiful things in the world are the most useless; peacocks and lilies for instance.

세상에서 가장 아름다운 것이 가장 쓸모없는 것임을 잊어서는 안 된다.

예를 들면 백합이나 공작이 그렇다.

- 영국 사상가 러스킨(John Ruskin 1819~1900)

Life improves slowly and goes wrong fast, and only catastrophe is clearly visible.

삶은 천천히 나아지고 빨리 나빠지며, 큰 재난만 분명히 눈에 보인다.

- 헝가리 태생 미국 이론 물리학자 텔러(Edward Teller 1908~2003)

I must follow the people. Am I not their leader?

나는 국민을 따라야 한다. 내가 그들의 지도자 아닌가?

- 영국의 정치가 · 소설가 디즈레일리(Benjamin Disraeli 1804~1881)

고대 중국의 철학자 노자(老子)는 To lead the people, walk behind them(남을 이끌고자 하면 그들 뒤에서 걸어 보라)고 말했다. 노자의 말 중에 이런 말도 있다. A leader is best when people barely know he exists. When his work is done, they will say: we did it ourselves(지도자가 존재한다는 것을 백성이 거의 인식하지 못하면, 그 지도자는 최상의 지도자다. 그리되면 지도자의 과업이 이루어질 때도, 백성은 "우리자신이 그것을 했다"고 말한다). leadership(이끎 의식), followership(따름 의식) 그리고 fellowship(동반 의식)은 서로 떼어 놓을 수 없는 interaction(상호작용)의 관계에 있는 것 아닌가? 한편 나폴레옹은 A leader is a dealer in hope(지도자는 희망을 파는 사람이다)라고 말했다.

26. 삶의 지혜를 견인하는 epigram(경구)·household word(잘 알려진 속담)

단어를 쫓아서 하는 번역을 직역 또는 축어역(逐語譯), 영어로는 word-for-word translation, verbatim translation, literal translation이라 한다. 대칭 개념은 의역(free [liberal·broad] translation) 또는 함의(含意) 번역 (intent translation 글 속에 들어 있는 뜻 번역)이다. 직역으로는 의사 전달이 마땅치 않아 반드시 함의(含意) 번역을 해야 할 경우가 생긴다. 주로 〈It is ~ that ~〉 형태로 된 강조 구문의 격언·금언·경구·속담 등을 우리말로 옮길 경우 직역에서 이탈하여 부정을 긍정으로 또는 긍정을 부정으로 옮겨 삶의 지혜를 견인해야 할 경우가 많다.

It is a wise man that never mistakes.

결코 실수하지 않는 사람이야말로 정말 현명한 사람이다. (verbatim translation)

→ 아무리 현명한 사람이라 할지라도 실수하기 마련이다. (intent translation)

However a man may be wise, he will mistake.

해설 실수하지 않는 사람은 없다. 그런 사람이 있다면 그는 정말 현명한 사람일 것이다. 이 문장을 보편적 진리로 옮기려면 주절을 양보절로 부정(否定)의 종속절(that 이하)을 긍정(肯定)으로 옮겨야 한다.

It is a good wife that never grumbles.

결코 불평하지 않는 아내야말로 정말 착한 아내다.

→ 아무리 착한 아내라 할지라도 불평하기 마련이다.

It is a good horse that never stumbles.

결코 비틀거리지 않는 마(馬)야말로 정말 좋은 말이다.

→ 아무리 좋은 마(馬)라 할지라도 비틀거리기 마련이다.

It is a good divine that follows his own instructions.

자기 자신이 말한 교훈을 따르는 성직자야말로 정말 훌륭한 성직자다.

→ 아무리 훌륭한 성직자라 할지라도 자기 자신이 말한 교훈을 따르지 못하기 마련이다.

It is a poor heart that never rejoices.

결코 기뻐하지 않는 자야말로 정말 마음이 가난하다.

→ 아무리 마음이 가난하다 할지라도 기뻐할 줄은 안다.

It is a bad action that success cannot justify.

성공이 정당화할 수 없는 행위야말로 정말 나쁜 행위다.

→ 아무리 나쁜 행위라 할지라도 성공하면 정당화된다.

It is a foolish bird that soils its own nest. (13세기 후반에 생긴 말)

자기 둥우리를 더럽히는 새야말로 정말 미련한 새다.

→ 아무리 미련한 새라 할지라도 자기 둥우리는 더럽히지 않는다. (자기 가정이나 직장에서 무분별한 짓을 하지 말라는 의미)

It is a long lane that has no turning.

구부러진 곳이 없는 길이야말로 정말 긴 길이다.

→ 아무리 긴 길이라 할지라도 구부러진 곳이 있다.

→ 굴곡 없는 길은 없다.

→ 쥐구멍에도 볕 들 날 있다.

→ 세상 일에는 반드시 변화가 있다.

→ 참고 기다리면 좋은 일도 생긴다.

→ 인생길을 가다 보면 우여곡절이 있기 마련이다.

Silk Road나 경부고속도로는 굴곡이 없으나 골목길은 구부러진 곳이 많다.

(인생길이 고속도로처럼 먼 길이긴 하지만 똑바로(straightforward) 뻗어나기만 할까?)

It is an ill wind that blows nobody (any) good. (16세기 전반에 생긴 말)

누구에게도 이롭지 않은 바람은 정말 나쁜 바람이다.

→ 아무리 나쁜 바람이라 할지라도 이득이 되는 수도 있다.

→ 누구에게도 이롭지 않은 바람은 없다.

→ 갑의 배에 역풍은 을의 배에 순풍.

→ 갑의 손실은 을의 이득.

해설 태풍은 엄청난 피해를 주지만 늘 해로운 것만은 아니다. 태풍으로 인해 큰 파도가 해안으로 밀려든다. 이때 적조(赤潮)는 큰 파도에 휩쓸려 사라진다. 뿐만 아니다. 태풍으로 인해 200~300m의 중층(中層)의 찬 바닷물이 상승하는 용승(湧 물 솟을 용 · 昇 오를 승: upwelling) 현상이 일어난다. 해수를 뒤섞어 순환시킴으로써 플랑크톤을 분해시켜 바다의 용존 산소량이 많아지고 생물학적 자정 작용도 활발해져 바다 생태계를 활성화시키는 역할을 한다. 이렇듯 대기의 폭군인 태풍은 유용한 면도 지니고 있는 대기 현상이다.

It is a wise father that knows his own child.

자기 자신의 아이인지를 아는 사람이야 말로 정말 현명한 아버지이다.

→ 아무리 현명한 아버지라 할지라도 자기 자신의 아이인지를 알 수 없다.

해설 오직 생모(生母)만이 자기가 낳은 자식의 생부(生父)가 누구인가를 안다는 진리(?)에서 생성된 속언(俗諺)이다. 요즘이야 DNA (deoxyribonucleic acid)를 검사하면 친자 확인이 금방 될 수 있지만 옛날에는 어디 그럴 수 있었겠는가? 1932년 김동인의 단편 소설 〈발가락이 닮았다〉가 1920~1930년대 민족주의 계열의 주요 세력인 수양(修養) 동우회의 기관지 〈동광〉에 발표됐다. 방탕한 생활 끝에 불임이 된 사내가 결혼을 했는데 아내가 아기를 낳았고 사내는 아기와 닮은 곳을 찾다 발가락이 닮았다는 사실을 찾아내 자랑한다는 줄거리이다. 이 소설이 사단이 되어 김동인과 염상섭이 주고받았던 이른바 '발가락 논쟁'이 있었다. 자신을 염두에 둔 이야기라고 여긴 염상섭은 발끈하여 '소위 모델 문제'란 이름의 반박문을 신문에 내기에 이르고, 김동인은 곧바로 '나의 변명'이란 재(再)반박문을 싣게 되었다. 논쟁은 급기야 10회나 이어졌다.

The night is long that never finds the day. (Shakespeare)

결코 날이 새지 않는 밤이야말로 정말 긴 밤이다.

→ 아무리 밤이 길다 할지라도 날은 샌다.

27. 대립되는 요소들이 공존한 모순적 세계에서 생명력을 찾아야

인류의 미래는 마르크스(Karl Heinrich Marx)의 유물사관, 맬서스(Thomas Robert Malthus)와 슈펭글러(Oswald Spengler)의 비관주의에 의해서 결정되지 않는다. 미래를 위한 처방전을 새로이 써가야 한다. 자연법칙은 변할 수 없으나 인간의 사상 체계와 행동은 변할 수 있다. Communism[Marxism] 국가가 망한 것은 Communism[Marxism]이 perfect하다고 생각했기 때문이고, Capitalism 국가가 망하지 않은 것은 Capitalism이 perfect하지 않다고 생각하여 끊임없이 자기 수정을 했기 때문이다. 생존하는 최적자는 반드시 가장 좋고, 가장 잘한 것이 아니며 단지 어떤 주어진 조건에 대해 가장 적합할 뿐이다.

사이버네틱스(cybernetics: 인공두뇌학)와 에콜로지(ecology · 생태학) · 도시와 농촌 · 서양과 동양 · 유목 문화와 농경 문화 등 대립되는 것들을 관통하는 새로운 정반합(正反合)의 패러다임이 필요하다. 중화 · 화합 · 통합 · 희석을 넘는 새로운 역학이 창조되어야 한다. 대립되는 요소들이 공존한 모순적 세계에서 생명력을 찾아야 한다. 모순이 창과 방패처럼 서로 충돌할 때는 파괴로 귀결되지만, 반동으로 작용하면 창조와 승리하는 고귀한 힘을 갖게 된다.

28. 위중기(危中機: Opportunity in the Midst of Crisis)

두 개의 단어가 완전하게 결합되면 복합어(compound word)다. 예컨대 breakfast(아침식사)는 break(중단하다)와 fast(단식)의 복합어다(잠자는 동안 단식했으므로 아침식사는 '단식을 중단한 것'). 단어의 일부분이 없어진 상태에서 결합되면 합성어(combination 또는 portmanteau)다. 이를테면 brunch(아점심: 아침 겸 점심)는 breakfast와 lunch의 합성어(portmanteau)다. 원래 포맨토우(portmanteau)는 '두 부분으로 되어 양쪽으로 반절씩 납작하게 열리는 대형 여행 가방'을 말한다. 열면 둘이 되고 닫으면 하나가 되는 가방처럼 portmanteau는 둘 이상의 단어가 결합하여 하나의 단어가 된 것을 말한다.

smog(스모그) ← smoke(연기) + fog(안개) 연기와 안개가 섞인 것
netizen(네티즌) ← network(네트워크) + citizen(시민) 컴퓨터 네트워크 사용자
Viagra(비아그라) ← vigor(활기) + Niagara(나이아가라 폭포) 활기가 폭포처럼 넘친다는 의미

When written in Chinese, the word "crisis" is composed of two characters. One represents danger and the other represents opportunity.

위기(危機)라는 단어를 중국어로 쓰면 위기(危)와 기(機)라는 두 개의 문자로 이루어진다. 하나는 위험을 의미하고 다른 하나는 기회를 의미한다.

– 케네디가 대통령이 되기 전 1959년 4월 12일 인디애나폴리스(Indianapolis)에서 한 연설

J. F. 케네디

출처 : Wikipedia

케네디의 이 수사(修辭 trope)를 2007년 라이스(Rice) 미 국무장관은 중동평화회담(Middle East peace talks)에서, 앨 고어(Al Gore)는 노벨 평화상 수상 연설(Nobel Peace Prize acceptance speech)에서 이 말을 사용했다. 이 말은 비즈니스 컨설턴트(business consultant)와 동기 부여 강연자(motivational speaker)의 단골 메뉴다. 이것은 이제 catchy expression(인기 있는 표현) 혹은 ubiquitous expression(널리 사용되는 표현)이 되었다. 이 수사를 따져보자.

A Is the Chinese word for "crisis" a portmanteau of "danger" and "opportunity?"

B The Chinese word for "crisis" does not equal "danger" plus "opportunity".

A 위기(危機)라는 한자는 위험(危險)과 기회(機會)의 합성어인가?

B '위기(危機)'라는 한자는 '위험(危險)'과 '기회(機會)'의 합성어가 아니다.

■ **펜실베이니아 대학교(University of Pennsylvania) 중국어 · 중국문학(Chinese Language and Literature) 교수 Victor H. Mair(1943~)의 에세이**

How a misunderstanding about Chinese characters has led many astray! The Chinese word weiji (危機 translated as "crisis") is often said to be composed of the characters for "danger" and "opportunity." This is a misconception or etymological fallacy. In fact, wei (危) does mean "danger, dangerous; endanger, jeopardize; perilous; precipitous, precarious; fear, afraid," but the polysemous ji (機) means "machine, mechanical; airplane; suitable occasion; crucial point; pivot; incipient moment; opportune, opportunity; chance; secret; cunning."

어떻게 중국 문자에 대한 몰이해가 많은 사람들을 혼란에 빠뜨렸는가? crisis라고 번역되는 위기(危機)라는 한자는 위험(危險 danger)과 기회(機會 opportunity)를 의미하는 글자로 이루어진 것이라고 흔히 말한다. 이것은 잘못된 생각, 즉 어원학적 오류다. 사실 위(危)는 danger(위험), dangerous(위험한); endanger(위태롭게 하다), jeopardize(위험에 빠뜨리다); perilous(모험적인); precipitous(험한), precarious(불안정한); fear(두려움), afraid(두려운)를 의미한다. 그러나 다의(多義)어인 기(機)는 machine(기계), mechanical(기계의); airplane(비행기); suitable occasion(적절한 때); crucial point(중요한 실마리); pivot(중심점); incipient moment(발단); opportune(시의적절한), opportunity(기회); chance(기회); secret(기밀); cunning(기민한)을 의미한다.

While the word jihui (機會) means "opportune, opportunity" in modern Chinese, its ji component has many meanings, of which "opportunity" is only one. In weiji (危機), ji means "crucial point", not "opportunity". The explication of the Chinese word for crisis as made up of two components signifying danger and opportunity is due partly to wishful thinking, but mainly to a fundamental misunderstanding about how terms are formed in Mandarin and other Sinitic languages. For those who are still mystified by the morphological (word-building) procedures of Sinitic languages, it might be helpful to provide a parallel case from English.

기회(機會)란 단어가 현대 중국어에서 opportune(시의적절한), opportunity(기회)를 의미하는데, 이 단어의 기(機)라는 글자는 많은 것을 의미한다. 그중 기회(opportunity)는 하나일 뿐이다. 위기(危機)에서 기(機)는 중요한 실마리(crucial point)를 의미하지 기회(opportunity)를 의미하는 것은 아니다. 위기(危機)라는 한자를 위험(危險)과 기회(機會)를 의미하는 두 글자로 구성되어 있는 것이라고 분석하는 요인은 작게는 희망적인 사고(wishful thinking) 때문이고 크게는 중국 표준어(Mandarin)와 다른 한어(漢語 Sinitic language)에서 어구가 어떻게 구성되어 있느냐에 대한 몰이해 때문이다. 한어(漢語)의 단어 형성(word-building) 절차를 모르는 사람에게 영어로 비슷한 예를 드는 것이 도움이 될 것이다.

An airplane is a machine that has the capability of flying through the air, but that does not imply that "air" by itself means airplane or that "plane" alone originally signified airplane. (The word "plane" has only come to mean "airplane" when it functions as a shortened form of the latter word). The first element of the word airplane, like the first element of wēijiī, presents no real problems: it is the stuff that makes up our earth's atmosphere. The second element, however, like the second element of wēijiī, is much trickier.

airplane(비행기)는 공중을 나는 기계다. 하지만 이것은 air(공기)만이 airplane(비행기)를 의미하거나, 애초에 plane만이 airplane(비행기)를 의미했다는 것을 암시하지는 않는다. (plane이라는 단어가 airplane의 줄임말로 기능할 때만 비행기를 의미한다). 위기(危機)의 첫 글자처럼 airplane란 단어의 첫 글자(air)도 어떤 아무런 실질적인 것을 나타내지 않는다. 공기는 지구의 대기를 구성하는 재료다. 그러나 둘째 글자(plane)는 위기(危機)의 둘째 글자 기(機)처럼 훨씬 의미가 많다.

주 plane: (1)평면 (2)(지식 등의) 수준 (3)결정체의 일면 (4)대패(나무를 곱게 밀어 깎는 연장) (5)흙손

As Gertrude Stein might have said, "An airplane is an airplane is an airplane is an airplane." Neither "air" nor "plane" means "airplane"; only "airplane" means

"airplane" except when "plane" is being used as an abbreviation for "airplane!" Likewise, neither wēi nor jī means wēijī; only wēijī means wēijī. Finally, to those who would persist in disseminating the potentially perilous, fundamentally fallacious theory that "crisis" = "danger" + "opportunity," please don't blame it on Chinese!

거트루드 스타인이 〈'비행기는 비행기다'는 '비행기는 비행기다'이다.〉고 말한 것처럼 air도 plane도 airplane를 의미하지 않는다. 오직 airplane이 airplane을 의미한다. plane이 airplane의 생략형으로 사용되는 경우를 제외하고는 말이다. 마찬가지로 위(危)도 기(機)도 위기(危機)를 의미하지 않는다. 위기(危機)가 위기(危機)를 의미할 뿐이다. '위기=위험+기회'라는 위험 가능성이 있고 기본적으로 불합리한 이 이론을 유포하려는 사람들에게 말한다. '이것의 책임을 중국어에게 뒤집어씌우지 말라'고.

Wishful Thinking Quotation(희망적 사고를 위한 인용어구)

어원학적으로 분석은 그렇다 치고 희망적 사고를 주기 위해 그렇게 풀이한 것이 케네디의 생각이었을 것이다. '위기(危機)는 기회(機會)다(Danger is equal to opportunity)'는 정확한 등식관계는 성립되지는 않는다 할지라도, 위기 속에 기회가 있을 수도 있고 위기가 기회를 낳을 수도 있다. 역경은 역전을 위한 좋은 기회가 될 수도 있다. 희망 메시지를 전달할 때 흔히 쓰는 어구를 보자.

Look on the bright side.

밝은 면을 보라.

Opportunity breeds crisis.

위기가 기회를 낳는다.

Turn a crisis into an opportunity.

위기를 기회로 바꾸어라.

Opportunity is in the midst of crisis.

위중기(危中機): 위험 속에 기회가 있다.

What doesn't kill us makes us stronger.

죽지 않고 살아남으면 더 강해질 수 있다.

- 니체(Friedrich Nietzsche)

A crisis is an opportunity riding the dangerous wind.

위기는 위험한 바람을 타고 있는 기회다.

- 중국 속담

I always tried to turn every disaster into an opportunity.

나는 항상 위기마다 그것을 기회로 바꾸려고 하였다.

- 록펠러(John D. Rockefeller)

Great deeds are usually wrought at great risks.

위대한 업적은 엄청난 위기에서 이루어진다.

- 그리스 역사가 헤로도토스(Herodotos BC 484 ~ BC 425)

작문 위기가 위험일 뿐만 아니라 기회로도 간주된다.

Crisis is regarded not merely as a danger, but also as an opportunity.

작문 기회는 항상 위기 가운데 존재한다. 상황이 아무리 어렵더라도, 사정이 아무리 위험하더라도 위기의 중심에는 굉장한 기회가 있다. 위기마다 그 속에서 기회를 찾는 비결을 아는 사람에게는 커다란 축복이 앞에서 기다린다.

Opportunity is always present in the midst of crisis. No matter how difficult the circumstances is, no matter how dangerous the situation is, at the heart of each crisis lies a tremendous opportunity. Great blessings lie ahead for the one who knows the secret of finding the opportunity within each crisis.

어휘 **It's a blessing in disguise**: 그건 전화위복이다
a blessing in disguise(변장을 한 축복)는 전화위복(轉禍爲福)이란 의미

29. 불행을 행복으로 역전시키는 한국인의 특별한 DNA

1966년 12월 14일 영국 입스위치(Ipswich: 서퍽(Suffolk)주의 주도)의 〈이브닝 스타 지(紙) The Evening Star〉은 "한국에서 민주주의를 기대하는 것은 쓰레기통에서 장미가 피길 바라는 것과 같다"고 썼다. 1950년 맥아더 장군이 인천상륙작전으로 서울을 수복하고 6·25로 폐허가 된 서울을 돌아보며 "이 나라를 복구하는 데 100년은 걸릴 것이다"고 말했다. 그리고 맥아더는 1951년 4월 19일 미국 상하양원합동회의에서 행한 〈'Old Soldiers Never Die' Speech〉라는 그 유명한 연설에서 이렇게 말했다.

Of our former wards, the Philippines, we can look forward in confidence that the existing unrest will be corrected and a strong and healthy nation will grow in the longer aftermath of war's terrible destructiveness. We must be patient and understanding and never fail them, as in our hour of need they did not fail us. A Christian nation, the Philippines stand as a mighty bulwark of Christianity in the Far East, and its capacity for high moral leadership in Asia is unlimited.
우리의 보호국이었던 필리핀에 대하여 말씀드리면, 전쟁으로 인한 참혹한 파괴의 여파가 장기간 계속되었지만 현재의 불안은 해소될 것이며 강력하고 건전한 국가가 건설되리라고 확신하는 바입니다. 우리가 아쉬워했을 때 그들이 우리를 실망시키지 않았듯이 우리도 인내하고 이해하여 결코 그들을 실망시키지 말아야 합니다. 기독교 국가인 필리핀은 극동 지역 기독교의 강력한 보루로 존재하며, 아시아에서 숭고한 정신적 지도력을 발휘할 능력이 무한합니다.

박정희 대통령이 1966년 필리핀을 방문했을 때 마르코스 대통령에게 건넨 첫 인사말이 "한국도 필리핀만큼 잘살 수 있다면 얼마나 좋겠는가?"였다. 맥아더의 말이 맞는 듯했다. 필리핀은 그 해 국민소득이 230달러로 한국(120달러)보다 두 배나 잘사는 나라였으니 말이다. 그러나 필리핀은 그들의 무위(無爲)로 실패한 역사를 만들었고, 우리는 우리의 유위(有爲)로 성공한 역사를 만들었다. 제2차 세계대전 이후 140여 신생국 중에서 달리 예를 찾을 수 없는 민주화와 산업화를 동시에 이룬 유일한 나라가 됐다. 선진국 문턱까지 초고속으로 단숨에 달리는 이른바 '압축적 선진화'의 도상에 있다. 1945년 8월 15일 해방 이래 63년, 1948년 8월 15일 건국(대한민

국 정부 수립) 이래 60년 동안 수많은 위기와 시련을 겪으면서도 국제 교류와 국제 협력 기조 위에 민주와 번영의 토대를 구축했다. 그 위기와 시련은 도전을 요구했으며 그때마다 용케도 기회로 바꾸었다. 건국 60주년을 맞으며 한국은 어떻게 변했는가. 수출입 규모는 3,200배나 증가한 7,300억 달러, 1인당 국민소득은 67달러(1953년)에서 2만 달러가 되어 298.5배가 되어 선진국으로 도약하고 있다. 한국인은 불행을 행복으로 역전시키는 특별한 DNA가 있다.

느긋하게 여유를 갖고 과정을 차근차근히 밟아가는 과정 의식이 강한 민족이 있고, 급하게 결과를 빨리 얻으려는 결과 의식이 강한 민족이 있다. 우리 한국인에게는 빨리빨리 병, 즉 조급증(hurry sickness)이 있다. 한국인은 도무지 기다리는 것을 참지 못한다. 몇 초를 참지 못해 자판기의 '컵 나오는 곳'에 손을 넣고 기다린다. 에스컬레이터에서도 뛰어간다. 횡단보도에서 차량 통행이 드물면 신호등을 지키는 사람은 거의 없다. 준법 정신의 문제라기보다는 기다리지 못하는 성격 때문이다. 세계적 검색 업체인 구글(Google)이 2008년 11월 16일 오후 10시를 기준으로 수천억 개에 이르는 웹페이지를 자동 검색한 결과 한국인의 대표적 키워드(이미지)로 '급한 성격', '일중독', '부지런하고 야심 있음' 등이 꼽혔다. 특유의 속도(速度) 일변도 문화는 졸속(拙速)의 원인이 되기도 하였지만, 세계 선두를 달리는 초고속 IT산업과 세계 10위권 스포츠 강국의 원동력(原動力)이 되었다.

PART Ⅱ

03 대구어법 *Parallelism*

1. 리듬감 있고 사실적인 대구 표현

대구(對句)란 '의미가 같거나 상반된 어구(語句)가 접속사나 전치사로 연결되어 짝을 이룬 글귀'를 말한다. 이는 서술을 장중하게 할 뿐 아니라 음악적 묘미도 더해준다. 대구를 영어로 antithesis라고 한다. antithesis는 원래 '대조(contrast)'를 뜻하는 그리스어로 수사학에서는 '대구(對句)'를, 논리학이나 철학에서는 '반정립(反定立) - antithesis(안티테제) - 을 의미한다. 또한 대구를 영어로 parallelism이라고도 하는데 이는 '병행배열(竝行配列)'이란 의미다.

작문 어디를 가나 내 집만한 데가 없다.
There's no place like home.
East or west, home is best. (더욱 사실적 표현)

작문 그녀는 활짝 웃고 있다.
She is grinning radiantly.
She is grinning from ear to ear. (더욱 사실적 표현)

작문 머지않아 알게 될 것일세.
Soon you will understand.
Before long you will understand.
By and by you will understand. (더욱 운율적 표현)

작문 그는 무슨 일이 있어도 그것을 할 것이다.
He will do it whatever may happen.
He will do it by hook or by crook. (더욱 사실적 표현)
어휘 by hook or by crook: 기어코 ← 갈고리로든 지팡이(손잡이가 구부러진)로든

작문 우리는 징검다리를 건넜다.
We walked across over the stepping-stones.
We stepped from stone to stone. (더욱 사실적 표현)

작문 그는 보기보다 나쁘지 않다(그는 말만 거칠지 심성은 괜찮다).
He is not so bad as he seems.
His bark is worse than his bite. (더욱 사실적 표현)
He is all bark and no bite. (더욱 사실적 표현)

비교 (1) He who makes no mistakes makes nothing.

(2) He is lifeless that is faultless.

(1) 실수하지 않는 사람은 아무것도 하지 않는 사람이다.

(2) 잘못이 없는 사람은 생명이 없는 사람이다.

해설 (2) lifeless와 faultless가 운(韻)을 이뤄 (1)보다 훨씬 리드미컬하다.

작문 그들은 그 법안에 대하여 극렬하게 반대 투쟁을 하고 있다.

They are dissenting from the bill violently.

They are fighting tooth and nail against the bill. (더욱 사실적 표현)

어휘 tooth and nail: desperately 전력을 다하여 · 필사적으로

작문 나의 아내는 새 차를 사야 할 시기에 대해 나와 의견이 같다.

My wife agrees with me on when we should buy a new car.

My wife sees eye to eye with me on when we should buy a new car. (더욱 사실적 표현)

작문 나는 월급날만 기다리며 산다(나는 월급으로 겨우 산다).

I'm now living from paycheck to paycheck.

해설 미국에서는 급여를 회사에서 발행하는 company check으로 준다. 따라서 paycheck은 급료를 의미하는 지급 수표이다. 직장인들은 보통 이것을 받아 거래 은행에 입금해놓고 필요할 때마다 현금을 찾아 쓴다.

어휘 company(떼 친구 동아리) · companion(동료)의 어원은 모두 라틴어이며 '빵을 같이 먹음', '한 솥 밥 먹는 사람'이란 의미. ⟨com (함께) + pan (냄비)⟩

작문 그 땜장이는 겨우 생계를 이어가고 있다.

The tinker is barely managing to earn his living.

He is now living from hand to mouth. (더욱 사실적 표현)

어휘 from hand to mouth: 손으로 벌어 바로 입으로, 하루살이 살림으로

작문 (1) 비행 중에는 고도와 비행 자세가 중요하다.

(2) 킬리만자로를 정복할 때 불굴의 의지가 고도를 이긴다.

(1) Altitude and attitude are significant while flying in an airplane.

(2) Gritty attitude beats altitude as Kilimanjaro is conquered.

해설 attitude와 altitude가 운(韻 rhyme)을 이뤄 리드미컬하다.

작문 시내로 들어오는 길이 꽉 막혔어.

The traffic is heavy all the way into the city.

The traffic was bumper-to-bumper all the way into the city. (더욱 사실적 표현)

작문 우리가 함께 이번 프로젝트를 진행한다면 양쪽 모두에게 이익이 될 겁니다.

If we come together on this, it's a guaranteed win-win situation!

If we come together on this, it's a guaranteed mutually beneficial situation!

작문 길고 긴 인생 여정을 같이하기 위해 우리 둘은 마주보며 손잡고 가고 있습니다.
To be together on a long and long life journey,
we two are going hand in hand face to face.

작문 그녀는 못생겼으나 돈은 많다(그녀는 정말 견적(?)이 안 나오나 돈은 많다).
She is plain, but has much money.
She is short on looks, long on cash. (더욱 사실적 표현)

유머 At a cocktail party, one woman said to another: AREN'T YOU WEARING YOUR RING ON THE WRONG FINGER?
The other replied: YES, I AM. I MARRIED THE WRONG MAN.
칵테일 파티에서 한 여인이 다른 여인에게 '반지를 잘못 끼신 거 아니에요?' 라고 하자 그녀는 '그래요, 전 잘못된 남자와 결혼했어요' 라고 말했다.

작문 아내를 속이거나 구타하지 말라.
Don't cheat or beat your wife.

작문 비가 억수같이 내린다.
It is raining very heavily.
It is raining cats and dogs. (더욱 사실적 표현)
The rain is coming down in sheets.
The rain is pouring down (in torrents).

해설 It is raining cats and dogs의 유래는? 여러 가지 설이 있다. 그중에 이런 신화(mythology)가 있다. It seems that cats were at one time thought to have influence over storms, especially by sailors, and that dogs were symbols of storms, often accompanying images and descriptions of the Norse storm god Odin. So when some particularly violent tempest appeared, people suggested it was caused by cats (bringing the rain) and dogs (bringing the wind)(옛날 특히 항해사들은 고양이가 폭풍에 영향을 미친다고 생각하였다. 개는 폭풍의 상징으로 노르웨이 폭풍의 신 오딘을 형상화하거나 묘사할 때 흔히 그 옆에 존재했다. 아주 맹렬한 폭풍우가 몰아치면 사람들은 비를 가져오는 고양이와 바람을 가져오는 개로 인하여 그렇게 된 것이라고 생각했다).

2. 쓰고 말하기 편하게 관사는 생략

대구에서는 관사(a나 the)나 복수형을 쓰는 경우가 많지 않다. 관사를 반복하면 쓰기도 불편할 뿐만 아니라 발음하기도 불편하여 리듬감이 떨어지기 때문에 이 같은 어법이 생겼다.

Awake, my soul! Awake, harp and lyre! I will awaken the dawn.
나의 영혼아! 깨어나라. 하프야, 수금(竪琴)아! 깨어나라! 내가 새벽을 깨우리로다.

– 구약성서 시편(Psalms) 57장 8절

Faint heart never won fair lady.
용기 없는 사람이 미인을 얻는 예는 없다.

– 로마 시인 베르길리우스(Vergilius BC 70 ~ BC 19)의 서사시 〈The Aeneid〉 중에서

격언 Dog does not bite dog.

개는 개를 물지 않는다. (동족은 상잔하지 않는 법) (악인들의 단결에 대해 말한 것임)

작문 무슨 말인지 모르겠다.

I can't make head or tail of it.

작문 방패와 방패가 부딪쳐 쨍그렁 소리를 냈다.

Shield clashed against shield.

비교 그것을 뒤집어 놓아라.

책상을 그렇게 놓으면 안 돼. 반대야.

Turn it end for end.

You can't install the desk that way. It's end for end.

작문 우리 터놓고 얘기 한번 합시다.

Come here. Let's have a man-to-man talk.

Come here. Let's have a heart-to-heart talk.

해설 a man-to-man talk와 a heart-to-heart talk에서의 a는 talk와 상관한다.

작문 나는 날이면 날마다 러시아워에 출근하는 것을 무척 싫어한다.

I dislike having to go to work at rush hour day after day.

I dislike having to go to work at rush hour day in and day out.

작문 제3차 세계대전이 일어나면 승자나 패자(敗者) 모두 파멸한다.

A World War Three could destroy victor and vanquished alike.

해설 〈the + 형용사 = 복수보통명사〉이기 때문에 the victor and the vanquished로 해야 하나 대구이므로 관사가 생략됐다.

작문 젊은이나 늙은이나 모두 필요로 한 것은 불 같은 성급함과 차가운 참을성의 결합이다.

What we all need, young and old alike, is a union of fiery impatience and snowy patience.

해설 〈the + 형용사 = 복수보통명사〉이기 때문에 the young and the old로 해야 하나 대구이므로 관사가 생략됐다.

작문 피아노와 기타가 비교적 배우기에 쉽다더라.

그런데 집에 피아노 놓을 자리가 없어. 기타를 배울까봐.

Piano and guitar are said to be relatively easy to learn.

And I don't have any room in my house for a piano. I guess I'll try the guitar.

The Lord will judge between the nations and will settle disputes for many peoples. They will beat their swords into plowshares and their spears into pruning hooks. Nation will not take up sword against nation, nor will they train for war anymore.

그분께서 민족들 사이에 재판관이 되시고 수많은 백성들 사이에 심판관이 되시리라.

그러면 그들이 칼을 쳐서 보습을 만들고 창을 쳐서 낫을 만들리라.

민족들끼리 서로 칼을 쳐들지 않을 것이며 더 이상 전쟁을 대비해 훈련하지도 않으리라.

– 구약성서 이사야(Isaiah) 2장 4절

A *Can you tell me where mushrooms are?*

B *Do you want canned or fresh? We also have domestic and imported.*

A 버섯은 어디서 파나요?

B 통조림이요, 아니면 날 것이요? 또한 국내산과 수입품이 있어요.

■ **대구라고 해서 무조건 관사를 생략하는 것은 아님. 관사를 존치시킴으로써 묘미를 더해준 경우도 있음.**

Neither a borrower nor a lender be,
For loan oft loses both itself and friend,
And borrowing dulls the edge of husbandry.

돈을 빌리지도 말고 빌려주지도 마라.
빌려주면 돈과 친구 둘 다 잃는 수가 있다.
빌리면 규모 있는 살림을 무디게 한다.

– 햄릿(Hamlet) 제1막 제3장 75행~77행

A moment's insight is sometimes worth a lifetime's experience.

때로는 한순간의 통찰이 한평생의 경험의 가치가 있다

– 미국 작가 홈스(Oliver Wendell Holmes, Jr. 1841~1935)

해설 이 경우는 의미 전개상 moment와 lifetime에 a가 반드시 필요하다.

작문 저것은 명품 가방이야! 하지만 너무 비싸.
That is a famous brand-name bag! But it costs an arm and a leg.

해설 an arm and a leg: 엄청난 금액 ← 팔 하나와 다리 하나를 떼 주어야 할 정도의 금액

작문 돈 꽤나 들 겁니다.

(1) It will cost you a lot of money.
(2) It will cost you an arm and a leg.
(3) It will cost you a mint[bundle·fortune].
(4) It will cost you a fine[pretty] penny.

Flattery corrupts both the receiver and the giver.

아첨은 받는 사람이나 하는 사람 모두를 망친다.

– 영국 정치가 버크(Edmund Burke 1729~1797)

We don't want to throw the helve after the hatchet.

우리는 손해에 손해를 거듭 보기를 원치 않는다.

– 미국 작가 홈스(Oliver Wendell Holmes, Jr. 1841~1935)

어휘 **helve**: 도끼 자루. **hatchet**: (북아메리카 원주민의) 전투용 도끼. **throw the helve after the hatchet**: 도끼를 던진 다음 도끼 자루를 던지다 → 손해에 손해를 거듭 보다. [단어 외우는 방법] **hatchet**[해치-ㅌ]는 우리말의 '해치다'와 발음이 비슷함(돌도끼는 사람이나 동물을 해치는 도구). **hatch**[해치](병아리를 부화하다)는 껍데기를 해치기[깨기]하여 이루어짐.

3. 대구처럼 보이나 대구가 아닌 경우

fender-bender는 대구처럼 보이나 대구가 아니다. fender는 '자동차의 흙받기(mudguard)'이고 bender는 '구부리는 사람 또는 도구'를 말한다. 따라서 fender-bender는 '펜더를 구부리는 것'이 되므로 '경미한 자동차 사고'를 뜻한다.

작문　오늘 아침에 접촉 사고가 나서 출근이 늦었어요.
I had a fender-bender this morning and I was late to work.

중언(衆言)법(hendiadys)은 대구처럼 보이지만 대구가 아니다. 대등해 보이는 두 단어가 수식관계이거나 종속관계를 이루고 있다. buttered bread(버터 바른 빵)를 bread and butter로 표현하는 식이다. 좀 더 구체적인 예를 살펴보자.

- [앞 명사 + and]가 뒤 명사를 수식하는 경우

joy and tidings　(= joyful tidings 기쁜 소식)
horse and wagon　(= horse-drawn wagon 마차)

- [and + 뒤 명사]가 앞 명사를 수식하는 경우

death and honour　(= honourable death 명예로운 죽음)
poverty and distress　(= distressing poverty 비참한 가난)

- [형용사 + 형용사]에서 앞 형용사가 부사 구실을 하는 경우

She is good and plump.　(= She is very plump. 그녀는 매우 포동포동하다).
She hit him good and hard.　(= She hit him very hard. 그녀는 그를 아주 세게 쳤다).

4. 대구로 된 시구와 연설어구

With eager feeding, food doth choke the feeder.
많이 먹이면, 먹이가 아이[동물]을 질식시킨다.

– 리처드 2세(Richard II) 2막(Act) 1장(Scene) 37행(Verse)

feed는 '(어린애 · 동물에게) 먹을 것을 주다', '(음식을) 먹이다'이지만 feeder가 되면 (1) one who feeds(먹을 것을 주는 아이[동물])도 되지만 (2) one who eats(먹는 아이[동물])도 된다.

Oh, East is East, and West is West, and never the twain shall meet,
Till Earth and Sky stand presently at God's great Judgement Seat;
But there is neither East nor West, Border, nor Breed, nor Birth,
When two strong men stand face to face,
Though they come from the ends of the earth!

키플링

출처 : Wikipedia

오! 동(東)은 동이고 서(西)는 서다. 땅과 하늘이 하느님의 위대한
심판석(審判席) 앞에 설 때까지 이 둘은 결코 만나지 못하리라.
그러나 강한 두 사람이 비록 지구의 끝에서 올지라도,
얼굴을 마주하고 충돌할 때는,
동도, 서도, 경계도, 번식도, 출생도 없다.

– 키플링(Joseph Rudyard Kipling)의 시 The Ballad of East and West(東과 西의 노래)

We have no eternal allies and we have no perpetual enemies. Our interests are eternal and perpetual, and those interests it is our duty to follow.

우리에게는 영원한 동지도 영원한 적도 없다. 이해 관계가 영원할 뿐이다. 그리고 이러한 이해 관계를 좇는 것이 우리의 의무다.

– 영국 외무장관(1830~34 · 1835~41 · 1846~51)과 총리(1855~58 · 1859~65)를 거친 영국 민족주의 상징적 인물 파머스턴(Palmerston 1784~1865)이 1848년 영국 하원에서

주 follow의 목적어 those interests가 도치되어 있음

We observe today not a victory of party but a celebration of freedom - symbolizing an end as well as a beginning - signifying renewal as well as change.

우리는 오늘 당파의 승리를 축하하는 것이 아니라 자유의 축전을 – 개막과 아울러 폐막을 상징하고 변화와 더불어 쇄신을 의미하는 자유를 – 축하합니다.

해설 케네디(Kennedy) 대통령의 1961년 1월 20일 취임 연설 중 일부다. not a victory of party but a celebration of freedom에서 party가 원래는 a party – 하나의 당, 즉 민주당(The Democratic Party) – 가 되어야 한다. 그러나 party와 freedom을 대구 형태로 만들기 위해 party를 당파심(partisanship) 또는 정당주의(partyism)라는 추상적 개념으로 전환하여 a를 붙이지 않았다.

No one has been barred on account of his race from fighting or dying for America. There are no "white" or "colored" signs on the foxholes or graveyards of battle.

미국을 위하여 싸우거나 죽는 데에 인종 차별이 존재한 적이 없었습니다. 전쟁터의 참호에도 전몰장병 묘지에는, 백인 전용이나 유색인 전용이라는 표시가 없습니다.

– 케네디 대통령의 1963년 6월 19일 Civil Rights Message to Congress에서

This great Nation will endure as it has endured, will revive and will prosper. So, first of all, let me assert my firm belief that the only thing we have to fear is fear itself? - nameless, unreasoning, unjustified terror which paralyzes - needed efforts to convert retreat into advance.

이 위대한 나라는 지금까지 견뎌왔듯이, 앞으로도 잘 견뎌내고 소생하고 번영할 것입니다. 그리하여 우선, 우리가 두려워해야 할 단 한 가지는 두려움 그 자체라는 나의 굳은 신념을 역설코자 합니다. 후퇴를 전진으로 바꾸는 데 필요한 노력을 마비시키는 형언할 수 없는, 터무니없는, 근거 없는 공포감 말입니다.

– 1933년 3월 4일 미국 32대 대통령 루즈벨트(Franklin Delano Roosevelt 1882~1945)의 the First Inaugural Address(첫 번째 취임 연설)

So you're the little woman who started the big war.

그러니까 당신이 큰 전쟁을 일으킨 바로 그 작은 여인이군요.

– 링컨이 미국 여류 작가 스토(Harriet Beecher Stowe)에게

해설 한 권의 책이 역사를 바꾸기도 한다. 미국의 여류 작가 스토(Harriet Beecher Stowe(1811~1896)가 쓴 <톰 아저씨의 오두막 Uncle Tom's Cabin>은 대중의 노예 제도 반대 감정을 고취시켜 남북전쟁의 원인 중 하나가 되었다. 남부에서는 그녀의 이름이 증오의 대상이 되었으나 다른 지역에서는 이 책이 사상 그 유례가 없는 인기를 누렸다. 1861년 남북 간에 전쟁이 발발되었다. 남북전쟁은 1865년까지 지속되었는데 결국 이 전쟁으로 인해서 노예 제도는 폐지되었다. Stowe는 1862년 Lincoln 대통령을 만났다. Lincoln은 그녀와 악수를 하며 위와 같이 말했다.

5. 성경 속의 대구 표현

Whatever you do, work at it with all your heart, as working for the Lord, not for men.
무슨 일을 하든지 마음을 다하여 주께 하듯 하고, 사람에게 하듯 하지 마라

- 골로새서(the Colossians) 3장 23절

I have been on frequent journeys,
in dangers from rivers,
dangers from robbers,
dangers from my countrymen,
dangers from the Gentiles,
dangers in the city,
dangers in the wilderness,
dangers on the sea,
dangers among false brethren;
I have been in labor and hardship,
through many sleepless nights,
in hunger and thirst, often without food,
in cold and exposure.

나는 여러 번 여행에서
강의 위험,
강도의 위험,
동족의 위험,
이방인의 위험,
도시의 위험,
광야의 위험,
바다의 위험,
그릇된 형제 가운데서 위험을 당하고;
나는 수고하며 애쓰고
여러 번 자지 못하고,
주리며 목마르고 여러 번 굶고,
춥고 헐벗었노라.

- 신약성서 고린도(the Corinthians) 후서 11장 26~27절

Men go abroad to wonder
at the heights of mountains,
at the huge waves of the sea,
at the long courses of the rivers,
at the cast compass of the ocean,
at the circular motions of the stars,
and they pass by themselves without wondering.

사내들이여 사방팔방으로 가서
산이 높다는 것을 경탄하라.
바다의 파도가 거대하다는 것을 경탄하라.
강의 물길이 길다는 것을 경탄하라.

대양을 에워싸고 드리워진 해변을 경탄하라.
별의 원(圓)운동을 경탄하라.
그대들이여 혼자서 관조하며 지나가라.

- 고대 기독교 사상가 성(聖 Saint) 아우구스티누스(Augustinus·Augustine(영) 354~430)

어휘 the cast compass of the ocean: 대양을 에워싸고 드리워진 해변
cast: cast(드리우다)의 과거분사 compass: (1) 한계 (2) 둘레 · 주위

6. 대구로 이루어진 경구

(1) Haste makes waste.
(2) Forewarned is forearmed.
(3) All is fair in love and war.
(4) God's mill grinds slow but sure.
(5) He who laughs last laughs best.
(6) Pity and compassion spoil business.
(7) Truth and oil always come to the surface.
(8) Happiness and misery are not fated but self-sought.
(1) 서두르면 일을 그르친다.
(2) 미리 경계하는 것은 미리 무장하는 것과 같다. (유비무환 有備無患)
(3) 연애와 전쟁은 수단을 가리지 않는다.
(4) 하늘의 벌은 늦어도 반드시 온다(정의는 느릴지라도 반드시 실현된다).
(5) 마지막 웃는 자가 진정한 승자다.
(6) 연민과 동정은 사업을 망친다. 이스라엘 속담
(7) 진실과 기름은 항상 표면에 떠오르는 법이다.
(8) 행복과 불행은 운명으로 정해지는 것이 아니라 스스로 만드는 것이다. 중국 속담

Delay of justice is injustice.
정의를 미루는 것은 불의다.

- 영국 시인 · 작가 랜더(Walter Savage Landor 1775~1864)

Repression is the seed of revolution.
압제는 혁명의 씨앗이다.

- 미국 정치가 다니엘 웹스터(Daniel Webster 1782~1852)

Where knowledge ends, religion begins.
지식이 끝나는 곳에서 종교가 시작된다.

- 디즈레일리(Benjamin Disraeli)

Flunking does not mean failing.
낙제가 실패를 의미하는 것은 아니다.

주 f로 시작되는 두운(頭韻 alliteration)과 ing로 끝나는 각운(脚韻 end rhyme)을 이루고 있다.

Buoni avvocati sono cattivi vicini. (Italian proverb 이태리 속담)
A good lawyer makes a bad neighbor. (English equivalent 같은 의미의 영어)
좋은 변호사는 나쁜 이웃이 된다. (Korean equivalent 같은 의미의 국어)

Choose a wife by your ear rather than your eye.
아내는 고를 때는 눈으로 보고 판단하지 말고 귀로 듣고 판단하라.

- 영국 성직자 · 역사가 토마스 풀러(Thomas Fuller 1608~1661)

To do well at a few things, give up many things.
몇 가지를 잘하기 위해서는, 다른 많은 것들을 포기하라.

- 미국의 세계적인 리더십 전문가(leadership expert) 존 맥스웰(John C. Maxwell 1947~)

A few vices are sufficient to darken many virtues.
소수의 악덕이 다수의 미덕을 가린다.

- 그리스 저술가 플루타르크(Plutarch)

Great deeds are usually wrought at great risks.
위대한 행동은 보통 큰 위험을 무릅쓰고 실행된다.

- 고대 그리스 역사가 헤로도토스(Herodotos BC 484 ~ BC 425)

Injustice anywhere is a threat to justice everywhere.
한 곳의 불의는 모든 곳의 정의에 대한 위협이다.

- 미국의 인권운동가 마틴 루터 킹(Martin Luther King Jr. 1929~1968)

Tomorrow is the day when idlers work, and fools reform.
내일은 게으른 자가 일하고 어리석은 자가 개심(改心)하는 날.

- 영국 시인 · 극작가 · 문학비평가 영(Edward Young 1683~1765)

Real leaders are ordinary people with extraordinary determination.
훌륭한 지도자는 평범한 사람이지만 비범한 결단력의 소유자다.

- Source Unknown(출처 미상)

The race is not always to the swift but to those who keep on running.
경주에서 빠른 자가 반드시 이기는 것은 아니다. 계속 달리는 자가 승리한다.

- anonymous epigram(작자 미상의 경구)

The same rules you use to judge others will be used by God to judge you.
너희가 헤아리는 그 헤아림으로 너희가 헤아림을 받을 것이요.

- 마가복음(Mark) 4장 24절

Arguments are to be avoided; they are always vulgar and often convincing.
논쟁은 항상 피해야 한다. 논쟁은 항상 천박하며, 그럴듯한 경우도 자주 있기 때문이다.

- 영국 소설가 · 극작가 · 시인 와일드(Oscar Wilde 1854~1900)

Thoughts, like fleas, jump from man to man, but they don't bite everybody.
사상은 벼룩처럼 여러 사람에게 옮겨다닌다. 그러나 모든 사람을 무는 것은 아니다.

- 유대계 폴란드 시인 · 금언 작가(aphorist) 랙(Stanislaw J. Lec 1909~1966)

Great spirits have always encountered violent opposition from mediocre minds.
위인들은 언제나 범인(凡人)들의 강한 반발에 부딪쳐왔다.

- 아인슈타인

Courage stands half way between cowardice and rashness: one of which is a lack, the other an excess of courage.
용기는 겁과 무모함의 중간에 있다. 겁은 용기가 부족한 것이고, 무모함은 용기가 과다한 것이다.

- 그리스 저술가 플루타르크(Plutarch)

Make sure that nobody pays back wrong for wrong, but always try to be kind to each other and to everyone else.
결코 누구든지 악을 악으로 갚지 말 것이며, 항상 피차간에 그리고 모든 사람에게 인정을 갖고 대하라.

- 신약성서 데살로니가(Thessalonians) 전서(前書) 5장 15절

Many a night did he spend without sleeping; many a blood-stained day did he pass amid combats unceasing.
그는 잠을 자지 않고 많은 밤을 보냈다. 그는 끝없는 전투의 와중에서 피에 얼룩진 수많은 날을 보냈다.

- 그리스 저술가 플루타르크(Plutarch)

Better one-eyed than stone blind.
아주 눈먼 것보다는 애꾸눈이 낫다

Better wear out shoes than sheets.
이불보다 신발을 닳게 하는 것이 낫다.

Better weak beer than an empty cask.
빈 병보다는 약한 맥주가 낫다

Better poor with honor than rich with shame.
명예로운 가난이 부끄러운 부보다 낫다

Better to bend than break.
꺾이느니 휘는 게 낫다(유연한 대처).

Better to be envied than pitied.
동정받는 것보다 시샘받는 게 낫다

Better to marry a neighbor than a stranger.
모르는 사람보다는 이웃과 결혼하라.

Better to be a free bird than a captive king.
갇힌 왕보다는 자유로운 새가 낫다.

Better to light a candle than to curse the darkness.
어둠을 탓하느니 촛불을 밝히는 게 낫다.

작문 명예가 부보다 낫다.
A good name is better than riches.

A good name is better than a golden girdle. A good reputation is worth more than money. The idea of man as a special creation is out, Man's attitude toward himself is changing rapidly. Man is now capable of seeing himself as a small organism in the universe. The farther out he goes, the smaller and frailer he seems to become.

명예가 황금 허리띠보다 낫다. 좋은 평판이 돈보다 가치 있다. 특별한 창조물로서의 인간이라는 개념은 이미 끝장이 났다. 인간의 자신에 대한 태도는 급속도로 변하고 있다. 인간은 이제 자기 자신을 우주의 조그마한 유기체로서 볼 수 있게 되었다. 인간은 멀리 나가면 나갈수록 점점 더 작아지고 나약해지는 것같이 보인다.

- 노벨 화학상 수상자(1934) 미국 물리화학자 우레이(Urey 1893~198)가 아폴로11호 달 착륙에 대해서

The challenge of leadership is to be strong, but not rude;
be kind, but not weak;
be bold, but not bully;
be thoughtful, but not lazy;
be humble, but not timid;
be proud, but not arrogant.

지도력을 얻으려면 강인해야 하나 거칠어서는 안 된다;
친절해야 하나 연약해서는 안 된다;
대담해야 하나 으스대서는 안 된다;
신중해야 하나 게을러서는 안 된다;
겸손해야 하나 소심해서는 안 된다;
당당해야 하나 거만해서는 안 된다.

- 미국 비즈니스 카운슬러 짐론(Jim Rohn 1930~)의 리더십 요체(要諦)

It was close; but that's the way it is in war.
You win or lose, live or die - and the difference is just an eyelash.

위기일발이었어. 전쟁이란 이런 거야.
이기느냐 지느냐, 사느냐 죽느냐의 차이는 속눈썹 하나의 차이일 뿐이야.

해설 2차 대전 당시 일본군이 필리핀을 조여 오자 루즈벨트 대통령은 맥아더 장군에게 필리핀을 떠나 호주에 새로운 기지를 구축하라고 명령한다. 맥아더는 '말라깽이(Skinny)'라는 별명의 웨인라이트(Wainwright 1883~1953) 중장에게 필리핀을 맡기고 1942년 3월 17일 '공중 요새 폭격기(Flying Fortress Bomber)'라고 불리는 B-17을 타고 호주로 탈출한다. 일본 점령 지역(Japanese held territory) 상공을 벗어난 직후 Richard K. Sutherland(1893~1966) 장군에게 한 말이다.

어휘 **It was close**: 주로 That's a close call! What a close call! 등으로 사용된다. 큰일 날 뻔했어!, 아슬아슬했어!, 위기일발이었어!(간발의 차였어!), 구사일생했어!, 혹은 (시험 등에) 간신히 붙었어! 등등의 의미.

close call: a narrow escape from danger(위험에서 간신히 피한 일) 또는 something achieved by a narrow margin(간신히 성취한 일)에 대하여 감탄문 격으로 사용하는 말이다. 어원을 따지자면 coming extremely close to a dangerous call(= situation)(위험한 부름(상황)에 극도로 가까이 감)이다. I had a close call this morning. Some idiot almost knocked me off my bike(오늘 아침 큰일 날 뻔했어. 어떤 바보 같은 놈 때문에 오토바이에서 죽을 뻔했어). The skier just missed the tree. What a close call(스키 선수가 간신히 나무를 피했다. 위기일발이었다).

too close to call: (양측의 점수 차가) 막상막하여서 승패를 가리기 힘든. This issue is too close to call at present(아직은 승패를 헤아릴 수 없다).

call: (스포츠에서 심판이) 판정을 내리다[선언하다]. The umpire called him out[safe](심판은 그에게 아웃[세이프]을 선언했다). South Korean stocks climbed, but trading was thin as investors remained cautious while the US race was too close to call(한국 증시는 상승세를 보였으나, 박빙의 승부를 펼친 미 대선 때문에 투자자들은 신중히 거래해 실제 거래량은 매우 적었다).

• Finders keepers

속담 Finders keepers. (It is an old saying meaning 'first come, first served.')
줍는 사람이 임자(이는 '선착순'을 의미하는 격언이다)

A *I found 100,000 won under the sofa.*
B *It's my money. Give it to me.*

A	***Finders keepers, losers weepers.***
A	소파 밑에서 100,000원을 우연히 찾았어.
B	그거 내 돈이야. 이리 줘.
A	주운 사람은 임자, 잃은 사람은 울보.

• KISS: Keep It Sweet & Simple(곱고 짧게 하라)

What does KISS stand for?(KISS는 무엇을 의미하는가?): The KISS principle states that design simplicity should be a key goal and unnecessary complexity avoided. It serves as a useful principle in a wide array of disciplines, such as software development, animation, journalism, photography, engineering, and strategic planning(KISS 원리란 디자인의 단순함이 기본적인 목적이 되어야 하며 복잡성은 피해야 한다는 것을 말한다. 이것은 소프트웨어 개발, 애니메이션, 저널리즘, 사진술, 공학, 전략 계획 등 광범위한 분야에서 유용한 원칙으로 활용된다). KISS는 Keep It Sweet & Simple(곱고 짧게 하라) 혹은 Keep It Short & Simple(짧고 단순하게 하라)의 머리글자(acronym)다. 대구로 sweet and simple 또는 short and sweet으로도 쓰인다. 더욱 발전하여 Keep It Simple, Stupid(간단히 해, 뭘 몰라)의 머리글자(acronym)로도 쓰인다.

7. 영어와 우리말의 어순 비교

■ 영어와 우리말은 대칭되는 단어를 나열하는 순서가 다른 경우

예문 Waking or sleeping, I think of those poor children.
자나깨나 그 가엾은 애들이 떠오른다. (o)
깨나자나 그 가엾은 애들이 떠오른다. (x)

near and far	원근
rich and poor	빈부
life and death	사활
back and forth	앞뒤로
supply and demand	수요와 공급
Ladies and Gentleman	신사숙녀
high[noble] and low[mean]	귀천
Trick or Treat!	사탕 안 주면 장난칠 거야!

■ 영어와 우리말은 대칭(對稱)되는 단어를 나열하는 순서가 같은 표현

up and down	상하로
black and white	흑백
mother and son	모자
man and woman	남녀

하지만 여기에 어떤 규칙이 있는 건 아니다. day and night는 '주야(晝夜)'라고 하는가 하면 '밤낮'이라고도 한다. man and woman(남녀 男女)은 우리말과 어순이 같지만 young and old(노소 老小)는 그렇지 않다. east and west는 '동서'라고 하는데 north and east는 '동북'이라고 한다.

해설 1 유대-기독교 전통에서는 일요일이 주(週)의 첫 날이다. 먼저 쉬고 나중에 일한다는 개념이다. 그래서 달력에 한 주(週)의 시작이 일요일로 되어 있다. 우리말에 '밤낮'이라는 말을 있어도 '낮밤'이라는 말은 없다. 하루의 시작은 밤 12시(0시)이지 낮 12시가 아니다. 구역성서 창세기 1장 3절~5절에서도 하루의 시작은 낮이 아니라 밤이다. God said "Let there be light," and there was light. God saw that the light was good, and he separated the light from darkness. God called the light "day," and the darkness he called "night." And there was evening, and there was morning the first day(하나님 가라사대 "빛이 있으라" 하시매 빛이 있었다. 그 빛이 하나님 보시기에 좋았으며, 하나님이 빛과 어둠을 나누셨다. 하나님은 빛을 '낮'이라 칭하시고 어둠을 '밤'이라 칭하셨다. 저녁이 되며 아침이 되니 이는 첫째 날이니라).

해설 2 미국과 캐나다에서 10월 31일 할로윈(만성절 · 모든 성인의 날)은 사실상 아이들의 축제다. 여러 행사가 있지만 그중 하이라이트는 단연 'Trick or Treat'이다. 저녁이 되면 귀신 분장을 하거나 이상한 옷을 입은 아이들이 손에 등불과 과자 통을 들고 동네를 돌아다닌다. 집집마다 방문해 주인이 문을 열어주면 아이들이 "Trick or Treat!"이라고 외치는데, 그때 주인은 "Treat!" 하면서 사탕을 준다.

04 대구어법 관용별

1. rain or shine

rain or shine(날씨가 좋든 나쁘든 · 어떠한 일이 있어도)은 'rich or poor(잘살든 못살든)', 'sink or swim(흥하든 망하든 · 죽든 살든)'과 함께 양보부사절을 이끄는 대구 표현이다.

작문 날씨가 좋든 나쁘든 (어떠한 일이 있어도) 그것을 하겠다.
Come rain or (come) shine, I'll do it.
Whether it rains or shines, I'll do it.
In fair weather or foul, I'll do it.
Rain or shine, I'll do it.
Wet or shine, I'll do it.

작문 부자든 가난뱅이든 모든 인간은 법 앞에 평등하다.
Rich or poor, all men are equal before the law.

작문 그 일을 내게 맡기게. 죽이든 밥이든, 내가 하겠네. 나는 한번 한다면 하는 사람이야.
Please leave it to me. I'll do it, sink or swim. I'm not a quitter.

부드러운 연주로 유명한 미국의 재즈트럼펫 연주자이자 보컬리스트

I'm gonna love you
Like no one's loved you
Come rain or come shine
High as a mountain
Deep as a river
Come rain or come shine
Days may be cloudy or sunny
We're in or we're out of money
But I'm with you always
I'm with you rain or shine

난 그대를 사랑할 거예요.
아무도 그대를 사랑한 적이 없는 것처럼,
어떠한 일이 있어도,
산처럼 높이,
강처럼 깊이,
어떠한 일이 있어도,
흐릴 때도 있고 햇빛이 찬란할 때도 있어요.
돈이 있을 때도 있고 없을 때도 있어요.

하지만 난 늘 그대와 함께 있어요.
어떠한 일이 있어도 그대와 함께 있어요.

– 쳇 베이커(Chet Baker)의 노래 Come Rain Or Come Shine 중에서

2. quid pro quo

quid pro quo 또는 quidproquo는 라틴어다. 복수형은 quids pro quo 또는 quid pro quos다. 익숙한 영어로 하면 repayment · compensation(갚음 · 보상) · equivalent exchange(등가교환 · 맞먹는 교환) · give and take(주고받기)다. 〈A for B〉의 형태로 이루어진 비슷한 의미의 말이 많다. this for that, what for what, a favor for a favor, one thing for another 등이다.

Latin 라틴어	(English equivalent 같은 의미의 영어)
quid	(something)
pro	(for(= instead of = in place of))
+ quo(quid의 목적격)	(something)
= quid pro quo	(something for something)

Lewinsky has not said there was any direct quid pro quo suggested to her in exchange.
르윈스키는 교환 조건으로 자신에게 어떠한 직접적인 대가가 제안되었다고 말한 적이 없다.

– 워싱턴 포스트(Washington Post) 1998년 8월 18일(화) A 01면에 보도된 Clinton 전 대통령의 성추문 사건 관련 기사의 일부

• quid pro quo와 같은 의미로 사용되는 속담

속담 One good turn deserves another.
베풀면 보답을 받는 법이다.

You scratch my back and I'll scratch yours.
네가 나의 등을 긁어주면 네가 너의 등을 긁어주겠다.

이와 같은 개념의 구절이 라틴어에 또 하나 있는데 do ut des다. 영어로 하면 I give, so that you might give(내가 주므로 네가 준다. 네가 주므로 내가 준다)가 된다. 화폐 경제에서 일방이 물건의 소유권 이전이나 노무를 제공하고 상대방은 그에 대한 대가로 금전을 제공한다. 이것을 라틴어로 do ut des 관계라 한다. 민법도 쌍무 계약에서 양 당사자를 일방과 상대방이라는 용어로 부르고 있는 것처럼 양 당사자의 지위도 상호적이다. 이러한 관계를 견련(牽聯) 관계, 즉 do ut des 관계라 한다.

또한 이 공식(formula)은 로마인들의 종교에도 적용되었다. 즉 '내가 신(神)에게 주면 신(神)이 나에게 준다'는 원칙이다. 그들은 신이 자신에게 더 큰 것을 답례하리라고 굳게 믿었다. 같은 의미의 산스크리트어 Dehi me dadami te도 여러 경전을 통해 전해지고 있다. 신과의 관계도 '계약 관계 성격의 관계'라는 것이다.

또 이와 유사한 말로 log-rolling(로그롤링)이 있다. 미국 의회에서 각자의 이권이 결부된 몇 개의 법안을 관련 의원들이 서로 협력하여 통과시키는 품앗이하는 행위를 가리키는 미국의 의회 용어다. 개척자가 벌채한 log(통나무)를 rolling(굴려서 운반)하면서 이웃끼리 서로 협력하여 굴리기를 한 데서 유래했다.

주 as easy as rolling off a log: 통나무를 굴리는 것만큼 쉬운 → 누워서 떡 먹기처럼 엄청나게 쉬운

3. blow by blow

어휘 **blow**: (명사) (1) 강타(exchange blows 주먹을 주고받다)
(2) (정신적인) 타격(suffer a heavy blow 큰 타격을 입다)

비교

blow for blow(명사)	타격에는 타격
blow by blow(부사)	(권투 시합 중계처럼) 하나하나 차례대로, 매우 상세하게 thoroughly, completely, circumstantially, comprehensively
blow-by-blow(형용사)	(권투 시합 중계처럼) 하나하나 차례대로 보고하는, 매우 상세한 thorough, all-inclusive, detailed, circumstantial, comprehensive

어원 *The term 'blow by blow' originated in radio broadcasts during the 1930s, in which the sportscaster gave a detailed account of each punch struck in a boxing match. It soon was transferred to a detailed account of anything at all.*

blow by blow란 말은 스포츠 방송 아나운서(sportscaster)가 복싱 시합에서 펀치를 날릴 때마다 상세한 중계를 했던 1930년대의 라디오 방송에서 비롯됐다. 이후 어떤 것이든 아주 자세하게 설명하는 것을 의미하게 되었다.

비교 (1) If you want to put me down, I am sure I can deliver blow for blow. (명사)

(2) Tell me about last night's party, blow by blow. (부사)

(3) Give me a blow-by-blow account[description] of last night's party. (형용사)

(1) 네가 나를 억누르겠다면, 나도 같은 방법으로 보복할 수 있다고 확신한다.
(2) 지난밤 파티에 대해서 상세하게 말해주게.
(3) 지난밤 파티에 대한 자세한 이야기를 해주게.

작문 그 목격자는 사고에서 무슨 일이 있었는지를 경찰에게 상세히 말했다.
The witness gave the police a full blow-by-blow account of what happened in the accident.

4. Like cures like

■ like가 명사로 사용된 경우

정관사 the를 붙여 '비슷한 사람[것]', '동류'란 의미로 사용한다.

작문 (1) 비슷한 사람들과 어울려라.
(2) 이런 일 다시는 하지 않겠다.
(1) Mix with your like.
(2) I shall never do the like again.

격언 Like for like.
은혜는 은혜로, 원한은 원한으로.

해설 the like로 해야 하나 대구를 이루고 있으므로 the가 생략됨.

어휘 requite like for like: 같은 수단으로 갚다[보복하다]

속담 끼리끼리 모인다(유유상종 類類相從). (동성상응 同聲相應)
(1) Like seeks like.
(2) Like attracts like.
(3) Like draws to like.

해설 the like로 해야 하나 대구를 이루고 있으므로 the가 생략됨.

속담 (1) Like cures like.
(2) Fight fire with fire.
(3) Set a thief to catch a thief.
(4) One poison drives out another.
(5) The smell of garlic takes away the smell of onions.
(1) 열은 열로써 다스린다(이열치열 以熱治熱).
(2) 불을 불로 꺼라(이열치열 以熱治熱).
(3) 도둑은 도둑이 잡게 해라(동류의 사람끼리는 서로 사정을 잘 안다).
(4) 독은 독으로 제거한다(이독제독 以毒制毒).
(5) 마늘 냄새가 양파 냄새를 제거한다.

■ like가 전치사로 사용된 경우

속담 양자의 유사성을 나타내는 속담
(1) Like father, like son.
(2) Like master, like man.
(3) The apple does not fall far from the tree.

(1) 부전자전
(2) 그 주인에 그 하인(용장 밑에 약졸 없다).
(3) 사과는 나무에서 멀리 떨어지지 않는다.

5. death and taxes

There is no art which one government sooner learns of another than that of draining money from the pockets of the people.
국민의 주머니를 훑어내는 기술을 빼놓으면 정부가 아는 다른 기술은 없다.

– 영국 경제학자 애덤 스미스(Adam Smith)의 〈국부론 The Wealth of Nations〉에서

주 sooner than(= rather than): Sooner than take a bus, I'd walk(버스를 타느니 차라리 걷겠다).

No taxation without representation(대표 없이는 과세도 없다)는 미국 독립전쟁의 슬로건(rallying cry)이었다. 식민 통치 시절 메이휴(Jonathan Mayhew) 목사가 매사추세츠 주 보스턴에 있는 Old West Church라는 교회에서 한 설교에서 처음으로 이 말을 언급하였다. 이와 비슷한 버전은 Taxation without representation is tyranny. If we are not represented, we are slaves(대표 없는 과세는 폭정이다. 우리에게 대표권이 주어지지 않는다면 우리는 노예이다)로 매사추세츠의 변호사 오티스(James Otis)가 한 말이다. 오티스는 독립전쟁 즈음에 활약했으며, 특히 식민(植民)의 권리를 보장하는 법적 원칙들을 마련하는 데 중요한 역할을 했다.

1700년대부터 death and taxes는 죽음과 마찬가지로 세금을 피할 수 없다는 의미로 쓰이기 시작했다. 영국의 저널리스트이자 소설가인 디포(Daniel Defoe)의 〈The Political History of the Devil〉(1726)에 Things as certain as death and taxes, can be more firmly believed(죽음과 세금만큼 확실하게 믿을 수 있는 것은 없다)라고 씌어 있다. 미국의 정치가요 과학자인 프랭클린(Benjamin Franklin)이 1789년 11월 13일 Jean-Baptiste Leroy에게 쓴 편지에도 death and taxes에 관한 언급이 있다. 문헌에 따라 표현이 약간씩 다르다. 어느 것이 원문(原文)인지는 알 수 없다.

The only two certainties in life are death and taxes.
인생에 있어서 확실한 것은 죽음과 세금뿐이다.

In this world nothing can be said to be certain, except death and taxes.
이 세상에 죽음과 세금 외에 확실한 것은 아무것도 없다는 말이 있다.

There are two certainties in life: death and taxes.
While death comes just once a lifetime, tax day pays a visit every year.
삶에는 확실한 것 두 가지가 있다: 죽음과 세금.
죽음은 평생에 단 한 번 오지만, 세금은 매년 한 번씩 찾아온다.

Death and taxes and childbirth! There's never any convenient time for any of them.
죽음과 세금과 분만! 그들 누구에게도 편안한 시간이 없다

- 미첼(Margaret Mitchell)의 소설 〈Gone With the Wind 바람과 함께 사라지다〉(1936)

There's only 3 things for sure: Taxes, death and trouble.
확실한 것은 세 가지뿐이다 세금, 죽음 그리고 고통.

- Marvin Gaye의 노래 〈Trouble Man〉의 한 소절

작문 죽음, 세금과 마찬가지로 스팸도 피할 길이 없다.
Just like death and taxes, there is no escaping spam.

어휘 **like death and taxes** : definitely, certainly, surely, to be sure, for sure, for certain 등을 대신하는 숙어로 현대 영어에서 사용

예문 Like death and taxes, ownership transition is a sure thing that will happen whether or not you plan for it.
소유권 이전은 마치 죽음과 세금처럼 틀림없이 일어난다. 그것에 대한 계획을 세우든 말든.

주 재산을 무덤까지 가지고 간 사람은 아무도 없다!

They can't collect legal taxes from illegal money.
불법적으로 번 돈에 합법적인 세금을 징수할 수 없다.

해설 이 명언(?)을 말한 사람은 누구일까? 뺨에 흉터가 있어 스카페이스(Scarface)란 별명을 가진 알 카포네(Al Capone 1899~1947)가 1930년 미국 국세청(the US Bureau of Internal Revenue)의 거액의 미납 세금 추징(unpaid back tax)에 이의를 달면서 한 말이다. 그는 미국 시카고를 중심으로 조직 범죄 집단을 이끌고 밀주 · 밀수 · 매음 · 도박 등의 불법 산업으로 순식간에 돈을 벌었다. 그를 잡기 위해 재무성에 '언터쳐블(The Untouchables: 뇌물로도 매수할 수 없고 그 어떤 공갈 협박도 통하지 않는 사람들)'이라는 특별 수사팀이 구성된다. 수사관들이 죽음을 당하는 등 우여곡절 끝에 알 카포네를 탈세 혐의로 법정에 세우는 데 성공한다. 1987년에 영화화됐다.

6. Forgive & Forget

작문 알았어, 지나간 일은 물에 흘려버리자. 서로 용서하고 잊어버리자고.
Okay, let bygones be bygones. Let's forgive and forget.

작문 난 용서하고 잊어버리는 그런 일은 하고 싶지 않아.
I am not much for that forgive-and-forget business.

작문 용서한다고 해서 잊는 것은 아니다.
Forgiving does not mean forgetting.
Forgiveness does not mean forgetfulness.

작문 '용서하라 & 잊어라'는 결혼 반지 안쪽에 새기기에 좋은 명문(銘文 · 새김 말)이다.
"Forgive & Forget" are good inscription words for the inside of wedding bands.

Forgive your enemies, but never forget their names.
적을 용서하라. 그러나 그들의 이름은 결코 잊지 마라.

– 미국 제35대 대통령 케네디(John Fitzgerald Kennedy 1917~1963)

Always forgive your enemies; nothing annoys them so much.
항상 적을 용서하라; 어떤 것도 그것만큼 그를 괴롭히지 못한다.

– 영국 소설가 · 극작가 와일드(Oscar Wilde 1854~1900)

7. Debit or Credit

A Your total turns out to be $33.
B Debit or credit?
A 다 합해서 33달러입니다.
B 직불카드인가요, 신용카드인가요?

어휘 **debit** 카드: 직불카드를 말함. PIN(personal identification number 비밀번호)을 눌러서 결제를 완료하면 은행에 있는 돈의 한도 내에서 사용한다.
credit 카드: 신용카드를 말함. 서명을 해서 결제하면 신용카드 회사가 돈을 먼저 지불하고 사용자는 나중에 갚는다.
ATM(automated-teller machine) card: 현금입출금 카드, debit 카드의 결제 기능이 없는 카드를 말한다.

미국의 백화점 등에서 물건을 구입할 때 과거에는 점원이 Cash or charge?(현금으로 지불하시겠습니까 아니면 카드로 하시겠습니까?)라고 묻는 경우가 많았는데 지금은 Debit or credit?라고 묻는다.

8. Design or Resign

Design or Resign(디자인을 하라. 아니면 물러나라)는 영국 마거릿 대처(Margaret Hilda Thatcher 1925~) 수상(1979~1990)이 1979년 취임 후 첫 각료회의에서 한 말이다. 실업과 침체에 빠진 영국병을 치유하자며 그 탈출구로 디자인의 중요성을 역설했다. 1980년대 보수당 정권에서 디자인은 곧 혁신으로 통했다. 국가 주도의 디자인 정책은 디자인이라는 노다지를 캐는 데 중추 역할을 했다. 그 결과 디자인으로 앞서가는 영국이란 국가 이미지를 만들어냈다. 이제 디자인은 기업 경영의 핵심 전략으로 자리 잡았다. 디자인 역량이 큰 기업일수록 브랜드 가치가 높고, 매출 증가도 빠르다.

영어에는 직업 이름에서 따온 성(姓)이 많다. I'm Goldsmith는 '저는 골드스미스라고 합니다'라는 의미이고 I'm a goldsmith는 '저의 직업은 금 세공인입니다'라는 의미다. Thatcher도 그 중 하나다. thatcher란 '개초(蓋草)장이' 즉 '이엉장이'를 말한다.

주 thatched roof: 초가지붕

주 이엉: 초가집의 지붕이나 담을 이기 위하여 짚이나 새 따위로 엮은 물건

산업화되기 전 smith(대장장이 · 금속 세공인)는 높은 혹은 특별한 사회적 지위를 가졌다. 농

업에 필요한 금속 도구(특히 쟁기)와 전쟁에 필요한 금속 도구를 제공하였기 때문이다. smith란 단어의 어원은 '때리다(hit)', '치다(strike)'를 의미하는 약간 고어풍의 영어 단어 smite다. 대장장이는 쇠망치로 강타하여 금속에 모양을 내는 일을 업으로 하는 사람이다. Tinsmith(주석 세공인), Gunsmith(총기 제작자), Locksmith(자물쇠 제작자), Goldsmith(금 세공인), Silversmith(은 세공인), Blacksmith(대장장이 · 제철공), Whitesmith(양철 세공인), Bladesmith(칼 대장장이), Arrowsmith(화살 세공인). 영어의 접미사 -smith는 '전문 장인(匠人)'이라는 의미를 내포하고 있다. 예를 들자면 wordsmith는 명(名)문장가를, tunesmith는 대중음악 작곡가를 말한다. 직업명이 성이 된 경우는 Smith 외에도 수없이 많다. Miller(제분업자), Cook(요리사), Ward(수위), Webb(직공), Baker(빵 굽는 사람), Butler(집사 執事), Porter(짐꾼), Taylor(재단사), Turner(선반공), Wright(직공), Hunter(사냥꾼), Archer(사수 射手), Barber(이발사), Draper(포목상), Farmer(농부), Gardener(정원사), Carpenter(목수), Shepherd(양치기) 등이다.

9. Publish or Perish

"Publish or Perish" refers to the pressure to publish work constantly in order to further or sustain one's career in academia. The competition for tenure-track faculty positions in academia puts increasing pressure on scholars to publish new work frequently.

Publish or Perish(논문을 발표하든지 아니면 사라지든지 하라)라는 말은 학계 인사가 자기의 이력을 쌓거나 직장을 유지하기 끊임없이 논문 발표를 해야 하는 고통(pressure)을 말한다. 학계에서 tenure-track(정년 방식) 교수직을 유지하려면 학자는 새로운 연구 업적을 자주 발표해야 한다. Fight or flight(싸우든지 아니면 도망가든지 하라)라는 대구가 있듯이 Publish or Perish라는 대구는 교수 사회에서의 생존 법칙을 한마디로 요약한 경구다.

어휘 **tenure track** 정년(停年) 보장 트랙(= 정년(停年) 보장제)
non-tenure track 비(非)정년(停年) 트랙(= 비(非)정년(停年)제)

Tenure Track은 미국의 교수 임용 시스템이다. 교수에 임용되면 5년 혹은 정해진 연한 이후에 Tenure(정년 보장) 심사를 받아 정년 보장 여부를 결정한다. Tenure 심사는 Paper Publication(논문 발표) 실적, 학생들의 강의 평가 등등을 모두 따져 결정한다. 교육 소비자인 학생이 시장 논리로 교수를 평가한 지 오래다. 미국 대학이 잘나가는 이유 중 하나다. 시장의 논리에 따라 교수도 스카우트되기도 하고 퇴출되기도 한다. Assistant Professor(조교수)나 Professor(교수)와 같은 교수 직위는 갖고 있으나 아직 Tenure를 받지 못한 경우도 있어 직위와 Tenure가 반드시 일치하는 것은 아니다. 우리나라의 경우 Tenure Track 교원은 고등교육법상 정년이 규정된 교원, 즉 교수 · 부교수 · 조교수 · 전임강사 등을 말하고, Non-Tenure Track은 정년이 보장되지 않는 고용 형태의 교원, 즉 시간강사를 말한다.

10. Bullish or Bearish

A *North Korea is likely to return to the six-party talks today.*
B *That's great. The stock markets will turn bullish from now on.*
A 오늘 북한이 6자 회담에 복귀할 것 같아.
B 그거 잘됐군. 앞으로 주식시장이 오름세로 전환되겠어.

작문 (1) 요즘 주식 시장이 약세야. 난 알거지가 되어가고 있어.
(2) 자네는 주식 시장을 낙관적으로 보나, 비관적으로 보나?
(3) 낙관적으로 봐, 비관적으로 보지 말고!
(1) The stock market has been bearish lately. I'm losing my shirt.
(2) Are you bullish or bearish?
(3) Be bullish not bearish!

용어

상승 시그널	Bullish Signals
하락 시그널	Bearish Signals
반전 시그널	Reversal Signals
관망 시그널	Wait & See Signals

• Bullish or Bearish의 정의

These words are, among other things, terms used in the stock market: a bear is a person who believes stock prices will fall and who therefore advises you to sell your stocks; a bull is a person who believes stock prices will rise and who therefore urges you to buy stocks. Bearish and bullish are used to describe people, their opinions about the market, and the market itself and its tendencies.
특히 이 말은 주식 시장에서 사용된 용어다. bear(곰)는 주식 가격이 떨어질 것이므로 주식을 팔라고 권하는 사람이다. bull(황소)은 주식 가격이 오를 것이므로 주식을 사라고 권하는 사람이다. bearish와 bullish는 시장에 관계하는 사람, 그들의 의견, 그리고 시장 자체와 시장의 경향을 말하는 데 사용된다.

세계 금융의 중심지인 미국 뉴욕의 월가(Wall Street)는 원래 유명한 소시장으로 정기적으로 열리는 황소 품평회에서 가장 좋은 품종으로 뽑힌 소에게 파란색 천을 둘러주었는데, 황소는 월가의 강세장을 상징하는 심벌로서 우량주라는 뜻이 되었다고 한다. 블루칩(blue chip 파란색 천 조각)은 수익성 · 성장성 · 안정성이 높은 대형 우량주를 말한다.

11. vocation vacation

vacation(휴가 · 방학)은 동사 vacate(비우다)와 형용사 vacant(비어 있는)의 명사형이다. vacant는 라틴어 vacare(비어 있는)에서 유래했다. 한편 vocation은 라틴어 vocare(to call · 부르기)에서 온 말이다. 신학에서는 '신의 부르심', '신의 부르심에 의한 정신적 생활', '소명', 즉 '사람이 하나님의 일을 하도록 하나님의 부르심을 받는 일'을 의미한다. 여기에서 '천직',

'사명(calling)', '직업', '생업'이란 의미가 생겨났다. 따라서 이 두 단어의 철자가 엇비슷한 것은 우연의 일치일 뿐 의미상 아무런 관련이 없다. 그런데도 이 두 단어는 그 모양이 비슷하다는 인연으로 함께 쓰이는 경우가 종종 있다. 다음은 미국 볼티모어 교구의 신부 롬바르디(Father John Joseph Lombardi)의 말이다.

I have learned that we need to bring Jesus and Mary with us on our vacations, and that the best vacations are with them. They're not against our happiness or vacation; no, they want what is best for us in them – and that means embracing vocation within vacation.

나는 휴가 때 예수님과 성모 마리아와 함께해야 하며, 가장 좋은 휴가는 이분들과 함께하는 것이라고 배웠다. 이분들은 우리의 행복이나 휴가와 대립되는 분들이 아니다; 그렇다, 이분들은 우리가 이분들 속에서 가장 좋은 존재가 되기를 원하신다. 그것은 embracing vocation within vacation(휴가를 보내며 소명을 깨닫는 것)을 의미한다.

Your vocation must be like your vacation.

직업이 휴가처럼 되어야 한다.

When your vocation becomes your vacation, you will never work another day. Your chances of success are directly proportional to the degree of pleasure you derive from what you do. Work is not your punishment. It is your reward, your strength and your pleasure.

직업이 휴가가 되면, 날 잡아 일할 필요가 없다. 성공 가능성은 하고 있는 일에서 생기는 즐거움의 정도와 정비례한다. 일이란 벌이 아니라 보상이며 힘이며 즐거움이다

해설 household word(일상 쓰는 말)이다. If you rest, you rust(쉬면 녹슨다)는 말도 있다. 1941년생으로 올해 68세인 세계적인 테너 플라시도 도밍고의 좌우명이 'If I rest, I rust!'이다.

어휘 **another day**: (언젠가) 후일 (다음날) ex. **Come another day** 또 다음날 와 주십시오
be directly[inversely] proportional to: ~에 정[반]비례하다

■ 직업 휴가(Vocation Vacation)

직업 휴가(Vocation Vacation) 또는 vocation vacationer(직업 휴가 고객)라는 표현이 2004년에 미국에서 처음 생겼다. 휴가 기간을 활용해 평소 관심이 있던 직업을 실제로 체험해 보는 프로그램이다. 이를 통해 그 일이 자신의 적성에 맞는지, 예상하지 못한 문제점은 없는지 등을 확인함으로써 전직(轉職) 가능성을 파악하려는 것이다. 이 프로그램은 휴가 기간에 진행되므로 다니고 있는 직장의 업무에 아무런 지장을 주지 않는 것이 장점이다. 즉 평소 꿈꾸던 일이 실제로 겪어보니 생각했던 것과 다를 경우 조용히 현업(現業)을 계속할 수 있다. 직업 휴가를 마친 뒤 실제로 전직하는 비율은 20% 정도다. 다음은 USA Today가 2004년 7월 11일 보도한 내용이다.

You may be given an opportunity to have some on-the-job-experience you may be ready to ditch your dreary job for your dream job. Vocation Vacations, an Oregon-based travel company, allows workers to try out a "dream job" without giving up their regular one. For about $500 to $10,000, not including transportation or *lodging, a customer can spend one or two days with an expert mentor. Vocation Vacations is the brainchild of Brian Kurth of Oregon. Among the dream jobs Kurth's clients can choose from; innkeeper, brew master, wine maker, horse trainer, cheese maker, raceway manager, hunting and fishing guide, professional gardener, wedding coordinator, pastry chef or chocolatier.*

현재의 따분한 직업을 버리고 꿈꾸던 직업을 얻기 위한 직업 체험 프로그램이 나왔다. 오리건(Oregon)에 있는 한 여행사인 Vocation Vacations는 직장인이, 다니고 있는 직장을 그만두지 않고도 꿈의 직업을 체험해볼 수 있는 기회를 제공한다. 약 500~1만 달러의 비용(교통비 · 숙박비는 별도)이면 전문가의 도움을 받으면서 하루나 이틀 동안 체험할 수 있다. Vocation Vacations는 오리건의 브라이언 커스(Brian Kurth)라는 사람이 창안한 아이디어이다. 커스(Kurth)의 고객이 선택할 수 있는 희망 직종은 다음과 같다: 여관 주인, 양조장 주인, 포도주 제조업자, 말 조련사, 치즈 제조업자, 경마장 지배인, 사냥 · 낚시 안내인, 전문 정원사, 결혼 중매인, 제빵사, 초콜릿 제조 판매업자.

Vocation Vacations will pair you with an expert mentor who will be your guide as you take your dream job for a test drive. He said he usually targets smaller companies because their owners tend to be more passionate about what they do and more accessible. For example, vocation vacationers can visit Oregon's Amity Vineyards, where they can learn everything from harvesting to bottling. Kurth calls Vocation Vacations the ultimate vacation adventure for people wanting to do more than dream about the job they have always wanted.

Vocation Vacations는 꿈의 직업에 시험 삼아 도전해보는 이들을 도와줄 전문가를 붙여준다. 그는 항상 소규모 회사를 목표로 삼는다고 말했다. 소규모 회사의 소유자들은 대개 자기가 하는 일에 열정적이고, 접근하기가 쉽기 때문이다. 예를 들어, 휴가 기간 동안에 자기가 원하는 직업을 가져보려는 고객은 오리건의 포도 농장을 방문해 (포도) 수확에서 (포도주를) 병에 담기까지의 모든 과정을 배울 수 있다. 커스(Kurth) 씨는 Vocation Vacations를 '늘 원하던 직업을 꿈꾸기만 할 게 아니라 그 이상의 것을 하고 싶어 하는 사람을 위한 최고의 직업 모험'이라고 부른다.

■ mentor

원래는 고유명사(Mentor)인데 오늘날에는 주로 보통명사(mentor)로 사용된다. mentor는 충실하고 현명한 조언자 또는 스승의 의미로 쓰인다. mentor의 역할과 행위를 mentoring, 피보호자 또는 피후견인을 mentee, 또는 protege라고 한다. protege는 불어이며 영어의 protected에 해당한다. 어원을 살펴보자.

In Greek mythology, Mentor was, in his old age, a friend of Odysseus. When Odysseus left for the Trojan War he placed Mentor in charge of his son, Telemachus, and of his palace. Today the word mentor means a trusted friend, counselor or teacher, usually a more experienced person. Some professions have "mentoring programs" in which newcomers are paired with more experienced people in order to obtain good examples and advice. And schools sometimes have mentoring programs for new students or students who are having difficulties.

그리스 신화에서 멘토르(Mentor)는 만년에 오디세우스(Odysseus)의 친구였다. 오디세우스는 트로이 전쟁에 참가하게 되자 멘토르에게 아들 텔레마쿠스(Telemachus)와 궁전을 맡겼다. 오늘날 mentor라는 단어는 신뢰하는 친구, 조언자, 교사, 흔히 경험이 풍부한 사람을 의미한다. 초심자가 좋은 본보기와 충고를 얻기 위하여 경험이 많은 사람과 한 조가 되는 멘토링 프로그램이 있는 직장도 있다. 그리고 신입생이나 곤란을 겪는 학생을 위한 멘토링 프로그램이 있는 학교도 있다.

12. head and shoulders

A *Who do you think will be our top competitor?*

B *Alpha Corporation is head and shoulders above the rest.*

A 누가 우리의 가장 센 경쟁 상대가 될 것 같습니까?

B Alpha 주식회사가 다른 회사들보다도 훨씬 센 상대입니다.

해설 (by) head and shoulders above ~: 머리와 어깨만큼 ~보다 위에 → ~보다 월등히 우수한

작문 그녀는 다른 선수들보다 훨씬 우월하다.

She towers over all the other players.

She is much superior to all the other players.

She stands head and shoulders above all the other players. (더욱 사실적 표현)

작문 두 후보는 끝까지 우열을 가릴 수 없는 상황이었다.

The two candidates were in a dead heat all the way to the end.

The two candidates were neck and neck all the way to the end. (더욱 사실적 표현)

The two candidates were fifty-fifty all the way to the end. (더욱 사실적 표현)

해설 neck and neck: (경마에서) 나란히, (경기 등에서) 비등하게, 접전하여 (경마에서 말 두 마리가 결승점에 나란히 들어오는 형상에서 유래)

우리말에서는 비견(比肩 견줄 비 · 어깨 견)이 사용된다.

(예) 그는 톨스토이에 비견할 만한 소설가다.

작문 아직까지는 그의 적수가 없어!

Nobody can rival with him yet!

Nobody can go toe-to-toe with him yet! (더욱 사실적 표현)

Nobody can go head-to-head with him yet! (더욱 사실적 표현)

해설 발가락 또는 머리가 나란히 있는 모양처럼 둘이 비슷한 수준에서 서로 경쟁하는 것을 말함.

13. apples and oranges

현대 영어 특히 비즈니스 영어에서 많이 사용된다.

apples and oranges	성격이 전혀 다른 것
compare apples and oranges	전혀 다른 것들을 비교하다

사과와 오렌지는 비교의 대상이 되지 않는다는 말이다. 사과는 사과 나름대로 독자적인 맛이 있고 오렌지는 오렌지 고유의 맛이 있어 비교하기 곤란하다. 여기서 compare의 어원을 정확히 살펴보자. compare는 라틴어로 '대등하게 하다'란 의미다. com은 '함께'라는 의미의 접두사고,

pare는 pair(두 개로 된 한 쌍)의 변형이다.

예문 Don't compare apple to orange.
사과와 오렌지를 비교하지 말라.

We compare apple with apple, not apple with orange.
사과와 사과는 비교해도 사과와 오렌지는 비교하지 않는다.

I hated people comparing Ferrari F40 and 959 Porsche. It was like if you were to compare apple and orange.
나는 사람들이 페라리 F40과 포르셰 959를 비교하는 것을 싫어한다. 그것은 마치 사과와 오렌지를 비교하는 것과 같다.

해설 '포르쉐'는 독일제 스포츠카. '페라리'는 이탈리아산 스포츠카. 서로 간에 장단점이 있음.

You can compare apple to orange with pocket digital camera to larger camera. What is the point if you only get perfect image with outdoor shot with a lot of sunlight?
디지털 자동 카메라와 큰 수동 카메라를 비교하는 것은 사과와 오렌지를 비교하는 것과 같다. 햇빛이 많이 비치는 야외 촬영에서 완벽한 형상을 찍기만 한다면, 이것이든 저것이든 상관없지 않은가?

주 What is the point?: 이게 다 무슨 소용이야?

Are teachers more important than parents in a child's development?
My answer is no, not more important, but equally important.
We should not compare an apple with an orange.
어린이의 성장에 있어서 교사가 부모보다 중요한가?
나의 답은 'no'다. 어느 쪽이 더 중요하다가 아니라, 우열을 매길 수 없다.
사과와 오렌지를 비교해서는 안 된다.

작문 본질이 다른 이슈를 구분하자.
Let's draw a distinction between apples and oranges.

작문 그들의 분석에는 함께 고려해서는 안 될 요소들이 섞여 있다.
Both apples and oranges are put together in their analysis.

14. chicken-and-egg problem

chicken-and-egg problem 닭이 먼저냐 달걀이 먼저냐는 문제

In my view, the argument of both hyperglobalizers and sceptics remain entangled in a particularly vexing version of a chicken-and-egg problem. After all, economic forms of interdependence are set into motion by political decisions, but these decisions are nonetheless made in particular economic contexts.
나의 견해로는 초(超)세계화주의자들과 회의론자들의 논쟁은 복잡하게 얽혀 여전히 닭이 먼저냐 달걀이 먼저냐의 대단히 골치 아픈 논쟁거리로 남아 있다. 결국 상호의존의 경제적 형태가 정치적 결정에 의해 추진되었음에도 불구하고, 이러한 결정은 특정 경제적 관점에서 이루어졌다.

15. inspiration and perspiration

Genius is one percent inspiration and ninety-nine percent perspiration.
천재는 1%의 영감(靈感)과 99%의 노력(努力)이다

미국 발명가 에디슨(Thomas Edison 1847~1931)의 말이다. inspiration과 perspiration이 리듬을 이룬다. 에디슨은 inspiration과 리듬을 맞추기 위해 노력을 의미하는 여러 다른 말 - effort · endeavor · exertion · struggle · striving - 보다는 perspiration을 택하였다. 에디슨이 쓴 글을 보면 'understand'를 'under+stand'라고 표기되어 있다. understand의 의미가 'under(~의 밑에) stand(서다)'라는 것을 분명히 하기 위함인 듯하다. 그는 과학적이기도 하였지만 문학적이기도 하였다.

aspiration	포부 · 열망 · 대망(待望)	aspire	열망하다 · 큰 뜻을 품다
expiration	숨을 내쉼 · 만기(滿期)	expire	만기가 되다
inspiration	숨을 들이쉼 · 고취 · 영감	inspire	격려하다(encourage)
respiration	호흡(呼吸)	respire	호흡하다
perspiration	발한(發汗)	perspire	통하여 호흡하다 · 땀을 흘리다
transpiration	증발(蒸發)	transpire	증발하다 · 배출하다
conspiration	공모(共謀)	conspire	함께 호흡하다 · 공모[음모]하다
desperation	절망(絶望)	despair	절망하다

16. eye for eye & tooth for tooth

보복 · 반격 · 응수 · 앙갚음 · 오는 방망이에 가는 홍두깨

단어	A for B형 대구
requital	tit for tat
revenge	like for like
retaliation	blow for blow
counterblow	measure for measure
retaliation in kind	evil for evil(악을 악으로)
getting even[square]	good for evil(악을 선으로)

작문 악을 악으로 보답하는 것은 악을 보탤 뿐이다.
It adds evil to requite evil for evil.

작문 그는 그의 빚을 같은 방법으로 갚았다.
He returned his debt like for like.

비교 We see eye to eye on that. 우리는 그 문제에 대해 의견이 맞다.
We practice eye for eye on that. 우리는 그 문제에 대해 '눈에는 눈'으로 복수한다.

어휘 **see eye to eye**: 견해가 일치하다(= agree) **eye for eye**: 눈에는 눈(= like for like)

'눈에는 눈 이에는 이'라는 동해보복법(同害報復法)-라틴어로 렉스 탈리오니스(Lex Talionis)-는 세계에서 가장 오랜 성문법인 고대 바빌로니아 함무라비 법전(Code of Hammurabi)의 규정이다. 피해자가 입은 해와 같은 정도의 손해를 가해자에게 가한다는 보복의 원칙이다. 미개사회에서 허용된 무제한 복수의 단계에서 동해보복으로 보복을 제한한 것은 큰 진보였다. 구약성경에 자주 언급된다.

If men who are fighting hit a pregnant woman and she gives birth prematurely but there is no serious injury, the offender must be fined whatever the woman's husband demands and the court allows.

싸우다가 임신한 여인을 쳐서 조산케 하였으나 다른 심한 해가 없으면 남편의 청구대로 그리고 재판이 인정하는 대로 가해자는 반드시 벌금을 낼 것이니라.

But if there is serious injury, you are to take life for life, eye for eye, tooth for tooth, hand for hand, foot for foot, burn for burn, wound for wound, bruise for bruise.

그러나 심한 해가 있으면, 생명은 생명으로, 눈은 눈으로, 이는 이로, 손은 손으로, 발은 발로, 덴 것은 덴 것으로, 상처 낸 것은 상처로, 타박상은 타박상으로 받을 지어다.

If a man hits a manservant or maidservant in the eye and destroys it, he must let the servant go free to compensate for the eye. And if he knocks out the tooth of a manservant or maidservant, he must let the servant go free to compensate for the tooth.

누구든 자기 남종이나 여종의 한쪽 눈을 쳐서 상하게 하면 그 눈에 대한 보상으로 그 종을 놓아줄 것이며, 남종이나 여종의 이를 쳐서 빠지게 하면 그 이에 대한 보상으로 그 종을 놓아줄 지어다.

- 출애굽기(Exodus) 21장 22~27절

If anyone injures his neighbor, whatever he has done must be done to him: fracture for fracture, eye for eye, tooth for tooth. As he has injured the other, so he is to be injured.

누구든 이웃에게 상해를 입히면 그가 행한 대로 받을 지어다. 골절은 골절로, 눈은 눈으로, 이는 이로 받을 지어다. 남에게 상해를 입힌 대로 상해를 받을 지어다.

- 레위기(LeviticusRomans) 24장 19~20절

Show no pity: life for life, eye for eye, tooth for tooth, hand for hand, foot for foot.

동정을 보이지 말라. 생명은 생명으로, 눈은 눈으로, 이는 이로, 손은 손으로, 발은 발로니라.

- 신명기(DeuteronomyRomans) 19장 21절

위와 같이 구약성경에서는 eye for eye, tooth for tooth라 하여 다른 사람의 잘못을 똑같은 방식으로 처벌하라고 가르쳤으나, 신약성경에서 예수는 원수를 위해 기도하고 사랑하라고 하였다.

You have heard that it was said, "An eye for an eye, and a tooth for a tooth." But now I tell you; do not take revenge on someone who wrongs you. If anyone slaps you on the right cheek, let him slap your left cheek too.

너희가 '눈은 눈으로 이는 이로 갚으라'는 말을 들었지만, 나는 너희에게 이르노니 '해를 끼치는 자에게 복수하지 말라.' 누구든지 네 오른편 뺨을 치거든 왼편 뺨도 치게 하여라.

And if someone takes you to court to sue you for your shirt, let him have your coat as well. And if someone forces you to carry his pack one mile, carry it two miles. When someone asks you for something, give it to him; when someone wants to borrow something, lend it to him.

너를 재판에 걸어 네 속옷을 가지려는 자에게는 겉옷까지 내주어라. 누가 짐 보따리를 오 리를 들어 달라고 강요하거든 십 리를 들어다 주어라. 달라는 자에게 주고 꾸려는 자를 물리치지 마라.

- 마태복음(MatthewRomans) 5장 38~42절

Do not repay anyone evil for evil. Be careful to do what is right in the eyes of everybody. If it is possible, as far as it depends on you, live at peace with everyone. Do not take revenge, my friends, but leave room for God's wrath, for it is written: "It is mine to avenge; I will repay," says the Lord.

아무에게도 악으로 악을 갚지 말고 모든 사람 앞에서 선한 일을 도모하라. 할 수 있거든 너희 나름으로 모든 사람과 더불어 평화롭게 살라. 나의 사랑하는 자들아, 너희가 직접 원수를 갚지 말고 하나님의 진노하심에 맡기라. "원수 갚는 일은 나의 몫이니 내가 갚으리라"고 주께서 말씀하시니라고 기록되어 있지 않느냐!

- 로마서(Romans) 12장 17절~19절

어휘 **avenge**: (동) 가해진 부당한 행위에 대하여 정당한 앙갚음을 함
revenge: (동)(명) avenge의 뜻 외에 원한 · 악의 따위로 보복함

If we practice an eye for an eye and a tooth for a tooth, soon the whole world will be blind and toothless.

우리가 '눈에는 눈 이에는 이'라는 복수를 실행한다면 세계의 사람 모두가 눈멀고 이 빠지게 될 것이다.

- 인도의 민족운동 평화주의 지도자이자 사상가인 간디(Mahatma Gandhi)

Militant Israelis prefer the rule of an eye for an eye. An eye for an eye leaves the whole world blind.

이스라엘 강경파들은 눈에는 눈이라는 법칙을 좋아한다. 보복 법칙이 세계 사람들을 눈 멀게 한다.

- 중동 사태를 보도한 상투적 외신

■ 스필버그 감독의 〈뮌헨(Munich)〉

조지 요나스(George Jonas 1935~)는 헝가리 태생의 캐나다 작가로 1984년 〈복수 Vengeance〉라는 책을 출간했다. 1972년 뮌헨 올림픽에서 이스라엘 선수 11명을 인질로 납치한 테러리스트들-팔레스타인의 Black September(검은 9월단)-을 암살하는 이스라엘의 작전을 그린 실화를 모티브로 한 소설이다. 영화 〈기드온의 칼 Sword of Gideon〉(1986)과 〈뮌헨 Munich〉(2005)이 모두 이 소설을 영화화한 것이다. 유태인 출신인 세계적 거장 스필버그 감독의 〈뮌헨(Munich)〉은 2006년 2월 9일 국내에서 개봉됐다.

〈뮌헨 Munich〉에서 주인공 에릭 바나(Eric Bana)-아브너(Avner) 분(扮)-는 이스라엘 비밀 정보기관 모사드 요원 출신으로 테러리스트 11명을 한 명씩 살해하는 임무를 맡은 이스라엘 비밀 조직의 리더 역할을 맡는다. 5명으로 구성된 공작 팀은 6명을 제거하나 테러 조직의 보복

도 뒤따라 공작원도 하나 둘씩 암살되자 아브너(Avner)는 갈등한다. 아브너(Avner)가 보복의 악순환에 대해서 상부에 토로하자 Why cut my fingernails? They'll grow back(왜 손톱을 깎는가? 도로 자라나니까)라는 핀잔만 듣는다. 영화 〈뮌헨 Munich〉(2005)의 주인공 아브너(Avner)가 〈복수 Vengeance〉 개정판(1985) 서문에 쓴 글이 있다.

'An eye for an eye,' after all, is not a license for unrestrained barbarism.
An eye for an eye may seem an appropriate response, but it is not a solution.
결국 '눈에는 눈' 식의 보복은 극단적인 만행을 저질러도 좋다는 허가장이 아니다.
'눈에는 눈' 식의 보복은 하나의 적절한 대응책일지는 몰라도 해결책은 아니다.

Revenge is best dealt with by forgetting it.
최선의 복수는 복수하겠다는 생각을 잊는 것이다.

해설 불교 정토종파(淨土宗派 • Pure Land school)의 가르침이다. 정토종파는 아미타불(阿彌陀佛 · Amitabha)을 숭배하는 종파다. 아미타불은 산스크리트로 '한량없는 빛 infinite light'이라는 뜻이다. 아미타불 신앙은 650년경부터 중국에서 널리 유행하기 시작했고, 곧 한국과 일본으로 전파되었다.

17. face-to-face word-of-mouth

영작 대면구전 (對面口傳) (얼굴을 마주 대하고 정보를 전하는 행위)
word-of-mouth by face-to-face
→ face-to-face word-of-mouth

Word of mouth is typically considered a face-to-face spoken communication. Word of mouth is a reference to the passing of information by verbal means in an person-to-person manner. Face-to-face word-of-mouth shares ideas and reacts quickly with one's own personal experiences to what is said.
일반적으로 구전이란 대면(對面) 구두(口頭) 커뮤니케이션으로 간주된다. 구전이란 개인 대(對) 개인이 구두로 정보를 전달하는 것을 말한다. 대면구전을 함으로써 아이디어를 공유하게 되며, 해당 사물에 대한 자기의 개인적 경험을 덧붙여서 신속하게 반응한다.

18. Fish is worthless unless fresh

작문 (1) 갓 잡은 생선 fresh-caught fish
(2) 생선은 신선해야 한다. Fish is worthless unless fresh.

어휘 fish - fresh, worthless - unless가 대구를 이룬다. fish에 y를 붙여 fishy가 되면 '비린내 나는', '의심스러운(냄새가 나는)'이 된다. I feel something fishy(뭔가 수상쩍다).

유머

Customer	*Are you sure this fish is quite fresh?*
Fishmonger	*Fresh! Lord bless you, Madam.* *I've just cut it up to keep it from jumping at the flies.*
손님	생선 틀림없이 성하지요?
생선장수	성하다니요! 참 마님도. 그놈이 파리한테 뛰어들지 못하도록 방금 잘라서 동강이를 내놓았죠.

생선 옆에 파리가 많은 것을 보니 이 생선은 썩은 게 분명하다. 자고로 fishmonger는 거짓말쟁이의 대명사였는가 보다. 셰익스피어의 〈햄릿 Hamlet〉에서 햄릿 왕자의 삼촌이 부왕(父王: 햄릿의 아버지)을 죽이고 왕관을 빼앗고 왕후(햄릿의 어머니)를 아내로 삼는다. 그리고는 햄릿을 죽이려 하자 햄릿은 미친 척한다. 2막(幕 Act) 2장(場 Scene)에서 간신 폴로니우스(Polonius)가 햄릿이 정말 미쳤는지를 알아보려고 하는 장면이 나온다.

Polonius *Do you know me, my lord?*
Hamlet *Excellent well; you are a fishmonger.*
Polonius *Not I, my lord.*
Hamlet *Then I would you were so honest a man.*
Polonius *Honest, my lord!*
Hamlet *Ay, sir; to be honest, as this world goes, is to be one man picked out of ten thousand.*

폴로니우스 저하, 저를 아시겠습니까?
햄릿 알고말고. 생선장수 아닌가? (하도 거짓말을 잘하니까 이렇게 말했다.)
폴로니우스 아니올시다. 저하
햄릿 생선장수가 틀렸다면 생선장수 만큼이라도 정직한 인간이 돼 보게.
폴로니우스 저하. 정직한 인간이라니요!
햄릿 그렇지. 지금 세상 돌아가는 걸 봐서는 정직한 인간이 된다는 것은 만 명 중에서 한 명 추린 사람이 된다는 거요.

The best fish smell when they are three days old.

1) 좋은 생선도 사흘이면 냄새 난다.
2) 귀한 손님도 사흘이면 귀찮다.

– household word(일상 쓰는 말 · 잘 알려진 속담)

The fish always stinks from the head downwards.

생선은 항상 머리부터 썩는다(국가나 사회의 부패와 연관해 비유한 말).

– household word(일상 쓰는 말 · 잘 알려진 속담)

19. day by day, person by person

And let us all renew our commitment. Renew our pledge to, day by day, person by person, make our country and the world a better place to live. Then when the nations of the world turn to us and say, "America, you are the model of freedom and prosperity." We can turn to them and say, "you ain't seen nothing, yet!"

우리 모두는 우리의 약속을 새롭게 합시다. 날마다 사람마다 우리의 맹세를 새롭게 합시다. 우리나라와 세계를 더 살기 좋은 곳으로 만듭시다. 그렇게 된다면, 전 세계가 우리에게 "미국이여, 당신네는 자유와 번영의 귀감입니다"라고 말할 때, 우리는 그들을 향하여 "뭔가 보여 드리겠습니다"라고 말할 수 있을 것입니다.

– 레이건(Reagan) 미국 대통령(재임 기간 1981~1989)의 1992년 공화당 전당대회에서

비교 (1) Don't open a shop unless you know how to smile. 유대 속담
미소를 모르면 가게를 열지 말라. = 가게를 열려면 미소를 알아라.

(2) You ain't seen nothing yet.
아직 아무것도 보지 못한 것이 아니다. (x) → 아직 아무것도 보지 못했다. (o)

(1) 두 번 부정하면 긍정이 된다(Two nos makes a yes). 이중 부정은 강한 긍정과 같다(Double negation is equal to strong affirmation).

(2) '여러분은 아직 어떤 것도 보지 못했습니다' 혹은 '여러분에게 곧 뭔가 보여드리겠습니다' 혹은 '여러분, 지금부터가 진짜입니다'를 영어로 표현하면 You have seen nothing yet이나 You haven't seen anything yet이 된다. 이와 똑같은 의미로 You ain't seen nothing yet가 미국 현지에서 빈번히 사용된다. '보지 못했어요'를 강조하기 위해 부정어(ain't)를 하나 더 추가한 것이다. 이 경우는 verbatim translation(단어를 좇아 그대로 옮기기)하여 '여러분은 아직 어떤 것도 보지 못한 것이 아닙니다'로 번역하면 의도한 바와는 정반대의 의미가 되고 만다. You ain't seen nothing yet이라는 표현은 문법적으로는 옳지 않지만 이미 굳어진 표현(set phrase)이 되었다. 또 하나의 예를 보자. I have nothing(나는 아무것도 가진 게 없다)이라고만 해도 되는데, '없다'는 것을 강조하기 위해 부정어를 하나 더 추가하여 I don't have nothing이라고 곧잘 쓴다. 이런 경우는 우리말에도 있다. '탈(頉)없이 지내다'나 '무탈(無頉)하게 지내다'로 말해야 하는데 '무탈(無頉) 없이 지내다'로 말하는 사람도 있다. '부정 + 부정 = 강한 긍정'이지만 '부정 + 부정 = 강한 부정'이 되기도 한다.

주 ain't는 am not, are not, is not, have[has] not의 축소형으로 일부에선 '교육을 못 받은 사람이 쓰는 말' 또는 '사투리'라고 하지만 실제로는 교양 있는 사람들도 두루 쓰는 표현이다. 단, 구어에서 널리 사용될 뿐 문어에서는 용인되지 않는 경향이 있다.

20. Nothing succeeds like success

Nothing succeeds like success.

성공처럼 잇따라 일어나는 것은 없다. / 한 가지가 잘되면 만사가 잘된다.

어휘 succeed: (1) 성공하다, 출세하다; 잘 되어가다, 번창하다 (in)
(2) 상속인[후임]이 되다; 상속[계승]하다 (to)
(3) 계속되다, 잇따라 일어나다

Nothing succeeds like success는 Success breeds more[further] success(성공은 더 많은[더 큰 · 그 이상의] 성공을 낳는다)라는 것을 의미하는 속담이라고 The New Dictionary of Cultural Literacy(Third Edition 2002)는 설명한다. 이 말의 기원은 19세기 프랑스 소설가 알렉상드르 뒤마(Alexandre Dumas 1802~1870)의 작 〈Storming the Bastille 바스티유 감옥 습격하기〉(1853)이다.

21. wash-and-wear & lock and lock

대구가 상품 광고 용어로도 사용되고 있다. 다리미질할 필요 없이 그냥 빨아서 입을 수 있는 옷을 광고하면서 나온 'wash-and-wear'는 'treated so as to be easily or quickly washed and dried(쉽고 빠르게 빨아서 말릴 수 있도록 처리된)'이란 긴 설명을 대구로 간단 명료하게 표현한 복합형용사이다. '빨아서 (다림질 않고) 바로 입는 캐주얼 정장'이라는 명사 의미로도 사용된다.

'lock and lock'은 lock and lock storage(밀폐 저장)나 lock and lock container(밀폐 용기)처럼 형용사로도 사용되고, 그 자체로 '공기, 습기, 액체가 새어들지 않는 용기(air, moisture & liquid tight container)', 즉 '밀폐 용기'라는 명사로도 쓰인다. 한편 'walk lock and lock'은 '팔을 끼고 걷다'라는 뜻이다.

22. different strokes for different folks

Little strokes fell great oaks(열 번 찍어 안 넘어가는 나무 없다)에서 보듯 stroke는 '손이나 연장을 한 번 놀리는 것'을 의미한다. 단순히 나무를 찍는 것 외에, 수영에서 손발을 놀리는 것, 골프나 테니스 등의 타법, 보트의 노를 젓는 법, 붓의 놀림(필법), 문학 작품의 필치 등도 stroke로 표현할 수 있는 의미들이다. 그런데 개인마다 손놀림이 같을 수가 없다. 다음 대화를 보자.

A	*Honey, would you stop forcing Tom to be a lawyer?*
B	*You know, he has to follow in my foot steps!*
A	*But there's a saying "Different strokes for different folks."*
A	여보, 톰에게 변호사가 되어야 한다고 너무 다그치지 말아요.
B	톰이 나를 따라 변호사가 되어야 하지 않겠소?
A	하지만 '사람마다 사는 법이 다르다'는 말도 있잖아요.

1960~70년대 솔 뮤직(soul music)으로 음악계에 커다란 족적을 남긴 밴드 '슬라이 앤드 더 패밀리 스톤(Sly & the Family Stone)'의 음악을 후배 음악가들이 자신들의 색깔로 노래하고 연주한 헌정 음반이 'Different Strokes By Different Folks'이다. 여러 아티스트가 각자의 개성을 살려 녹음한 편집(compilation) 형태를 앨범 이름에 반영하기 위해 'Different Strokes For Different Folks'라는 속담을 인용하면서 살짝, 전치사 for를 by로 변형하였다.

23. as wise as snakes and as innocent as doves

다음은 마태복음(Matthew) 10장 16절로 영어는 버전에 따라서 약간씩 다르다.

보라. 내가 너희를 보냄이 양을 이리 가운데 보냄과 같도다.
그러므로 너희는 뱀같이 지혜롭고 비둘기같이 순결하여라.

– 성경전서(개역 한글판)

I am sending you like lambs into a pack of wolves.
So be as wise as snakes and as innocent as doves.

- Contemporary English Version(CEV)

Behold, I send you forth as sheep in the midst of wolves: be you therefore wise as serpents, and harmless as doves.

- King James Version(KJV)

Behold, I am sending you out as sheep in the midst of wolves, so be wise as serpents and innocent as doves.

- The English Standard Version(ESV)

I am sending you out like sheep among wolves.

Therefore be as shrewd as snakes and as Innocent as doves.

- New International Version(NIV)

비둘기는 평화 · 온순 · 순결을 상징한다. 따라서 as innocent[harmless] as doves(비둘기같이 순결한)는 적절한 비유다. 그러나 as wise[shrewd] as snakes[serpents](뱀같이 지혜로운)는 어색한 비유다. wise는 '현명한 · 총명한'을 의미하고 shrewd는 '재빠른 · 기민한'을 의미하는데 반해, 뱀은 교활함 · 냉혹함 · 음흉함을 상징하기 때문이다. 〈창세기 Genesis〉 3장에서 하와(히브리어로 '하와' 영어로 '이브')를 유혹(temptation)해서 하느님의 명령을 배반케 하는 대목에서 그렇다. 2008년 베이징 올림픽 마스코트에서 중국의 상징인 용(용의 몸은 거대한 뱀과 비슷함)이 탈락한 데는 서양에서 '용은 사악하다'는 시각이 있다는 점이 고려됐다. 그러나 이 구절(마태복음 10장 16절)에서는 뱀에 대하여 ambivalence(양면 가치)를 나타내고 있다. 이 구절의 context(문맥)를 살펴보자. 예수가 12제자(Twelve Apostles)를 선교 파송하면서 닥쳐올 박해(persecution)에 대처하는 정신 자세를 주문(注文)하는 말이다. 세상은 평온한 푸른 초원일 수도 있지만 이리와 늑대가 날뛰는 죄악과 어둠의 거친 들판일 수도 있다. 객지로 떠나는 순진한 딸에게 어머니가 던지는 당부의 말과 같다. 양을 이리떼 속으로 보내는 예수의 심정이나 딸을 늑대들(남자들) 속으로 보내는 어머니의 심정은 같을 것이다. '꾀만 있으면 용궁에 잡혀갔다가도 살아 나온다'는 우리말 속담이 있다. '꾀'라는 말은 한자로는 모획(謀劃)이다. '일을 잘 꾸며 내거나 해결해 내거나 하는 묘한 생각이나 수단'이란 의미다. 갓 부화된 뱀은 쥐의 밥이 되기 십상이다. 뱀은 본능적으로 지혜를 발휘하여 뒤집어져 하얀 배를 위로 향한 채 죽은 척한다. 험한 세상을 잘 대처하라는 말일 것이다. 따라서 '뱀처럼 꾀를 부릴 줄 아는'이 'as wise[shrewd] as snakes[serpents]'의 속뜻이 아닐까?

05 교차대구어법 *Chiasmus*

1. 교차대구어법의 정의

대구어법은 단어가 짝을 이루는 경우이고 교차(交叉)대구어법은 문장이 짝을 이루고 있는 경우다. 교차대구어법을 영어로 chiasmus라 한다. chiasmus는 원래 그리스어로 'to mark with a chi(카이로 표시하기)'란 의미다. 그리스어 자모(字母) 제22자가 [X]인데 이것을 chi(카이)라 한다. [X]는 교차(交叉)를 나타내는 표식(標識)으로도 사용된다. 오늘날에는 chiasmus가 수사학 용어가 되어 우리말로는 교차대구(交叉對句) 또는 병행배열(竝行配列)이라고 한다. 교차대구어법은 시적 표현의 기초 기법이 되기도 한다. 우선 우리말로 된 교차대구어법의 모범적 예를 보자. "산은 산이요, 물은 물이다"는 성철(性澈) 스님의 법어(法語)에 대해 한학자(漢學者) 청명(靑溟) 임창순(任昌淳)은 "山外無山 水外無水(산 밖에 산이 없고, 물 밖에 물이 없다.)!"라고 화답했다.

경찰이 들어오면 제일 먼저 나를 볼 것이고
나를 쓰러뜨려야 신부님 · 수녀님을 볼 것이며
이들을 쓰러뜨려야 학생들을 볼 수 있을 것이다.

- 87년 6 · 10 항쟁 때 경찰을 명동성당에 투입하겠다고 통보하러 온 공안관계자에게 김수환 추기경이 한 말

네가 태어났을 때 너 혼자 울고 모든 사람이 웃었다.
네가 죽을 때 너 혼자 웃고 모든 사람이 울게 하여라.

- 인도 속담

장애란 뛰어넘으라고 있는 것이지 걸려 넘어지라고 있는 것이 아니다.

- 정주영 현대그룹 회장

■ **대구어법에서처럼 교차대구법에서도 관사를 생략하는 경우가 많다.**

작문 몸은 여기 있어도 마음은 다른 곳에 있다.

(1) I am here in body - but my spirit is elsewhere!

(2) Here in <u>body</u>, but not in <u>spirit</u>. (교차대구 형식)

해설 in body: (1) 몸은 (2) 몸소

격언 (1) Like father, like son.

(2) Like master, like man.

(3) Newer does not mean better.

(4) Man has mind, and woman heart.

(1) 부전자전(父傳子傳: 그 아버지에 그 아들)

(2) 용장 밑에 약졸 없다.

(3) 새 것이라고 다 좋은 것은 아니다.

(4) 남성은 지성이요, 여성은 감성이다.

2. 역전(逆轉) 교차대구어법

가장 기본적인 구조로 〈ABBA〉구조이다. 뒷문장의 어순을 앞문장의 어순과는 반대로 배열하는 방식, 즉 어순전치(語順轉置) 방식이다.

(우리말 예) 못해서 안 하는 것이 아니라 안 하니까 못하는 것이다.

작문 흑을 백이라 하고 백을 흑이라고 말하다.

(1) Call black white, and call white black.

(2) Call black white, and vice versa.

해설 **vice versa**: (라틴어) 역(逆)도 또한 같음

작문 살기 위해 먹어야지 먹기 위해 살아선 안 된다.
One should eat to live, not live to eat.

All for One and One for All.

하나를 위한 모두 : 모두를 위한 하나.

- 프랑스 작가 뒤마(Dumas 1802~1870)의 〈삼총사 The Three Musketeers〉의 슬로건

Reality can destroy the dream, why shouldn't the dream destroy reality?

현실이 꿈을 깨뜨릴 수 있어. 그런데 왜 꿈이 현실을 깨뜨려선 안 되지?

- 영국 철학자 조지 에드워드 무어(George Edward Moore 1873~1958)

If a man will begin with certainties, he shall end in doubt; but if he will be content to begin with doubts, he shall end in certainties.

확신을 갖고 시작하면 반드시 불신으로 끝난다. 불신을 갖고 시작하면 반드시 확신으로 끝난다.

- 영국 철학자 Francis Bacon(프랜시스 베이컨 1561~1626)

You can change your faith without changing gods, and vice versa.

신을 바꾸지 않아도 신앙을 바꿀 수 있으며, 신앙을 바꾸지 않아도 신을 바꿀 수 있다.

- 폴란드 시인 스태니슬로 J. 랙(Stanislaw J. Lec 1909~1966)

I'd rather lose in a cause that will one day win than win in a cause that will someday lose.

언젠가는 질 명분에서 지금 이기기보다는 언젠가는 이길 명분에서 지금 지겠다.

- 미국 제28대 대통령 윌슨(Woodrow Wilson 1856~1924)

Il faut vivre comme on pense, sans quoi l'on finira par penser comme on a vcu.
생각하는 대로 살아야 한다, 그렇지 않으면 결국 살아온 대로 생각하게 될 것이다

– 프랑스 소설가 · 평론가 폴 부르제(Paul Charles Joseph Bourget 1852~1935)

寫蘭有法不可無法亦不可 사란유법불가무법역불가
난초를 그림에 있어서는 법이 있어도 안 되고 역시 법이 없어도 안 된다.

– 조선 후기 서화가 추사(秋史) 김정희(金正喜 1786~1856)

When the going gets tough, the tough get going.

(상황) (곤란한) (강인한 자들) (전진)

상황이 어려워질 때 강인한 사람들은 도약한다.

어휘 **get going**: (1) 출발하다 (2) 일에 착수하다 (3) 속도를 내다
ex. **It's time to get going.** 시작하자. / **You'd better get going.** 어서 출발해요.

케네디 미국 대통령의 아버지 조셉 케네디(Joseph Patrick "Joe" Kennedy 1888~1969)의 말이다. 조셉은 대공황 직전 보유 주식을 모두 팔아 25배의 재산을 축적하였다. 그의 말에 이런 것들도 있다. If you want to make money, go where the money is(돈을 벌려거든 돈이 있는 곳으로 가라). Don't get mad, get even(화내지 말고 보복하라. 억울하면 출세하라).

Tough times never last, but tough people do.
어려운 세월이 오래가는 건 아니다. 강인한 사람들은 이겨낸다.

– 미국 televangelist(텔레비전 전도사) · 목사(pastor) Robert Harold Schuller(1926~)

3. 대조(對照) 교차대구어법

문장 배열이 같은 형태로 이루어진 두 문장에서 주요 단어를 〈유-무〉, 〈안-밖〉, 〈선-악〉, 〈약-독〉, 〈같음-다름〉처럼 개념적으로 양면이 완전히 균형을 갖고 오가며 상관적 대립 관계를 이룬 형태다. (우리말에 있는 예: 달걀은 자신이 깨면 병아리가 되지만 남이 깨면 계란 프라이가 된다).

작문 사소한 일에 땀 흘리지 말고 땀 흘리는 일을 사랑하라.

(1) Don't sweat the small, pet the sweaty!

(2) Don't sweat the petty, pet the sweaty!

어휘 small 대신 petty를 사용하여 sweat와 sweaty가 petty와 pet가 대구를 이룸

I am against using death as a punishment.
I am also against using it as a reward.
나는 죽음을 형벌로 이용하는 것을 반대한다.
나는 역시 죽음을 보상으로 이용하는 것을 반대한다.

– 폴란드 시인 스태니슬로 J. 랙(Stanislaw J. Lec 1909~1966)

Knowledge is proud that he has learned so much;
Wisdom is humble that he knows no more.

지식은 자기가 아주 많이 배웠다고 자랑한다.

지혜는 자기가 더 이상 알지 못한다고 겸손해 한다.

– 영국 시인 쿠퍼(William Cowper 1731~1800)

Don't find fault. Find a remedy.

흠을 찾지 말고 해결책을 찾아라.

– 미국의 자동차 제조업자 포드(Henry Ford 1863~1947)

United we stand, divided we fall.

뭉치면 살고 헤어지면 죽는다.

– 그리스 노예 · 우화 작가 이솝(Aesop BC 620~BC 560)

해설 '뭉치면 살고 헤어지면 죽는다'는 우리나라 초대 대통령 이승만이 사용한 정치 구호였다. 우익과 좌익으로 갈라진 해방 조국의 건국을 위해 필요했다. 그러나 이 말은 전 세계적으로 사용된 말이다. 여러 국가에서 혹은 노래에까지 모토로 사용된 구절이다. 기본 개념은 Unless the people are united, it is easy to destroy them(결합되어 있지 않으면 파괴하기가 쉽다)이다. 이 말의 counter(반대쪽 이론)는 정치학 용어 divide and rule(분할 통치 혹은 분리 지배)이다. 라틴어 divide et impera에서 나온 말이며 divide and conquer(분할하여 통치하라)라고도 한다. Divide and rule is a strategy of maintaining power by breaking up larger concentrations of power into chunks that have less power. In reality, it often refers to a strategy where small power groups are prevented from linking up and becoming more powerful(분리 지배란 힘의 집중을 분쇄하여 작은 힘을 갖는 여러 토막(chunk)으로 나눔으로써 힘을 유지하는 전략이다. 현실적으로는 흔히 작은 파워 그룹이 연합하여 보다 강한 힘을 갖지 못하도록 막는 것을 말한다).

It's innocence when it charms us, ignorance when it doesn't.

매혹적이면 무구(無垢)한 것이고, 매혹적이지 않으면 무지(無知)한 것이다.

– 미국 저널리스트 · 작가 맥러린(Mignon McLaughlin 1913~1983)

해설 무구(無垢) : 때가 묻지 않고 맑고 깨끗함

무지(無知) : 아는 것이 없음

God made only water, but man made wine.

신은 물을 만들었을 뿐이지만 인간은 술을 만들었다.

– 프랑스 작가 · 시인 빅토르 위고(Victor Hugo 1802~1885)

God made the country, and man made the town.

신은 전원을 창조하였고, 인간은 도시를 만들었다.

– 영국 시인 윌리엄 쿠퍼(William Cowper 1731~1800)

해설 쿠퍼는 근대 산업 사회 번영기에 자연미와 전원 생활을 노래함으로써 낭만주의의 길을 열었다. 발라드(ballad) 〈존 길핀의 여행 The Journey of John Gilpin〉을 썼다. 이 시는 1783년 출판된 뒤 런던 전역에서 노래로 불렸다. 위의 구절은 그중 하나다.

Winners never quit and quitters never win.

승리하는 자는 결코 중단하지 않고 중단하는 자는 결코 승리하지 못한다.

– 미식 축구 감독 롬바디(Vince Lombardi 1913~1970)

해설 '중단하는 자는 승리하지 못한다'는 박정희 대통령이 내건 슬로건이었다.

Winning isn't everything, but wanting to win is.

이기는 것은 전부가 아니나, 이기기 원하는 것은 전부다.

– 미식축구 감독 빈스 롬바디(Vince Lombardi 1913~1970)

As the old cock crows, the young cock learns.

(직역) 늙은 수탉이 홰를 칠 때 어린 수탉은 이를 배운다. (의역) 서당 개 3년이면 풍월을 한다.

- 아일랜드 속담(Irish proverb)

TOFI (= Thin on the Outside: Fat on the Inside)

마른 비만(겉은 쭉쭉 속은 뚱뚱 · 몸 밖은 날씬한데 몸 안은 뚱뚱)

해설 영국의학연구소(MRC)가 제기한 문제다. 겉보긴 괜찮지만 운동 부족으로 내장에 지방이 잔뜩 찬 상태. 즉 배 둘레는 정상치나 사실상 복부 비만에 해당하는 상태다. 토피에 해당하는 사람이 성인 인구의 40%나 되며 운동을 거의 하지 않는 특징이 있다.

He who knows does not speak. He who speaks does not know.

知者不言 言者不知(지자불언 언자부지)

아는 사람은 말하지 않는다. 말하는 사람은 알지 못한다.

- 중국 고대의 철학자 노자(老子 Lao Tzu ?~?)

A wise son brings joy to his father, but a foolish son grief to his mother.

지혜로운 아들은 아비의 기쁨이요, 어리석은 아들은 어미의 근심이다.

- 잠언(Proverbs) 10장 1절

It is not death or pain that is to be dreaded, but the fear of pain or death.

두려워하는 것은 죽음이나 고통이 아니라 고통이나 죽음에 대한 두려움이다.

- 그리스 스토아학파 철학자 에픽테토스(Epictetus 55?~135?)

Wise men learn by other men's mistakes; fools by their own.

슬기로운 자는 타인의 실수에서 배운다; 어리석은 자는 자기의 실수에서 배운다.

- 로마 희극 작가 플라우투스(Plautus BC 254~BC 184)

Knowledge is the treasure, but judgment is the treasurer of the one who is wise.

지식은 보물이지만 판단력은 현명한 자의 보물 관리자다.

- 미국 Pennsylvania주 개척자로 인디언과 우호 관계를 유지한 펜(William Penn 1644~1718)

Reading makes a full man; conference a ready man; and writing an exact man.

독서는 충실한 사람을 만들고, 회의는 민첩한 사람은 만들며, 글쓰기는 치밀한 사람을 만든다

- 영국 수필가 · 정치가 · 철학자 베이컨(Francis Bacon 1561~1626)

Discussion is an exchange of knowledge; argument is an exchange of ignorance.

토론은 지식의 교환이다. 논쟁은 무지의 교환이다.

- 미국 유머 작가 · 저널리스트 로버트 퀼렌(Robert Quillen 1887~1948)

If you want to make peace, you don't talk to your friends. You talk to your enemies.

평화를 원하면 친구에게 말을 걸지 말고 적에게 말을 걸어라.

- 모세 다얀(Moshe Dayan 1915~1981)

해설 모세 다얀(Moshe Dayan): 이스라엘의 국민적 영웅이다. 제2차 세계대전 중 영국군에 참가하여 시나이에서 싸우다 한쪽 눈을 잃고, 그 이 한쪽 눈을 가린 검은 안대로 유명해졌다. 1967년 5월 아랍과의 긴박한 분위기 속에서 국민의 요망과 지지를 받아 국방장관에 취임하여 육 · 해 · 공군의 전력을 결집시켜 중동 전쟁에서 단기간에 압도적 승리를 거두었다.

The object of war is not to die for your country but to make the other bastard die for his.

전쟁의 목적은 여러분이 여러분의 나라를 위하여 죽는 것이 아니라, 적군이 자기 나라를 위하여 죽게 하는 것이다.

- 미국 장군 패튼(George Smith Patton 1885~1945)

어휘 **fight** 가장 일반적인 말로서, 흔히 군사 행동 이외의 뜻으로 쓰임(a fight for freedom: 자유를 위한 싸움)

battle 일련의 교전 행위로 이루어지는 전투(the Battle of Waterloo: 워털루의 싸움)

war 국가끼리 하는 조직적인 싸움. 일련의 **battles**(전투)로 이루어지는 전쟁(the World War: 세계대전)

engagement 공방(攻防), 교전, 작전 행동(action)

combat 좁은 뜻에서의 전투, (보급 수송 따위를 포함하지 않는) 결전, 대결, 1대1의 싸움

campaign 규모가 큰 전략과 그것에 의거한 일련의 군사 행동

encounter 적과의 조우에 의한 기동적인 전투, 조우전

skirmish 전초전, 전위 · 척후끼리의 충격, 소규모의 싸움[충돌]

Half the world is composed of people who have something to say and can't, and the other half consists of people who have nothing to say and keep on saying it.

세상 사람의 반은 할 말이 있으나 말할 수 없는 사람들이다. 나머지 반은 할 말이 없으나 계속 말하는 사람들이다.

- 미국 시인 로버트 프로스트(Robert Frost 1874~1963)

Society in every state is a blessing,
but government, even in its best state, is but a necessary evil;
in its worst state, an intolerable one.

사회가 어떠한 상태에 있어도 그것은 축복이다.

정부가 최선의 상태에 있어도 그것은 필요악일 뿐이다.

정부가 최악의 상태에 있으면 그것은 견딜 수 없는 악이다.

- 미국 정치이론가 · 작가 토머스 페인(Thomas Paine 1737~1809)

Good fame is like fire; when you have kindled you may easily preserve it;
but if you extinguish it, you will not easily kindle it again.

명성이란 불과 같다. 이미 불이 붙어 있으면, 명성을 쉽게 지속할 수 있다.

그러나 명성을 잃게 되면 다시는 쉽게 불을 붙이지 못하는 법이다.

- 영국 철학자 · 정치가 · 과학자 프란시스 베이컨(Francis Bacon 1561~1626)

4. 유사(類似) 교차대구어법

■ 우리말의 '~와 같이', '~처럼'에 해당되는 'as'나 'like'로 연결되는 경우

Childhood shows the man, as morning shows the day.

아침을 보면 하루 전체를 알 수 있듯, 어린 시절을 보면 인생 전체를 알 수 있다.

- 영국 시인 밀턴(John Milton 1608~1674)

주 이 말은 우리말의 '될 성 싶은 나무는 떡잎부터 알아본다'와 일맥상통한다.

Like a bird that strays from its nest is a man who strays from its home.

고향을 떠나 유랑하는 사람은 보금자리를 떠나 떠도는 새와 같으니라.

- 구약성서 잠언(Proverbs) 27장 8절

해설 위의 문장은 도치구문으로 정상 위치로 바꾸면 아래와 같음

A man who strays from its home (주어) is (동사) like a bird that strays from its nest. (보어)

■ as나 like가 없더라도 의미적으로 유사 교차대구를 이루는 경우

Fame is the scentless sunflower, with gaudy crown of gold.
But friendship is the breathing rose, with sweets in every fold.

명성은 빛나는 금관을 쓰고 있지만 향기 없는 해바라기.

우정은 꽃잎 하나하나마다 향기를 풍기는 장미꽃.

– 30년 동안 미국 대법원 대법관을 지낸 'The Great Dissenter(위대한 반대자)' 홈스 2세(Oliver Wendell holmes, Jr. 1841~1935)

Oaths are but words, and words but wind.

맹세는 말에 불과하고 말은 바람에 불과하다.

– 영국 풍자 작가 · 시인 버틀러(Samuel Butler 1612~1680)의 〈휴디브래스 Hudibras〉 중에서

The only reward of virtue is virtue, the only way to have a friend is to be one.

덕을 베풀면 덕이 돌아오듯 친구를 얻으려면 친구가 되어라.

– 미국 사상가 · 시인 에머슨(Ralph Waldo Emerson 1803~1882)

Animals are such agreeable friends - they ask no questions, they pass no criticisms.

동물은 아주 마음에 드는 친구다. 그들은 질문도 하지 않으려니와, 비판도 하지 않는다.

– 영국 작가 엘리엇(George Eliot 1819~1880)(필명) · 에번스(Mary Anne Evans)(본명)

They who know the truth are not equal to those who love it, and they who love it are not equal to those who delight in it.

知之者 不如好之者 好之者 不如樂之者(지지자 불여호지자 호지자 불여낙지자)

아는 것은 좋아하는 것만 못하고, 좋아하는 것은 즐기는 것만 못하다.

– 공자(孔子 Confucius BC552~BC479)

주 My work is my play(나의 일이 나의 취미다)라는 말이 있다.

계획이 곧 사회주의가 아닌 것처럼 시장이 곧 자본주의는 아니다.

– 중국 정치가 · 중앙군사위원회 주석 덩샤오핑(1904~1997)의 1992년의 말

5. 반복(反復) 교차대구어법

■ 같은 어구가 반복되는 경우

Today, freedom is on the offensive, democracy is on the march.

오늘, 자유는 전진하고 있으며, 민주주의는 진전하고 있습니다.

– 1945년 9월 2일 태평양전쟁 '항복문서조인식'에서의 연합군 최고사령관 맥아더의 연설

Neither love your life, nor hate; but while you live, live well.

삶을 사랑하지도 말고 증오하지도 말라. 살아 있는 동안 잘 살아라.

– 영국 시인 밀턴(John Milton 1608~1674)

주 요즈음은 '참살이'를 의미하는 말로 Eat well, Live well(잘 먹고 잘 살아라)이 사용된다.

First you take a drink, then the drink takes a drink, then the drink takes you.

처음에는 사람이 술을 마시고, 다음에는 술이 사람을 마시고, 다음에는 술이 사람을 마신다.

– 〈위대한 개츠비 The Great Gatsby〉의 작가 피츠제럴드(Fitzgerald)

Ascribe to the Lord, O mighty ones, ascribe to the Lord glory and strength.

오! 권능 있는 자들아, 영광과 능력을 여호와께 돌리고 돌릴지어다.

– 시편(Psalms) 29장 1절

주 mighty ones(권능 있는 자들)는 '하나님을 믿는 자들'을 말한다.

Mastering others is strength. Mastering yourself is true power.

勝人者有力 自勝者强(승인자유력 자승자강)

타인을 이기는 사람은 힘이 있는 사람이고, 자신을 이기는 사람은 진실로 강한 사람이다.

– 노자(老子 Lao Tzu)

Power tends to corrupt, and absolute power corrupts absolutely.
Great men are almost always bad men.

권력은 부패하기 쉽고 절대 권력은 절대 부패한다.

위대한 사람들은 거의 언제나 나쁜 사람들이다.

– 영국의 역사가 액튼 경(Lord Acton 1834~1902)

How can I curse those whom God has not cursed?
How can I denounce those whom the Lord has not denounced?

하느님께서 저주하지 않는 자를 내가 어찌 저주하랴?

여호와께서 비난하지 않는 자를 내가 어찌 비난하랴?

– 구약성서 민수기(Numbers) 23장 8절

해설 민수기: 영어 제목 〈Numbers〉는 1장~4장에서 이스라엘 각 지파의 사람[民] 수[數]를 가리키는 것을 번역한 것임. 이스라엘 민족이 시나이(Sinai)산에서 출발해 약속의 땅 가나안을 향하여 가는 도중에 겪은 고난을 적은 것임.

Any father whose son raises his hand against him is guilty of having produced a son who raised his hand against him.

자기를 공격하는 아들을 둔 아버지가 있다면 그는 곧 자기를 공격하는 아들을 낳은 죄가 있다.

– 프랑스 시인 샤를르 뻬기(Charles Péguy 1873~1914)

Every right implies a responsibility; every opportunity an obligation; every possession a duty.

모든 권리에는 책임이, 모든 기회에는 의무가, 모든 소유에는 책무가 따른다. (미국 뉴욕의 록펠러 센터 앞 동판에 새겨진 글귀)

– 미국 자본가 · 자선사업가 록펠러(John D. Rockefeller 1839~1937)

• not only ~ but (also)가 반복되는 반복 교차대구

The great society asks not only how much, but how good;
not only how to create wealth, but how to use it;
not only how fast we are going, but where we are headed.

위대한 사회는 양뿐 아니라 질에 대해 관심을 가지고;

부를 창조하는 방법뿐만 아니라 그것을 사용하는 방법에 대해 관심을 가지며;

전진하는 속도뿐만 아니라 전진하는 방향에 대해 관심을 가진다.

– 미국 제 36대 대통령(1963~1969) 존슨(Lyndon Baines Johnson 1908~1973)이 1965년 연두교서(the State of the Union Message)에서 한 말

• when in ~이 반복되는 반복 교차대구

Guidelines for bureaucrats(관료 지침)

(1) When in charge, ponder. 책임져야 할 때는 깊이 생각하라.

(2) When in trouble, delegate. 곤경에 처한 때는 대리인을 세워라.

(3) When in doubt, mumble. 미심쩍을 때는 우물우물 얼버무려라.

- 보렌(James H. Boren)

보렌(James H. Boren)이 관료의 행태(bureaucratic process)를 유머러스하게 꼬집는 말이다. James H. Boren은 Dr. Jim Boren으로 더 알려져 있다. 6권의 책을 저술했으며 많은 잡지와 신문의 기사를 쓰는 작가다. 특유의 tongue-in-cheek message(유머 섞인 메시지)는 전 세계에 널리 알려져 있다. I got the bill for my surgery. Now I know why those doctors were wearing masks(나는 수술하고 나서 청구서를 받았다. 왜 그 의사들이 마스크를 쓰고 있었는지를 이제야 알겠다)도 그의 말이다.

어휘 **tongue in cheek**: 직역하면 '뺨에 있는 혀'다. 놀림의 표정으로 혀끝으로 볼이 튀어나오게 하는 데서 유래
stick one's tongue in one's cheek: 혀끝으로 뺨을 불룩하게 하다
speak with one's tongue in one's cheek: 조롱하는 투로 말하다
tongue in cheek: **humorous**와 동의어로 사용
ex. **What he said was tongue in cheek.** 그가 한 말은 농담이었다.
What he said was a little bit tongue in cheek. 그가 한 말은 농담 반 진담 반이었다.

〈섹스와 피자 예찬(禮讚)〉

Sex is a lot like pizza. When it's good, it's really good; when it's not good, it's still pretty good.
Pizza is a lot like sex. When it's good, it's really good; when it's not good, it's still pretty good.

섹스는 피자와 아주 흡사하다. 좋으면 정말 좋고, 좋지 않을지라도 상당히 좋다.

피자는 섹스와 아주 흡사하다. 좋으면 정말 좋고, 좋지 않을지라도 상당히 좋다.

06 교차대구어법 내용별

1. 남녀에 대한 교차대구어법

남(男)과 여(女)가 대조적 존재인 바, 이에 대한 대조 교차대구법도 많다.

■ 남녀

Man for the field, woman for the hearth. 남자는 바깥일, 여자는 집안일.
Man with the head, woman with the heart. 남성은 지성, 여성은 감성.
Men rule the world, women rule men. 남자는 세계를 지배하고, 여자는 남자를 지배한다.
Men make houses, women make homes. 남자는 집을 만들고, 여자는 가정을 만든다.

- household word(일상에서 쓰는 말 · 잘 알려진 속담)

Women need a reason to have sex. Men just need a place.
여자는 섹스를 할 때 이유가 필요하지만, 남자는 장소만 필요할 뿐이다.

- 미국 배우 · 작가 · 영화감독 크리스털(Billy Crystal 1947~)

A man is as old as he feels, and a woman as old as she looks.
남자는 마음으로 느끼는 만큼 나이를 먹고, 여자는 외모로 드러나는 만큼 나이를 먹는다. (남자는 마음이 늙고, 여자는 얼굴이 늙는다는 말)

- 영국 작가 콜린스(Mortimer Collins 1827~1876)

Man without woman, is head without body; woman without man, is body without head.
여자 없는 남자는 신체 없는 머리. 남자 없는 여자는 머리 없는 신체.

- 독일 속담

■ 여자

Woman has a long hair and short wit.
여자는 머리는 길지만 지혜는 짧다.

Though women are angels, yet wedlock's the devil.
여자는 천사지만, 결혼한 여자는 악마다.

- 영국 시인 바이런(Byron 1788~1824)

Take my word for it, the silliest woman can manage a clever man; but it takes a very clever woman to manage a fool.
내 말을 믿어라. 아무리 우둔한 여자라 해도 영리한 남자를 다룰 수는 있지만, 우직한 남자를 다루는 데는 매우 영리한 여자가 아니면 안 된다는 것을.

- 영국 시인 키플링(Rudyard Kipling 1865~1936)

해설 Take my word for it. 내 말을 믿어줘. (상대방에게 자신의 말을 강조하는 표현)
유사 표현: You may take it from me. You have my word. Believe me. Trust me. I swear.

작문 여성이란 10세에는 천사, 15세에는 성녀, 40세에는 악마, 80세에는 마녀이다.

A woman is an angel at ten, a saint at fifteen, a devil at forty, and a witch at four score.

■ 결혼

Where there is love, there is pain.

사랑이 있는 곳에 고통이 있다.

- Spanish proverb(스페인 속담)

To marry is to halve your rights and double your duties.

결혼하면 권리는 반으로 줄고 의무는 배로 는다.

- 독일 철학자 쇼펜하우어(Arthur Schopenhauer 1788~1860)

Keep your eyes wide open before marriage, half shut afterwards.

결혼 전에는 눈을 크게 뜨고, 결혼 후에는 반쯤 감아라.

- 미국의 정치가 · 외교관 · 저술가 · 과학자 프랭클린(Benjamin Franklin 1706~1790)

Nuptial love makes mankind;
friendly love perfects it;
wanton love corrupts and debases it.

부부간 사랑은 인간을 만들고,
우호적 사랑은 인간을 완성하고,
바람난 사랑은 인간을 타락시키고 인간의 가치를 떨어뜨린다.

- 영국 철학자 베이컨(Francis Bacon 1561~1626)

Marriage is like a cage, one sees the birds outside desperate to get in and those inside equally desperate to get out.

결혼은 새장과 같다. 밖에 있는 새는 기를 쓰고 그 속으로 들어오려고 하고, 마찬가지로 안에 있는 새는 기를 쓰고 그 밖으로 나가려고 한다.

- 프랑스 보르도 시장 · 철학자 · 문학자 몽테뉴(Montaigne 1533~1592)

By all means marry. If you get a good wife, you will become happy, and if you get a bad one, you will become a philosopher.

여하튼 결혼하라. 양처를 얻으면 행복할 것이고 악처를 얻으면 철학자가 될 테니까.

- 그리스 철학자 Socrates

해설 바가지 긁기로 악명 높은 소크라테스 부인은 어느 날도 고함을 지르며 푸념을 했다. 그러나 소크라테스는 못들은 척하고 전혀 응수하지 않았다. 이에 부인은 더욱 화가 났다. 그녀는 남편에게 한 동이의 물을 뒤집어 씌웠다. 소크라테스는 그래도 흥분하지 않고, "천둥소리 요란하더니 소나기가 내리는구나"라고 중얼거렸다.

The most important thing is not to find a girl with whom you want to go into bed.
The most important thing is to find a girl with whom you want to get up from it.

가장 중요한 것은 함께 잠자리에 들어가고 싶은 여자를 찾는 것이 아니다.
가장 중요한 것은 침대에서 함께 일어나고 싶은 여자를 찾는 것이다.

- 덴마크 화가 로처(Jens Thielsen Locher 1825~1869)

To keep your marriage brimming with love in the loving cup, whenever you're wrong, admit it. Whenever you're right, shut up.

결혼 생활에서 사랑의 컵에 사랑이 계속 철철 넘치게 하기 위해서는 당신이 잘못할 때마다 인정하고, 당신이 옳을 때마다 입을 다물어라.

- 미국 시인 내시(Frederic Ogden Nash 1902~1971)

All married couples should learn the art of battle as they should learn the art of making love. Good battle is objective and honest – never vicious or cruel. Good battle is healthy and constructive, and bring to a marriage the principle of equal partnership.

결혼한 사람들은 모두 사랑의 기술을 배워야 하듯이 싸움의 기술도 배워야 한다. 건전한 싸움은 객관적이며 정직한 것이지, 절대로 악하거나 잔인하지 않다. 건전한 싸움은 유익하고 건설적이며, 결혼 생활에 동등한 협력의 관계를 가져다준다.

– 미국의 인생 상담 칼럼니스트 랜더스(Ann Landers 1918~2002)

해설 그녀의 인생 상담 칼럼은 20개 이상의 언어로 번역되어 세계 1200여 신문에 전재(轉載)됐으며 고정 독자만도 9000만 명에 달했다. 항상 남의 고민을 들어주는 그녀였지만 자신의 고민 또한 없지 않았다. 1975년 남편과 37년간의 결혼 생활을 정리할 때, 그녀는 칼럼을 통해 '그렇게 오랫동안 그렇게 좋았던 무엇인가가 왜 영원할 수 없는 것일까?'라고 되물었다. 그녀는 칼럼을 다 채우지 않고 후미에 여백을 남기는 것으로 그 고통을 표현했다. 역시 결혼 생활이란 자기가 풀어야 할 영원한 숙제가 아닐까?

■ 결혼에 관한 유머

Married life is full of excitement and frustration:
In the first year of marriage, the man speaks and the woman listens.
In the second year, the woman speaks and the man listens.
In the third year, they both speak and the NEIGHBOR listens.

결혼 생활은 흥분과 좌절로 가득 차 있는 법.
결혼 첫 해, 남편은 말하고 아내가 듣는다.
결혼 둘째 해, 아내는 말하고 남편이 듣는다.
결혼 셋째 해, 부부는 말하고 '이웃'이 듣는다.

When a man holds a woman's hand before marriage, it is love;
after marriage it is self-defense.

결혼 전에 남자가 여자 손을 잡으면 그건 사랑이다.
결혼 후에 남자가 여자 손을 잡으면 그건 자기 방어다.

When a newly married man looks happy, we know why.
But when a 10-year married man looks happy, we wonder why.

갓 결혼한 남자가 행복해 보이면 왜 그런지 알 만하다.
결혼한 지 10년 된 남자가 행복해 보이면 왜 그런지 궁금하다.

There was this lover who said that he would go through hell for her.
They got married, and now he is going through hell.

여자를 위해서라면 지옥에라도 가겠다고 한 남자가 있었다.
그들은 결혼했으며, 그는 지금 지옥에서 살고 있다.

There was this man who muttered a few words in the church and found himself married.
A year later he muttered something in his sleep and found himself divorced.

교회에서 몇 마디를 중얼거린 후 결혼한 남자가 있었다.
일 년 후 그 남자는 잠꼬대로 뭔가를 중얼거린 후 이혼당했다.

2. 성경(聖經) 속의 교차대구어법

Do not judge, or you too will be judged.
For in the same way you judge others, you will be judged,
and with the measure you use, it will be measured to you.
Why do you look at the speck of sawdust in your brother's eye
and pay no attention to the plank in your own eye?
How can you say to your brother, 'Let me take the speck out of your eye,'
when all the time there is a plank in your own eye?
You hypocrite, first take the plank out of your own eye,
and then you will see clearly to remove the speck from your brother's eye.

남을 비판하지 말라. 그렇지 않으면, 비판받을 것이다.
너희가 남을 비판하는 그대로 비판받을 것이기 때문이니라.
너희가 비판하는 그 정도로 비판받을 것이기 때문이니라.
어찌하여 형제의 눈 속에 있는 티는 보고
네 눈 속에 있는 들보는 보지 못하느냐?
네 눈 속에는 언제나 들보가 있는데도,
어찌하여 형제에게 '네 눈 속에 있는 티를 빼주겠다'고 말할 수 있느냐?
위선자여, 먼저 네 눈 속에서 들보를 빼라.
그 다음에 밝히 보고 형제의 눈 속에서 티를 빼라.

– 다른 복음서에 비해 조직적이고 논리적인 마태복음(Matthew) 7장 1~3절

Enter through the narrow gate.
For wide is the gate and broad is the road that leads to destruction, and many enter through it.
But small is the gate and narrow the road that leads to life, and only a few find it.

좁은 문으로 들어가라.
멸망에 이르는 문은 크고, 그 길이 넓어 들어가는 자가 많다.
생명에 이르는 문은 작고, 그 길이 좁아 찾는 자가 적다.

– 마태복음(Matthew) 7장 13~14절

해설 (1) the gate and broad is the road that leads to destruction (that 이하(관계대명사절)가 the gate와 the road를 공동으로 수식한다.
(2) the gate and narrow the road that leads to life (that 이하(관계대명사절)가 the gate와 the road를 공동으로 수식한다.

Everyone who exalts himself will be humbled, and he who humbles himself will be exalted.

자신을 높이려는 자는 누구나 낮아지게 될 것이고, 자신을 낮추려는 자는 누구나 높아지게 될 것이다.

– 누가복음(Luke) 14장 11절 · 18장 14절

Honor the Lord with your substance and with the first fruits of all your produce;
Then your barns will be filled with grain, and your vats will be bursted with new wine.

네 재물과 네 농산물의 첫 열매로 여호와를 공경하라:
그러면 네 창고가 곡식으로 가득 찰 것이요, 네 술통이 새로운 술로 넘칠 것이니라.

– 잠언 (箴言 Proverbs) 3장 9~10절

The words of the Teacher, the son of David, king in Jerusalem.
Vanity of vanities, says the Teacher, vanity of vanities! All is vanity.

What do people gain from all the toil at which they toil under the sun?
다윗의 아들 예루살렘 왕 전도자의 말씀이니라.
전도자 가로되, 절대 헛되고, 절대 헛되다. 모든 것이 헛되다.
해 아래서 수고하는 모든 수고가 사람에게 무엇이 유익한가?

A generation goes, and a generation comes, but the earth remains forever.
The sun rises and the sun goes down, and hurries to the place where it rises.
한 세대는 가고 한 세대는 오되 땅은 영원하느니라.
해는 뜨고 해는 지되 그 떴던 곳으로 빨리 돌아가느니라.

The wind blows to the south, and goes around to the north;
round and round goes the wind, and on its circuits the wind returns.
All streams run to the sea, but the sea is not full;
to the place where the streams flow, there they flow again.
바람은 남으로 불다가 북으로 돌아가며;
이리 돌며 저리 돌아 바람은 불던 곳으로 돌아간다.
모든 강물은 다 바다로 흐르되 바다를 채우지 못하며;
모든 강물은 흘러나온 곳으로 되돌아가 다시 흐른다.

All things are wearisome, more than one can express.
The eye is not satisfied with seeing, or the ear filled with hearing.
What has been is what will be,
and what has been done is what will be done;
there is nothing new under the sun.
모든 만물이 고달프다는 것을 사람이 말로 다할 수는 없나니.
눈은 보아도 만족함이 없고 귀는 들어도 채워짐이 없다.
이미 있던 것이 후에 다시 있을 것이고,
이미 행한 일이 후에 다시 행할 것이다;
태양 아래는 새것이 없나니.

- '지혜문학서'라고 일컬어지는 전도(傳道)서(Ecclesiastes) 1장 1~9절

3. 불경(佛經) 속의 교차대구어법

법구경이란 불교 잠언 시집이 있다. 인생의 지침이 되는 좋은 시구(詩句)들을 모은 잠언 시집이다. 서기 원년 전후의 인물인 인도의 승려 법구(法救: 산스크리트어로 Dharmatrata)가 편찬한 불교의 경전으로 석가모니 사후 삼백 년 후에 여러 경로를 거쳐 기록된 부처의 말씀을 묶어 만들었다. 법구경(法句經)의 원명은 담마파다(Dhammapada). Dhamma는 '법(法 = 진리)'를, Pada는 구(句 = 말씀)를 뜻한다. 많은 비유와 암시를 통한 일종의 비유 문학적인 법문(法門)이다. 구성이 명쾌하다. 내용도 실생활과 밀접한 관계를 가지고 있다.

주 법문(法門): 중생을 열반에 들게 하는 문이라는 뜻으로 부처의 가르침을 이르는 말.

오늘날 널리 알려지게 된 것은 19세기 말부터 서양 학자들에 의해 많은 영역(英譯)이 이루어졌기 때문이다. 가장 대표적인 것은 독일의 문헌학자(philologist)이며 동양학자(Orientalist)인

Friedrich Max Muller(1823~1900)가 번역한 〈Buddhism The Dhammapada〉다. 모두 26장 423절로 되어 있다. 제1장의 내용을 보면 두 개의 절로 이루어져 있다. 그래서 제목이 The Twin-Verses다. '쌍(雙)교차대구' 또는 '쌍(雙)서품'이라고 번역된다.

주 서품(序品): 경전의 내용을 추려 나타낸 개론 부분.

'He abused me, he beat me, he defeated me, he robbed me'-
in those who harbour such thoughts hatred will never cease.
'He abused me, he beat me, he defeated me, he robbed me'-
in those who do not harbour such thoughts hatred will cease.
Hatred does not cease by hatred at any time.
Hatred ceases by love. This is an old rule.

'그가 나를 욕하고, 나를 때리고, 나를 눌렀고, 내 것을 훔쳤다.'
이 같은 생각이 남아 있는 자에게는 미움이 가라앉지 않으리라.
'그가 나를 욕하고, 나를 때리고, 나를 눌렀고, 내 것을 훔쳤다.'
이 같은 생각이 남아 있지 않은 자에게는 미움이 가라앉으리라.
미움은 미움으로 절대로 다스릴 수 없다.
미움은 사랑으로 다스려진다. 이것은 오랜 법칙이다.

- 〈제1장: The Twin-Verses 3~5절〉

As the wind throws down a tree of little strength,
so indeed does Mara (the tempter) overthrow him
who lives looking for pleasures, uncontrolled in his senses,
immoderate in eating, indolent, and of low vitality.

바람이 연약한 나무를 넘어뜨리듯이,
쾌락을 좇아 오관(伍官)의 욕구를 억제하지 못하며
음식을 절제하지 않고 게으르며 끈기가 없는 사람을
악마는 쉽게 넘어뜨린다.

As the wind does not throw down a rocky mountain,
so indeed does Mara(the tempter) not overthrow him
who lives unmindful of pleasures, well controlled in his senses,
moderate in eating, full of faith, and of high vitality.

바람이 바위산을 넘어뜨리지 못하듯이,
쾌락에 무관심하여 오관(伍官)의 욕구를 잘 억제하며
음식을 절제하고 독실한 신앙과 끈기가 있는 사람을
악마는 절대 넘어뜨리지 못한다.

- 〈제1장: The Twin-Verses 7~8절〉

As rain breaks through an ill-thatched house,
so does passion make its way into an unreflecting mind.
As rain does not break through a well-thatched house,
so does passion not make its way into a reflecting mind.

지붕을 잘못 이은 집에 비가 새듯이,
분별력 없는 마음에는 탐욕이 스며든다.
지붕을 잘 이은 집에 비가 새지 않듯이,
분별력 있는 마음에는 탐욕이 스며들지 않는다.

- 〈제1장: The Twin-Verses 13~14절〉

Like a beautiful flower full of color but without scent,
are the fair but fruitless words of him who does not act accordingly.
Like a beautiful flower full of color and full of scent,
are the pure and fruitful words of him who acts accordingly.

행하지 않는 사람의 화려하나 헛된 말은,
빛깔은 화려하나 향기가 없는 꽃과 같다.
행하는 사람의 순수하고 실천하는 말은,
빛깔도 화려하고 향기도 있는 꽃과 같다.

- 〈제4장: Flowers 51~52절〉

해설 위의 문장은 도치구문이다. 정상적인 어순으로 바꾸면 아래와 같다.

The fair but fruitless words of him who does not act accordingly,
are like a beautiful flower full of color but without scent.
The pure and fruitful words of him who acts accordingly,
are like a beautiful flower full of color and full of scent.

4. 손자병법(孫子兵法)의 교차대구어법

손자(孫子 Sun Tzu ?~?)는 중국 제(齊)나라 사람이다. BC 6세기경 오(嗚)나라의 왕 합려(闔閭)를 섬겨 절제 · 규율 있는 육군을 조직하게 하였다고 하며, 초(楚) · 제(齊) · 진(晋) 등의 나라를 굴복시켜 합려로 하여금 패자(覇者)가 되게 하였다고 한다. 그가 저술하였다는 손자병법(孫子兵法)은 단순한 국지적인 전투의 작전서가 아니라 국가 경영의 요지(要旨), 승패의 기미(機微), 인사의 성패(成敗) 등에 이르는 내용을 다룬 책이다.

In peace prepare for war, in war prepare for peace.
평시(平時)에 전쟁을 준비하라. 전시(戰時)에 평화를 준비하라.

Strategy without tactics is the slowest route to victory.
Tactics without strategy is the noise before defeat.
전술 없는 전략은 승리의 가장 시시한 방법이다.
전략 없는 전술은 요란법석만 떨다가 패배한다.

어휘 **strategy**: 전체적 작전 계획
tactics: 개개의 전투 용병

If fighting is sure to result in victory, then you must fight, even though the ruler forbid it.
If fighting will not result in victory, then you must not fight, even at the ruler's bidding.
싸움이 승리로 끝날 것이라고 확신하면 명령자가 명령하지 않더라도 싸워야 한다.
싸움이 승리로 끝나지 않을 것이라면 명령자가 명령하더라도 싸우지 말아야 한다.

if you know Heaven and know Earth, you may make your victory complete.
If you know the enemy and know yourself, you need not fear the result of a hundred battles.

If you know yourself but not the enemy, for every victory gained you will also suffer a defeat.
If you know neither the enemy nor yourself, you will succumb in every battle.

知天知地 勝乃可全　　지천지지 승내가전
知彼知己 百戰不殆　　지피지기 백전불태
不知彼而知己 一勝一負　　부지피이지기 일승일부
不知彼不知己 每戰必敗　　부지피부지기 매전필패

하늘을 알고 땅을 알면 완전히 승리한다.

적을 알고 자신을 알면 백 번 싸워도 위태롭지 않다.

적을 모르고 자신만 알면 승패의 확률은 반반이다.

적도 모르고 자신도 모르면 백전백패다.

해설 for가 each · every · 수사 앞에 나오면 비율이나 대비를 나타냄.
There is one Korean passenger for every five American. 승객은 미국인 5명에 대해서 한국인 1명의 비율이다.
For every bad man there are many good ones. 나쁜 한 사람에 대해서 착한 사람이 많다.

5. 선택을 요구할 때 쓰는 교차대구어법

Fish or cut bait.　　태도를 분명히 하라.
Put up or shut up.　　해볼 테면 해봐, 그렇지 않으면 잠자코 있어.
Take it or leave it.　　승낙하든지 거부하든지 결정해.
Shape up or ship out.　　하려면 제대로 하고, 아니면 그만둬.
Shit or get off the pot.　　하려면 똑바로 하고 아니면 그만둬.
A door must be either shut or open.　　문이란 열든가 닫든가 해야 한다.

■ Fish or cut bait

fish는 '낚시질하라'를 뜻하고, 'cut bait'는 '미끼를 잘라 없애라'는 의미다. 직역하면 '낚시를 하든지 아니면 미끼를 버리고 낚시를 그만둬라'이다. 미국 구어에서는 '어느 한쪽을 분명히 정하다', '거취를 분명히 하다', '(어떤 활동에) 참가 여부를 정하다'의 의미로 쓰인다.

작문　거취를 분명히 해야 할 때다.
It's time to fish or cut bait.

■ Put up or shut up

put up은 열댓 개의 의미로 쓰이나 여기에서는 '돈을 치르다', '돈을 걸다', '돈을 갚다'라는 의미다. 직역하면 '돈을 걸어라, 그렇지 않으려면 가만히 있어라'이다.

■ Take it or leave it

'받아들이든 거절하든 양자택일 하세요', '(제시된 가격이나 조건 등을 그대로) 받아들이든 말든 마음대로 하세요', '승낙하거나 거부하거나 하세요' 등 논쟁을 할 때 상대방에 대한 언짢은 마음을 드러내는 표현이다. 일반적으로 논쟁(argument)의 마지막 단계에서 자신의 제안을 받아들일 것을 요구하며, 상대방에게 수용 여부를 묻는 말이다.

Take it or leave it.
그것을 받아들이거나 거부하거나 하세요.

- Spice Girls가 부른 '2 Become 1'의 가사

• 쇼핑 센터(shopping mall)에서 가격을 흥정(haggling)하는 경우

A *Can you make the price cheaper?*
B *Sorry, but I can't change the price.*
A *You drive a hard bargain.*
B *So are you going to take it or leave it?*
A 가격을 좀 내려주실 수 있습니까?
B 죄송하지만 깎아드릴 수 없습니다.
A 너무 빡빡하게 장사하시네요.
B 그러니까 사실 거예요, 안 사실 거예요?

• 부모와 자녀 사이에서 흔히 벌어질 수 있는 상황

A *Dad, I want to go to the amusement park this weekend.*
B *We went there last weekend. This time we're going to the zoo.*
A *But I don't want to go to the zoo.*
B *Well, you can come with the rest of the family to the zoo, or you can stay home and do nothing. That's my final offer, take it or leave it.*
A 아빠, 우리 이번 주에 놀이동산에 가요.
B 놀이동산은 지난 주에 갔잖아. 이번에는 동물원에 가는 거야.
A 동물원엔 가기 싫어요.
B 음, 가족들과 함께 동물원에 가든지, 아니면 집에서 심심하게 있든지 맘대로 해. 둘 중 하나로 네가 결정해. 아빠는 더 얘기 안 한다.

■ Shape up or ship out

shape up은 '형태를 이루다', '구체화하다', '발전하다', '호전하다', '체형을 좋게 하다'라는 의미다. ship out은 타동사로 쓰이면 '(배 등으로) ~을 외국으로 보내다'란 의미다. We shipped them out to a foreign country(우리는 그들을 외국으로 보냈다). 자동사로 사용될 땐 '(배 등으로) 자기 나라를 떠나다', '사직하다'를 뜻한다. Shape up or ship out을 직역하면 '잘하든지 아니면 사직하라(Do your job well or get fired)'이다.

작문 명심해, 똑바로 하든지 아니면 그만둬!
Just remember you better shape up or ship out!

■ Shit or get off the pot

shit은 '뒤보다'는 의미고 get off the pot은 '변기에서 내려오다'라는 뜻이다. 직역하면 '용변을 보든지 아니면 (남이 이용하도록) 화장실에서 나와라'가 된다. 우유부단한 사람에게 '하든지 말든지 어서 결정해!'라고 톡 쏴줄 때 적격이나, 어감이 좀 불쾌하다(objectionable).

작문 로버트, 빨리 해! 얼른 하든지 아니면 그만둬!
Hurry up with it, Robert! Shit or get off the pot!

■ A door must be either shut or open(문을 열든가 닫든가 하라)

A door must be either shut or open(문을 닫든가 열든가 하라)을 바꿔 말하면, A door will not be both shut and open(문이란 닫아 놓기도 하고 동시에 열어 놓기도 할 수 없다)이 된다. 결국 '양자택일하라'는 의미다. 셰익스피어는 선택에 대한 두 가지 말을 했다. 하나는 To be or not to be(죽을 것인가 살 것인가)요, 하나는 There's small choice in rotten apples(썩은 사과 중에서 고르는 것은 대단찮은 선택이다 → 썩은 사과 중에서 골라봐야 그것이 그것이다)이다. 전자는 절체절명의 위기 상황에서의 선택을 말하고 후자는 cases in which it makes no difference what the alternatives are(어떠한 선택을 하든 그것이 별 의미가 없는 경우)를 말한다.

주 절체절명(絶體絶命): 몸도 목숨도 다 되었다는 뜻으로 어찌할 수 없는 경우를 이르는 말.

인간의 삶은 agonizing choices(괴로운 선택)로부터 What to do?(무엇을 해야 할까?), Whether to do it?(그것을 할 것인가 말 것인가?), When to do it?(그것을 언제 할까?), Is it the right choice?(그것이 옳은 선택인가?)와 같은 decisions trivial and momentous(사소하지만 중요한 결정)에 이르는 선택의 연속선상에 있다. two incompatible things(양립할 수 없는 두 가지 것)를 다 취하겠다는 것은 인간의 망상이다. 우리말의 '꿩 먹고 알 먹을 수 없다(양자택일하라 · 취사선택하라)'에 해당하는 Idiomatic Proverb(속담 관용어)를 살펴보자.

속담 (1) You can't have it both ways.
(2) A door must be either shut or open.
(3) You cannot have your cake and eat it.
(4) You cannot eat your cake and have it.
(5) Between two stools one falls to the ground.
(6) He who hunts two hares at once will catch neither.

(1) 두 개를 다 가질 수는 없다.
(2) 문이란 열든가 닫든가 해야 한다.
(3) 케이크는 먹으면 없어지고, 갖고 있으려면 먹지를 말아야 한다.
(4) 케이크를 먹으면 그것은 소유할 수 없게 된다.
(5) 두 개의 걸상 사이에 앉으면 바닥에 떨어진다.
(6) 두 마리의 토끼를 쫓다가 둘 다 놓친다.

해설 (3)과 (4)의 번역에 주의를 요한다. 'cannot 동사 and 동사' 구문에서는 not이 and 이하를 부정한다.

(3) You cannot have your cake and eat it. (→ If you have your cake, you can't eat it.)
(cannot이 eat를 부정한다.)

(4) You cannot eat your cake and have it. (→ If you eat your cake, you can't have it.)
(cannot이 have를 부정한다.)

Between two evils, choose neither; between two goods, choose both.
둘 다 악이면 둘 다 버리고, 둘 다 선이라면 둘 다 취하라.

- 미국 신학자 Tryon Edwards(1809~1894)

6. Use it or Lose it

용불용설(用不用說 Use and Disuse Theory)은 프랑스 생물학자 · 진화론자 라마르크(Jean de Lamarck 1744~1829)가 제창한 진화설이다. 내용은 이렇다. "어떤 동물의 어떤 기관이라도 다른 기관보다 자주 쓰거나 계속해서 쓰게 되면 그 기관은 점점 강해지고 또한 크기도 더해간다. 따라서 그 기관이 사용된 시간에 따라 특별한 기능을 갖게 된다. 이에 반해서 어떤 기관을 오랫동안 사용하지 않고 그대로 두면 차차 그 기관은 약해지고 기능도 쇠퇴한다. 뿐만 아니라 그 크기도 작아져 마침내는 거의 없어지고 만다." 명사구 Use and Disuse Theory 대신에 실생활에서 많이 활용되는 말로는 명령문 구조로 된 Use it or lose it(사용하라. 그렇지 않으면 잃는다)가 있다. 의사들이 이 표현을 즐겨 쓴다.

Urology clinics have a saying: "Erections make erections." In other words, sex is not unlike sports. If you want to be a good tennis player, play lots of tennis; if you want to be a good lover, make lots of love.
비뇨기과 병원에는 쓰는 말 중에 '발기(勃起)가 발기(勃起)를 낳는다'가 있다. 다른 말로 하면 '섹스는 스포츠와 다르지 않다'는 말이다. 훌륭한 테니스 선수가 되려면 테니스를 많이 하듯이, 섹스를 잘 하려면 섹스를 많이 하라.

- 2008년 8월 18일자 〈Los Angeles Times〉의 Health(건강) 섹션의 기사 시작 부분

영국의 유력 일간지 인디펜던트는 2008년 5월 27일 뇌 전문가의 주장을 종합해 알츠하이머 병(Alzheimer's Disease 치매)에 걸리지 않고 건강한 뇌를 유지할 수 있는 처방을 소개했다. "'Use it or lose it(사용하라 그렇지 않으면 잃는다)'라는 원리는 뇌에도 적용된다. 게임은 뇌의 유연성을 길러 알츠하이머를 예방하는 데 커다란 도움을 준다. 일주일에 네 번 크로스워드(crosswords) 퍼즐 게임을 하는 사람은 일주일에 한 번 하는 사람보다 치매에 걸린 위험이 훨씬 줄어든다. 하루에 40분의 뇌 운동은 '엄청난 변화'를 가져다준다."

작문 능력은 있는데도 그 능력을 사용하지 않는 사람은 자기의 인생을 사실상 비극으로 만들 수 있다. '사용하라 그렇지 않으면 잃는다'는 옛말은 사실이다.
A person who has ability and does not use that ability may make his life a real tragedy. The old saying, "Use it, or lose it." is true.

7. NO PAINS, NO GAINS

■ NO PAINS, NO GAINS

'If there is no pains, there is no gains'에서 기능(機能)어는 없애고 내용(內容)어 만을 추려서 만든 경구다. '수고 없이 얻는 것은 없다.' 또는 '세상에 공짜는 없다'는 말이다.

기록상 이 구절을 맨 먼저 사용한 사람은 17세기 영국의 시인 헤릭(Robert Herrick 1591~1674)이다. 헤릭의 유일한 출판물인 〈헤스페리데스 Hesperides 황금 사과밭〉(1648)에는 약 1,400편의 시가 실려 있는데 대부분이 짧은 경구풍의 시다. 1650년 판에 다음 두 줄의 시가 추가되었다.

NO PAINS, NO GAINS.
수고 없이 얻는 것 없다.

If little labour, little are our gains:
노력이 거의 없으면 얻는 것도 거의 없는 법.

Man's fortunes are according to his pains.
인간의 재산은 자기의 노력과 일치하는 법.

■ No pain, no gain

1982년 미국의 여배우 제인 폰다(Jane Fonda)가 '에어로빅 운동 비디오(aerobics workout videos) 시리즈를 제작하기 시작한 이래 단수형 'No pain, no gain'이 많이 사용되기 시작했다. 이 비디오에서 폰다는 근육통(muscle aches)을 앓는 단계를 지나서까지 운동하라는 취지의 캐치프레이즈(catch phrase)로 'No pain, no gain'과 'Feel the burn(육체의 연소를 느껴라)'을 자주 사용했다.

작문 땀을 흘려야 대가가 따르고, 비가 와야 무지개도 생긴다.
No pain, no gain. No rain, no rainbow.

8. Fake it till you make it

어느 인디언 추장이 기우제를 올리면 반드시 비가 왔다. 정성을 모아 올린 기우제는 영험이 있었던 것이다. 그런데 그 비법(?)은 간단했다. 비가 내릴 때까지 기우제를 계속 올렸던 것이다. 삶에 대한 낙관적 견해를 고무하는 몇 가지 catch phrase(사람의 주의를 끄는 짤막한 경구)를 보자.

Try it till you make it.	될 때까지 하라.
Fake it till you make it.	이룰 때까지 이미 이룬 것처럼 행동하라.
It ain't over un till it's over.	완전히 끝날 때까지는 끝난 것이 아니다.
Don't knock it till you try it.	해보기도 전에 흠부터 잡지 마라. (knock: 흠잡다)
You never know until you try.	해보기 전까지는 결코 알지 못한다.
Don't be more scared than hurt.	지레 겁먹지 말라.
Don't be negative till you've tried it.	해보고 나서 걱정해도 늦지 않다.
Don't cross the bridge till you come to it.	다리에 다다를 때가지 다리를 건너지 마라.

어휘 **fake it**: 체하다 · 속이다(미리 공연한 걱정을 하지 마라).

■ Fake it till you make it

Act as if you have faith, faith shall be given to you. Put it another way, fake it till you make it.

확신이 있는 것처럼 행동하라. 그러면 확신을 얻을 것이다. 바꾸어 말하면 Fake it till you make it.

작문 나는 적어도 이룰 때까지 이미 이룬 것처럼 행동할 수 있다.
계속 내 자신을 꾸며 나는 유능하다고 생각하면 실제로 그렇게 된다.
I can at least fake it till I make it.
If I keep faking myself out into thinking I'm good, it'll happen.

– 온라인 백과사전 위키피디아(Wikipedia)의 설명

"Fake it till you make it" (also called "act as if") is a common catch phrase that means to imitate confidence so that it will generate real confidence. The article How You Too Can Be an Optimist in Prevention points out, "In research at Wake Forest University, for example, scientists asked a group of 50 students to act like extroverts for 15 minutes in a group discussion, even if they didn't feel like it. The more assertive and energetic the students acted, the happier they were." It is often recommended as a method of overcoming depression. This is an example of a positive feedback loop.

Fake it till you make it(이룰 때까지 이미 이루어진 것처럼 행동하라) 또는 Act as if(체하라)는 널리 알려진 캐치프레이즈(경구)다. 확신이 있는 것처럼 행동하면 결국 그것이 진짜 확신(real confidence)을 낳는다는 것을 말한다. 〈예방하면 당신도 낙관주의자가 될 수 있다 How You Too Can Be an Optimist in Prevention〉는 논문은 이렇게 지적한다. "한 예로 웨이크 포레스트 대학교(Wake Forest University 미국 North Carolina 주에 있는 사립 대학교)에서의 조사에서 학자들은 50명의 학생 그룹에게 그룹 토론에서 15분 동안 마음에 내키지 않더라도 extrovert(외향적인 사람)처럼 행동하라고 했다. 단호하고 에너지가 넘친 학생일수록 그만큼 더 쾌활했다." 흔히 이 방법은 의기 소침을 극복하는 방법으로 권고된다. 이것은 positive feedback loop(적극적 순환 고리)의 한 예다.

9. Man proposes, God disposes

수탉이 지저깨비를 후비면 그 지저깨비가 어디로 떨어질지 모른다. 목수가 대패질을 할 때 대팻밥이 어느 쪽으로 떨어질지 모른다. 여기서 나온 말이 Let the chips fall where they may다. 직역(verbatim translation)하면 '지저깨비[대팻밥]이 떨어지는 곳에 떨어지도록 하라'이다. 함의(含意) 번역하면 '결과가 어찌되건 소신대로 하라(Do something without worrying about the effects of your actions)'이다. 비슷한 말로 Run the hazard(성패는 하늘에 맡기고 해보라), Take a chance(운명에 맡기고 해보라), Chance governs all(모든 것은 운에 달렸다) 등이 있다.

〈삼국지〉에 이런 이야기가 있다. 관우는 제갈량에게서 조조를 죽이라는 명령을 받았으나 조조에게 은혜를 입은바 있는 관우는 포위된 조조를 죽이지 않고 달아나게 하였다. 제갈량은 "천문을 보니 조조는 아직 죽을 운명이 아니다. 수인사대천명(修人事待天命 사람으로서 할 수 있는 방법을 모두 다 쓴다 해도 목숨은 하늘의 뜻에 달려 있으니 하늘의 명을 기다려 따를 뿐이다)이다"라고 하였다. 오늘날은 의미 확장을 위해 修(닦을 수)를 盡(다할 진)으로 바꾼 진인사대천명(盡人事待天命)을 많이 쓴다. 둘 다 '인간으로서 해야 할 일을 다 하고 나서 하늘의 뜻을 기다린다'는 말이다. 비슷한 개념으로 모사재인(謀事在人) 성사재천(成事在天)이라는 말이 있다. '일을 도모하는 것은 사람이지만, 일의 성패는 하늘의 뜻에 달려 있다'는 의미로 '성공 여부를 결정짓는 것은 하늘의 몫이고 노력은 인간의 몫이므로 인간은 최선을 다해야 한다'는 경구이다. 안중근(1879~1910) 의사가 이토 히로부미를 사살한 뒤 옥중에 갇혀 사형 집행 한 달 전에 쓴 유묵(遺墨)이 바로 '모사재인 성사재천')이다. 관련 표현을 살펴보자.

속담 (1) Man proposes, God disposes.
(2) Man's extremity is God's opportunity.
(3) Man concocts a million schemes; God knows but one.
(4) Man can make plans; God determines how things will turn out.
(1) 도모는 인간의 몫, 성패는 하늘의 몫.
(2) 인간이 한계 상황에 도달하는 순간에 하나님은 기회를 주신다.
(3) 인간은 100만 가지 계책을 꾸미지만, 신은 한 가지 계책만을 알고 있다.
(5) 인간은 도모는 할 수 있으나 결과는 하늘에 달려 있다.

어휘 (2) 1706년 11월 2일 John Hamilton이 스코틀랜드 의회에서 영국과 스코틀랜드 union을 반대하면서 한 말
(3) 중국 속담

10. Live and let live. Live and let die

■ 동사원형과 과거분사가 대구를 이루는 경우

Kill or killed.
Love and loved.
Respect and respected.
If you would be loved, love and be lovable.

죽여라. 그렇지 않으면 죽는다.
사랑하라. 그러면 사랑받는다.
존경하라. 그러면 존경받는다.
사랑을 받으려면 사랑하라. 그리고 사랑스러운 사람이 되어라.

– 미국의 정치가 · 과학자 프랭클린(Benjamin Franklin 1706~1790)

어휘 lovable: can be loved

■ 동사원형과 동사원형이 대구를 이루는 경우

Live and let die.	너는 살고 남은 죽여라.
Live and let live.	너도 살고 남도 살게 하라. (의미 1)
	각자 개성대로 살라. (의미 2)

영화 '007'시리즈의 제8탄 Live And Let Die는 '죽느냐 사느냐'로 국내에 소개됐지만 정확하게 번역하면 '너는 살고 남은 죽여라'다. (You must) live and (you must) let (others) die에서 괄호 부분이 생략됐다. Live and let live는 두 가지 의미가 있다. 첫째, 공존공생(共存共生)이다. (You must) live and (you must) let (others) live(너도 살고 남도 살게 하라)에서 괄호 부분이 생략되었으며 live는 자동사다. 우리나라와 일본의 모든 사전에 이렇게 풀이되어 있지만 실제 영어권 국가에서는 이런 의미로 쓰이는 경우가 거의 없다. Live and let live의 또 다른 의미는 '각자 개성대로 살라'이다. Live (your life) and let (others) live (their lives)에서 괄호 부분이 생략됐다(your life와 their lives가 각각 동족목적어). 따라서 이 문장의 의미는 '너 나름의 삶을 살려면 남도 그 나름의 삶을 살도록 하라'이다. 의역하면 다음과 같다.

각양각색(各樣各色)
백인백색(百人百色)

사람마다 제각각이다.
남의 개성을 중시하라.
사람마다 살아가는 방식이 다르다.
세상에는 여러 가지 인생이 있다.

비슷한 의미를 갖는 표현으로는 It's none of your business와 Mind your own business가 있다. 미국의 여류 소설가 세즈윅(Catharine Maria Sedgwick 1789~1867)의 교훈 소

설(didactic novel) 〈Live and Let Live〉(1837)는 미국의 하인을 영원한 하층 계급이 아니라 '사회적으로 자유로운(socially mobile)' 존재로 묘사했다.

작문 (1) 남이 다른 생활 방식을 갖고 있더라도 그들을 그대로 받아들여라.
(2) 나는 Live and Let Live라는 생활 방식이 좋다고 생각한다.
(1) Accept other people as they are, although they may have a different way of life.
(2) I firmly believe in Live and Let Live.

작문 너만의 천국에서 네 마음대로 살라.
Live and let live on your own promised land.

작문 세상에는 별의별 사람이 다 있다. 그냥 내버려두어라.
It takes all sorts of people to make the world. Live and let live.

작문 스스로가 선택한 삶을 살아야 하며, 다른 사람에게도 그들이 선택한 삶을 사는 것을 인정해야 한다.
(1) Other people should be allowed to live their lives in the way that they want to.
(2) We should live the life we choose and allow others to do the same.
(3) Let live others live.

〈참고 사전〉

(1) American Heritage New Dictionary of Cultural Literacy, Third Edition
(2) Cambridge Dictionary of American Idioms © Cambridge University Press 2003
(3) Cambridge International Dictionary of Idioms © Cambridge University Press 1998

11. See no evil, hear no evil, speak no evil

논어(공자 저)의 안연(顔淵 공자의 제자)과의 대화 12장 처음에 있는 내용이다.

The Master said,
do not look unless it is in accordance with the rites;
do not listen unless it is in accordance with the rites;
do not speak unless it is in accordance with the rites;
do not move unless it is in accordance with the rites.

子曰(자왈): 공자 말하기를
非禮勿視(비례물시): 예가 아니면 보지 말며;
非禮勿聽(비례물청): 예가 아니면 듣지 말며;
非禮勿言(비례물언): 예가 아니면 말하지 말며;
非禮勿動(비례물동): 예가 아니면 움직이지 말라고 하였다.

이 말은 사자소학(四字小學)에 나온다. 사자 소학은 중국 송나라의 유학자 주자(朱子)의 소학과 기타 여러 경전의 내용을 알기 쉽게 편집한 한자 학습의 입문서로서 옛날에 서당에서 공부하는 아이들이 가장 먼저 배우는 한자의 기초 교과서다. 사자소학에는 올바른 마음가짐을 갖기 위한 기본적인 행동 철학이 담겨져 있어, 종합적인 도덕 교육과 인성 교육의 보고(寶庫)다. 이 사자소학은 21세기를 맞고 있는 오늘날에 더욱 빛난다.

■ See no evil, hear no evil, speak no evil(악은 보지도 말하지도 듣지도 말라)

• 온라인 백과사전 위키피디아(Wikipedia)의 설명

See no evil, hear no evil, speak no evil" is a common phrase, used to describe someone who doesn't want to be involved in a situation. Because the saying is typically associated with three monkeys - one covering his eyes, one covering his ears, and the other covering his mouth, it is believed that the saying may have its origin in a 17th century temple in Japan. The Toshogo Shrine in Nikko, Japan has a carving of three wise monkeys. Many scholars believe the monkeys were carved as a visual representation of the religious principle, "If we do not hear, see, or speak evil, we ourselves shall be spared all evil." In the eighth century A.D. a Buddhist monk from China introduced the three wise monkeys to Japan. It is believed that the monkeys' gestures were a representation of a command of the deity to "see no evil, hear no evil, speak no evil.

'악은 보지도 듣지도 말하지도 말라'는 말은 무슨 일에든 연루되기를 원치 않는 사람을 말할 때 흔히 쓰는 구절이다. 이 말은 전적으로 세 마리 원숭이-두 눈을 가리고 있는 한 마리, 두 귀를 가리고 있는 한 마리, 입을 가리고 있는 한 마리-와 관련되어 있는 것으로 봐서, 17세기 일본의 한 사당(祠堂)에서 기원한 것으로 보인다. 일본 닛코(日光)에 있는 토쇼고 사당(Toshogo Shrine)에는 세 마리의 총명한 원숭이가 조각되어 있다. 이 원숭이 조각은 종교적 원칙-악을 듣지도 보지도 말하지도 않으면, 모든 악을 면하게 될 것이다-의 시각적 표현으로 조각되어 있다고 믿는 학자들이 많다. 8세기 중국의 한 불교 수도승이 세 마리의 현명한 원숭이를 일본에 데리고 왔다. 원숭이의 손짓은 '악은 보지도 듣지도 말하지도 말라'는 신의 명령을 표현한 것이라고 믿어진다.

In Chinese, a similar phrase exists in the Analects of Confucius: "Look not at what is contrary to propriety; listen not to what is contrary to propriety; speak not what is contrary to propriety; make no movement which is contrary to propriety." It may be that this phrase was shortened and simplified after it was brought into Japan. Just as there is disagreement about the origin of the phrase, there are differing explanations of the meaning of "see no evil, hear no evil, speak no evil." Some contend that it is a proverb reminding us not to be so snoopy, so nosy, and so gossipy. Others say that it is a warning to stay away from places where immoral acts are taking place.

중국어에 비슷한 구절이 공자의 어록에 있다: 예(禮)가 아니면 보지 말며; 예(禮)가 아니면 듣지 말며; 예(禮)가 아니면 말하지 말며; 예(禮)가 아니면 움직이지 말라. 이 구절이 일본에 들어 온 후 짧게 단순화되었다고 추측된다. '악은 보지도 듣지도 말하지도 말라'의 어원이 일치하지 않는 것처럼, 의미에 대해서도 이론(異論)이 있다. 지나치게 참견하지 말 것이며, 지나치게 주제넘지 말 것이며, 지나치게 수다스럽지 말라는 것을 다짐하는 속담이라고 주장하는 사람이 있는가 하면 비도덕적 행위가 일어나고 있는 곳으로부터 멀리 떨어져 있으라는 경고라고 주장하는 사람도 있다.

■ 미국 여류 칼럼니스트 수전 필즈(Suzanne Fields)의 칼럼

A magazine cover story about post-modern life on the American college campus depicts three monkeys in cap and gown, covering their ears, eyes and mouth, a parody of the hear no evil, see no evil, speak no evil caricature. But students at many colleges actually get quite the opposite. They're required to hear, see, speak and study all about evil in American society. There's an emphasis on multi-cultural studies and few campuses have escaped the disease. Smith College, the elite school that once was only for women, and still is, sort of, has a problem. About two dozen women who arrived as female have become male, more or less. The Financial Times reports that some of the more traditional "girls in pearls" on campus think the new "guys" should transfer to a co-ed college. It's not a joke, and it costs $37,000 a year. Students are vulnerable when they're encouraged to indulge in undisciplined social experimentation without anchors of moral reference.

한 잡지의 카버 스토리는 미국 대학 캠퍼스의 포스트 모던적인 생활을 눈, 귀, 입을 막고 학사모를 쓰고 졸업 가운을 입은 세 마리 원숭이의 모습으로 묘사하고 있다. 이는 사악한 것은 보지도 듣지도 말하지도 말라는 것을 패러디한 것이다. 그러나 많은 대학의 학생들의 현실은 이와 정반대다. 이들은 미국 사회의 사악한 모든 면을 보고 듣고 말하고 공부할 수밖에 없는 처지에 있다. 다문화적인 학문을 강조하고 있기 때문에 이러한 병폐에서 자유로운 대학은 거의 없다. 명문 여자대학으로서의 전통을 이어온 스미스대학에 한 가지 문제가 생겼다. 여성으로 입학했던 20여 명의 학생이 (성전환 수술을 통해) 남성이 되었다. 영국 파이낸셜 타임스의 보도에 따르면 '진주 목걸이를 걸고 다니는' 전통적인 여학생들은 이 새로운 '인간들'이 남녀공학으로 전학가야 한다고 생각하고 있다고 한다. 이것은 결코 웃을 일이 아니다. 스미스대학의 연간 수업료는 3만 7000달러다. 학생들이 도덕적 견제 장치가 없는 통제 불능의 사회적 실험에 빠지게 되면 그들은 위험에 처하게 된다.

- 2005년 10월 20일자 The Washington Times에서 발췌

어휘 **anchors**: (1) 닻 (2) 고정 장치[기구] (3) (자동차 · 열차 등의) 브레이크
reference: (1) (서적의) 참조 (2) (인물 · 기량에 관한) 문의 (3) (계측 · 평가의) 기준

스미스칼리지(Smith College)은 미국 매사추세츠(Massachusetts) 주에 있는 학부 중심 4년제 여자교양대학이다. 미국 동부 7대 명문 여자대학 가운데 하나로 꼽혀 왔다. 학부 중심의 교양대학(liberal arts college)이지만 대학원 과정도 운영하며, 대학원 과정은 남성도 허용된다. 학생 수는 약 2600명, 교수진은 285명으로 학생과 교수의 비율은 9대 1이다. 교과 과정은 사회과학 · 역사 · 예술 · 언어 · 문학 · 자연과학 등 50여 개의 학과에 1000개가 넘는 과목이 개설되어 있다. 인문학 전반에 걸쳐 뛰어나며, 특히 역사학 · 경제학 · 영어학에서 우수하다는 평가를 받는다. 〈바람과 함께 사라지다〉의 작가 마거릿 미첼, 레이건 전 대통령의 부인 낸시(Nancy)와 조지 부시 전 대통령의 부인 바버라도 이 학교 졸업생이다. 2008년 〈포브스〉가 선정한 미국 내 대학 순위에서 19위에 올랐고, 〈유에스뉴스앤드월드리포트〉가 선정한 학부 중심 교양대학 순위에서는 18위에 올랐다.

12. Eternal vigilance is the price of liberty. Unceasing effort is the price of success

개미와 배짱이 3탄

〈제1탄〉

개미는 열심히 일하고 베짱이는 놀다가 겨울이 되었습니다. 베짱이는 개미에게 얻어먹는 가련한 신세가 되었습니다. (정상적인 사회)

〈제2탄〉

개미는 열심히 일하다가 허리 디스크에 걸려 눕게 되었습니다. 그동안 벌어놓은 재산을 다 탕진하여 거지가 되었습니다. 베짱이는 노래만 하다가 너무 노래를 잘하게 되어 디스크(음반)를 냈습니다. 날개 돋친 듯이 팔려 부자가 되었습니다. (가치관이 혼돈된 사회)

〈제3탄〉

개미는 병원에 입원하여 치료를 받고 다 나았습니다. 그리고 다시 열심히 일하여 부자가 되었습니다. 베짱이는 그 많은 돈으로 술과 마약을 하다가 몸이 망가져 죽었습니다. (다시 정상적인 가치관으로 돌아온 사회)

이솝우화(Aesop's Fable) '개미와 베짱이(The Ant and the Grasshopper)'는 moral lesson about hard work and preparation(열심히 일하고 준비하는 것에 관한 도덕적 가르침)에 관한 우화다. 희랍어 원본과 라틴어 번역본에는 베짱이가 아니라 매미(cicada)로 되어있다. 다음은 이와 관련된 epigram of unknown authorship(작자 미상의 경구)이다.

Eternal vigilance is the price of liberty.
Unceasing effort is the price of success.
영원한 경계는 방종 후에 지불하는 대가다(= 방종하면 영원한 경계라는 대가를 나중에 치른다).
부단한 노력은 성공 전에 지불하는 대가다(= 부단한 노력이라는 대가를 미리 치르면 성공한다).

■ Advice to a Young Man 젊은이에게 보내는 충고

We cannot travel every path. Success must be won along one line. We must make our business the one life purpose to which every other must be subordinate. I hate a thing done by halves. If it be right, do it boldly. If it be wrong, leave it undone. The men of history were not perpetually looking into the mirror to make sure of their own size. Absorbed in their work they did it. They did it so well that the wondering world sees them to be great, and labeled them accordingly. To live with a high ideal is a successful life. It is not what one does, but what one tries to do, that makes a man strong. "Eternal vigilance," it has been said, "is the price of liberty." With equal truth it may be said, "Unceasing effort is the price of success." If we do not work with our might, others will; and they will outstrip[defeat] us in the race, and pluck the prize from our grasp.

우리가 모든 길을 다 갈 수는 없다. 성공은 한 분야에서 얻어야 한다. 우리 직업을 유일한 인생의 목표로 삼아야 하며, 다른 모든 것은 이것에 종속되어야 한다. 나는 일을 어중간하게 하는 것을 싫어한다. 옳으면 과감하게 하라. 그르면 손대지 말고 내버려두어라. 역사상의 인물은 자기의 크기를 확인하기 위하여 시종 거울만 들여다보고 있지는 않았다. 자기가 하는 일에 여념이 없었다. 그들은 자기의 일을 아주 잘하였기 때문에 이를 지켜본 세상 사람들은 그들이 위대하다는 것을 알고 그들에게 위대하다는 명예로운 훈장을 달아주었다. 이상을 가지고 사는 삶이 성공적인 삶이다. 무엇을 하느냐가 아니라 무엇을 시도하느냐가 사람을 강하게 한다. 예부터 "자유를 지키기 위해서는 경계를 게을리 해서는 안 된다"라는 옛 말이 있다. 이와 마찬가지로 "성공을 하기 위해서는 부단한 노력이 필요하다"라고 말할 수 있다. 우리가 전력을 다하여 일하지 않으면 남들이 그렇게 할 것이다. 결국 그들은 경주에서 우리를 이기고, 우리의 손아귀에서 상(賞)을 빼앗아 갈 것이다.

– 헤밍웨이(Ernest Hemingway)

어휘 **With equal truth**: (1) 진리 (2) 진실 (3) 사실 (4) 성실 (5) (기준이 되는 것과의) 일치

Success grows less and less dependent on luck and chance. Self-distrust is the cause of most of our failures. The great and indispensable help to success is character. Character is a crystallized habit, the result of training and conviction. Every character is influenced by heredity, environment and education. But these apart, if every man were not to a great extent the architect of his own character, he would be a fatalist, and irresponsible creature of circumstances. Instead of saying that man is a creature of circumstance, it would be nearer the mark to say that man is the architect of circumstance. From the same materials one man builds palaces, another hovel. Bricks and mortar are mortar and bricks, until the architect can make them something else. The true way to gain much is never to desire to gain too much. Wise men don't care for what they can't have.

성공은 운이나 기회에 점점 덜 좌우된다. 자기 불신은 실패의 대부분의 원인이다. 성공에 중요하고 필수불가결한 요소는 품성이다. 품성은 단련과 확신으로 얻어지는 결정화된 습관이다. 품성은 유전, 환경, 교육의 영향을 받기 마련이다. 그러나 이와는 별도로 대부분 자기 품격의 개척자가 되지 않으면, 모두가 운명론자가 될 것이며 환경에 좌우되는 무책임한 사람이 될 것이다. 인간을 환경의 노예가 아니라 환경의 개척자라고 말하는 것이 더 정확한 표현이다. 같은 재료를 가지고 어떤 사람은 궁전을 짓고 어떤 사람은 헛간을 만든다. 건축가가 그것들을 가지고 무언가를 만들기 전까지는, 벽돌과 모르타르(회반죽)는 모르타르(회반죽)와 벽돌에 불과하다. 많은 것을 얻기 위해서는 절대로 너무 많은 것을 얻으려고 해서는 안 된다. 현명한 사람은 자기가 가질 수 없는 것에 대해서는 관심을 두지 않는다.

어휘 **these apart: apart from these(= aside from this)**, 이것들은 별문제로 하고, 이것들은 그렇다 치고

creature: (1) 창조물 (2) 동물 (3) 산물 · 노예, **creature of impulse**(충동에 좌우되는 사람)

nearer the mark: 더 정확한. 여기의 **near**는 전치사가 아니라 목적어(**the mark**)를 취하는 특수한 형용사이기 때문에 비교급 **nearer**를 사용할 수 있다.

13. Secret to Success in Life and Work(인생과 일의 성공에 이르는 비결)

Save a marshmallow today and you'll eat well tomorrow.
오늘 마시멜로를 남겨두어라. 그러면 내일 잘 먹게 될 것이다.

Happiness is a decision you make, not an emotion you feel.
행복은 당신이 하는 결정이지 당신이 느끼는 감정이 아니다.

Successful people are willing to do things that unsuccessful people are not willing to do.
성공한 사람은 성공하지 못한 사람이 하지 않으려고 하는 것을 기꺼이 한다.

It takes one minute to change your attitude.
In that one minute, you can change your entire day!
태도를 바꾸는 데 1분이 걸린다. 그 1분 만에 하루 전체를 바꿀 수 있다!

The dark minute the caterpillar calls the end of the world is the sun-filled moment the butterfly calls the beginning.

유충이 세상의 끝이라 부르는 어두운 순간은 나비가 세상의 시작이라고 부르는 햇빛 충만한 순간이다.

- Tao Saying(도교의 말씀)

Every morning in Africa, a gazelle wakes up.
It knows it must run faster than the fastest lion or it will be killed.
Every morning a lion wakes up.
It knows it must outrun the slowest gazelle or it will starve to death.
The moral: It does not matter if you are a lion or a gazelle.
When the sun comes up, you had better be running.

아프리카에선 매일 아침 가젤(영양의 일종)이 잠을 깬다.
가젤은 가장 빠른 사자보다 더 빨리 달리지 않으면 죽는다는 걸 안다.
매일 아침 사자가 잠을 깬다.
사자는 가장 느린 가젤을 앞질러 달리지 않으면 굶어 죽는다는 걸 안다.
교훈: 사자든 가젤이든 해가 떠오르면, 달려야 한다.

- African Proverb(아프리카 격언)

Instruction does much, but encouragement does everything.

가르치는 것은 많은 것을 가능케 하지만, 격려는 모든 것을 가능케 한다.

- 독일 문호 괴테(Johann Wolfgang von Goethe 1749~1832)

The more you praise and celebrate your life, the more there is in life to celebrate.

자기의 삶을 많이 칭찬하고 칭찬과 할수록 찬미할 일이 많이 생긴다.

- 미국 TV 사회자(presenter) · mogul(거물) 오프라 윈프리(Oprah Gail Winfrey 1954~)

The secret of happiness is not in doing what one likes, but in liking what one does.

행복의 비결은 좋아하는 일을 하는 데 있는 것이 아니라 하는 일을 좋아하는 데 있다.

- 스코틀랜드 작가 James Matthew Barrie(1860~1937)

Happiness comes when you believe in what you are doing, know what you are doing, and love what you are doing.

행복이란 현재 하고 있는 것의 가치를 인정할 때, 현재 하고 있는 것을 정통할 때,
현재 하고 있는 것을 사랑할 때 온다.

- 캐나다 출신 경영컨설턴트 브라이언 트레이시(Brian Tracy 1944~)

The weakest living creature, by concentrating his powers on a single object, can accomplish something; the strongest, by dispensing his over many, may fail to accomplish anything. The drop, by continually falling, bores its passage through the hardest rock. The hasty torrent rushes over it with hideous uproar, and leaves no trace behind.

아무리 약한 사람이라도 단 하나의 목적에 자기의 온 힘을 쏟으면 무엇인가를 성취할 수 있지만, 아무리 강한 자라도 자기의 힘을 많은 것에 분산하면 어떤 것도 성취할 수 없다. 물방울은 계속 떨어짐으로써 아무리 단단한 바위라 할지라도 뚫고 지나간다. 급류는 격렬하게 바위 위를 흘러가지만 아무런 흔적도 남기지 못한다.

- 영국 평론가 · 사상가 · 역사가 칼라일(Thomas Carlyle 1795~1881)

07 교차대구어법 인물별

1. 부시의 교차대구어법

선거 구호는 유권자의 눈과 귀에 착 달라붙어야 한다. 우리나라의 선거 구호 역사는 3대 대통령 선거(1956. 05. 15) 때부터다. 신익희(申翼熙 1892~1956) 후보의 구호는 '못 살겠다 갈아 보자'였고, 이승만(李承晩 1875~1965) 후보의 구호는 '갈아봤자 별수 없다'였다. 그런데 이와 같은 콘텐츠의 구호가 2008년 오바마의 선거 캠페인 구호 Change We Can Believe In(갈아야만 산다)과 동일하다. 제41대 미국 대통령(1989~1993) 조지 허버트 워커 부시(George Herbert Walker Bush 1924~)는 1988년 8월 18일 뉴올리언스(New Orleans)에서 미국 공화당 대통령 후보 지명 수락 연설을 할 때, 왼손 집게손가락으로 자신의 입술을 가리키며 이렇게 말했다.

The Congress will push me to raise taxes,
and I'll say no,
and they'll push,
and I'll say no,
and they'll push again,
and I'll say to them,
'Read my lips: no new taxes.'
의회가 세금 인상을 강요하더라도
나는 '아니요'라고 말할 것입니다,
그리고 그들이 강요하더라도
나는 '아니요'라고 말할 것입니다,
그리고 그들이 거듭 강요하더라도
나는 그들에게 '내가 무슨 말하는지 잘 보세요.
세금 인상은 없습니다'라고 말할 것입니다.

read one's lips를 verbatim translation(말 그대로 번역)하면 '독순(讀脣)하다'란 의미다(lip reading: 독순술). 즉 입술이 움직이는 모양을 보고 상대편이 하는 말을 알아내라는 말이다. 그러나 이 표현은 자기 의사를 강력하게 이야기하고자 할 때 쓰는 말이다. 다른 생각을 하지 말고 입술에서 나오는 말 그대로를 받아들이고 믿어 달라는 뜻이다. Read my lips. You cannot marry Robert. He has no job(내 말 잘 들어. 로버트와는 결혼할 수 없어. 그 친구는 백수야).

I will never break my pledge of no new taxes(세금 인상은 없다는 약속을 꼭 지키겠다)는 의사를 이렇게 표현했다. 세금에 시달리던 유권자들에게 크게 약발이 먹혔다. 이 한마디가 대

통령 당선에 도움이 되었다. 그런데 부시가 대통령일 때 미국 경제는 침체의 골이 더 깊어지면서 재정 적자가 눈덩이처럼 불어났다. 지출을 줄이려면 의료 · 사회보장비까지 깎아야 할 형편이었다. 1991년 예산에서 부시는 소득세율을 대폭 인상했으며 휘발유, 담배, 주류에 대한 과세를 인상했다. 〈뉴욕 포스트 New York Post〉지는 이런 제목을 달았다. Read my lips. I lied(내 말을 잘 들으시오. 나는 거짓말을 했습니다).

결국 그는 1992년 재선에 실패했다. 영악한 클린턴 후보가 이를 놓칠 리 없었다. It's the Economy, Stupid란 슬로건 한 방으로 부시를 날려버렸다. (우리나라 언론은 It's the Economy, Stupid를 '문제는 경제야, 이 바보야'라고 번역했다. '문제는 경제야, 뭘 몰라'로 번역했더라면 하는 아쉬움이 남는다). 아들인 조지 워커 부시(George Walker Bush)는 텍사스 주지사(1993에 당선 · 1998년에 재선) 시절 만찬석상에서 How did you turn a deaf ear to your wife's entreaties that you purchase new formal wear for the event?(만찬에 입을 새로운 턱시도를 구입해야 한다는 부인의 간청에 관심이 없다는 것을 어떻게 표현했느냐?)라는 질문에 다음과 같이 답했다. Read my lips. No new tuxes.(잘 들어요. 턱시도는 새로 안 사요). 그는 아버지가 한 말을 그대로 했다 - taxes를 tuxes로 바꾼 것 말고는 대를 이은 교차대구법이다. 그는 아버지의 대를 이어 대통령이 되었다.

2. 링컨의 교차대구어법

Public sentiment is everything,
with public sentiment, nothing can fail; without it nothing can succeed.
국민의 정서가 모든 것을 좌우한다.
국민의 정서에 순(順)하면 성공하고, 역(逆)하면 실패한다.

Stand with anybody that stands right.
Stand with him while he is right, and part with him when he goes wrong.
정의의 편에 서 있는 사람과 함께 서라.
그 사람이 옳은 일을 하는 동안 같이 서 있고, 그 사람이 잘못하면 그 사람에게서 떠나라.

You can fool all the people some of the time,
and some of the people all the time,
but you cannot fool all the people all the time.
모든 사람은 얼마간은 속일 수 있다.
그리고 얼마간의 사람을 언제나 속일 수는 있다.
그러나 모든 사람을 언제나 속일 수는 없다.

- 제16대 대통령(1861~1865)이 되기 몇 년 전인 1858년에 행한 연설에서

Labor is prior to, and independent of, capital.
Capital is only the fruit of labor, and could never have existed if labor had not first existed. Labor is the superior of capital, and deserves much the higher consideration.

노동은 자본에 우선하며, 자본으로부터 독립적이다. 자본은 노동의 열매에 불과하며, 노동이 없었더라면, 자본은 존재할 수 없었을 것이다. 노동은 자본보다 우위에 있다. 그렇기 때문에 그만큼 더 배려할 가치가 있다.

– 1861년 12월 3일 연두교서

■ 링컨(1809~1865)과 비슷한 말을 한 바넘(Barnum 1810~1891)

You cannot fool all of the people all of the time, but you can fool some of the people some of the time.

모든 사람은 언제나 속일 수는 없다. 그러나 얼마간의 사람을 얼마간은 속일 수 있다.

주 이 말은 오늘날에도 상품 선전 등에 많이 인용된다.

I don't believe in duping the public, but I believe in first attracting and then pleasing them.

나는 사람을 속이는 것을 옳다고 생각하지 않는다. 그러나 우선 사람을 끌어들이고 그들을 즐겁게 하는 것은 옳은 일이라고 믿는다.

바넘(Phineas Taylor Barnum) 그는 누구인가? 링컨과 동시대의 인물로 미국의 유명한 흥행사(興行師 showman)였다. 1835년 눈먼 그리고 사지가 거의 완전히 마비된 여자 노예를 사서 160세가 넘은 조지 워싱턴의 간호사였다고 선전하여 쇼에 출연시켜 성공을 거두었다. 그녀는 1836년에 죽었는데 그녀의 실제 나이는 기껏해야 80세였다. 대중이 희귀하고 기괴한 것에 흥미를 느낀다는 것을 간파하고 짜낸 속임수였다. 1842년 그의 박물관에 속임수(hoax)를 썼다. 전시한 성공작은 지느러미가 있는 물고기 몸에 사람의 머리 모양을 한 피지(Fiji 남태평양의 섬)에서 잡혔다는 인어였다. 물론 위조 인어(bogus mermaid)였다. 그가 동료 박물관 소유자로부터 빌린 것이었다. 63.5cm 키를 가진 난쟁이를 '톰 섬 장군(General Tom Thumb)'이라고 요란스럽게 선전하여 2,000만 장의 입장권을 팔았다. '혼자서 걸어 다니는 가장 작은 사람(Smallest Person that Ever Walked Alone)'이라고 선전했다. 당시 그의 나이 4세였다. 이 아이는 허큘리스(Hercules)로부터 나폴레옹(Napoleon)에 이르기까지 유명한 사람들의 흉내를 냈다.

3. 처칠의 교차대구어법

처칠(Winston Leonard Spencer Churchill 1874~1965)은 정치가일 뿐만 아니라 역사·전기 등의 산문에도 뛰어나 〈제2차 세계대전 The Second World War〉로 노벨 문학상을 수상하였으며 또한 화가로서도 널리 알려져 있다.

We shape our dwellings, and afterwards our dwellings shape us.

우리는 집을 만들지만 나중에는 집이 우리 삶을 만들어간다.

We make a living by what we get, we make a life by what we give.

우리는 버는 것으로 생계를 유지하고, 베푸는 것으로 인생을 만든다.

I have taken more good from alcohol than alcohol has taken from me.

나는 술 때문에 뺏기는 것보다 술로 얻는 것이 더 많다.

Success is not final, failure is not fatal: It is the courage to continue that counts.
성공이 끝이 아니듯 실패도 끝이 아니다. 중요한 것은 버티는 정신력이다.

주 final과 fatal이 대구를 이룸

The pessimist sees difficulty in every opportunity.
But the optimist sees opportunity in even difficulty.
비관론자는 모든 기회에서 어려움을 본다. 낙관론자는 모든 어려움에서 기회를 본다.

This is not the end. It is not even the beginning of the end.
But it is, perhaps, the end of the beginning.
이것은 끝이 아니다. 끝의 시작도 아니다. 아마도 시작의 끝이다.

- 2차 대전 중 영국군의 이집트 전선에서의 승리에 즈음하여

1949년 하원(House of Commons)에서의 연설

We shall not flag or fail.
We shall go on to the end,
we shall fight in France,
we shall fight on the seas and oceans,
we shall fight with growing confidence and growing strength in the air,
we shall defend our island, whatever the cost may be,
we shall fight on the beaches,
we shall fight on the landing grounds,
we shall fight in the fields and in the streets,
we shall fight in the hills;
we shall never surrender.

우리들은 약해지거나 실패하거나 하지 않을 것이다.
우리들은 최후까지 싸울 것이다.
우리들은 프랑스에서 싸울 것이다.
우리들은 바다나 대양에서 싸울 것이다.
우리들은 믿음을 굳건히 하고 제공권(制空權)을 강화해가며 싸울 것이다.
우리들은 어떠한 대가를 지불하더라도 우리의 섬을 지킬 것이다.
우리들은 해변에서 싸울 것이다.
우리들은 상륙 지점에서 싸울 것이다.
우리들은 들판이나 거리에서 싸울 것이다.
우리들은 언덕 위에서 싸울 것이다;
우리들은 결코 항복하지 않을 것이다.

해설 shall은 1인칭을 주어로 하여 '의무감', '강한 결의', '결심이 끝나 변경될 수 없는 계획적인 행동'을 나타낸다. 이것을 Shall of Purpose(결의의 Shall)이라 한다. '반드시[기어이] ~하다', '무슨 일이 있어도 ~하다'로 옮긴다. 강하게 발음한다.

an iron curtain across the Continent 대륙을 가로지르는 철의 장막

윈스턴 처칠은 1946년 3월 5일 미국 미주리(Missouri) 주 풀턴(Fulton)에 있는 미국 웨스트민스터 대학(Westminster College)의 연설에서 an iron curtain has descended across the Continent (대륙을 가로질러서 철의 장막이 드리워져 있다)라고 말했다. 소련의 비밀주의를 비난하기 위해 사용한 말이다. 소련이 지배하는 지역에서는 소련이 무제한으로 권력을 확대해가고 있는데, 이런 움직임에 제동을 걸기 위해서는 압도적인 무력이 필요하다고 말하였다. 이는 제2차 세계대전 후의 '냉전'을 알리는 유명한 말이 되었다. 이 단어는 나치 독일의 선전장관 J. P. 괴벨스가 독일 패전 직전에 쓴 논문에서 최초로 사용하였다고 알려져 있다. Sinews of Peace(평화의 원동력)이라고 이름 붙여진 처칠의 연설 일부를 보자.

From Stettin in the Baltic to Trieste in the Adriatic, an iron curtain has descended across the Continent. Behind that line lie all the capitals of the ancient states of Central and Eastern Europe. Warsaw, Berlin, Prague, Vienna, Budapest, Belgrade, Bucharest and Sofia, all these famous cities and the populations around them lie in what I must call the Soviet sphere, and all are subject in one form or another, not only to Soviet influence but to a very high and, in many cases, increasing measure of control from Moscow.

발트(Baltic)해의 슈체친(Stettin)에서 아드리아(Adriatic)해의 트리에스테(Trieste)까지 유럽 대륙을 가로질러 철의 장막이 쳐져 있습니다. 그 선 뒤에 중앙 유럽과 동부 유럽의 오랜 역사를 가진 국가들의 모든 수도가 자리 잡고 있습니다. 바르샤바 · 베를린 · 프라하 · 빈 · 부다페스트 · 베오그라드 · 부쿠레슈티 그리고 소피아 등, 이 모든 유명한 도시들과 그 주변의 주민들이 '소련 세력권'이라고 말할 필요가 있는 그 권내에 들어 있습니다. 이들은 이런저런 형태로 모두 소련의 영향을 받고 있을 뿐만 아니라 모스크바의 매우 심한 통제를 받고 있습니다. 대부분의 경우 그 통제의 도가 점증하고 있습니다.

해설 the Continent: The term the Continent (capitalized), used predominantly in the European isles and peninsulas, such as the British Isles, Sardinia, Sicily and the Scandinavian Peninsula, means mainland Europe, although it can also mean Asia when said in Japan(영국 제도(諸島)와 사르디니아, 시칠리아 그리고 스칸디나비아반도와 같은 유럽의 섬과 반도에서 널리 사용된 the Continent(대문자)라는 용어는 유럽 본토를 의미하며, 일본에서 사용될 때는 아시아 본토를 의미한다).

4. 트루먼의 교차대구어법

미국 제 33대 대통령 트루먼(Truman 1884~1972)에게 이런 이력이 있다. 트루먼은 1905년 미주리 주(州) 방위군(Missouri National Guard)에 입대하여 1911년까지 복무했다. 1905년 그는 시력이 오른쪽 눈 20/50 왼쪽 눈 20/400으로 신체 검사에서 합격 판정을 받을 수가 없었다. 시력 검사표(eye chart)를 몰래 외워서 통과했다고 전한다. 제1차 세계대전(1914~18)이 발발하자 다시 입대했다. 시사주간지 뉴스위크(2008년 12월 13일)는 오바마 당선자가 트루먼 전 대통령으로부터 배울 필요가 있다고 지적했다. 미 대통령 중 가장 청렴했던 것으로 알려진 트루먼이 미주리(Missouri) 주 잭슨 카운티 법원(Jackson County Court)의 판사(judge)로 있을 때의 일이다. 트루먼은 '오점 없는 판사'로 남기 위해, 지역 내 도로 공사로 인해 어머니 소유의 농장 4만 4,515㎡(제곱미터)가 수용됐을 때 어머니에 대한 보상금 1만 1,000달러의 지급을 불허했다. 자신이 공직에 있는데 어머니에게 보상금을 줄 경우 의심을 살 수 있다는 것이었다.

교차대구어법

Not all readers become leaders. But all leaders must be readers.

모든 독자(讀者)가 지도자가 되는 것은 아니다. 그러나 모든 지도자는 독자(讀者)임에 틀림없다.

I don't care what your politics are.
I don't care what you believe in politically,
and I don't care what your religion is,
as long as you live by it and act by it.

나는 귀하의 정견이 무엇이냐에 대해서 상관하지 않는다.
나는 귀하가 정치적으로 무엇을 지지하느냐에 대해서 상관하지 않는다.
그리고 나는 귀하의 종교가 무엇이냐에 대해서 상관하지 않는다.
귀하의 종교가 귀하의 삶의 기준이 되고 행동의 기준이 되기만 한다면.

해설 그는 I've always believed that religion is something to live by and not talk about(종교란 삶의 기준이지 논쟁의 대상이 아니라고 나는 항상 믿어 왔다)라는 말도 했다.

Some of the presidents were great and some of them weren't.
I can say that, because I wasn't one of the great presidents,
but I had a good time trying to be one, I can tell you that.

위대한 대통령도 있었고 그렇지 않은 대통령도 있었습니다.
내가 말할 수 있는 것은 '나는 위대한 대통령 중의 한 명은 아니었으나, 그렇게 되려고 노력하면서 즐거운 시간을 보냈기 때문에 나는 여러분들에게 이렇게 말할 수 있습니다.'

해설 트루먼은 43명(44대 대통령 오바마 제외)의 역대 대통령 가운데 열 손가락 안에 드는 유능한 대통령으로 꼽힌다. 그는 가장 숭배받는 대통령(most admired past presidents) 중 한 명이다.

It's plain hokum. If you cannot convince them, confuse them. (대구를 이룸)
It's an old political trick. But this time it won't work.

설득할 수 없으면 상대를 헛갈리게 하라는 말은 완전히 속된 말이다.
이것은 오래된 정치적 술수이지만 이번에는 효과가 없을 것이다.

Indeed it is perhaps hardly going too far to say that it is very little use trying to convince any one by argument. State your case as clearly and concisely as possible, and if you shake his confidence in his own opinion it is as much as you can expect. It is the first step gained.

실로, 논쟁으로 다른 사람을 설득하는 것이 별 효과가 없다고 말한다면 그것은 지나친 말이 아닐 것이다. 당신의 입장을 될 수 있는 한 명료하게 또 간결하게 진술하라. 그리고 당신이 상대가 자신의 의견에 대해 갖고 있는 신념을 흔들어 놓는다면 그것이 바로 네가 할 수 있는 모든 것이다. 이것이 첫 단계 수확이다.

해설 존 러벅 경(Sir John Lubbock 1834~1913)의 에세이 〈재치 Tact〉에 있는 말이다. 존 러벅 경(Sir John Lubbock, 4th Baronet, 1st Baron Avebury 1834~1913)은 19세기 영국 지성을 이끈 인물이다. 인류학자(anthropologist)이면서 고고학자(archaeologist)였다. 1879년 은행가 협회 초대 회장, 1881년 영국 학술 협회 회장을 맡았다. 옥스퍼드, 케임브리지, 에든버러, 더블린, 뷔르츠부르크 대학에서 명예박사 학위를 받았고, 1888년 런던 상공 회의소 의장, 1890년 런던주 의회 회장이 되었다. 1900년 남작(Baron Avebury) 작위를 받았다. 고고학 교과서 〈선사시대 Prehistoric Times〉를 저술했으며 인생에 관한 에세이를 많이 썼다. 〈재치 Tact〉는 재능보다는 요령이 중요하다는 실용적인 처세술이 담긴 독특한 에세이집이다. 1887년부터 1889년까지 〈인생의 즐거움 The Pleasures of Life〉을 집필했고 1896년에 〈인생의 선용 The Use of Life〉을 발간했다.

■ 특이한 이름

트루먼(Harry S Truman 1884~1972)의 이름은 스펠링이 특이하다. John F. Kennedy의 F.는 Fitzgerald를 대표(standing for)하지만, Harry S Truman의 [S]는 이니셜(initial: 머리글자)이 아니고 그냥 [S]다. 따라서 [S]에 종지부(full stop · period)를 찍지 않는 것이 정식이다. 그렇지만 트루먼은 항상 S에 종지부를 찍었다. 트루먼의 아버지는 노새 상인이며 농부였다. 그는 미국 대통령으로서는 드물게 college degree가 없다. 그는 2년 동안 캔자스시티 법률학교(Kansas City Law School) 야간 강좌를 수학했다. 프랭클린 루스벨트는 부통령인 그를 무시해 외교 현안을 제대로 말해 주지 않았다. 1945년 4월 12일 프랭클린 루스벨트가 급서(急逝)한 지 2시간 24분 만인 저녁 7시 9분 부통령 트루먼은 대통령에 취임했다. 부통령에 취임한 지 82일 만에 얼떨결에 대통령이 된 것이다. 1945년 4월 12일 트루먼은 긴급히 백악관으로 들어오라는 호출을 받았다. 루즈벨트 대통령 부인 Eleanor Roosevelt(1884~1962)는 대통령이 서거했다는 소식을 전했다. 그는 엄청난 충격(massive stroke)을 받았다. 맨 먼저 걱정되는 것이 Mrs. Roosevelt였다.

Truman *Is there anything I can do for you?*
Mrs. Roosevelt *Is there anything we can do for you? For you are the one in trouble now.*

트루먼 제가 부인을 위하여 할 수 있는 일이 있을까요?
루즈벨트 부인 제가 귀하를 위하여 할 수 있는 일이 있을까요? 지금 어려움에 처한 사람은 당신이니까요.

태평양 전쟁은 1945년 9월 2일 히로시마와 나가사키에 대한 원자폭탄 투하를 명령, 제2차 세계대전을 승리로 끝냈다. 원폭투하에 대한 트루먼의 결정은 일본이 미국을 공격한다면 약 50만 이상의 미국인이 사망할 것이라는 참모들의 보고에 따른 것이었다.

■ plain speaking(알기 쉬운 말)

트루먼은 plain speaking으로 유명하다. 그는 statesman(정치가)과 politician(정치인)의 차이점을, 그리고 recession(경기 후퇴)과 depression(불경기)의 차이점을 평이하고도 명쾌하게 설파했다.

A politician is a man who understands government and it takes a politician to run a government. A statesman is a politician who's been dead for fifteen years.
정치인은 정치를 아는 사람이며 정부를 운영하는 데 정치인이 필요하다. 정치가는 15년 동안 죽어지내 온 정치인이다.

- 트루먼

참고 *Government is like a big baby - an alimentary canal with a big appetite at one end and no responsibility at the other.*
정치란 커다란 갓난아이와 같아서 식욕은 왕성하지만 배설은 대책이 없다.

- 제40대 미국 대통령 레이건(Ronald Reagan 1911~2004)

주 alimentary canal: (해부학 용어) 소화관(消化管): 동물이 섭취한 음식물의 소화 · 흡수를 맡은 기관을 통틀어 이르는 말. 입에서 시작하여 항문에서 끝남.

참고 *Since a politician never believes what he says, he is surprised when others believe him.*

정치하는 사람은 자신이 한 말을 믿지 않기 때문에, 다른 사람이 그를 믿으면 놀란다.

- 프랑스 정치가 드골(Charles de Gaulle 1890~1970)

참고 거짓말에는 세 가지가 있다. 작은 거짓말과 큰 거짓말, 그리고 정치다.

- 러시아 속담

주 세 가지 거짓말이 그 정도가 약한 것에서부터 강한 것으로 배열되어 있으므로 정치가 거짓말의 왕인 셈.

참고 *Politics is war without bloodshed, while war is politics with bloodshed.*

정치는 피를 흘리지 않는 전쟁이다. 전쟁은 피를 흘리는 정치다.

- 마오쩌둥(Mao Tsetung · Mao Zedong 毛澤東 1893 ~1976)

참고 *The successful revolutionary is a statesman, the unsuccessful one a criminal.*

성공한 혁명가는 정치가, 실패한 혁명가는 범죄자.

- 미국 심리학자 프롬(Erich Fromm 1900~1980)

It's a recession when your neighbor loses his job; it's a depression when you lose your own.

이웃이 일자리를 잃으면 경기후퇴. 자신이 일자리를 잃으면 불경기.

- 트루먼

■ 유머 감각의 정치가

Any man who has had the job I've had and didn't have a sense of humor wouldn't still be here.

내가 맡아온 직무를 맡아온 사람으로서 유머 감각을 갖고 있지 않는 사람이라면 누구도 아직 이 자리에 있지 못할 것이다.

해설 Any man who has had the job I've had and (who) didn't have a sense of humor wouldn't still be here.

(1차 수식)

(2차 수식)

Any man who has had the job I've had and (who) didn't have a sense of humor wouldn't still be here.

(직설법 현재완료) (가정법 과거) (가정법 과거)

If I'd known how much packing I'd have to do, I'd have run again.

엄청 많은 짐을 꾸릴 줄 알았다면, 다시 한 번 출마했을 것이다.

- 1953년 1월 26일 백악관을 떠나며 Time지 기자에게 유머러스하게 한 말

해설 If I'd known how much packing I'd have to do, I'd have run again.

(가정법 과거완료) (직설법 과거) (가정법 과거완료)

■ 인생관

We must have strong minds, ready to accept facts as they are.

우리는 사실을 사실대로 기꺼이 받아들이는 강한 마음을 가져야 한다.

I have never seen pessimists make anything work, or contribute anything of lasting value.

나는 비관주의자들이 일이 되게 하거나 불멸의 가치가 있는 일에 공헌한 것을 본 적이 없다.

■ 딸에게 보낸 편지

I am only interested in your welfare and happy future and I stand ready to do anything to contribute to that end. But remember that good name and honor are worth more than all the gold and jewels ever mined. Remember what old Shakespeare said, "Who steals my purse steals trash, but who filches my good name takes that which enriches not himself and makes me poor indeed." A good name and good advice is all your dad can give you.

나는 네가 장래에 잘 살고 행복하게 살기만을 바랄 뿐이며, 그러기 위해서라면 어떠한 것이라도 기꺼이 기여할 마음의 자세가 되어 있다. 하지만 명성과 명예란 지금까지 채굴된 온갖 금은보화보다 소중하다. 옛날 셰익스피어가 했던 말을 기억하여라. "나의 지갑을 훔친 자는 쓰레기를 훔친 자이나, 나의 명예를 훔친 자는 자신에게는 이득이 되지 않으면서 나에게만 손실을 끼치는 자다." 명성과 좋은 충고는 아빠가 너에게 줄 수 있는 전부다.

해설 밑줄 친 부분은 셰익스피어 작 〈오셀로 Othello〉 3막 3장 163행~165행으로 이아고(Iago)가 오셀로(Othello)에게 한 말이다. '자신의 명예를 실추시킬 구실이 되는 일을 하지 말 것은 물론, 남의 명예를 실추시키는 일도 하지 말라'는 의미로 Who steals my purse~와 who filches my good name~ 앞에 각각 선행사가 생략되어 있다.
Whom the gods love die young(신의 총애를 받는 자는 빨리 죽는다). - 36세로 요절한 영국 시인 바이런(Byron).
Absence from whom we love is worse than death(사랑하는 사람에게서 떨어져 있는 것은 사별하는 것보다 나쁘다).
- 영국 시인 쿠퍼(Cowper).
증명서 등에서 '관계자 앞'이나, '관계자 諸位(제위) 앞'을 영어로 하면 'To whom it may concern'이라 한다. whom 앞에 선행사가 생략되어 있다. 선행사가 생략됨으로써 참 편리하게 사용된다. 선행사가 남성 · 여성 · 단수 · 복수 · 사람 · 기관 관계 없이 무차별적으로 아무런 제약 없이 사용될 수 있기 때문이다. 이러한 생략법은 과거로부터 내려오는 경구 같은 것에서 많이 볼 수 있다.

주 제위(諸: 모든 제, 位: 자리 위): '여러분'을 한문 투로 쓰는 말.

5. 허버드의 교차대구어법

미국 writer · artist · philosopher인 허버드(Elbert Green Hubbard 1856~1915)의 말은 각운(脚韻 · rhyme)을 통해 리듬감을 살려주기 때문에 읽는 맛을 더해준다.

Natural joy brings no headaches and no heartaches.

꾸밈 없는 기쁨은 머리도 마음도 아프게 하지 않는다.

To avoid criticism do nothing, say nothing, be nothing.

비평받지 않으려면 아무것도 하지 말고, 아무것도 말하지 말며, 아무것도 되지 말라.

주 우리나라의 제1 · 2 · 3 · 4대 대통령 이승만(1875~1965)은 1958년 6월 18일 국무회의에서 장관들을 질책하며 Do nothing, say nothing, be nothing(아무것도 하지 말고, 아무것도 말하지 말며, 아무것도 되지 말라)이라고 말했다. 허버드의 말을 인용한 듯하다.

A friend is one who knows you and loves you just the same.

친구란 당신에 대해 잘 알고 있음에도 불구하고 여전히 당신을 사랑하는 사람이다.

주 just the same: (1) 마찬가지로 (2) 여전히(yet·still) (여기서는 후자의 의미)

Never explain-your friends do not need it and your enemies will not believe you anyway.

구구한 설명을 말라 - 친구는 구구한 설명을 필요로 하지 않으며 원수는 어차피 믿지 않는다.

주 영화 Love story의 명대사(memorable quote)에 Love means never having to say you're sorry(사랑이란 미안하다고 말할 필요가 없는 것)가 있다.

6. 케네디의 교차대구어법

- **미국 국민을 감동시킨 1961년 1월 20일 취임 연설(Inaugural Address)에서의 주옥 같은 교차대구법**

My fellow Americans,
ask not what your country can do for you;
ask what you can do for your country.
친애하는 미국 국민 여러분,
국가가 국민 여러분들을 위하여 무엇을 할 수 있는가를 묻지 말고;
국민 여러분이 국가를 위하여 무엇을 할 수 있는가를 묻기 바랍니다.

Let us never negotiate out of fear. But let us never fear to negotiate.
두려워 협상해서도 안 되며 협상을 두려워해서도 안 됩니다.

Let every nation know, whether it wishes us well or ill, that we shall
pay any price,
bear any burden,
meet any hardship,
support any friend,
oppose any foe, to assure the survival and the success of liberty.
우리에게 우호적이든 아니든 간에 모든 국가에게 천명하는 바입니다.
자유의 생존과 성공을 담보하기 위하여, 어떤 대가도 치르겠다는 것을,
어떤 부담도 견디겠다는 것을,
어떤 곤란도 감당하겠다는 것을,
어떤 우방도 도와주겠다는 것을,
어떤 원수도 대항하겠다는 것을.

〈The Quote Verifier: Who said What, Where, and When. 인용문 출처 확인: 누가 무엇을 어디에서 그리고 언제 말했는가?〉의 저자이기도 한 연설문 전문가 키스(Ralph Keyes)가 2006년 6월 4일자 〈워싱턴 포스트 WP〉에 기고한 〈Ask not where this quote came from〉이 인용문의 출처를 묻지 마라〉라는 제목의 기고에서 위의 케네디 명언과 비슷한 내용의 말을 제29대 대통령인 하딩(Warren Gamaliel Harding 1865~1923)이 1916년 공화당 전당대회에서 했다고 썼다. 다음은 하딩이 말한 내용이다.

We must have a citizenship less concerned about what the government can do for it and more anxious about what it can do for the nation.
우리는 국민이 정부가 무엇을 할 것인지 보다는 국민이 나라를 위해 무엇을 할 것인지를 걱정하는 국민을 원합니다.

케네디 대통령의 연설 원고 작성자였던 소렌센(Theodore Sorensen 1928~)은 Kennedy was the chief source of his own best quotations(케네디는 자신이 가장 좋아하는 인용문을 주로 자신이 공급했다)고 말한 바 있다. 케네디는 좋은 말을 하려고 면면히 이어 내려온 역사 속에서 그 정수(精髓)를 찾으려고 무던히 애썼던 사람인 것만은 분명하다.

■ 1961년 4월 17일 Pigs만(灣) 침공

영화 〈굿 셰퍼드 The Good Shepherd〉(2006)에는 memorable quote(잊히지 않는 대사)가 하나 있다. 그 대사는 CIA가 무소불위(無所不爲)의 조직이라는 것과 CIA 요원의 자부심이 하늘을 찌른다는 것을 상징적으로 보여주는 대목이다. 출근하는 에드워드 윌슨(Edward Wilson)에게 새로 온 상사 리차드 헤이즈(Richard Hayes)가 다음과 같이 말한다.

Someone asked me why when we talk about CIA, we don't say "the CIA", and I told him, "You don't say 'the' when talking about God."

누군가 나에게 묻더군. 우리가 CIA를 칭할 때 '왜 the CIA'라고 하지 않느냐고. 난 그에게 말했지. "사람들은 신(God)을 칭할 때 앞에 'the'를 붙이느냐"고.

주 미국 중앙정보국의 정식 명칭은 the Central Intelligence Agency. 약칭은 the CIA 또는 그냥 CIA다.

해설 shepherd의 사전적 의미는 '양치는 사람', '목자(牧者)'이나, 비유적 의미로 '목사(pastor)', '지도자', '교사'를 의미하기도 한다. the (Good) Shepherd는 성경에서 '선한 목자(그리스도)'를 말한다. 이 영화 제목으로서의 의미는 '국가를 잘 지키는 자' + 'CIA의 지도적 인물' 쯤 된다. 영어에서 ph의 발음은 모두 [f]로 발음된다(예 philosophy·photograph). 단 하나의 예외는 shepherd로 [p]로 발음한다. 이 단어는 sheep(양)+herd(목자 牧者)의 합성어이기 때문이다.

세계적인 명배우 로버트 드니로(Robert DeNiro 1943~)가 감독한 이 영화는 맷 데이먼(Matt Damon), 안젤리나 졸리(Angelina Jolie) 등 쟁쟁한 배우들의 열연으로도 관심을 모았던 작품이다. 냉전 시대가 절정에 다다른 1961년, 쿠바의 사회주의 혁명 세력 카스트로 타도를 위해 케네디 행정부의 CIA는 비밀 작전 '피그만 침공(the Bay of Pigs Invasion)'을 준비한다. 사전에 정보가 새는 바람에 작전은 참담한 실패로 끝난다. 베테랑 요원 에드워드 윌슨(Edward Wilson: 맷 데이먼 Matt Damon 분)은 내부 첩자를 색출하는 책임을 맡는다. 이 영화는 이렇게 시작된다.

Victory has a hundred fathers, but defeat is an orphan.
I am the responsible officer of the government.

승리에는 100명의 아버지가 있지만, 패배에는 아버지가 없다. 내가 정부 책임자다. (직역)

승리에는 내 덕이라고 나서는 사람이 많지만, 실패에는 내 탓이라고 나서는 사람이 없다. 내 탓이다. (의역)

해설 우리말에 '잘되면 내 덕, 못되면 네 탓' 또는 '잘되면 제 잘난 탓이고, 못되면 조상 탓'이라는 말이 있다. 이와 똑같은 의미의 말을 케네디가 한 것이다.

케네디 재임 기간 약 3년(1961.1.20~1963.11.22) 동안 Pigs만 침공(Bay of Pigs Invasion)과 쿠바 미사일 위기(Cuban Missile Crisis)가 있었다. Pigs만은 쿠바 연안에 있는 만이다. 1959년 1월 카스트로가 쿠바의 정권을 잡자 개인 재산을 몰수하였다. 대부분은 미국 기업이 쿠바에서 소유하고 있던 자산이었다. 1960년 5월부터 미 CIA는 쿠바 침공 계획을 세우기 시작했다. 케네디는 계획이 실행에 옮겨지기 직전 취임하였다. 행정부 내에서 침공을 둘러싸고 논쟁이 벌어졌다. 1961년 4월 16일에 카스트로가 사회주의 국가 선언을 하자 다음날인 4월 17일 미 중앙정보국이 주축이 돼 쿠바 망명자 1,500명으로 쿠바를 침공했으나 100여 명이 숨지고 1,000여 명은 체포되는 대실패(fiasco)로 끝났다. 침공은 쿠바인의 민중 봉기라는 정보에 근거를 두고 시행됐으나 아무도 봉기하지 않았다. 1961년 5월 케네디 행정부는 죄수들의 몸값을 치르고 그들을 석방시키기 위해 비공식적인 접촉을 시도했다. 힘겨운 협상 끝에 마침내 카스트로는 5,300만 달러에 해당하는 식량과 의약품을 받고 죄수를 풀어주는 데 동의했다. 케네디는 Pigs만 사건에 대해 위와 같은 명언을 남겼다. 미국 역대 대통령이 내린 최악의 10개 결정 중 하나로 꼽히는 Pigs만 침공 사건에 대해 케네디는 자신을 실패 책임자라고 인정했다. 케네디는 1년 후 더 어려운 결정에 직면했다. '쿠바 미사일 위기(The Cuban Missile Crisis)'다.

Mankind must put an end to war, or war will put an end to mankind.
인류가 전쟁에 종지부를 찍지 않으면, 전쟁이 인류에 종지부를 찍을 것이다.

– 1961년 9월 25일 UN 총회(UN General Assembly) 연설

■ 1962년 10월 22일 쿠바 미사일 위기로 쿠바에 대하여 해상 봉쇄 조치

These fellows in the foreign service have no cojones.
Now these fellows in the military have cojones, but they don't have any brains.
국무부의 이 친구들은 불알(용기)이 없어.
요새 국방부에 있는 놈들은 불알(용기)은 있으나 두뇌(지력)가 없어.

1962년 10월 14일 중거리 탄도미사일의 발사대가 쿠바에 건설 중임을 공중 촬영으로 확인하였다. 22일 케네디는 쿠바에 대하여 해상 봉쇄 조치를 취하고, 소련의 흐루시초프 서기장에게 공격용 무기를 철거할 것을 요구하였다. 28일 흐루시초프는 미사일의 철거를 명령하고 쿠바로 향하던 16척의 소련 선단의 방향을 소련으로 돌림으로써 위기는 사라졌다. 미국의 대통령들(American Presidents)을 전공한 미국의 저명한 역사학자 – 전(前) 컬럼비아(Columbia)대 · UCLA · 옥스퍼드대 교수 · 현(現) 보스턴(Boston)대 교수 – 인 Robert Dallek(1934~)이 두 사건과 관련하여 케네디와 군부에 대해서 언급한 바가 있는데 흥미롭다.

In brief, JFK had a visceral distrust of the American military. It began during WWII when he was in the Navy and was increased by his experience over the Bay of Pigs. It was further deepened by his experience during the Cuban Missile Crisis. There's a wonderful tape at the JFK library in which he said "These fellows in the foreign service have no cojones. Now these fellows in the military have cojones, but they don't have any brains." So he had big doubts about the military.
간단히 말해서, 케네디는 미 군부에 대해서 노골적인 불신을 갖고 있었어요. 이 불신은 그가 해군에 있었던 2차 대전 동안에 시작되었으며 Pigs만 경험으로 증가되었어요. 그것은 쿠바 미사일 위기 동안의 경험으로 더 한층 심화되었어요. 케네디 도서관에 테이프가 보관되어 있는데 여기에 보면 "국무부의 이 친구들은 불알(용기)이 없어. 요새 국방부에 있는 놈들은 불알(용기)은 있으나 두뇌(지력)가 없어"라고 되어 있어요. 놀랍지 않아요. 그런 걸 보면 그는 군부에 불신을 갖고 있었어요.

어휘 **foreign service**: 외교부서(재외 공관을 통괄하는 미국 국무부)
cojones: (1) 고환(睾丸 불알) (2) 용기

■ **예술을 아는 케네디**

In three words I can sum up everything I've learned about life: It goes on.

삶에 대해 내가 배운 모든 것을 세 단어로 요약할 수 있다: 삶은 계속된다.

프로스트

출처 : Wikipedia

'20세기 미국의 가장 위대한 시인'으로 불리던 프로스트(Robert Frost 1874~1963)의 말이다. 케네디는 미국 역사상 처음으로 시인을 미국 대통령 취임식에 초청했다. 그 시인이 바로 프로스트다. 그는 1961년 86세의 고령임에도 참석해 1942년 작 〈조건 없이 주는 선물 The Gift Outright〉을 낭송했다. 원래는 케네디를 위해 지은 시를 낭송키로 돼 있었으나 그날 눈 덮인 의사당의 햇빛에 반사돼 원고를 읽을 수 없게 되자 자신의 시를 암송한 것이다. 프로스트는 1963년 1월 29일 사망했다. 1963년 10월 27일 행한 〈케네디 대통령의 로버트 프로스트 추모 연설〉은 미국 사회에서 예술의 가치를 논한 기념비적 연설로 평가받는다. 그는 이 연설을 한 뒤 한 달이 못 된 11월 22일 암살당했다.

When power leads man toward arrogance, poetry reminds him of his limitations.
When power narrows the areas of man's concern,
poetry reminds him of the richness and diversity of his existence.
When power corrupts, poetry cleanses.

권력이 인간을 오만으로 몰고 갈 때 시(詩)는 인간의 한계를 일깨워줍니다.
권력이 인간의 관심 영역을 좁힐 때,
시(詩)는 인간 존재의 풍요와 다양성을 일깨워줍니다.
권력이 부패할 때 시(詩)는 정화해줍니다.

The great artist is thus a solitary figure.
He has, as Frost said, "a lover's quarrel with the world."
In pursuing his perceptions of reality,
he must often sail against the currents of his time.
This is not a popular role.

그래서 위대한 예술가는 고독한 인물입니다.
프로스트의 말대로 예술가는 "세상과 사랑 싸움"을 합니다.
예술가가 자신의 현실인식을 추구하다 보면
시대의 조류를 거스를 수밖에 없습니다.
이것은 인기 있는 역할이 아닙니다.

7. 프랭클린의 교차대구어법

프랭클린(Benjamin Franklin 1706~1790)은 미국 정치가 · 외교관 · 저술가다. 자연과학에도 관심을 가져 지진의 원인을 연구해서 발표하는가 하면, 피뢰침을 발명하기도 하였다. 1752년

연(鳶)을 이용한 실험을 통하여 번개와 전기의 방전은 동일한 것이라는 가설을 증명하고, 전기 유기체(有機體)설(electric fluid theory)을 제창하였다. 각 주 사이(특히 큰 주와 작은 주 사이)의 이익 대립을 조정, 헌법 제정에 진력하였으며 새 정부가 수립된 이듬해 죽었다. 그는 평생을 통하여 자유를 사랑하고 과학을 존중하였으며 공리주의에 투철한 전형적인 미국인으로 일컬어진다. 상식 철학과 뛰어난 기지가 넘치는 그의 경구를 살펴보자.

Speak little, do much(= Least talk, most work).
적게 말하고 많이 일하라.

Well done is better than well said.
잘 행하는 것은 잘 말하는 것보다 낫다.

A Lie stands on one leg, the truth on two.
거짓은 한 발로 서고, 진리는 두 발로 선다.

There never was a good war or a bad peace.
좋은 전쟁도 나쁜 평화도 결코 없었다.

Full of courtesy, full of craft.
지나친 예절은 지나친 교활.
주 과례(過禮)는 비례(非禮)(너무 과한 예의는 오히려 예의가 아니다)라는 우리말 경구가 있음.

You may delay, but time will not.
사람은 꾸물거릴 수 있으나 시간은 그렇지 않다.

Keep your shop and your shop will keep thee.
너의 가게를 건사하라. 그러면 가게가 그대를 건사할 것이다.

If Jack's in love, he's no judge of Jill's beauty.
갑(甲)남이 사랑에 빠지면, 을(乙)녀의 미모를 탓하지 않는다.

Be slow in choosing a friend, slower in changing.
친구를 선택할 때는 천천히, 친구를 교체할 때는 보다 천천히.

It is better to take many Injuries than to give one.
작은 상처를 주는 것보다 큰 상처를 입는 것이 더 낫다.

Life's tragedy is that we get old too soon and wise too late.
삶이 비극인 것은 너무 빨리 늙고 너무 늦게 철든다는 것이다.

He that can compose himself, is wiser than he that <u>composes</u> books.
마음을 진정시킬 수 있는 사람은 책을 쓰는 사람보다 현명하다.
주 compose: (1) (시(글)을 짓다 (2) (재귀용법으로) 마음을 가라앉히다

Early to bed and early to rise makes a man healthy, wealthy, and wise.
일찍 자고 일찍 일어나는 것은 사람을 건강하고, 부유하고, 현명하게 만든다.

There is much difference between imitating a good man, and counterfeiting him.
훌륭한 사람을 모방하는 것과 흉내 내는 것에는 커다란 차이가 있다.

Poverty wants some things, luxury many things, avarice all things.
가난은 약간의 것을 필요로 하고, 사치는 많은 것을 필요로 하고, 탐욕은 모든 것을 필요로 한다.

He that would live in peace and at ease, must not speak all he knows nor judge all he sees.
맘 편하게 살려면 아는 모든 것을 말해서도 안 되고 눈에 보이는 모든 것을 비판해서도 안 된다.

8. 스티븐슨의 교차대구어법

아들라이 스티븐슨
출처 : Wikipedia

미국 정치가 · 외교관 아들라이 스티븐슨(Adlai Stevenson 1900~1965)은 1950년대 미국 민주당 지도자다. 그는 날카로운 위트(quick wit)와 깊은 지성(deep intellect)으로 유명했다. 1952년과 1956년의 민주당의 대통령 후보였으며 케네디 행정부 시절 UN 대사를 지냈다. 교차대구법을 즐겨 사용했던 그의 웅변은 기지가 뛰어났으며 바닥에 구멍 난 구두를 신고 다닐 정도로 검소했다.

Ignorance is stubborn and prejudice is hard.
무지가 고집스러운 것이라면 편견은 고집불통이다.

Words calculated to catch everyone may catch no one.
모든 사람의 마음을 사로잡으려고 하는 말은 어느 누구의 마음도 사로잡지 못한다.
– 1952년 7월 21일 미국 제2의 도시 시카고 민주당 전국대회에서 행한 연설 중에서

In America any boy may become President.
and I suppose it's just one of the risks he takes.
미국에서는 아무나 대통령이 될 수 있다.
그것은 누구든 모험하는 것 중의 하나일 뿐이라고 생각한다.
– 1952년 9월 26일 인디애나폴리스에서 행한 연설 중에서

I have been thinking that I would make a proposition to my Republican friends...
that if they will stop telling lies about the Democrats,
we will stop telling the truth about them.
나는 나의 공화당 친구들에게 제의해야겠다고 계속 생각해오고 있다...
그들이 민주당에 대해서 거짓말하는 것을 중단한다면
우리는 그들에 대해서 그 사실(거짓말한다는 사실)을 말하는 것을 중단할 것이라고.
– 1952년 대통령 선거전에서 한 말

Public confidence in the integrity of the Government is indispensable to faith in democracy;
and when we lose faith in the system,
we have lost faith in everything we fight and spend for.
정부의 완전성에 대한 국민의 신뢰는 민주주의 신앙에 있어서 필수다;
우리가 이 제도를 신뢰할 수 없게 되면
우리가 얻기 위하여 싸우고 에너지를 쏟는 모든 것에 대한 믿음을 이미 잃어버린 것이다.

The woman you notice is beautiful. The woman who notices you is enchanting.
자기가 주목하는 여자는 아름답고 자기를 주목하는 여자는 매혹적이다.

주 이 말은 미국 작가 존 어스킨(John Erskine 1879~1951)의 말 There's a difference between beauty and charm. A beautiful woman is one I notice. A charming woman is one who notices me(미와 매력에는 차이가 있다. 미녀는 내가 눈여겨보는 사람이고 매력 있는 여성은 나를 눈여겨보는 사람이다)를 약간 변형한 것으로 보인다.

9. 셰익스피어의 교차대구어법

Love's fire heats water, water cools not love.
사랑의 불은 물을 뜨겁게 하지만, 물은 사랑을 식히지 못한다.

– Shakespeare의 154개의 소네트(Sonnet 14행시) 중 하나의 마지막 행(行 · line)

셰익스피어의 정조(貞操)에 대한 견해

Hamlet	*If you be honest and fair, your honesty should admit no discourse to your beauty.*
Ophelia	*Could beauty, my lord, have better commerce than with honesty?*
Hamlet	*Ay, truly; for the power of beauty will sooner transform honesty from what it is to a bawd than the force of honesty can translate beauty into his likeness: this was sometimes a paradox, but now the time gives it proof.*
햄릿	당신의 정조(貞操)가 굳고 얼굴이 고우면 말이오. 당신의 미모에게 수작을 거는 걸 당신의 정절이 그대로 내버려두어선 안 되오.
오필리아	여자의 미모와 정절처럼 서로 어울리는 천생연분(天生緣分)도 또 있을까요?
햄릿	천만의 말씀이오. 정절이 미모를 자기와 같이 깨끗한 모양으로 변모시키는 일보다는, 미모가 정절을 타락시키어 음란으로 변하게 하는 일이 더 쉬운걸요. 과거에는 이것이 패설(悖說)이었습니다만, 현재는 그것이 진리라는 증명이 충분합니다.

– 햄릿(Hamlet) 3막 1장에서 햄릿(Hamlet)과 오필리아(Ophelia)와의 대화

10. 사무엘 존슨의 교차대구어법

사무엘 존슨
출처 : Wikipedia

영국의 사무엘 존슨(Samuel Johnson 1709~1784)은 학비 부족으로 옥스퍼드대학교를 중퇴하였으나, 후에 문학상 업적에 의하여 박사 학위가 추증되어 Dr. Johnson(존슨 박사)이라 불렸다. 1747년에 시작한 〈영어사전 A Dictionary of the English Language〉을 자력으로 7년 만에 완성시키는 놀라운 일을 하였다. 그는 학자 시인이었을 뿐만 아니라, '좌담의 명인(Talker Johnson)'이라고도 불릴 만큼 담화를 잘하였다. 1995년 〈워싱턴 포스트〉는 지난 1000년의 역사에서 최고의 업적을 남긴 인물 또는 작품 선정에서 그를 최고의 저자로 선정하였다.

When a man is tired of London, he is tired of life;
for there is in London all that life can afford.
런던에 싫증 난 사람은 인생에도 싫증 난 사람이다.
왜냐하면 런던에는 인생을 즐겁게 해주는 모든 것이 있기 때문이다.

Marriage has many pains, but celibacy has no pleasures.
결혼에는 많은 고통이 있지만, 독신에는 아무런 즐거움이 없다.

참고 *If you marry, you will regret it. If you do not marry, you will also regret it.*
결혼하면 후회할 것이다. 그러나 결혼하지 않아도 후회할 것이다.
– 덴마크의 철학자 키에르케고르(Kierkegaard 1813~1855)

11. 클레어 루스의 교차대구어법

클레어 루스
출처 : Wikipedia

미국 여류 극작가 · 정치가 클레어 루스(Ann Clare Luce 1903~1987)는 1929년 첫 남편과 이혼하고 1935년 잡지(Time · Life · Fortune)왕 헨리 R. 루스(Henry R. Luce)와 재혼했다. 그녀의 풍자적 유머 감각과 1940~1960년대 미국 정계에서의 정치 활동은 유명하다. 1930년 〈Vogue〉지 부(副)편집장, 1930~34년 〈허영의 시장 Vanity Fair〉지 부(副)편집장 · 편집장을 역임했다. 작품 〈여인들 The Women〉(1936)은 브로드웨이에서 657회나 공연되었다. 코네티컷에서 공화당으로 하원의원에 뽑혀 1942~1946년 의회에서 활동했다. 1953년 아이젠하워 대통령은 그녀를 이탈리아 대사로 임명했다. 그녀가 한 말들을 보면 교차대구법을 적절히 구사한 대목이 곳곳에 보인다.

Lying increases the creative faculties, expands the ego, and lessens the frictions of social contacts.
거짓말은 창조 능력을 증가시키고, 자아를 확대시키는 반면에 인간 관계에서 생기는 마찰은 줄여준다.

Because I am a woman, I must make unusual efforts to succeed.
If I fail, no one will say, 'she doesn't have what it takes.'
They will say, 'Women don't have what it takes.'
나는 여자이기 때문에 성공하기 위하여 비상한 노력을 해야 한다.
내가 실패하면 누구도 '그녀는 노력한 만큼 얻지 못한다'라고 말하지 않고
'여자는 노력한 만큼 얻지 못한다'고 말할 것이다.

a world where men have decided to die together because they are unable to find a way to live together
남자들이 함께 살길을 찾을 수가 없어서 함께 죽기로 이미 작정한 세계
– 1940년 2차 대전 중 4개월 간 유럽을 방문하고 쓴 논픽션 〈Europe in the Spring〉에서
미국의 고립주의의 위험성을 경고하면서 전쟁 중인 유럽을 이렇게 말함

No good deed goes unpunished.
어떠한 선행도 벌 받지 않는 경우는 없다.

Courage is the ladder on which all the other virtues mount.
용기란 모든 다른 미덕이 타고 올라가는 사다리다.

주 루스가 1979년 Reader's Digest에서 한 말이다. 한자성어에 '용관전구(勇冠全球)'라는 말이 있다. '용기는 온 세상에서 최고의 덕목이다.'는 의미다. 이 말은 김영삼(金泳三) 전 대통령이 젊어서부터 좋아하는 말이다. 그의 서도전시회에는 '기불가실 시부재래(機不可失 時不再來 기회를 놓치지 마라. 때는 다시 오지 않는다)', '염생위(廉生威 청렴해야 위엄이 생긴다)'라는 글귀와 함께 반드시 이 경구가 걸린다.

No woman of our time has gone further with less mental equipment.
우리 시대의 어느 여성도 그녀보다 적은 지적 능력을 갖고서 그녀보다 더 성공한 사람은 없었다.

– 미국의 작가 · 비평가 파디만(Clifton Fadiman 1904~1999)이 루스에 대한 혹평

12. 거투르드 스타인의 교차대구어법

거투르트 스타인
출처 : Wikipedia

There ain't no answer. 해답은 없다.

There ain't gonna be any answer. 앞으로도 해답은 없을 것이다.

There never has been an answer. 지금까지도 해답이 없었다.

That's the answer. 이것이 해답이다.

– 유명한 스타인의 시구

미국 여류 시인 · 소설가 스타인(Gertrude Stein 1874~1946)은 일하지 않고도 살 수 있을 만큼의 재산을 물려받아 1903년 런던으로 건너갔다가 파리로 옮겨 생애의 대부분을 프랑스에서 보냈다. 파리에서 피카소와 교유한 다다이스트(Dadaist 허무주의적 예술가)였다. 그녀는 a major figure at the intersection of a number of literary traditions – American, modernist, feminine, avant-garde, post-modernist(다양한 문학 전통 – 미국인, 모더니스트, 여성, 전위예술가, 포스트모더니스트 – 의 교차점에 있는 주요 인물)이다. 그녀의 시는 압운(押韻 rhyme)으로 운율적인 효과를 내고 있으며 대구법과 교차대구법으로 문장을 가꾸고 있다.

The sister was not a mister.
여동생은 미스터가 아니었다.

A rose is a rose is a rose is a rose.
'장미는 장미다'는 '장미는 장미다'이다.

The teasing is tender and trying and thoughtful.
애타게 하는 것은 부드럽고 발칙하고 사려 깊다.

The settling of stationing cleaning is one way not to scatter and scattering.
배치하고 청소하는 정돈은 부수어서 흩뜨려 놓지 않는 하나의 방법임과 동시에 흩뜨려 놓는 것이다.

Chicken	닭
Stick stick call then,	쪼고 쪼아라. 그리고 소리쳐라.
stick stick sticking,	찌르고 찔러라. 계속 찔러라.

sticking with a chicken.	닭과 맞추어서 계속 쪼아라.
Sticking in a extra succession,	추가로 계속 찌르면,
sticking in.	결국은 꽂힌다.
Roast Beef	쇠고기 구이
In the inside there is sleeping,	안에서는 조용조용 있다.
in the outside there is reddening,	밖에서는 붉어지고 있다.
in the morning there is meaning,	아침에는 의미가 있다.
in the evening there is feeling.	저녁에는 느낌이 있다.
In the evening there is feeling.	저녁에는 느낌이 있다.
In feeling anything is resting,	느낌에는 휴식이 있다.
in feeling anything is mounting,	느낌에는 상승이 있다.
in feeling there is resignation,	느낌에는 체념이 있다.
in feeling there is recognition.	느낌에는 인식이 있다.

그녀의 시를 보면 언어 유희 그 자체이다. 대담한 언어 실험을 하고 있다. 단어들 간에 연상을 일으키는 어휘를 선택한다. 단어들 간에 일관된 지시적 의미는 없지만, 이미지 · 연상 · 내포 · 반향이 연결된다. 단어들과 이미지들을 통해 주제가 재구성될 수 없어 장난스럽기까지 하다. 일관된 주제나 의미를 예상하는 것 자체가 스타인의 글에는 부적합하다. 독자는 작품을 꿰뚫어 보기(look through)보다는 단지 보아야(look at) 한다. 불투명한 문체로 되어 있기 때문에 사실상 독자가 작품을 간파할 수 없다. 독자는 무엇을 보게 되는가? 독자에게 단어 그 자체에 관심을 모으게 함으로써 단어가 다시금 새롭게 보이게 한다. 단어들을 특수한 상황에 등장시킴으로써 독자가 한 번에 한 단어씩 대면하여 씨름할 때, 말의 소리뿐만 아니라 말의 의미에 대한 관심을 유발시킨다. 독자는 당혹함과 경이감으로 언어 그 자체에 부딪치게 된다. 완전히 이해되지 않는다. 다만 받아들일 뿐이다. hermetic(밀봉된), difficult(난해한), experimental(실험적인), inaccessible(접근하기 어려운) 시라는 평가가 따른다. 미국의 비평가 파디만(Clifton Fadiman 1904~1999)은 스타인에 대해 She was a master at making nothing happen very slowly(그녀는 어떠한 일도 천천히 일어나게 하지 않는 능력의 소유자였다)라고 평했다. 그녀는 전위(前衛)작가였다. 그녀는 문학 세계에서 가장 선구적이었다. 1970년대에 이르러 그녀에 대한 재평가가 시발되었다.

■ 우리나라 중년 여인 같은 스타인 여사의 좌상(坐像)

뉴욕의 맨해튼에는 뉴욕 공립도서관(New York Public Library)이 있다. 도서관 뒤편 고층 빌딩 숲 사이에 브라이언트 파크(Bryant Park)가 이어져 있다. 브라이언트(William Cullent Bryant 1794~1878)는 문학사적으로는 미국 최초의 낭만주의 시인의 반열에 올라 있고 당대의 저널리스트 · 신문인으로도 이름이 높다. 〈뉴욕 이브닝 포스트〉의 기자로 출발하여 마침내 공동 소유주까지도 지낸 그는 당시에 이미 뉴욕에 많은 공원이 있어야 한다고 역설하였다. 넓은 녹지에는 의자들이 아무 데나 흩어져 있고 사람들이 자유롭게 앉아 있다. 거기에 동상이 하나 있다.

한복 치마 같은 넓은 치마를 차려입은 데다 머리도 마치 쪽찐 듯 뒤로 묶은, 몸매도 통통하고 인자해 보이는 마치 우리나라 중년 여인 같은 분이 할머니처럼 쪼그리고 앉아 있다. 바로 스타인 여사의 좌상(坐像)이다.

■ Lost Generation

이 말을 처음 사용한 사람이 바로 스타인이다. 스타인 여사가 고장 난 자기 자동차를 수리하려고 젊은 프랑스 수리공들에게 부탁을 하였으나 전후의 노라리 세대들은 그런 능력이 없어 모두 고개를 절레절레 흔들었다. 그녀는 You are all a lost generation!이라고 크게 탄식하였다. 헤밍웨이가 제1차 세계대전 후의 가치가 전도된 사회를 그린 소설 〈The Sun Also Rises 해는 또 다시 떠오른다〉(1926)의 제사(題辭)에 You are all a lost generation이라는 스타인 여사의 이 탄식을 인용한 데서 유명해졌으며, 이 짧은 어구는 한 시대를 대변하는 명언이 되었다. 헤밍웨이와 스타인은 expatriate(아래 해설 참조)였다. Lost Generation이 '잃어버린 세대'라고 번역되어 고착화되어 있다. 이것은 오역이다. lost가 사물을 수식하면 '잃은', '분실한'이라는 의미로 missing과 똑같이 활용된다(lost articles 유실물). 반면 lost가 사람을 수식하면 '길 잃은', '방황하는'이란 의미가 된다(lost child 미아 · lost sheep 길 잃은 양). 왜 이런 의미 변화가 생길까? lost의 원형 lose는 그 목적어로 사물을 취할 수도 있고 주어 자신을 취할 수도 있다. 목적어가 사물인 I lost a book이라는 문장을 수동태로 바꾸면 A book was lost가 된다. 이것을 다시 구로 바꾸면 a lost book(잃어버린 책)이 된다. 목적어가 주어 자신인 A boy lost himself in a wood(소년은 숲 속에서 자기 자신을 잃었다 → 소년은 숲 속에서 자신이 어디로 가야 할지 방향 감각을 잃었다 A boy went astray in a wood)라는 문장을 수동태로 바꾸면 A boy was lost in a wood가 된다. 이 문장을 다시 구로 바꾸면 a boy lost in a wood가 된다. 즉 the lost boy는 '길 잃은 소년', '방황하는 소년'이다. 따라서 〈Lost Generation〉은 〈방황하는 세대〉라고 옮겨야 타당하다.

숲 속에서 길 잃은 소년

a boy who lost himself in a wood
→ a boy who was lost in a wood
→ a lost boy in a wood
→ a lost boy

해설 expatriate: 우리나라의 영한사전에는 expatriate가 '국외로 추방된 사람', '국적을 상실한 사람'이라고 기재되어 있는데 이는 원뜻과는 거리가 약간 멀다. 많이 쓰이는 단어이므로 정확한 의미를 알아 둘 필요가 있다. 어원은 라틴어다. 접두어 ex-는 영어의 'from', 'out of'에 해당하고, 우리말의 '바깥에'에 해당한다. patria는 영어의 country나 fatherland에 해당한다. 접미어 -uate는 직위(職位)를 나타낸다.

어휘 **magistrate**: 치안판사
curate: 보좌신부

An expatriate is a person temporarily or permanently residing in a country and culture other than that of the person's upbringing or legal residence. Expatriate can just as well be used to describe any person living in a country other than where they hold citizenship, but is generally not used for government officials stationed in a foreign country. During the 19th century Americans flocked to Europe-especially to Munich and Paris-to study the art of painting. Henry James was a famous expatriate American writer from the 1870s, who adopted England as his home. A famous group of expatriates was the so-called "Lost Generation," a term referring to American literary notables who lived in Paris from the period which saw the end of World War I to the beginning of the Great Depression. This group included people such as Hemingway and Stein.

expatriate는 자기가 자란 또는 법적 거주지가 아닌 다른 나라와 문화에서 일시적으로 또는 영구히 거주하는 사람이다. expatriate라는 단어는 국적을 취득한 나라 이외의 나라에 거주하는 사람 누구든지 지칭하는 데 사용해도 무방하나 해외에 거주하는 정부 관리에게는 사용되지 않는 것이 일반적이다. 19세기에 미국인들은 회화(繪畵)를 공부하기 위하여 대거 유럽으로 - 특히 뮌헨과 파리 - 로 갔다. 1870년대부터 해외 거주 작가로 유명한 헨리 제임스는 영국을 생활 본거지로 택했다. 유명한 expatriate 그룹은 제1차 세계대전 말(1918)부터 미국의 대공황(1929)까지 파리에 거주한 유명한 미국 작가들을 가리키는 소위 Lost Generation이었다. 이 그룹에 포함된 인사는 헤밍웨이와 스타인 등이었다.

13. 시저(카이사르)의 교차대구어법

시저

출처 : Wikipedia

Julius Caesar(BC 100~ BC 44)의 영어 발음은 [줄리어스 시저], 라틴 발음은 [율리우스 카이사르]다. '카이사르'란 인명이 나중에는 '황제'를 의미하는 말이 되었다. 마태복음(저작 시기는 80~90년경) 22장 Give to Caesar what is Caesar's, and to God what is God's(카이사르 것은 카이사르에게 돌리고 하느님의 것은 하느님께 돌려라)에서의 Caesar는 '황제'를 의미한다. 러시아에서는 황제를 '차르(Czar)'라 하고 독일과 오스트리아에서는 '카이저(Kaiser)'라고 하는데 모두 로마의 카이사르에서 연유했다. 셰익스피어에 '극작가'(보통명사)라는 의미는 없다. 단테에 '시인'(보통명사)이라는 의미는 없다. 카이사르는 서양사에 큰 영향을 주었다.

'카이사르'는 고대 로마의 장군 이름에서 '황제'라는 의미의 보통명사로 발전한 예다. 반면에 '그리스도'와 '라마'는 원래 보통명사였으나 인명(고유명사)처럼 사용된다. Jesus Christ에는 예수(Jesus)는 히브리어(Hebrew)로 '하느님은 구원해 주신다(Jehovah is salvation)'라는 뜻이며, 그리스도(Christ)는 '주(主)의 기름 부음을 받은 자(The Lord's Anointed One)', 즉 '구세주'를 의미한다. 달라이 라마(Dalai Lama)도 사람 이름이 아닌데 사람 이름처럼 사용된다. Dalai는 몽고어로 '대양(大洋 ocean)처럼 큰(大 grand)'이란 뜻이고 Lama는 티베트 불교의 '성직자'란 의미다. 합치면 '대(大)성직자'란 의미다.

■ Veni, vidi, vici!(I came, I saw, I conquered!)

I first opened the internet explorer folder, and typed a key word, then browsed the Web, and downloaded the document(나는 먼저 인터넷 창을 열고, 키워드를 친 다음, 인터넷 검색을 하고, 그 문서를 다운로드했다)라는 긴 문장을 Caesar의 말 I came, I saw, I conquered(왔노라, 보았노라, 정복했노라)를 흉내 내어 압축 표현하면 I came, I saw, I downloaded it(들어왔다, 보았다, 다운로드했다)이 된다.

'최대의 절약(節約) 속에 최대의 예술이 있다'라는 말이 있다. 표본이 되는 대표적 시가 이상화(李相和 1901~1943)의 〈빼앗긴 들에도 봄은 오는가?〉라는 시다. 조국을 빼앗긴 민족의 울분을 노래한 시다. 〈지금은 남의 땅, 빼앗긴 들에도 봄은 오는가?〉라는 제목과 첫 연(聯) 첫 행(行)이 매우 함축성 있게 모든 것을 말해준다. 황현(黃玹 1855~1910)은 1910년 한일합병조약 체결 소식을 듣자 비통함을 이기지 못하고 며칠 동안 식음을 전폐하다가 9월 10일 '절명(絶命)시'를 남기고 음독 순국했다. 이 4행시의 첫 행(行) 또한 매우 함축성 있게 모든 것을 말해준다.

鳥獸哀鳴海岳嚬(조수애명해악빈)	새도 짐승도 슬피 울고 강산도 찡그리네.
槿花世界已沈淪(근화세계이침륜)	무궁화 세상이 이젠 망해 버렸구나.
秋燈掩卷懷千古(추등엄권회천고)	가을 등불 아래 책 덮고 지난날 회고하니.
難作人間識字人(난작인간식자인)	인간 세상 식자 노릇하기 어렵기만 하구나.

또 하나의 대표적 예는 시저(Gaius Julius Caesar 100 BC ~ 44 BC)가 말한 라틴어 문장 Veni, vidi, vici이다. 영어로 I came, I saw, I conquered(왔노라, 보았노라, 정복했노라)로 번역된다. three-part sentence로 된 간단한 교차대구(반복문구) 표현이다. BC 47년 9월 소아시아(지금의 터키) 젤라(Zela)에서 폰투스(Pontus) 왕국의 미트리다테스(Mithridates) 대왕의 아들 파르나케스 2세(Pharnaces II)를 5일 만에 격파하고 로마 원로원에 보낸 전승(戰勝) 메시지의 전문(全文 full text)이다. 이 말은 그리스 역사가 플루타르크(Plutarch 46 ~ 120)가 쓴 〈영웅전〉과 로마의 역사가 수에토니우스(Suetonius 69~140)가 쓴 〈Lives of the Caesars 황제의 전기〉에 나와 있다.

해설 〈플루타르크 영웅전〉이라고 우리나라에 알려진 이 저술의 원제(原題)는 〈Parallel Lives 대비열전 對比列傳〉이다. 서로 유사한 점이 있는 그리스와 로마의 정치가들은 대비하면서 서술하였다. 그런데 왜 시저는 terse remark(간결한 말)을 썼을까? 온라인 백과사전 위키피디아(Wikipedia)는 흥미로운 설명을 달고 있다.

Caesar's terse remark simultaneously proclaimed the totality of his victory and served to remind the senate of Caesar's military prowess (Caesar was still in the midst of a civil war); alternatively, the remark can be viewed as an expression of Caesar's contempt for the patrician senate, traditionally representing the most powerful group in the Roman Republic(시저의 이 간결한 말은 시저의 승리의 완전성을 분명히 나타낼 뿐만 아니라 원로원에 시저의 무용(武勇 military prowess)을 다짐시키는 데 기여했다. (시저는 여전히 내전의 와중에 있었다); 한편 이 말은 전통적으로 로마 공화정에서 가장 강력한 집단의 상징인 귀족적 원로원을 모욕하는 표현이라고 풀이할 수도 있다).

단 세 마디의 시적인 운율의 이 명언은 2천 년이 지난 지금도 인구(人口)에 회자(膾炙)되는가

하면 마지막 부분 I conquered를 바꾸어 격문(檄文)뿐만 아니라 경제적이고 효과적인 일상어로도 응용되고 있다.

주 격문(檄文): (1) 어떤 일을 여러 사람에게 알리어 부추기는 글 (2) 급히 사람들에게 알리려고 각처로 보내는 글

I came, I saw, I clicked.
I came, I saw, I solved it.
I came, I saw, I played cricket.

들어왔다, 보았다, 클릭했다
왔다, 보았다, 해결했다.
왔다, 보았다, 공명정대하게 행동했다.

주 cricket: fair and honorable behaviour like that of a sportsman: proper and gentlemanly conduct(스포츠맨의 그것과 같은 공정하고 올바른 태도: 올바르고 신사적인 행동)

시저의 글에 나타나 있는 천재성의 증거는 그 글이 비록 자기 선전을 위해 쓰였지만 뛰어난 문학적 가치를 갖고 있다는 점이다. 특히 시저의 〈갈리아 전쟁 실록 Commentaries about the Gallic War〉은 간결한 문체와 정확한 현실 파악 등으로 라틴 문학의 걸작이라고 일컬어진다.

영국의 역사가 에이드리언 골즈워디(Adrian Goldsworthy 1969 ~)가 쓴 〈Caesar: Life of a Colossus 거인 시저의 생애〉(Yale University Press 2006)의 한 장면: 시저의 군대가 아프리카 원정 당시 압박을 당하고 있었다. 병사들은 두려움을 느꼈다. 기수(旗手) 한 명이 도망치려 했다. 그를 붙잡아 돌려 세운 시저는 "이봐, 적은 그쪽이 아니라 이쪽이야"라고 말했다.

시저의 어록을 보면 If you must break the law, do it to seize power; in all other cases observe it(법을 꼭 어겨야 한다면 권력을 잡기 위해서 그렇게 하라; 그 외의 경우에는 법을 지켜라)가 있다. 모순어법의 극치다. 기타 대구어법이나 교차대구어법으로 된 그의 어록을 보자.

(1) *I love treason but hate a traitor.*
(2) *I love the name of honor, more than I fear death.*
(3) *I had rather be first in a village than second at Rome.*
(5) *As a rule, men worry more about what they can't see than about what they can.*
(6) *Cowards die many times before their deaths; The valiant never taste of death but once.*
(7) *It is not these well-fed long-haired men that I fear, but the pale and the hungry-looking.*

(1) 나는 반역은 좋아하지만 반역자는 싫어한다.
(2) 나는 죽음을 두려워하는 것보다 명예라는 이름을 더 사랑한다.
(3) 로마에서 2인자가 되기보다는 차라리 한 마을에서 1인자가 되겠다.
(5) 대개, 남성들은 볼 수 있는 것보다는 볼 수 없는 것에 대해서 고민한다.
(6) 겁쟁이는 죽기 전에 누차 죽지만 영웅은 오직 한 번 죽을 뿐이다.
(7) 내가 두려워하는 사람들은 이처럼 잘 먹은 얼굴에 긴 머리를 가진 사람들이 아니고 창백하고 배고파 보이는 사람들이다.

14. 더글러스 맥아더의 교차대구어법

We are not retreating. We are advancing in another direction.

우리는 후퇴하고 있지 않다. 우리는 다른 방향으로 진격하고 있다.

몽골 언어에는 '후퇴'라는 말이 없다. 그들은 오로지 '앞으로'라는 말밖에는 없다. 후퇴할 때도 "돌아서 앞으로"라고 말한다. 칭기즈칸(Chingiz Khan)은 이 정신으로 중앙아시아를 평정하고, 더 나아가 서양 정벌로 동서양에 걸친 대제국을 건설하였다.

I promise to keep on living as though I expected to live forever.
Nobody grows old by merely living a number of years.
People grow old only by desertting their ideas.
Years may wrinkle the skin, but to give up interest wrinkles the soul.

나는 계속 살기를 기대한다. 영원히 살기라도 할 것처럼.
사람은 흐르는 세월에 의해서만 늙는 것이 아니다.
사람은 자기의 이상을 버릴 때 비로소 늙는다.
세월은 피부를 주름지게 하지만 흥미를 포기하는 것은 영혼을 주름지게 한다.

해설 I promise to keep on living (직설법 현재이기 때문에 promise) as though I expected to live forever. (가정법 과거이기 때문에 expected) (as thought가 인도하는 절은 가정법을 씀)

어휘 live: 인생을 즐기다 · 재미나게 살다
I have never really lived. 정말로 인생을 즐겨 본 일은 한 번도 없다.
Let us live while we may. 살아 있는 동안 재미나게 지내자.

어휘 desert: 2음절어로서 2음절에 Accent가 오는 경우 자음 하나를 더 쓴 다음 ing을 붙임 (과거 · 과거분사도 마찬가지)

omit	(생략하다)	-	omitting	-	omitted
refer	(언급하다)	-	referring	-	referred
prefer	(더 좋아하다)	-	preferring	-	preferred
transmit	(보내다, 알리다)	-	transmitting	-	transmitted

Duty, Honor, Country-those three hallowed words reverently dictate
what you ought to be, what you can be, what you will be.
They are your rallying point to build courage when courage seems to fail,
to regain faith when there seems to be little cause for faith,
to create hope when hope becomes forlorn.

임무, 명예, 조국 - 이 세 개의 신성한 말은 여러분이 어떤 인간이 되어야 하는가,
여러분이 어떤 인간이 될 수 있는가, 여러분이 어떤 인간이 될 것인가를 경건하게 규정해줍니다.
이 말은 용기가 시들어질 때 용기를 불러일으키게 하는,
신념에 대한 정당한 이유가 없을 때 신념을 되찾아주는,
희망이 절망이 될 때 희망을 솟아오르게 하는, 여러분들을 고무시켜주는 요체입니다.

맥아더가 최후로 공식 석상에 선 것은 1962년 5월 12일 웨스트포인트 육군사관학교에서 실바너스 세이어상(Sylvanus Thayer Award)을 받을 때다. 수상 연설에서 생도들에게 한 말이다.

Sylvanus Thayer Award(실바너스 세이어상)은 Father of West Point(웨스트포인트의 아버지)라고 불리는 육사의 제5대 교장 실바너스 세이어(Sylvanus Thayer 1785~1872)의 업적을 기리는 상이다.

2007년 '월간중앙' 7월호는 '서울 시내 초등생 38%는 6·25전쟁을 일본이 한국을 침공한 것으로 알거나 조선시대 임진왜란과 혼동하고 있는 것으로 조사됐다'고 보도하였다. 필자가 강남의 한 대형서점에 가서 맥아더 관련 서적이 있는지 묻자, 젊은 여직원은 "맥가이버요?" 하고 되물었다. "인천상륙작전을 모르느냐?"고 다시 물었더니 그 직원은 고개를 가로저었다. 맥아더에 대한 역사적 평가는 엇갈리지만, 분명한 사실은 젊은 세대로 내려갈수록 맥아더를 기억하지 못한다는 점이다. 맥아더는 한국 연대사의 한 페이지를 장식한 인물이다. 6·25전쟁의 가장 큰 전환점인 인천상륙작전의 중심에 태어날 때부터 준비된 장군이었던 더글러스 맥아더(Douglas MacArthur 1880~1964)가 있다.

'역사 서술의 거장(master of the art of narrative history)'이라고 널리 알려진 미국의 역사학자 데이비드 맥컬로(David Gaub Mccullough 1933~)는 미국 역사학자 협회(the Society of American Historians)의 회장(1991~1998)을 지냈다. 베스트셀러 저자이기도 한 그는 퓰리처상(the Pulitzer Prize)을 두 번, 미국 저술가상(the National Book Award)을 두 번 받았다. 그런 그가 맥아더에 대해서 교차대구법을 이용, 이렇게 평가했다.

You couldn't shrug your shoulders at Douglas MacArthur.
There was nothing bland about him,
nothing passive about him,
nothing dull about him.
There's no question about his patriotism,
there's no question about his courage, and
there's no question, it seems to me, about his importance
as one of the protagonists of the 20th century.

더글러스 맥아더에 대해서 실망하는 사람은 없을 것이다.
그에게는 재미없는 데라곤 전혀 없다.
그에게는 소극적인 데라곤 전혀 없다.
그에게는 어리석은 데라곤 전혀 없다.
그의 애국에는 의문의 여지가 없다.
그의 용기에는 의문의 여지가 없다.
나는 20세기 주역 중 한 사람으로서의
그의 중요성에 의문의 여지가 없다고 생각한다.

해설 shrug one's shoulders(= shrug away[off]): 미국인들은 (양 손바닥을 내보이며) 어깨를 으쓱하는 제스처가 몸에 배어 있다. 이는 실망, 의문, 냉소, 의심, 모름, 거절, 무관심, 불쾌함, 미안함, 멋쩍음, 놀라움 등을 나타내는 표시이다. 이를 shrugging shoulders(어깨 으쓱하기)라고 한다. Shrugging his shoulders Robert said, "I am sorry"(멋쩍은 듯 어깨를 움츠리며 로버트는 "미안해요"라고 말했다).

15. 마크 트웨인의 교차대구어법

마크 트웨인(Mark Twain)은 필명(alias)이며 본명은 사무엘 클레멘스(Samuel Clemens 1835~1910)다. 신문기자 출신 미국 소설가다.

주 aliase[éilliəs] (라틴어) : alias dictus(= otherwise called)라고도 함. (필명 · 별명 · 일명 · 가명 · 통칭)
부사용법 Smith alias Simpson(스미스 통칭 심프슨 · 심프슨 본명은 스미스)
명사용법 Samuel Clemens goes by the alias of Mark Twain(사무엘 클레멘스는 마크 트웨인이라는 별명으로 통함).

It's not the size of the dog in the fight; it's the size of the fight in the dog.
중요한 것은 싸우는 개의 크기가 아니라 개들의 싸움의 정도이다.

The difference between the right word and the almost right word is the difference between lightning and a lightning bug.
올바른 단어와 거의 올바른 단어의 차이는 번개와 반딧불의 차이다.

A banker is a fellow who lends you his umbrella when the sun is shining, but wants it back the minute it begins to rain.
은행가란 자들은 햇볕이 내리 쬐고 있는 날에는 우산을 빌려주다가 비가 오기 시작하자마자 우산을 도로 회수해가려고 하는 사람들이다.

Figures don't lie, but liars figure.
숫자는 거짓말하지 않는다. 그러나 거짓말쟁이는 숫자로 나타낸다.
숫자는 거짓말하지 않는다. 그러나 거짓말쟁이는 숫자로 거짓말한다.
주 figure: (동) 숫자로 나타내다(indicate by numerals)
주 통계에 대한 불신이 통계 자체에 있는 것이 아니라 통계를 통하여 사실을 왜곡하거나 자기 주장을 합리화하는 사람들에게 있다는 의미다. 여기에서 통계란 통계를 빙자한 숫자놀음을 말한다.

■ There are three kinds of lies: lies, damn lies, and statistics

거짓말에는 세 가지 종류가 있다. 그냥 거짓말, 새빨간 거짓말, 그리고 통계이다. 세 가지 거짓말이 그 정도가 약한 것에서부터 심한 것으로 배열이 되어 있으므로 통계가 새빨간 거짓말보다 더한 거짓말이라는 것을 나타내고 있다. 우리나라 언론과 학계에서는 영국 수상 디즈레일리(Benjamin Disraeli 1804~1881)가 이 말을 처음으로 했다고 말하고 있으나 사실은 불확실하다. 영국의 저명 정치가 헨리 레부셰어(Henry Labouchere 1798~1869)란 설도 있다. 디즈레일리가 한 말이라고 알려진 데는 미국 작가 마크 트웨인(Mark Twain 1835~1910)이 그의 자서전에서 디즈레일리가 한 말이라고 attribution(출처 추정)했기 때문이다. 〈Mark Twain's Autobiography 마크 트웨인 자서전〉(1924 published posthumously 사후(死後) 출판에 있는 관련 내용을 보자.

Figures often beguile me, particularly when I have the arranging of them myself; in which case the remark attributed to Disraeli would often apply with justice and force: "There are three kinds of lies: lies, damned lies, and statistics."
숫자는 나를 기만하기 십상이다. 특히 내 자신이 숫자를 나열할 때 그렇다. 이 경우에 디즈레일리가 한 말이라고 추정된 말 -"거짓말에는 세 가지 종류가 있다. 그냥 거짓말, 새빨간 거짓말, 그리고 통계"- 이 옳다는 설득력을 갖는다.

그러나 디즈레일리 원작(Disraeli's authorship)에 이 말에 대한 기록이 있다고 밝혀진 적이 없다. 디즈레일리 전기 〈Disraeli and His Day 디즈레일리와 그의 시대〉(1891)의 작가는 영국 정치가 프레이저(William Augustus Fraser 1826~1898)이다. 그는 주도면밀한 수집가(assiduous collector)였다. 그런데도 그는 디즈레일리의 작품(디즈레일리는 소설가이기도 하였음)이나 편지에서 이 말에 대한 어떤 것도 찾지 못했다. 이런 사실은 있다. 영국 정치가 코트니(Leonard Henry Courtney 1832~1918)가 1895년 8월 미국 뉴욕 사라토가 군(Saratoga County)에 있는 도시 사라토가 스프링스(Saratoga Springs)에서 한 연설에서 이렇게 언급했다.

After all, facts are facts, and although we may quote one to another with a chuckle the words of the Wise Statesman, "Lies-damned lies-and statistics," still there are some easy figures the simplest must understand, and the astutest cannot wriggle out of.

결국 사실은 사실입니다. 아마 우리는 농담으로 그 현명한 정치가(the Wise Statesman)의 말 'Lies - damned lies - and statistics(그냥 거짓말, 새빨간 거짓말, 그리고 통계)'를 서로 인용할지 모르지만, 아무리 단순한 사람도 틀림없이 이해할 그리고 아무리 교활한 사람도 교묘하게 빠져나갈 수 없는 수월한 통계가 있습니다.

코트니(Courtney)의 이 말은 〈The National Review〉(London, 1895)에 기록되어 있다. 연설 당시 왕립통계학회(the Royal Statistical Society) 회원이었다. 그는 나중에 이 학회의 회장(1897~1899)이 되었다.

영국의 통계학자 존 비비(John Bibby)는 이 말에 대한 믿을 만한 소스를 찾기 위해 백방으로 노력했다. 그러나 그가 얻은 정보는 코트니경이 언급한 것이 전부였다. 존 비비는 'Disraeli probably is not the Wise Statesman(필시 그 현명한 정치가는 디즈레일리가 아닐 것이다)'이라고 결론지었다. 결국 문제의 이 말을 디즈레일리가 했다고 똑 부러지게 말하는 사람은 없다. 마크 트웨인의 추정만 있을 뿐.

16. 파스칼의 교차대구어법

파스칼

출처 : Wikipedia

아래의 예문은 대부분 프랑스 과학자·종교철학자 파스칼(Blaise Pascal 1623~1662)의 〈팡세 Pensée(불어) Thoughts(영어)〉에서 인용한 것이다.

Man is only a reed, the weakest in nature; but he is a thinking reed. There is no need for the whole universe to take up arms to crush him; a vapor, a drop of water is enough to kill him. But even if the universe were to crush him, man would still be nobler than his slayer, because he knows that he is dying and the advantage the universe has over him. The universe knows nothing of this.

인간은 갈대에 불과하다. 자연에서 가장 약한 갈대에 불과하다. 그러나 인간은 생각하는 갈대다. 우주(자연)는 팔을 뻗어 인간을 때려눕힐 필요가 없다. 수증기나 한 방울의 물로 인간을 죽일 수 있다. 그러나 비록 우주(자연)가 인간을 짓밟는다 할지라도 인간은 여전히 자신을 죽인 자연보다 더 훌륭한 존재로 남을 것이다. 왜냐하면 인간은 자신이 죽을 것이라는 것과 우주가 자신보다 우위에 있다는 것을 알기 때문이다. 그러나 우주(자연)는 이러한 것을 전혀 모른다.

It is not only right but useful for us that God should be partly concealed and partly revealed, since it is equally dangerous for man to know God without knowing his own wretchedness as to know his own wretchedness without knowing the Redeemer who can free him from it.

신은 반쯤은 몸을 숨기고, 반쯤은 모습을 드러내야 한다는 것은 옳은 이야기일 뿐 아니라, 우리에게 유용하기도 하다. 왜냐하면, 인간이 자신의 비참함을 모르면서 신을 아는 것은, 자신을 구해줄 수 있는 구세주를 모르면서 자신의 비참함만을 아는 것만큼이나 위험한 일이기 때문이다.

We can secure more safety from the belief in the existence of God than non-belief.

우리는 신의 존재를 부정하는 것보다 존재를 믿는 것이 보다 많은 안전성을 확보할 수 있다.

God either exists or He doesn't.
Belief is a wise wager.
Granted that your truth proves false, what harm will come to you?
Let us weigh the gain and the loss in wagering that God exists.
If you gain, you gain all; if you lose, you lose nothing.
Wager, then, without hesitation, that He exists.

신은 존재할 수도 있고 존재하지 않을 수도 있다.
신이 존재한다고 믿는 것이 현명한 도박(내기)이다.
신의 존재에 대한 믿음이 잘못된 것으로 판명된다 할지라도 무슨 손해를 보겠는가?
신의 존재에 대한 내기에서 이길 경우와 질 경우를 저울질해보자.
이긴다면 모든 것을 얻게 되고, 져도 잃을 게 없다.
그러니 망설이지 말고 신이 존재한다는 쪽에 걸어라.

\- 팡세

해설 파스칼은 생애 끝 무렵(39세 요절) 〈팡세(명상록)〉를 썼다. 위의 말을 paraphrase(바꿔 쓰기)하면 Is it safer to believe in God even if there is no proof that one exists?(비록 신이 존재한다는 증거는 없다 할지라도 신이 존재한다고 믿는 것이 상책 아닌가?)가 된다. 그는 신을 믿어야 하는 것인지 말아야 할 것인지에 대해 고민하다 무조건 신을 믿는 것이 올바른 결정이라고 생각했다. 이것을 '파스칼의 내기(Pascal's Wager)'라 한다. '밑져봐야 본전(status quo)'이라는 식이다. 이런 거다.

1. 신의 존재를 믿은 사람은 신이 정말 존재할 때 천국에서 영생을 얻게 된다.
2. 신의 존재를 믿은 사람은 신이 정말 존재하지 않을 때 잃을 것이 없다.
3. 신의 존재를 믿지 않은 사람은 신이 정말 존재할 때 얻을 것이 없다.
4. 신의 존재를 믿지 않은 사람은 신이 정말 존재하지 않을 때 잃을 것이 없다.

08 교차대구어법 버나드 쇼

1. 피기백 방식 교차대구어법

영국 극작가 · 소설가 · 문학비평가 · 사회주의 선전 문학가인 조지 버나드 쇼(George Bernard Shaw 1856~1950)는 특히 산문(散文) 극작가로서 영국에서 제일가는 위치를 차지하고 있다. 아니 그 이상의 역할을 하고 있다. 그의 작품에는 도덕적 열정에 관한 철학이 스며 있다. 깡마른 체구, 무성한 턱수염, 멋진 지팡이는 그의 작품만큼이나 세계적으로 유명하다. 건방지고 불손하며 항상 자기 과시가 남달랐던 쇼는 죽을 때까지 자신의 쾌활한 기지를 발휘하여 줄곧 세인의 관심을 끌었다. 1938년 아카데미 각본상을 받았으며, 1925년 노벨 문학상을 받았다. 그의 작품들은 사람에게 무언가를 생각하게 하며 날카로운 감각과 기지가 넘친다. 그의 말은 역설로 가득 차 있고, 특히 교차대구법에 의한 언어 구사는 인류 역사 이래 타의 추종을 불허한다.

인터넷이 생활의 중심이 된 우리나라 N세대(Net Generation)의 신조어에 '슴가'가 있다. '가슴'의 글자 순서를 바꾸는 방식이다. 성적(性的) 의미를 지닌 단어나 비속어를 글자를 바꾸어 시각적 거부감을 줄이는 효과를 낼 수 있다. 바라(Theda Bara 1890~1955)는 미국 무성영화 시대의 배우이다. 주역을 맡은 첫 작품 〈한 바보가 있었는데 A Fool There Was〉(1915)는 집중적인 홍보 활동과 더불어 개봉되자마자 즉각적인 성공을 거두었다. 당시 홍보물에 그녀는 동방의 권력자 딸로, 예명은 이름의 철자를 바꿔 만든 '아랍의 죽음(Arab Death)'으로 소개되었다. 이와 같이 바꾸는 방식을 '피기백 방식'이라 한다.

piggyback fly(돼지 등에 탄 파리)를 연상해 보자. 파리는 돼지 등에 편승(便乘)하여 돼지가 가는 길이면 어디든 갈 수 있다. 원래 수송 용어인 피기백 방식이란 화물을 트레일러나 컨테이너에 실은 채 저상(低床)화차로 수송하는 방식을 말한다. 피쉬백 방식(fishy back system)은 물고기 등에 탄 방식, 즉 화물 트레일러나 철도화차 등의 선박 수송을 말한다. 버디백 방식(birdyback system)은 새(비행기) 등에 탄 방식을 말한다. 피기백 방식 교차대구법(chiastic piggybacking)의 예를 보자. 백남준(1932~2006)은 '인생은 짧고 예술은 길다'를 바꾸어 '인생은 길고 예술은 짧다'고 말했다. 미국 소설가 스타인벡(John Steinbeck 1902~1968)도 이 방식을 활용했다.

In the beginning was the Word, and the Word was with God, and the Word was God.
태초에 말씀이 있나니. 그 말씀은 하나님과 더불어 있나이다. 그 말씀이 곧 하나님이니라.

- 요한복음(John) 1장 1절

In the end is the word, and the word is man, and the word is with man.
마지막에 말씀이 있나니. 그 말씀이 곧 인간이요. 그 말씀은 인간과 더불어 있나이다.

– 스타인벡의 1962년 노벨 문학상 수락 연설 중에서

버나드 쇼는 이 피기백 방식 교차대구법(chiastic piggybacking)을 마음껏 활용했다. 쇼는 그를 유명하게 했던 최초의 작품 〈인간과 초인 Man and Superman〉에서 주인공인 테너(Tanner)의 입을 빌려서 기지 넘치는 공론(空論)을 펼쳤다.

I said, with the foolish philosopher, 'I think; therefore I am.' It was the woman who taught me to say, 'I am; therefore I think.'
그 어리석은 철학자와의 대화에서 나는 '나는 생각한다, 고로 존재한다'고 말했다.
그런데 '나는 존재한다, 고로 생각한다'라고 말하도록 가르쳐 준 사람은 그 여자였다.

데카르트의 유명한 말을 피기백 방식으로 활용한 것이다. 기왕의 문장을 그대로 활용하되 think와 am만을 맞바꾸어 놓은 것이다. 스웨덴 작가 아우구스트 슈트린트베르그(August Strindberg 1849~1912)는 I dream, therefore I exist(나에게는 꿈이 있다, 고로 나는 존재한다)고 말한 바 있다.

(1) No man is a hero to his valet. 자기 하인에게 영웅인 사람은 없다. – 프랑스 격언
(2) No man is a valet to his hero. 자기 영웅에게 하인인 사람은 없다. – Bernard Shaw

(1)은 유명한 프랑스 격언으로 authorship(작자)은 프랑스 여류 문인(French woman of letters) Mad. Bigot de Cornuel(?~1694)로 알려져 있다. 그 이전 프랑스 철학자 몽테뉴(Montaigne 1533~1592)도 그의 〈수상록 Essays〉 3권(Book Ⅲ) 2장(Chap. 2)에서 Few men have been admired by their domestics(자기 주인을 존경하는 하인은 거의 없다)라고 썼다. 나폴레옹(Napoleon Bonaparte 1769~1821)도 A celebrated people lose dignity upon a closer view(유명한 사람이라도 가까이 다가가 보면 볼품없는 법이다)라고 말했다. 같은 취지로(to the same effect) 표현된 성경 구절도 있다. A prophet is not without honor, save in his own country, and among his own kin, and in his own house(예언자는 어디서나 존경받지만 자기 고향과 친척과 자기 집에서만은 존경받지 못한다)는 마가복음 6장 4절이다. (2)는 Bernard Shaw가 피기백 방식으로 hero와 valet의 위치를 '바꿔치기'한 것이다.

When the master has come to do everything through the slave, the slave becomes his master, since he cannot live without him.
주인이 노예를 통하여 모든 것을 하게 되면, 주인은 노예 없이는 살 수 없기 때문에 노예가 주인이 된다.

쇼가 그의 작품 〈므두셀라로 돌아가라 Back to Methuselah〉(1921)에서 한 말이다. '의지'와 '생각'이 없이는 죽음이라는 절망을 이겨낼 수 없기 때문에 인간이 죽음을 극복하기 위해서는 동

물적 본성을 버리고 '생각'이 살아 있어야 한다고 이 작품은 암시한다.

주 므두셀라: 창세기 5장 27절에 나오는 969세까지 살았다는 전설상의 인물

A drama critic is a man who leaves no turn unstoned.

연극 비평가는 수단과 방법을 가리지 않는 사람이다.

1950년 뉴욕 타임스(The New York Times)에 보도되어 유명해졌다. 실은 leave no stone unturned(돌이라고 생긴 것은 모두 다 뒤집어 놓다 → 갖은 수단을 다 쓰다)의 단어를 바꾸어 쓴 것이다.

(1) Too good to be true 사실이라고 믿기에는 너무 좋은 - household word
(2) Too True to Be Good 좋다고 믿기에는 너무 사실적인 - Bernard Shaw

(1)은 피기백 방식으로 good과 true의 위치를 '바꿔치기'한 것이다. You're just too good to be true!(당신은 너무 아름다워 믿어지지 않네요! · 당신은 너무 아름다워 생시(生時)가 아닌 것 같네요!) You're just good to bo true I can't take my eyes off you(당신은 정말로 아름다워요. 눈을 뗄 수가 없네요). (2)는 Bernard Shaw의 1932년 작품이다. 이것은 Bernard Shaw가 흔히 쓰는 말(household word)이다.

It is feeling that sets a man thinking and not thought that sets him feeling.

인간을 생각하게 하는 것은 감정이지만, 인간을 느끼게 하는 것은 생각이 아니다.

- 1894년 2월 〈Fortnightly Review 격주평론〉에 실린 글의 일부

No man in these islands ever believes that the Bible means what it says;
he is always convinced that it says what he means.

이 섬나라의 누구도 성경은 성경이 말하는 것을 의미한다고 결코 믿지 않는다.
자기들이 의미하는 것을 성경이 말한다고 항상 확신한다.

- 1895년 4월 6일 〈Saturday Review 일요 평론〉에 실린 글의 일부

The reasonable man adapts himself to the world;
the unreasonable one persists in trying to adapt the world to himself.
Therefore, all progress depends on the unreasonable man.

합리적인 사람은 자신을 세계에 맞춘다.
비합리적인 사람은 세계를 자신에게 맞추려고 고집한다.
그러므로 모든 진보는 비합리적인 사람에게 달렸다.

- 인간과 초인(Man and Superman)에서

Youth, which is forgiven everything, forgives itself nothing;
age, which forgives itself everything, is forgiven nothing.

청년은 모든 것을 용서받으면서도 정작 자신은 아무것도 용서하지 않는다.
노년은 모든 것을 용서하면서도 정작 자신은 아무것도 용서받지 못한다.

해설 밑줄 친 forgive는 각각 3형식 동사이며, itself는 youth와 age를 각각 강조.

When a man wants to murder a tiger he calls it sport;
when the tiger wants to murder him he calls it ferocity.

인간이 호랑이를 죽이려고 하면 오락이라고 부른다.
호랑이가 사람을 죽이려고 하면 만행이라고 부른다.

- 인간과 초인(Man and Superman)에서

Take care to get what you like,
or you will be forced to like what you get.
그대가 좋아하는 것을 얻도록 신경을 써라.
그렇지 않으면 그대가 얻는 것을 억지로 좋아하게 될 것이다.

- 인간과 초인(Man and Superman)에서

2. 교차대구어법으로 절묘하게 묘사된 종교관

그는 때때로 비(非)인습적 사고로 전통적 방식에 충격을 주었다. 사람들로 하여금 새로운 시각으로 사물을 보도록 했다. 그는 종교에 대해서는 향유(享有)적 태도(playful attitude)를 취했다. 1913년 〈타임스 The Times〉지에 보낸 편지에서 그의 종교관을 교차대구어법으로 절묘하게 묘사했다.

There is a voluptuous side to religious ecstasy and a religious side to voluptuous ecstasy.
종교적 환희에는 관능적인 면이 있고 관능적 환희에는 종교적인 면이 있다.

The conversion of a savage to Christianity is the conversion of Christianity to savagery.
야만인이 기독교에 귀의하는 것은 기독교가 야만으로 귀의하는 것이다.

Some people are passionate about their religion, others religious about their passions.
종교에 대하여 열정적인 사람도 있고 열정에 대하여 종교적인 사람도 있다.

The great danger of conversion in all ages has been that
when the religion of the high mind is offered to the lower mind,
the lower mind, feeling its fascination without understanding it,
and being incapable of rising to it, drags it down to its level by degrading it.
어느 시대나 개종은 커다란 위험이 있었다.
고매한 사람의 종교가 저속한 사람에게 전도되면,
저속한 사람은 그 종교를 이해하지 않고도 거기에 빠져든다.
그리고는 그 종교의 수준으로 올라갈 수 없어 그 종교를 격하시켜 자기 수준으로 끌어내린다.

- 인간과 초인(Man and Superman)에서

3. 교차대구어법을 구사한 희곡 〈소령 바버라〉

쇼는 극을 통해 종교적 자각을 탐구했으며 사회와 사회악의 결탁을 파헤쳤다. 〈소령 바버라 Major Barbara〉에서 구세군 소령인 여주인공은 군수품 제조업자의 원칙과 행동은 오히려 종교적인 반면, 위선적인 구세군은 그들 자신이 신랄하게 매도하는 군수품 제조업자에게 헌금을 요구한다는 사실을 발견한다. 쇼는 이 극에서도 여러 차례 기교가 훨씬 뛰어난 교차대구 방식을 활용한다.

Lady Britomart(브리토마트 부인):

You ought to know better than to go about saying that wrong things are true.
What does it matter whether they are true if they are wrong?

잘못된 일이 진실이라고 말하고 다녀서는 안 된다는 것쯤은 알아야 한다.

잘못된 일이라면 진실 여부가 중요하지 않지 않은가?

주 know better than to do: ~하는 것이 좋지 않음(어리석음)을 알다

What(= How much) does it matter?(수사의문문으로 냉소적인 표현): It is not important.

Undershaft(언더샤프트):

What does it matter whether they are wrong if they are true?

진실이라면 잘못되었는지의 여부가 중요하지 않지 않은가?

Lady Britomart(브리토마트 부인):

He never does a proper thing without giving an improper reason for it.

그는 부적절한 이유를 말하지 않고서는 결코 적절한 일을 하지 않는다.

그는 적절한 일을 할 때는 반드시 그것에 대한 부적절한 이유를 말한다.

Cusins(쿠신스):

He convinced me that I have all my life been doing improper things for proper reasons.

그는 내가 지금까지 살아오는 동안에 적절한 이유 때문에 부적절한 일을 해오고 있다는 것을 나에게 납득시켰다.

4. 그의 작품 서문에 자주 나타난 교차대구어법

If you cannot have what you believe in you must believe in what you have.

네가 좋다고 생각하는 것을 가질 수 없다면 네가 갖고 있는 것을 좋다고 생각해야 한다.

– 의사의 딜레마(The Doctor's Dilemma)의 서문

주 believe in: have the confidence in the value of something(~의 가치를 인정(신뢰)하다)

All movements which attack the existing state of society attract both
the people who are not good enough for the world and
the people for whom the world is not good enough.

사회의 현재 상태를 공격하는 모든 정치사회적 운동들은,

이 세상에 별로 도움이 되지 않는 사람들과,

이 세상이 별로 자기들에게 도움이 되지 않는 사람들의 관심을 끈다.

– 안드로클레스와 사자(Androcles and the Lion)의 서문

〈Androcles and the Lion〉은 초기 기독교에 관한 철학적 희곡으로, 종교적 찬양의 참과 거

짓을 다룬 작품이다. 집단 공개 처형을 선고받은 초기 기독교 집단을 통해 드러나는 중심 주제는 누구나 제대로 살기 위해서는 자신의 목숨과 바꿀 수 있는 무엇인가를 반드시 지녀야 한다는 것이다.

주 Androcles: 노예 생활에서 도망한 Androcles는 산중에 있는 동굴에서 상처가 곪아 빈사 상태에 있는 사자를 구해 주어 그 사자와 친구가 된다. 후에 그가 체포되어 관중이 만원을 이룬 경기장에서 야수에게 물려 죽게 되었을 때, 우리에서 뛰어나온 사자가 바로 그가 산중에서 구해 준 사자였으므로 생명을 건진다. 그리고 관중들의 요구로 도주죄를 용서받고 노예의 신분에서 해방되어 그 사자와 함께 로마에서 살아간다는 이야기다. 후에 쇼가 이 이야기를 극화하였다.

It is said that every people has the government it deserves.
It is more to the point that every government has the electorate it deserves.

모든 국민은 자신들이 마땅히 가질 만한 정부를 갖는다는 말이 있다.
모든 정부는 자신들이 마땅히 가질 만한 유권자들을 갖는다고 말하는 편이 더 적절하다.

- 상심(傷心)의 집(Heartbreak House)의 서문

해설 **〈상심(傷心)의 집 Heartbreak House〉: 전쟁 발발 직전의 한 시골집을 배경으로 전쟁의 유혈에 책임져야 할 세대의 정신적 파탄을 폭로했다.**

The law is equal before all of us; but we are not all equal before the law.

법은 모든 사람 앞에 평등하다; 그러나 모든 사람이 법 앞에 평등한 것은 아니다.

- 여자 백만장자(The Millionairess)의 서문

5. 자본주의에 대한 호의적 혐오(kindly dislike)

쇼는 정치학 · 경제학 · 사회학에 관한 비범한 연사이자 평론가였고, 그는 자신의 대담한 비평적 관점을 많은 다른 관심 분야에까지 확장하여 그가 살았던 당시의 정치적 · 경제적 · 사회학적 사상 형성에 기여했다. 평생 사회주의자인 쇼는 자본주의에 대해서 소위 kindly dislike(호의적 혐오)를 했다. 그는 자본주의를 a form of perverted idealism(비뚤어진 이상주의의 한 유형)이라고 보았다.

The upholders of Capitalism are dreamers and visionaries who,
instead of doing good with evil intentions, do evil with the best intentions.

자본주의 신봉자는 악의(惡意)를 갖고 선(善)을 행하는 것이 아니라
선의(善意)를 갖고 악(惡)을 행하는 몽상가요 공상가다.

- 모든 사람을 위한 정치적 진상(Everybody's Political What's What? 1944)에서

Capitalism is not an orgy of human villainy:
it is a Utopia that has dazzled and misled very amiable and public spirited men.

자본주의는 인간의 악랄한 잔치가 아니다:
공공정신을 가진 대단히 온화한 사람들을 현혹시키고 오도해온 공상적 정치 체제다.

6. 쇼가 천재성을 소유한 것이 아니라 천재성이 쇼를 소유

쇼는 독창적 천재성의 결과로 전 세계의 희곡과 연극에 '지울 수 없는 흔적(indelible mark)'을 남겼다. 마찬가지로 중요한 것은 그의 지적 천재성이 20세기의 정치적 지적 사상을 형성하는 데 도움을 주었다는 점이다.

Superiority will make itself felt, Madam.
But when I say I possess this talent I do not express myself accurately.
The truth is that my talent possesses me. (omitted) It is genius.
It drives me to exercise it. I must exercise it.
I am great when I exercise it. At other moments I am nobody.

탁월하니까 탁월하다는 생각이 드는 법이지요, 마님.
내가 이 재능을 갖고 있다고 내가 말하면, 나 자신을 정확하게 표현하는 것이 아니지요.
사실은 나의 재능이 나를 소유하고 있어요. (중략) 중요한 것은 천재적 재능이에요.
천재적 재능은 내가 저절로 그것을 발휘하게 하는 거예요. 나는 그것을 발휘해야 해요.
그것을 발휘할 때 위대해지거든요. 그렇지 않으면 나는 아무것도 아니에요.

– 므두셀라로 돌아가라(Back to Methuselah)에서 등장인물 나폴레옹(Napoleon)이 한 말

7. Memorable Quotation(기억해둘 만한 주옥같은 명언)

All great truths begin as blasphemies.
모든 위대한 진리는 처음에는 신성모독이다.

The golden rule is that there are no golden rules.
황금률이 없다는 것이 황금률이다.

Martyrdom is the only way a man can become famous without ability.
순교자가 되는 것이 능력 없이 유명해질 수 있는 유일한 방법이다.

Dancing: The vertical expression of a horizontal desire legalized by music.
춤: 음악으로 합법적인 수평적 욕망의 수직적 표현.

We don't stop playing because we grow old; we grow old because we stop playing.
늙기 때문에 놀기를 중단하는 게 아니다. 놀기를 중단하기 때문에 늙는다.

A life spent making mistakes is not only more honorable but more useful than a life spent doing nothing.
실수로 얼룩진 인생이 무위도식(無爲徒食)을 일삼는 것보다 명예롭고 가치 있다.

Newspapers are unable, seemingly, to discriminate between a bicycle accident and the collapse of civilization.
신문은 자전거 사고와 문명의 붕괴를 판별할 수 없는 것처럼 보인다.

Mastery is the worst slavery of all.
지배는 모든 노예 제도 중에서 가장 나쁘다.

Success covers a multitude of blunders.
성공은 수만 번의 실패를 감싸준다.

It is not pleasure that makes life worth living. It is life that makes pleasure worth having.
삶을 가치 있게 하는 것은 즐거움이 아니다. 즐거움을 가질 가치가 있게 하는 것이 삶이다.
– 성군(聖君) 찰스의 황금기(In Good King Charles Golden Days 1939)에서

He knows nothing and thinks he knows everything.
That points clearly to a political career.
그는 아무것도 모르면서 무엇이든 안다고 생각한다.
이 말은 정치를 직업으로 하는 사람에게 딱 들어맞는 말이다.

Power does not corrupt men;
fools, however, if they get into a position of power, corrupts power.
권력은 인간을 부패시키지 않는다.
그러나 바보들이 권력을 갖게 되면 권력을 부패시킨다.

Hegel was right when he said that we learn from history that man can never learn anything from history.
우리가 역사에서 배우는 것은 인간이 역사로부터 결코 어떤 것도 배울 수 없다는 사실이라고 한 헤겔의 말은 옳았다.

Progress is impossible without change;
and those who cannot change their minds cannot change anything.
발전은 변화 없이는 불가능하다.
자신의 정신을 바꿀 수 없는 사람은 아무것도 바꿀 수 없다.

We have no more right to consume happiness without producing it than to consume wealth without producing it.
재물을 만들지 않으면 그것을 소비할 권리가 없듯, 행복을 만들지 않으면 그것을 향유할 권리가 없다.

작문 고래가 물고기가 아닌 것은 말이 물고기가 아닌 것과 같다.
A whale is no more a fish than a horse is not a fish. (x)
A whale is no more a fish than a horse is a fish. (o)

해설 종속절(than 이하)을 긍정으로 해야 함.

We always lose the first round of our fights through our habit of first declaring war and then preparing for it.
먼저 선전포고를 하고 그 다음에 전쟁을 준비하는 습관 때문에 우리는 전투의 제1라운드에서는 항상 진다.

해설 역사적으로 볼 때 대부분의 나라는 먼저 전쟁을 준비하고 그런 다음에 전쟁을 선포하는 전형적인 순서를 따른다. 조국을 이런 나라와 비교하면서 한 말이다. 1940년 6월 BBC 방송용으로 이 문구를 썼으나 방송을 타지는 않았다.

There may be some doubt as to who are the best people to have charge of children, but there can be no doubt that parents are the worst.
누가 아이를 돌보는 최상의 적임자인가에 대해서는 다소 의문의 여지가 있다.
하지만 부모는 최악의 적임자란 사실에 대해서는 의문의 여지가 없다.

Standing between you the Englishman, so clever in your foolishness, and this Irishman, so foolish in his cleverness, I cannot in my ignorance be sure which of you is the more deeply damned.

어리석은 가운데 아주 현명한 너희 잉글랜드 사람과 현명한 가운데 아주 어리석은 이 아일랜드 사람 사이에 있기 때문에 나는 나의 무지 때문에 어느 쪽이 더 철저히 저주받은 쪽인지 확실히 알 수 없다.

해설 이 말은 1904년에 공연된 〈영국의 다른 섬 John Bull's Other Island>에서 Father Keegan의 입을 빌려 한 말이다. 아일랜드에서 태어난 그는 조상에 대한 특별한 애정을 갖지 않았다. 그리고 평생 런던에서 거주하는 동안 잉글랜드 사람에 대해서도 특별히 좋아하지는 않았다.

8. 〈인간과 초인〉, 〈피그말리온〉에 나타난 그의 결혼관

It is a woman's business to get married as soon as possible, and a man's to keep unmarried as long as he can.

결혼을 가능한 한 빨리 하는 것은 여자가 해야 할 일이며, 독신을 가능한 한 오래 유지하는 것은 남자가 해야 할 일이다.

- 인간과 초인(Man and Superman)에서

Marry a woman, and at the end of a week you'll find no more inspiration in her than in a plate of muffins.

여자와 결혼한 지 일주일이 되면 여자에게서 영감을 얻을 수 없다(머핀 접시에서 영감을 얻을 수 없듯).

- 인간과 초인(Man and Superman)에서

The woman wants to live her own life; and the man wants to live his;
and each tries to drag the other on to the wrong track.
One wants to go north and the other south;
and the result is that both have to go east.

여자는 자신의 방식대로 살기를 원하고, 남자도 자신의 방식대로 살기를 원한다.
각자는 상대를 잘못된 길로 질질 끌고 가려 한다.
한 사람은 북쪽으로 가기를 원하고 상대는 남쪽으로 가기를 원한다.
결국은 둘 다 동쪽으로 가야만 한다.

- 피그말리온(Pygmalion)에서

쇼는 생전에 총 250,000통 이상의 편지를 썼다. 아마 세계적인 기록일 것이다. 특히 여러 여성들과의 서신 왕래를 통해서 정서적 욕구를 충족시켰다. 평생 열정 없는(아마 금욕적인) 결혼 생활을 하면서 그 시대에 영국뿐 아니라 북아메리카 대륙에서 가장 인기 있는 여배우 테리(Alice Ellen Terry 1847~1928)와의 열렬한 편지 왕래는 유명하다. 이 편지 연애는 영국 서간문 역사상 가장 멋진 서신 왕래로 기록된다. 또한 그는 캠벨(Mrs. Patrick Campbell 1865~1940)과 열렬한 서신 왕래를 하였다. 캠벨은 열정적이고 지적인 인물 연기로 유명한 영국의 배우이다. 쇼와 캠벨이 주고받은 편지들은 1952년에 출판되었다.

9. 버나드 쇼(Bernard Shaw) 묘비명의 잘못된 번역

〈last words 최후의 말〉

Sister, you're trying to keep me alive as an old curiosity,
but I'm done, I'm finished, I'm going to die.

간호사 선생, 나를 골동품으로 계속 살게 하려고 애쓰고 있지만,
나는 다 됐어, 끝났단 말이야. 나는 이제 죽어.

- last words(1856년 7월 26일 태어나 1950년 11월 2일 만 94세의 나이로 사망)

〈epitaph 묘비명〉

I knew if I stayed around long enough, something like this would happen.

우물쭈물하다가 내 이럴 줄 알았다. / 갈팡질팡하다가 내 이럴 줄 알았지. (x)
나는 알았지. 무덤 근처에서 머물 만큼 머물다 보면 이런 일이 일어날 것을. (o)
(무덤 속으로 들어가는 일)

지하의 쇼가 쓴 웃음을 지어야 할 일이 한국에서 계속 반복되고 있다. 그의 묘비명이 "우물쭈물 하다가 내 이럴 줄 알았다!" 또는 "갈팡질팡 하다가 내 이럴 줄 알았지!"라고 번역되어 우리의 입에 오르내리고 있다. 또한 이것이 화석화되어 우리나라의 신문방송 매체에서도 그렇게 쓰고 있다. 어느 이동통신 회사는 묘비의 사진과 함께 광고 카피로 사용하였다.

그런데 쇼는 전혀 이런 의도로 말하지 않았다. 기지와 역설로 가득 찬 그의 언어구사는 타의 추종을 불허한다. 비문의 번역은 전혀 그 답지 않다. 그는 실제로 우물쭈물한 사람도 아니었다. 관련된 어록을 보자.

I was a cannibal for twenty-five years. For the rest I have been a vegetarian.

나는 25년 동안 동족을 잡아먹었다(육식을 했다). 나머지 기간 동안은 채식주의를 신봉했다.

- 〈Who I Am, and What I Think, Sixteen Self Sketches 나는 누구이며 나는 무엇을 생각하는가? 16가지 스케치〉(1949)에서

A man of my spiritual intensity does not eat corpses.

나처럼 강렬한 정신을 소유한 사람은 생명력을 잃은 것은 먹지 않는다.

- 영국 연극 연출가(theater director) 피어슨(Edward Hesketh Gibbons Pearson 1887~1964)의 저서 〈Bernard Shaw: His Life and Personality 버나드 쇼: 그의 삶과 인물비평〉(1963)에서

그가 죽자 런던에서 발행되는 영국의 대표적 신문 〈타임스 The Times〉는 사설에 '쇼의 장례 행렬에는 염소와 소, 양떼들이 울면서 뒤를 따랐다'라고 썼다. 평생 동안 육식을 안 했으니 가축들이 얼마나 고마워했겠는가!

I can forgive Alfred Nobel for having invented dynamite, but only a fiend in human form could have invented the Nobel Prize.

알프레드 노벨이 다이너마이트를 발명한 것은 용서할 수 있지만, 인간의 탈을 쓴 악마가 아니고서는 노벨상을 생각해내지 못했을 것이다.

- 1925년 노벨 문학상 수상자로 결정되자 이를 단호하게 거절하면서

쇼의 묘비명은 롱펠로우의 시 '인생찬미(A Psalm Of Life)'의 한 소절 Our hearts, though stout and brave, still, like muffled drums, are beating funeral marches to the grave(우리의 심장은 튼튼하고 용감하나, 싸맨 북처럼 소리 나지 않게 무덤을 향하여 장송 행진곡을 울리고 있나니)를 연상시킨다. 묘비명이 오역된 것은 영어 구조에 대한 이해 부족 때문이다. 묘비명 'I knew if I stayed around long enough, something like this would happen.'에서 around는 전치사적 부사(prepositional adverb)로 다음에 the tomb이 감추어져 있다. 이런 현상은 유명한 팝송 You Are The Sunshine Of My Life의 가사에서도 나타난다.

You are the sunshine of my life. 당신은 나의 삶의 햇빛.
That's why I'll always stay around. 그래서 나는 항상 당신 곁에 있을 거예요.
You are the apple of my eye. 당신은 나의 매우 소중한 존재.
Forever you'll stay in my heart. 당신은 영원히 나의 가슴 속에 있을 거예요.

■ **전치사가 prepositional adverb로 사용된 예**

비교 Sit around the bonfire. (전치사) 모닥불을 빵 둘러싸고 앉아라.
Sit around. (전치사적 부사) 빵 둘러싸고 앉아라.

비교 I travelled around the country. (전치사) 나는 국내를 여기저기 여행했다.
I travelled around. (전치사적 부사) 나는 여기저기 여행했다.

비교 Children is playing around the house. (전치사) 아이들이 집 근처에서 놀고 있다.
Children is playing around. (전치사적 부사) 아이들이 근처에서 놀고 있다.

작문 댁의 남편은 차에서 내려 당신 쪽으로 와서 문을 열어 주던데요.
I saw your husband got out of the car, walked around to your side and opened the door for you.

Trust no Future, however pleasant!
Let the dead Past bury its dead!
Act, act in the glorious Present!
Heart within, and God over head!
아무리 좋아 보인들 미래를 믿지 말라!
죽은 과거가 죽은 자들을 파묻게 하라!
행동하라, 살아 숨 쉬는 현재에 행동하라!
안에는 마음이, 위에는 신(神)이 있다!

- 미국 시인 롱펠로우(Longfellow)의 시 〈인생 찬가 A Psalm of Life〉 중에서

- *I don't know the key to success, but the key to failure is trying to please everybody.*
  나는 성공의 열쇠를 모른다. 그러나 실패의 열쇠는 모든 사람을 즐겁게 하려는 것이다.

- *Human beings are the only creatures on earth that allow their children to come back home.*
  인간은 그들의 자녀들이 집으로 돌아오게 하는 지구상의 유일한 존재이다.

- *Cowards die many times before their deaths; The valiant never taste of death but once. Of all the wonders that I yet have heard, it seems to me most strange that men should fear; Seeing that death, a necessary end, will come when it will come.*
  겁쟁이는 죽기 전에 여러 번 죽지만 영웅은 오직 한 번 죽을 뿐이다, 죽음이란 필연적인 것이어서 그것이 올 때 오는 법인데도 인간이 죽음을 두려워하다니! 이것이 내가 지금까지 들어본 모든 경이(驚異) 중에서 가장 이상하다고 생각하는 것이다.

- *Being too good is apt to be uninteresting.*
  너무 좋음은 재미없기 십상이다. - 미국 제33대 대통령 트루먼(Truman)

- *The best is the enemy of the good.*
  최선은 선의 적이다. - 프랑스의 문학자 · 철학자 볼테르(Voltaire)

- *Well begun is half done.*
  시작이 반이다. - Aristotle

- *The beginning is half of everything.*
  시작은 모든 것의 반절이다. - Pythagoras

- *There ain't no answer. There ain't gonna be any answer. There never has been an answer. That's the answer.*
  해답이 없다. 앞으로도 해답은 없을 것이다. 지금까지도 해답은 없었다. 이것이 해답이다. - Gertrude Stein

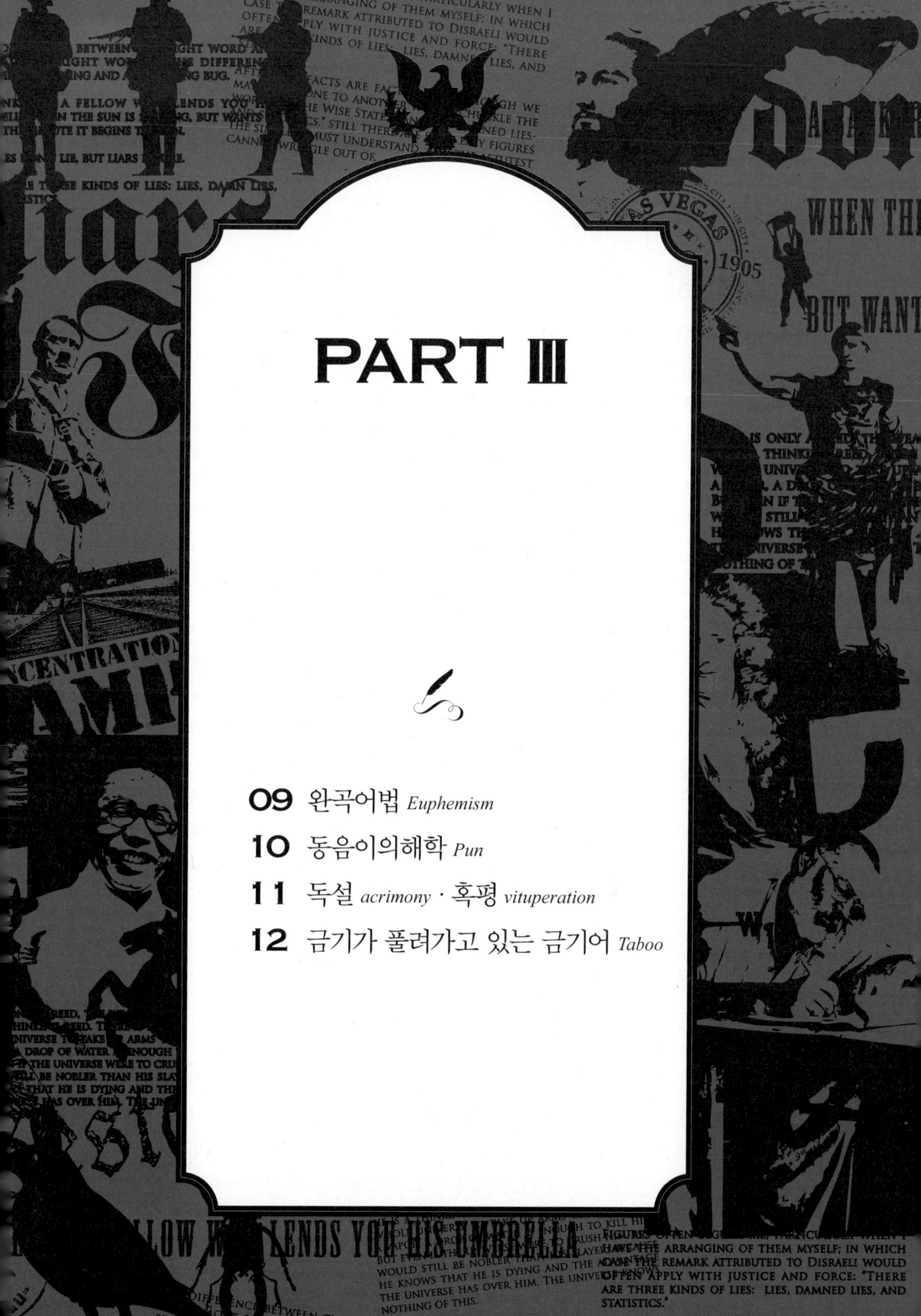
LAS VEGAS
1905
WHEN THE
BUT WANT
ARE THREE KINDS OF LIES: LIES, DAMNED LIES, AND STATISTICS.'

PART Ⅲ

09 완곡어법 *Euphemism*

1. 완곡어법(Euphemism)

〈euphemism의 어원은 그리스어〉

euphemism: eu(= good · well) + pheme(= speech · speaking)

A euphemism is the substitution of an agreeable or less offensive expression for one that may offend or suggest something unpleasant to the listener. It also may be a substitution of a description of something or someone rather than the name, to obscure the identity of the subject of a conversation from potential eavesdroppers. Some euphemisms are intended to be funny.

완곡어법은 듣는 이의 기분을 상하게 하거나 불쾌한 것을 떠오르게 할 수 있는 표현을 유쾌하거나 기분을 덜 상하게 하는 표현으로 바꾸어 말하는 것을 말한다. 또한 도청하는(엿듣는) 사람이 있을지 모르므로 대화 주제의 본질을 알기 어렵게 하기 위하여 사람의 이름이나 사물의 명칭을 달리 말하는 경우도 포함될 수 있다. 재미를 목적으로 하는 경우도 있다.

문화인일수록 직설적 화법보다는 more civil expression(보다 정중한 표현) 또는 mild expression(부드러운 표현)을 쓰려고 신경 쓴다. body odor(체취 · 암내)를 nondiscretionary fragrance(본인으로서도 어찌할 수 없는 향기)라 함은 문학성이 뛰어난 완곡어법이다. 수사학에서 완곡어법을 euphemism 또는 periphrasis라고 한다. 어원은 모두 그리스어다. 전자는 '좋은 표현법'이란 의미이고 후자는 '에두른 표현(완곡하게 말하기)'이란 뜻이다. 바라지 않는(undesiring), 심정을 뒤집는(upsetting), 당황케 하는(embarrassing), 위협적인(threatening), 비위에 거슬리는(disagreeable), 불유쾌한(objectionable), 더러운(dirty) 것을 돌려서 말함으로써 심리 안정에 기여하는 데 그 목적이 있다.

큰 고기 덩어리도 잘게 썰어 다지면 치아가 없는 사람도 먹을 수 있다. '(식칼 등으로) 자르다'를 chop이라 하고, 고기 · 야채 등을 chop보다 잘게 썰거나 다지는 것을 mince라 한다. 여기에서 'mince one's words(말을 완곡하게 하다)', 'do not mince matters[one's words](꾸밈없이 말하다)'라는 표현이 생겨났다. 큰 돌덩어리도 가루로 만들면 먹을 수 있다. 여기에서 minced oath(순화된 욕)란 말이 생겨났다. damn(제기랄) 대신 darn을, hell(빌어먹을) 대신 heck을 사용하는 경우다. 욕의 불경스러움(profanity)을 감소시키거나 없애기 위함이다. 이러한 minced oath의 사용은 Protestant Reformation(종교 개혁) 이후 Puritanism(청교도 정신)의 강력한 영향을 받아서 Victorian Age(빅토리아 시대) 전에 시작되었다.

■ 수요자의 자존심을 배려하는 표현: division of travelers(탈것의 등급)

second class(2등석) → business class(사업용 일반석)
third class(3등석) → economy class(절약용 일반석)

■ 수요자의 자존심을 배려하는 표현

used second-hand car(중고차) → previously-owned car
= pre-owned car(전에 주인이 있었던 차)

resale second-hand shop(중고품 할인 판매점) → thrift shop(검약을 위한 가게)
→ op[opportunity] shop(행운가게) - 주로 교회나 자선 단체가 운영하는 중고품 판매점

■ More Civil Expression(보다 정중한 표현)

old(늙은) → experientially enhanced(경험이 많은)
lazy(게으른) → motivationally deficient(동기가 불충분한)
spendthrift(낭비하는 사람) → negative saver(소극적 절약가)
unemployed(실직한) → non-waged(봉급을 받지 않는)
indefinitely idle(무기한으로 한가한)
involuntarily leisured(본의 아니게 여유가 있는)
in an orderly transition between career changes(전직(轉職) 과정에 있는)

■ Evaluation Jargon(평가 용어)

우리나라의 경우 옛날에는 大通(대통) · 通(통) · 略通(약통) · 粗通(조통) · 不(불)의 다섯 단계로 나누는 고강분수(考講分數)라는 성적 평가 방법이 있었다. 우리에게 익숙한 평가 방법은 '수 · 우 · 미 · 양 · 가'이다. 빼어날 수(秀), 넉넉할 우(優), 아름다울 미(美), 좋을 양(良), 옳을 가(可)이니 어느 것 하나 나쁜 것이 없다. 완곡어법의 극치라 할 만하다. 미국의 평가 용어도 완곡적이다. Excellent · Very good · Good · Fair · Poor에서 보면 Poor를 제외하고는 정도의 차이는 있지만 모두 '좋은'이라는 의미다. excellent는 부정으로 쓰이는 경우가 없다. 따라서 This book is not excellent는 잘못된 표현이다. This book is not good이라고 해야 한다.

미국에서는 Failing(불합격) 대신에 negative gain in test scores(부정적 시험 점수)나 sub-optimal performance(차선의 성적)로 바꾼 경우도 있다. 네바다(Nevada) 주의 일부 학구(學區 school district)에서는 failing(불합격), passing(합격), making top grades(우등 등급)를 각각 emerging(발아 중: 과거에는 F와 D), developing(성장 중: 과거에는 C), extending(확장 중: 과거에는 B와 A)으로 교체했다. grades(성적)이란 말은 더 이상 사용되지 않고 student outcome(학업 성과)이란 말이 사용되기도 한다.

2. 위악어법(Dysphemism)

〈euphemism과 dysphemism의 어원은 모두 그리스어〉
euphemism eu(= good · well) + pheme(= speech · speaking)
dysphemism dys(= non) + pheme(= speech · speaking)

Dysphemism refers to the usage of an intentionally harsh word or expression instead of a polite one; it is roughly opposites of euphemism. Dysphemism may be either offensive or merely humorously deprecating. Dysphemism is related to blasphemy, but is less focused in scope, and therefore not directly synonymous.
위악(僞惡)어법은 공손한 단어나 표현 대신 의도적으로 거친 단어나 표현을 사용하는 것을 말한다. 개략적으로 보면 위악어법은 완곡어법의 반대 개념이다. 위악어법은 모욕적 표현일 수도 있지만 단지 재미로 하는 비하 표현일 수도 있다. 위악어법은 독설과 관련이 있으나, 위악어법은 독설보다는 덜 의도적이다.

따라서 이 둘은 직접적 동의어는 아니다.

butter 버터	→	axle grease 차륜의 굴대 윤활유
doctor 의사	→	croaker 불길한 예언을 하는 사람
father 아버지	→	old man 늙은이
green salad 샐러드용 야채	→	rabbit food 토끼 먹이

3. 곡언어법(Litotes)

곡언(曲言)어법(Litotes)이란 의식적으로 어떤 것의 규모나 중요성을 실제보다 축소하여 표현하는 방법이다. understatement라고도 한다. 예를 들어 worst(가장 나쁜) 대신에 least best(최소한으로 좋은)라고, pretty good(상당히 좋은) 대신에 not bad(나쁘지 않아)라고, She is attractive(그녀는 매력적이다) 대신에 She is not too bad to look at(그녀는 보기에 그렇게 나쁘지 않다)라고 말하는 식이다.

It's bad, but it's OK(그것은 나쁘지만 괜찮다)는 자기모순(self-contradiction)으로 보일 수 있으나, 곡언어법을 사용하여 첫 부분을 약화시켜 It's not good, but it's OK(그것은 좋지는 않지만 괜찮다)라고 말하면 합리적 진술(reasonable statement)이 된다. 곡언어법은 '과장 표현(overstatement)'이 아닌 '삼가서 말하는 절제된 표현(understatement)'을 취하면서 액면 이상의 메시지를 전달하는 강조 방법이라 할 수 있다.

Paul answered, "I am a Jew, from Tarsus in Cilicia, a citizen of no ordinary city. Please let me speak to the people."
바울은 "나는 유대인으로 소읍이 아닌 길리기아 다소 시의 시민이니 백성에게 말하기를 허락하라"고 답했다.

– New International Version Acts 21: 39(사도행전 21장 39절)

해설 밑줄 부분 no ordinary city는 a very impressive city(매우 인상적인 도시)의 곡언어법

That sword was not useless to the warrior now.
그 칼은 그때 그 전사에게는 쓸모없는 게 아니었다.

– 8세기 초 영국 최고(最古)의 영웅 서사시 베어울프(Beowulf)

해설 That sword was not useless는 The sword was useful(그 칼은 유용했다)의 곡언어법

비교 Help me! 도와다오.
Don't fail me now! 나의 기대를 어기지 마! (곡언어법)

작문 네가 옳아.
You're right.
You're not wrong. (곡언어법)

작문 그녀는 친절해.
She is kind.
She is not so unkind. (곡언어법)

작문 그건 아무런 일도 아니야.
That was nothing.
That was no big deal. (곡언어법)

작문 달에 도달하기란 어려운 일이었다.
Reaching the moon was hard.
Reaching the moon was no ordinary task. (곡언어법)

작문 그는 디킨스의 작품에 정통했다.
He was well acquainted with the works of Dickens.
He was not unfamiliar with the works of Dickens. (곡언어법)

■ **부정어를 이용하여 삼가서 말하기(understatement)**

no few(= not a few = many)	수가 적지 않은
no little(= not a little = much)	양이 적지 않은
not many	수가 많지 않은
not much	양이 많지 않은
not seldom	종종
not long ago	바로 최근에
not once or twice	한두 번이 아닌
not without reason	그럴 만한 이유가 있어서
not unattractive woman	매력이 없지 않은 여성

작문 그는 대단히 까다로웠다.
She was very cross.
She was not a little cross. (곡언어법)

■ **단정적 부정어보다 준(準)부정어를 선호**

작문 나는 모른다.
I don't know.
I little knew. (선호)

작문 그것은 당연한 일이다.
It is no wonder.
It is little wonder. (선호)
It is small wonder. (선호)

작문 습관을 버리기는 대단히 힘들다. 사람이 변화를 싫어하는 것은 당연하다.
Giving up habits is very hard. It is small wonder that people dislike changing.

little이 care · think · know · dream · guess · expect · realize · believe · suspect · imagine· question · suppose · understand · be aware of 등이 문장 맨 앞에 쓰이면 대개 '전혀 ~ 않다(not at all)'라는 의미를 갖는다. 도치구문이기 때문이다.

작문 그에게서 편지가 오리라고는 꿈에도 생각치 못했다.
Little did I dream a letter would come from him.

4. 듣기에 좋은 말을 하기 위한 영어 어법

실패한 사람에게 '인생은 마라톤이다. 100번의 도전 기회 중 아직 90번 이상의 기회가 남아 있지 않은가?' 식의 positive connotation(긍정적 의미가 함축된 말)은 듣기에 좋다. 상대를 배려한 말은 알고 보면 겉 다르고 속 다를 수 있다. 그런 줄 알면서도 듣기에 좋은 말을 들으면 직설적인 말을 듣는 것보다는 기분이 나쁘지 않은 것이 인지상정(人之常情)이다. I'm afraid you have the advantage of me를 직역하면 '유감스럽지만 귀하께서는 저보다 우월하십니다'이다. 더 풀어서 옮기면 '귀하께서는 저보다 우월하시기 때문에 유감스럽게도 저 같은 사람은 귀하 같은 분과 어울릴 수가 없습니다'가 된다. 즉 이 표현은 가까이 하려는 상대를 완곡하게 거절하는 말이다. 아인슈타인은 이렇게 말했다. Only two things are infinite, the universe and human stupidity, and I'm not sure about the former(세상에서 무한한 건 우주와 인간의 어리석음, 딱 두 가지다. 그런데 우주가 정말 무한한지는 확신할 수 없다). 오직 인간의 어리석음만이 끝이 없다는 것을 이렇듯 완곡하게 표현했다. We are not hypocrites in our sleep(인간은 잠자는 동안만큼은 위선자가 아니다)는 결국 '인간이 깨어 있는 동안은 위선자'라는 이야기다. 영국 작가 윌리엄 해즐릿(William Hazlitt)이 한 말이다. making your employees work more for the same pay(종업원을 같은 급료 주고 일 더 시키기)보다는 empowering the workforce(노동 인구 능력화)가 듣기에 좋다.

비교 You are ugly. 당신은 못생겼어.
You've got a face for the radio. 당신의 얼굴은 라디오용이야. (듣기에 좋은 말)

비교 I think that he will not fail. 그가 실패하지 않으리라고 생각한다.
I do not think that he will fail. 그가 실패하리라고 생각하지 않는다. (듣기에 좋은 말)

참고 다음은 의미 자체가 서로 다름
I asked her not to go. 나는 그녀에게 가지 말라고 요구했다.
I did not ask her to go. 나는 그녀에게 가라고 요구하지 않았다.

■ 죽음에 대한 표현

동서고금을 막론하고 '(사람이) 죽다'에 대한 완곡적 표현은 단연코 가장 많다. '죽었다'라고 하지 않고, '사망(死亡)했다', '돌아갔다', '영면(永眠)했다', '세상을 떴다', '산 지키러 갔다' 등으로 표현한다. 사거(死去)의 높임말로 서거(逝去)를 사용하기도 한다. 가톨릭에서는 '착하게 살다가 복되게 생을 마치다'는 뜻인 선생복종(善生福終)을 줄여 선종(善終)이라 한다. 개신교에서는 '하늘이 부르다'는 뜻으로 소천(召天)이라 한다. 불교에서는 입적(入寂)이라 한다.

비교 He is dead. 그는 죽었다.
He is no more. 그는 이제는 없다.
He is in heaven. 그는 천국에 계시다.

작문 양친이 죽은 뒤 조부모와 함께 살았다.
After my parents died, I lived with my grandparents.
After my parents passed on, I lived with my grandparents. (완곡어법)
After my parents passed away, I lived with my grandparents. (완곡어법)

- '죽다'를 의미하는 표현

go	가다
expire	숨을 거두다
depart	세상을 떠나다
decease	사망하다

check out	세상을 떠나다
depart this life	이승을 떠나다
leave the world	세상을 떠나다
meet the Maker	조물주를 만나다
go to the Maker	조물주에게 가다
join the majority	죽은 사람에 끼다
breathe one's last	마지막 숨을 쉬다
sleep the long sleep	영원히 잠들다
take one's last sleep	영원히 잠들다
return to Mother Earth	대지로 돌아가다
go to one's eternal home	영원의 집으로 가다
lay down one's knife and fork	나이프와 포크를 놓다

• 데이지 꽃과 관련하여 죽음을 의미하는 표현

count the daisies	(무덤에 피어난) 데이지 꽃을 세다
push up the daisies	데이지 꽃을 (무덤 위에) 솟아나게 하다
be under the daisies	(무덤에 피어난) 데이지 꽃 아래 있다
turn up one's toes to the daisies	발가락을 데이지 꽃 쪽으로 향하게 하다

해설 daisies는 flowers growing over a grave(무덤에서 자라는 꽃)이다. 영국 시인 오언(Wilfred Edward Salter Owen 1893~1918)은 1차 대전(1914~18)이 끝나는 해인 1918년 그의 시(詩)에서 There is a cemetery full of heroes pushing up daisies(죽은 - 데이지 꽃을 무덤 위에 솟아나게 하는 - 영웅들로 가득 찬 공동 묘지가 있다)라고 썼다. 이것이 이 표현의 처음 기록이다.

죽은 사람을 땅에 묻는 것 또한 우리말이 그렇듯 영어도 '매장하다(bury a person)'처럼 직설적인 표현은 잘 쓰지 않는다. 대신에 흔히 '안장(安葬)하다'로 번역되는 lay a person to rest[sleep]를 주로 쓴다. 고인(故人)을 가리킬 때도 the deceased를 쓰긴 하지만 '떠나신 분'이라는 의미의 the gone이나 the departed가 좀 더 듣기 좋은 표현이다. We are gathered here today to speak well of the departed(오늘 우리는 고인의 덕담을 하려고 이 자리에 모였습니다).

■ Skit(촌극) 1

수프에 소금이 너무 많이 들어가 거의 먹을 수 없게 되자 남편이 아내에게 '수프가 너무 짜서 못 먹겠다'고 직접적으로 말하지 않고, 가정법으로 부드럽게, 그러나 정곡을 찔러 의사를 전달하는 대화를 보자.

Hubby *You know, you could have cooked more soup.*

Wife	*Oh, isn't it that good?*
Hubby	*There was enough salt in it for 15 servings!*
남편	수프를 좀 더 많이 만들지 그랬어.
아내	이런! 그 정도로 충분한 것 아니에요?
남편	열다섯 사람 몫의 소금이 들어갔으니 하는 말이오.

■ Skit(촌극) 2

남편 로버트가 친정 식구들과 처음으로 저녁식사를 했을 때 친정아버지가 갓 맞이한 사위를 떠보았다. 친정아버지가 물었다. 시선이 모두 로버트에게 집중된 가운데 친정어머니가 마련한 맛있는 음식을 먹고 있던 그의 입이 굳어버렸다. 로버트는 절묘한 외교술을 발휘하여 대답했다.

Father	*Well, which do you think is the better cook of the two, Vivian or her mother?*
Hubby	*I'd say I know now Vivian has learned everything she knows from her mother.*
아버지	그런데 말이야, 자네가 보기엔 자네 마누라하고 장모 둘 중 어느 쪽이 음식 솜씨가 나은가?
남편	비비안이 알고 있는 모든 것은 장모님으로부터 배운 거로구나 하는 것을 이제야 알게 되었다고 말씀드리고 싶습니다.

5. '내 탓(I)' 화법 vs. '네 탓(You)' 화법

개와 고양이의 사이가 나쁜 것은 바로 대화법의 차이에서 비롯된다. 개는 기분이 좋을 때 꼬리를 흔들지만 화가 날 때는 짖는다. 고양이는 신경이 날카로워질 때 꼬리 끝을 움찔하지만 기분 좋을 때는 가르랑거린다. 고양이가 친선의 손을 내밀기 위하여 가르랑거리며 개에게 다가갈수록 개는 위협을 느껴 한층 짖게 된다. 이 같은 반응을 고양이는 친밀함의 표시로 오해해 더 가까이 다가가지만, 개는 다시 그 행동을 자기 영역의 침해로 잘못 받아들여 커뮤니케이션의 악순환이 반복된다. 於異阿異(어이아이). '어' 하는 것 다르고 '아' 하는 것 다르다는 말이다. 같은 내용의 이야기라도 이렇게 말하여 다르고 저렇게 말하여 다르다는 의미이다. 같은 값이면 다홍치마 아닌가. 듣기 좋은 말을 하자는 것이다. 말썽꾸러기에 학교 공부가 꼴찌였던 에디슨을 가장 위대한 발명왕으로 만든 사람은 "톰, 네가 너무 우수해서 학교 공부가 널 따라오지 못하는구나!"라고 격려했던 어머니였다.

■ 천주교 고백기도의 Mea culpa

내 탓 가톨릭의 고백 기도에는 '네 탓'이 없다. 오직 '내 탓'일 뿐이다. 고백 기도문은 Mea culpa, mea culpa, mea maxima culpa(메아 쿨파 메아 쿨파 메아 막시마 쿨파) 즉, '모든 것이 내 탓이오, 내 탓이오, 내 큰 탓이로소이다'로 되어 있다. 이 표현은 Confiteor - I confess(저는 고백(告白)합니다)의 라틴어 - 라는 로마가톨릭교회 미사의 전통적인 기도문에서 비롯되었다. 이기도문에서 신자는 신 앞에서 자기의 흠을 인정한다. Mea Culpa(메아 쿨파)라는 라틴어 구절을 영어로 옮기면 my fault(내 탓) 혹은 my own fault(내 자신의 탓)이 된다. 이 메시지를 강조하기 위해서 형용사 maxima를 끼워 넣어 mea maxima culpa가 될 수도 있다. 이렇게 되면 my most[grievous] fault(가장 큰[중대한] 내 탓)라고 번역된다.

I confess to almighty God,
and to you, my brothers and sisters,
that I have sinned exceedingly, in thought, word and deed:
through my fault, through my fault, through my most grievous fault.
And I ask blessed Mary, ever virgin,
all the angels and saints,
and you, my brothers and sisters,
to pray for me to the Lord our God.
전능하신 하느님과 형제들에게
고백하오니 생각과 말과 행위로
죄를 많이 지었나이다.
제 탓이요. 제 탓이요. 저의 큰 탓이옵니다.
그러므로 간절히 바라오니
평생 동정이신 성모 마리아와
모든 천사와 성인과 형제들은
저를 위하여 하느님께 빌어주소서.

mea culpa란 표현은 세속적으로도 사용된다. 선수가 mea culpa라고 말함으로써 자기 자신의 과실로 인하여 졌다는 것을 인정한다. 미국 구어에서 '그건 내가 잘못한 거야', '그건 내 실수야'를 That's my bad라고 표현하기도 한다. 또는 줄여 My bad라고도 한다. 여기의 bad는 슬랭으로 '실수', '에러'라는 의미를 갖는 명사이다.

■ 'I' Statement: Effective Communication('내 탓' 진술: 효과적 의사소통)

'탓'이란 '부정적인 현상이 생겨난 까닭이나 원인' 혹은 '구실이나 핑계로 삼아 원망하거나 나무라는 일'을 말한다. 인간 관계에서 상호간에 갈등이나 불만이 있을 때 그것을 표현하는 언어적 방법에는 두 가지, 즉 〈'내 탓' 화법〉과 〈'네 탓' 화법〉이 있다. 네타티즘(←네 탓 + -ism)이란 단어는 '자기의 잘못을 남의 탓으로 돌리는 태도나 그런 사고방식'이라고 국립국어원의 〈2003년 신어〉 자료집에 수록되어 있다. 영어로는 〈'내 탓' 화법〉을 'I' Statement('나' 진술) 또는 'I' Message('나' 전달)라고 하며, 〈'네 탓' 화법〉을 'You' Statement('너' 진술) 또는 'You' Message('너' 전달)라고 한다.

'네 탓' 화법은 상대방에게 책임을 전가시키는 화법이지만, '내 탓' 화법은 나 자신의 책임으로 받아들이는 화법으로 상대방을 배려하는 face-saving way(체면을 세워주는 방법)이다. '네 탓' 화법은 상대방을 면전에서 명령, 공격, 평가, 비난, 무시, 충고함으로써 상대방의 자존심을 상하게 하기 때문에 원만한 의사소통과 인간관계에 도움이 되지 못한다. '내 탓' 화법은 상대방의 자존심을 상하게 하지 않으면서 자신의 감정을 전달하는 효과적인 방법이다. 상대방의 언행에 대한 자신의 느낌을 상대방이 잘 들어 주기를 바라는 화법이다. 상대방이 편한 마음으로 듣게 되어 저항감이나 반발심을 줄이는 효과가 있다. 상대방이 듣기에도 부담이 적은 more civil expression(더 예절 바른 표현)이다. 이런 식의 진술은 청자에게 방어 심리를 유발시키지 않는다. 우아하고 유연함이 섞인 사려 깊고 현명한 화법은 상대방을 실망시키거나 상대방과의 관계를 깨지 않으면서 목적 달성을 가능케 한다. 즉 '논쟁 해결 소통 병따개(dispute resolution conversation opener)' 같은 것이다.

〈'You' Statement 1〉

This section is worded in a really confusing way.
이 부분은 정말 헷갈리게 썼어.

〈'You' Statement 2〉

You need to learn how to word a paper more clearly.
논문을 보다 명료하게 쓰는 법을 배워라.

〈'I' Statement〉

I had to read that section of your paper three times before I understood it.
네 논문의 그 부분을 세 번 읽고서야 이해했어.

■ 'I' Statement: between parents and children('내 탓' 진술: 부모 자식 간)

당신의 아이가 당신의 말을 듣고 있는가? 당신을 이해하고 있는가? 당신의 메시지가 확실히 전달되고 있는가? 자녀에게 의사 전달을 하는 방법을 제시하여 주는 것은 가정교육의 일부분이다. 자녀와 의사 전달을 하는 한 가지 방법은 감각 언어(feeling language), 즉 '내 탓' 진술('I' statement)을 하는 것이다. '내 탓' 진술이란 자녀를 나무라거나 자녀로부터 방어적이나 논쟁적 반응을 초래하지 않고 상황에 대한 감정을 표현하는 방법이다. '너, 그런 짓 하지 마!'보다 '나는 네가 그런 짓 하지 않기를 바란다!'고 말하는 것이 말하기도 좋을 뿐만 아니라 듣기에도 좋다.

"You did this wrong(네가 이러한 잘못을 저질렀다)"이라고 말하거나 "You did that bad thing(네가 그러한 나쁜 짓을 했다)"이라고 말하면 상대방은 화를 내고 적개심을 갖게 되는 것이 일반적이다. '내 탓' 진술을 하면 자녀가 부모에게 존경심을 갖고 대하도록 부모가 자기의 감정을 자녀에게 전달할 수 있다. '내 탓' 진술을 함으로써 어린이들이 그들의 행동이 다른 사람에게 영향을 미친다는 것을 이해하게 된다.

When you try to talk to me when I am on the phone,
I feel annoyed because then I have to try to listen to more than one person.
내가 통화 중일 때에 네가 나에게 말을 걸면 한 사람이 아니라
여러 사람의 말을 들어야 하기 때문에 화가 난단다.

I feel annoyed when you try to talk to me
when I am on the phone because then I have to try to listen to more than one person.
내가 통화 중일 때 네가 나에게 말을 걸면 화가 난단다.
한 사람이 아니라 여러 사람의 말을 들어야 하기 때문이다.
주 순서를 바꾸어 감정을 먼저 표현

■ 'I' Statement: Am I making sense to you?('내 탓' 진술: 제가 이해가 되게 말합니까?)

필자도 상대방에게 뭔가를 설명할 때 상대방이 얼른 이해하지 못할 경우, "너는 그것도 이해 못하느냐?"라고 말하기보다는 "나는 설명하는 능력이 부족하나 봐!" 식으로 말하곤 한다. 그렇게 말하니 상대방의 기분이 상하지 않았다는 점에서 우선 필자의 마음이 편했다. Do you understand me?는 마치 외래어처럼 우리 일상 생활에서 자주 쓰이고 있다. understand는 under(~의 밑에)와 stand(서다)의 합성어다. 발명왕 에디슨이 쓴 글은 모두 under + stand라고 되어 있다.

정작 미국인들은 미란다 고지와 같은 경우를 제외하고는 Do you understand me?라는 표현을 잘 안 쓴다. 상관이 부하에게 말하는 강압적인 어감이기 때문이다. 생략형 Understand?나 Understood?(Are you understood by me?의 생략형)도 마찬가지다. '그것도 이해 못하느냐?'고 따져 묻는 책임 전가 메시지다. 결국 '내 말을 잘 알아 모시겠느냐?'는 의미다. 이 때문에 이에 대한 답은 대개 'Yes, sir'이다. Are you clear (on this)?(깨끗하게 이해됐나요?)를 쓰면 수평적 관계에서 묻는 게 된다. 이보다 더 좋은 표현은 (1) Am I clear (on this)?(나의 설명이 깔끔했나요?)나 (2) Am I making sense to you?(내가 당신에게 의미를 만들고 있느냐? → 내 말 알겠습니까?)이다. 이해가 안 됐으면 그 책임이 나에게 있다는 뉘앙스다.

물론 이러한 대화법이 어떤 상황에서나 두루 효과를 보는 '만병통치약'이나 '전가(傳家)의 보도(寶刀)'는 아니다. 치근거리는 남성에게 "절 그냥 내버려 두실래요?" 대신 "날 그냥 내버려 둬!"란 명령법이 훨씬 효과적일 것이라고 MD(의학박사) Nanette Gartrell의 저서 〈My Answer Is NO – If That's Okay With You 나의 답은 'NO'다 – 당신의 기분을 상하지 않을 수 있다면〉 부제 〈How woman can say no and (still) feel good about it 'NO'라고 말해도 상대방이 좋은 감정을 느낄 수 있는 방법〉이라고 충고한다.

주 저자는 1976년부터 1987년까지 하버드 의과대학 교수로 일했고, 1988년부터 현재까지 샌프란시스코에 있는 캘리포니아 주립대학교 Center of Excellence in Women's Health(여성건강 촉진센터)의 정신의학과 임상 부교수로 재직 중이다.

10 동음이의해학 *Pun*

1. 가학성 신체적 유머(masochistic bodily humor) & 말로 하는 유머(wordy humor)

humor를 번역하면 순수 우리말로는 '익살'이고 한자로는 해학(諧謔)이다. 해(諧)는 '화합하다'는 의미다(humor를 동사로 사용하면 '비위를 맞추다'는 의미). 학(謔)은 '희롱하다'는 의미다. 희롱은 '말이나 행동으로 실없이 놀림'이라는 뜻도 있지만, '서로 즐기며 놀리거나 놂'이라는 뜻도 있다. 두 글자가 모두 언(言: 말씀 언) 부로 되어 있다. 해학을 정의하면 '말에 의한 자극으로 사람의 마음을 즐겁게 하거나 웃음이라는 반사 행동을 일으키는 의사소통의 한 형태'다.

The term 'humor' derives from the humoral medicine of the ancient Greeks, which stated that a mix of fluids known as humors (Greek: chymos) controlled human health and emotion.

유머라는 용어는 체액(體液 humor) – 그리스어로 chymos – 이라는 액체(fluid)의 혼합이 인간의 건강과 감정을 지배한다고 규정했던 고대 그리스의 체액의학(體液醫學 humoral medicine)에서 비롯됐다.

의학의 아버지(Father of Medicine)라고 불리는 고대 그리스 의사 히포크라테스(Hippocrates ca. 460 BC ~ ca. 377 BC)는 사람 몸 속에 혈액(blood) · 점액(phlegm) · 황(黃)담즙(choler) · 흑(黑)담즙(melancholy) 등 4가지 체액(four cardinal humors)이 흐르고 있으며, 이들의 혼합된 비율에 따라 혹은 조화 · 부조화에 따라 사람의 성질, 기질, 체질, 생리, 병리가 정해진다고 생각했다. 이 이론은 현대 의학의 관점과는 거리가 멀지만 그 이후 의학 발전의 밑거름이 됐다. 그래서 humoral pathology를 '체액병리학'이라고 한다. 근세에 들어 humor에 기질 · 성질 · 기분 · 변덕(whim)이란 의미가 추가되었다. 이어 익살 · 해학의 의미로 쓰이게 되었다. 그래서 관용적 표현이 많다.

관용 when the humor takes me 기분이 내키면
a story full of humor 유머가 넘치는 이야기
in a bad[an ill] humor 기분이 나빠서
a sense of humor 유머 감각
in a good humor 기분이 좋아서
out of humor 기분이 언짢아

속담 Every man has his humor. 각인각색.

고대 로마 시대의 검투사(gladiator)끼리 혹은 검투사와 야수와의 싸움은 스포츠 개념이었

다. 관중들이 패배한 검투사의 죽음을 요구할 경우 검투사의 소유주의 재량에 따라 죽음까지도 용인되었다. 남의 고통을 보면서 나의 즐거움을 견인하는 '가학성 신체적 유머(masochistic bodily [physical] humor)'에 의존했다. 지금은 '말로 하는 유머(wordy humor)' 시대다. '싱겁다'를 '고드름장아찌 같다'고 말함으로써 해학을 이끌어낸다. cheap humor(어설픈 익살)에서부터 포괄적 인생 관조를 담은 경구에 이르기까지 각양각색이다.

- '가학성 신체적 유머(masochistic bodily[physical] humor)'란?

고대 로마 시대의 가학적 검투와 오늘날의 유머 개념을 혼합하여 필자가 만든 말이다. 사물의 명칭이 세월의 흐름을 역행하여 붙여진 경우가 많다. 사후(死後)에 붙여진 이름을 시호(諡號 posthumous name)라 한다. 제1차 세계대전은 원래 The Great War라고 불렸다. 1939년 제2차 세계대전이 일어나자 The World War I(One)이란 이름을 갖게 되었다. '한복', '한식', '한옥'도 '양복', '양식', '양옥'에 대한 상대어로서 근대에 만들어진 말이다. 국어사전에 등재된 것이 겨우 1975년의 일이다. grapevine(포도나무)이 헛소문(hearsay)이나 유언비어(流言蜚語 rumor)란 의미를 갖게 된 것도 그렇다. 먼저 telegraph(전보)가 생겼다. 그 다음에 grapevine에 '헛소문'이란 의미가 추가되었다. 이것은 질서를 역행한 것이다. 새뮤얼 모스가 1844년 워싱턴과 볼티모어 사이에 최초의 전신선을 가설하기 훨씬 전부터 대자연에 포도나무가 있었기 때문이다. 곧은 전신선과 배배 꼬인 포도 덩굴을 삐딱하게 비교하기 위하여 grapevine에 '풍문(風聞)'이란 의미가 추가되었다. grapevine이 telegraph의 반대 개념으로 등장한 것이다.

- 기쁨: '기(氣)를 뿜어내다'의 줄임으로 '욕구가 충족되었을 때의 즐거운 마음이나 느낌'

joy: 어찌할 바를 모를 정도의 큰 기쁨 · 행복감
joy at an unexpected good news(뜻밖의 희소식을 들은 기쁨)

delight: pleasure보다도 강한 기쁨을 나타내고, 몸짓 · 말 등에 의해 분명히 외면적으로 나타남
delight at receiving a hoped-for letter(고대하던 편지를 받았을 때의 기쁨)

pleasure: 즐거운 기분 · 만족감 · 행복감을 포함하는 기쁨을 나타내는 가장 일반적인 말
take pleasure in beautiful scenery(아름다운 경치를 즐기다)

enjoyment: 일시적인 만족에서 상당 기간에 걸친 깊은 행복감을 조용히 맛봄을 나타냄
enjoyment at sitting in the shade on a warm day
(더운 날에 그늘에 앉는 즐거움)

2. 국어의 동음이의해학(Pun)

A pun is a humorous substitution of words that are alike in sound but different in meaning.
동음이의해학이란 발음은 같으나 의미는 다른 단어를 익살스럽게 대체하는 것을 이른다.
- 〈The Dictionary of Cultural Literacy>의 정의(definition)

해학 중에서도 동음이의해학은 유머의 백미다. 의식적이든 무의식적이든 간에 양립(兩立)할 수 없는 양자(兩者)가 갑작스럽게 부딪치면서 희극적 효과를 낸다. 듣는 사람도 양자 사이의 기묘한 관계를 인식하기 때문에 웃음을 유발한다. 주변을 둘러보면 동음이의에 의한 익살이 앞다퉈 정도로 수없이 많다.

일어서自! 앞으로 나가自!
대화는 대놓고 화내기
공든 TOP(탑)이 무너지랴!
眼(안) 좋으세요? (제약회사 광고)
공사다망(公私多忙)하면 다 망(亡)한다.
비례대표(比例代表)는 비례대표(非禮代表)
공무원(公務員)이 공무원(公無員)이 돼서야!
고정관념(固定觀念)은 고장(故障)난 관념(觀念)
'대한민국' 앞에 '위'자를 붙이면 '위대한 민국'
오버를 여름에 파는 사람은 머리가 오버된 사람
공약(公約 manifesto)은 공약(空約 empty promise)
세상을 바꾸는 사람은 사고(事故)뭉치가 아니라 사고(思考)뭉치
만사형통(萬事亨通)은 만사형통(萬事兄通)(이상득 의원의 영향력을 비꼰 말)
기발한 착상이나 느낌이 없는 것과 혼자 사는 할머니의 공통점은 영감이 없다는 것.

마음대로 쓰다가 마음대로 쓸 수 없게 된다. (동음동의 同音同義)
동료 사이에서 일하는 사이에 사이가 가까워졌다. (동음동의 同音同義)

올해 파란만장하게 사십시오. 파란만장은 파란만장(波瀾萬丈)이 아니라,
'파란색 만 원짜리 지폐 만 장이에요. ('1억 버세요'란 새해 덕담이다.)

김: 저절로 가는 사람은 누구인가?
이: 저 절로 가는 사람은 스님이다.

아버지: 너 대통령 되면 나 뭐 시켜줄래?
아들(일곱 살): 탕수육!

사이좋게 지내던 참기름-라면 부부가 싸웠다. 그리고 라면이 구속됐다. 왜? 참기름이 고소해서. 근데 얼마 뒤 이번엔 참기름이 구속됐다. 왜? 라면이 불어서.

'남존여비'란 과거에는 '남자는 존귀하고 여자는 비천하다'였으나, 현재에는 '남자가 존재하려면 여자에게 비벼라' 혹은 '남자가 존재하려면 여자의 비위를 맞추어라'이다.

'할머니 뼈다귀 해장국'이라는 간판은 '할머니가 만든 뼈다귀 해장국'이지, '할머니 뼈다귀로 만든 해장국'이 아니다.

김수환 추기경은 2003년 서울대 초청 강연에서 '삶은 계란' 발언을 했다. '삶'을 화두로 내놓은 뒤 갑자기 '만득이 시리즈'를 꺼냈다. "만득이가 삶은 무엇인가라는 고민에 빠졌어요. 삶이 뭔가를 너무 골똘히 생각하다 정처 없이 기차를 탔는데, 누가 지나가면서 '삶은 계란! 삶은 계란!'이라고 하는 거예요."

■ Happy 牛 Year(해피 뉴 이어)

세계 공통 새해 인사인 '해피 뉴 이어(Happy new year)'와 '소(牛)의 해'인 기축(己丑)년을 맞아 '牛'를 결합한 형태의 새해 인사가 문자 메시지나 e메일에서 유행했다. 중국식으로 '뉴(牛)'라고 발음하는 이 한자를 'Happy new year'의 'new'와 바꿔 넣으면 'Happy 牛 year(해피 뉴 이어)'가 되기 때문이다.

바보 집에 강도가 들었다. 바보를 보자 강도는 장난기가 발동하여 이렇게 말했다. "난 강도다. 꼼짝 마! 내가 낸 문제를 풀면 돈만 빼앗고 순순히 가겠다. 삼국시대는 무슨 나라들로 이뤄져 있냐? 10초를 세겠다." 안타깝게도 답을 모르는 바보는 강도가 칼을 들자 소리쳤다. "배 째실라고 그려? (배 째시려고 그래?)"라고 대답했다. 강도는 "뭐? 백제, 신라, 고구려? 맞아. 약속은 약속이니 살려주지"라고 말했다.

필자가 전라남도 보성다원과 그곳에서부터 승용차로 15분 거리에 있는 득량(得糧)만 율포(栗浦) 해수욕장에 '다비치 콘도(Dabeach Condo)'를 들른 적이 있다. 보성 차를 원료로 한 전국에서 유일한 해수녹차 온천탕이 있는 곳이다. '다(전부) 비치(beach 해변)'란 의미도 되고 '다(茶 차)가 있는 해변'이란 의미도 되고, 이탈리아의 화가 다빈치(da Vinci)의 그림이 연상되기도 하여 잘 지어진 이름이란 생각이 들었다.

3. 영어의 동음이의해학(Pun)

There is neither egg in eggplant nor ham in hamburger.
Neither pine nor apple in the pineapple.
English muffins were not invented in England.
French fries were not invented in France.

가지에는 계란이 없으며 햄버거에는 햄이 없다.
파인애플에는 파인도 없고 애플도 없다.
잉글리시 머핀은 영국에서 발명되지 않았다.
프렌치프라이는 프랑스에서 발명되지 않았다.

Marriage is not a word. It is a sentence - a life sentence!

결혼은 단어가 아니다. 그것은 문장이다(그것은 선고다). 그것도 종신형 선고다!

어휘 **sentence**: (1) 문장 (2) (형사상의) 판결, 선고 [참고] (배심원의) 평결: **verdict**
life sentence: 종신형, 무기징역 [참고] 사형(死刑): **capital punishment, death penalty**

Marriage is an institution in which a man loses his Bachelor's Degree and the woman gets her Master's.

결혼이란 남자는 총각 딱지를 떼고(학사 학위를 잃고) 여자는 서방을 얻는(석사 학위를 받는) 관습이다.

어휘 **bachelor**: (1) 미혼 남자, 독신 남자, 총각 (2) 학사

master: (1) 주인, 가장, 서방(書房) (2) 석사

Marriage is a three ring circus:
engagement ring, wedding ring and suffering.

결혼이란 세 개의 반지가 있는(공연장이 있는) 서커스이다.

주 약혼 반지(engagement ring), 결혼 반지(wedding ring) 그리고 고통(suffering).

어휘 **ring**: (1) 반지, 귀걸이, 팔찌 (2) 경기장, 권투장, 씨름판

Man who sinks into woman's arms will soon find arms in woman's sink.

여자의 품 안에 잠드는 남자는 곧 여자의 싱크대에 팔을 담그게 된다.

어휘 **sink**: (동) (1) (물 따위가) 스며들다 (2) (해 · 달 따위가) 지다 (3) (잠에) 빠지다
(명) (부엌의) 수채

Before marriage, a man yearns for the woman he loves.
After the marriage the 'y' becomes silent.

결혼 전에는 남자는 그가 사랑하는 여자를 동경한다. 결혼 후에는 yearn에서 'y'를 발음하지 않는다.

해설 yearn(동경하다)에서 'y'가 소리 나지 않으면 earn((생활비를) 벌다)이 된다.

Teacher What three words are used most by students?
Student I don't know.
Teacher That's it. Correct!

선생님 학생이 가장 많이 쓰는 세 단어는?
학생 몰라요.
선생님 바로 그거야. 맞았어!

A See if you get this. How do you get down from an elephant?
B By using a ladder?
A No. You don't get down from an elephant. You get down from a duck. Are you following me?

A 이거 한번 맞춰봐. 코끼리에서 어떻게 get down하는 줄 아니?
B 사다리를 이용해서?
A 아니. 코끼리한테는 (부드러운 털)을 못 얻지. (부드러운 털)은 오리한테서 얻지. 알겠니?

어휘 **down**: (1) (부사) 아래로 (2) (명사) 부드러운 털

get down: (1) 내려오다 (2) 부드러운 털을 얻다

A See if you get this. Two people, I-Love-U and I-Love-U-Not, lived in a village.
One day, the two had an argument and I-Love-U-Not left the village. Who is left?
B I-Love-U, of course.

A	I love you, too.
B	이거 한번 맞춰봐. I-love-U와 I-love-U-Not이라는 두 사람이 한 마을에 살았어. 어느 날 둘이 다툰 후 I-love-U-Not이 마을을 떠났어. 누가 남았겠니?
A	물론 I-Love-U지.
B	나도 널 사랑해.

참고 어떤 우유(牛乳)회사가 내건 슬로건 'I LOVE 乳'도 2개 언어를 동원한 동음이의어

4. 또 다른 형태의 Pun인 Malapropism

fun	(명사) 재미, 농담
	(동사) 농담을 하다(joke), 장난치다
pun	(명사) 결말, 신소리, 동음이의해학(同音異義諧謔)
	(동사) 결말을[신소리를] 하다, 익살을 떨다, 재담하다
punster	(명사) 동음이의(同音異義) 익살꾼, 말장난을[신소리를] 즐기는 사람
heteronym	동자이음(同字異音) 이의어(異義語)
	tear[tiər] (눈물) / tear[tɛər] (찢다)
homonym(1)	동자동음(同字同音) 이의어(異義語)
	pole[poul] (장대) / pole[poul] (극)
	fan[fǽn] (팬) / fan[fǽn] (부채)
homonym(2)	이자동음(異字異音) 이의어(異義語)
	plate[pleit] (접시) / plait[pleit] (천의 주름)
	rain[rein] (비) / rein[rein] (고삐) / reign[rein] (군림)
	pail[peil] (통) / pale[peil] (말뚝) / pale[peil] (창백한)
	Dane[dein] (덴마크인) / deign[dein] (하사하다)
	meet[mi:t] (만나다) / meat[mi:t](고기)
	foul[faul] (불결한) / fowl[faul] (닭)

■ Pun

A pun is a phrase that deliberately exploits confusion between similar-sounding words for humorous or rhetorical effect. A pun may also exploit confusion between two senses of the same written or spoken word, due to homophony, homography, homonymy, or polysemy.

동음이의해학은 유머 효과나 수사 효과를 위하여 비슷하게 소리 나는 단어를 일부러 헛갈리게 하는 표현법이다. 또는 두 가지 의미의 같은 동철(同綴)어나 동음(同音)어의 혼동을 활용하는 것을 말하며, 이것은 homophony(동음이의어), homonymy(동철[이철] 동음동형이의어), polysemy(다의어)에 기인한다.

There is nothing funny about bad puns.
→ There is nothing punny about bad puns.

시원찮은 동음이의해학에는 익살스러운 맛이 없다.
→ 시원찮은 동음이의해학에는 동음이의해학의 맛이 없다.

pun은 일종의 말장난(word play)이며 모든 언어에서 발생한다. pun은 조크와 코미디 쇼에서 흔히 볼 수 있는 유머의 원천이다. 동음이의해학은 punch line - 농담 · 연설 · 광고 · 우스갯소리 등의 급소가 되는 문구 - 에 종종 사용된다. rather perplexing story(다소 난처한 이야기)에 유머러스한 의미를 부여하는 경우가 많다. 알렉산더 포프(Alexander Pope), 제임스 조이스(James Joyce) 등 많은 유명 작가들은 다른 형태의 말장난과 더불어 pun을 이용했다. 소련 태생 미국 소설가 블라디미르 나보코프(Vladimir Nabokov 1899~1977)도 pun을 이용하여 기지와 해학이 풍부한 소설을 썼다.

셰익스피어도 less serious(약간 딱딱한) pun을 사용한 것으로 유명하다. 사무엘 존슨은 셰익스피어의 그것을 '신소리(quibble)'라고 불평했다. 존슨은 평생 셰익스피어의 추종자였다. 그러나 그는 우상 숭배하듯 셰익스피어를 맹목적으로 따르지는 않았다. 사무엘 존슨은 1765년 자신이 편집한 〈셰익스피어 전집 The Plays of William Shakespeare〉 8권을 출간했는데, 그 전집의 서문 〈Preface to The Plays of William Shakespeare〉을 보면 그의 비평적 관점을 잘 드러내고 있다.

A quibble is to Shakespeare what luminous vapours are to the traveller!
He follows it to all adventures;
it is sure to lead him out of his way, sure to engulf him in the mire.
It has some malignant power over his mind,
and its fascinations are irresistible.

신소리의 셰익스피어에 대한 관계는 빛나는 운무(雲霧)의 여행자에 대한 관계와 같다!
그는 위험을 무릅쓰고 신소리를 즐겨 쓴다.
그것은 분명히 그의 작품을 빛나가게 하며, 분명히 그를 수렁에 빠지게 한다.
그것은 그의 지성을 지배하는 어떤 악의적 힘이랄까 하는 것을 갖고 있다.
그의 신소리에 대한 매혹은 불가항력이다.

해설 luminous vapours(빛나는 운무)에서 운무(雲霧)란 '구름과 안개를 아울러 이르는 말'이기도 하지만, '사람의 눈을 가리고 지식이나 판단을 흐리게 하는 것을 비유적으로 이르는 말'을 의미하기도 한다.

■ 맬러프로피즘(malapropism)

pun은 신중(deliberation)해야 한다. involuntary substitution of similar words(비슷한 단어를 무심결에 바꿔 사용하는 것)는 malapropism이다. malapropism은 또 다른 형태의 pun이다. malapropism이란 조어가 생긴 배경을 보자. 원래 형용사 inappropriate(부적당한) 또는 부사 inappropriately(부적당하게)의 동의어인 malapropos라는 단어는 프랑스어 관용구 mal à propos(부적당하게)에서 1660년경 영어에 유입되었다. 아일랜드 극작가 셰리든(Richard Brinsley Sheridan 1751~1816)의 1775년 희극 〈The Rivals 경쟁자〉의 등장인물 Mrs. Malaprop가 종종 말을 잘못하여 결과적으로 커다란 희극적 효과를 가져왔다.

작가가 형용사 malapropos를 따서 Mrs. Malaprop라고 작명한 것으로 보인다. 여기에서 맬러프로피즘(malapropism)이란 말이 생겼다.

- comprehend(이해하기)를 바라면서 reprehend(책망하기)를 바란다고 하는 경우
- influence(영향력)가 적은 것을 후회한다는 말을 affluence(풍족함)가 적은 것을 후회한다고 말하는 경우
- as headstrong as a alligator(악어처럼 고집이 센)를 말하려고 하면서 as headstrong as a allegory(우화(寓話)처럼 고집이 센)를 말하는 경우
- geography of contiguous countries(인접 국가의 지리학)를 생각하면서 geometry of contagious countries(전염병을 감염시키는 나라의 기하학)에 대해 말하는 경우
- He is the very pinnacle of politeness(그는 공손함의 극치다)를 말하려고 하면서 He is the very pineapple of politeness(그는 공손함의 바로 그 파인애플이다)를 말하는 경우

5. 또 다른 형태의 Pun인 Paronomasia

스티븐 스필버그 감독의 2008년 영화 〈인디아나 존스 4〉의 원제는 〈Indiana Jones And The Kingdom Of The Crystal Skull 인디아나 존스와 수정 해골 왕국〉. 시대적 배경은 2차 대전 후 냉전이 최고조에 다다른 1957년으로 미국은 소련과 대립각을 세우고 있었다. 인디아나 존스 일행은 수천 년간 풀리지 않은 마야 문명의 비밀이자 고고학 사상 최고의 발견이 될 수정 해골을 찾아 페루 마야 문명의 전설의 도시로 향한다. 그들의 행방을 수소문하던 소련 군대의 일당 역시 수정 해골에 얽힌 미스터리를 풀어 세계를 정복할 야욕으로 그들을 쫓는다. 자신을 회유하려는 소련 스파이에게 인디애나가 '아이 라이크 아이크(I Like Ike)'라고 말한다.

Ike는 미국 제34대 대통령(재임기간 1953~1961) 아이젠하워(Eisenhower 1890~1969)의 애칭(nickname)이다. 이 영화에서는 '나는 아이젠하워 대통령을 좋아한다', '나는 미국을 좋아한다', '나는 민주주의를 좋아한다'는 의미다. I like Ike(나는 아이크가 좋아)는 1952년 대통령 선거 슬로건(Presidential Campaign Slogan)이었다. 공화당은 유권자의 마음을 사로잡았다. I like Ike는 비슷한 음절의 반복을 이용한 슬로건이다. 이러한 음상(音相)을 통한 묘사를 수사학에서 paronomasia(유음중첩: 같은 음의 말로 하는 익살)라 한다. 우리말의 예를 보면 '시시한 시시비비(是是非非)', '회사 같은 사회', '치정(癡情) 같은 정치', '바다를 밟는 발', '소매치기 패기', '깡그리 깡패다', '벤처를 잘하면 벤츠를 타고 못하면 벤치에 앉는다' 등이 있다.

6. Election(선거) & Erection(발기)

발기(勃起)와 발기(發起)에 관련된 이야기. 영어로 하면 전자는 erection이고, 후자는

promotion이다. 언젠가 고(故) 정주일(코미디언 이주일) 의원이 고(故) 정주영 현대그룹 회장이 밀어주어 국회의원이 된 직후 "발기대회(發起大會)를 한다기에 발기(勃起) 좀 해볼까 하고 가봤더니 정주영, 김동길같이 발기(勃起)와 관계없어 보이는 사람들만 앉아 있더라"는 우스갯소리를 했다. 더 이상 재미있을 수 없는 개그의 백미요, 말장난(word play)이었다.

어휘 발기(勃: 노할 발, 起: 일어날 기) (erection): 갑자기 불끈 일어남
발기(發: 필 발, 起: 일어날 기) (promotion): 앞장서서 새로운 일을 꾸며 일으킴

재담꾼으로 소문난 토니 블레어(1953~) 전 영국 총리(재임기간 1997~2007)는 노동당 당수 시절과 총리 재직 시 외국을 방문하면서 숱한 화제를 남겼다. 그중의 백미는 1996년 1월 노동당 당수 자격으로 일본을 처음 방문했을 때 발생한 '발기(勃起 erection)' 사건이다. 블레어 전 총리의 홍보수석비서관을 지낸 알래스테어 캠벨(Alastair Campbell)은 2007년 London: Hutchinson이라는 출판사에서 펴낸 〈The Blair Years: The Alastair Campbell Diaries 블레어 시대: 알래스테어 캠벨 일기〉에서 에피소드 하나를 공개했다. 한편으로는 당혹스럽기 그지없는 황당한 이야기요, 한편으로는 요절복통할 공개적인 모욕이었다. 사건의 발단은 이렇다. 블레어가 총리가 선출되기 직전 영어가 서툰 일본의 한 기업인이 블레어 당수에게 A whole of Japan is looking forward to your election(일본 국민 모두는 당신이 선거에서 당선되기를 고대하고 있습니다)이라는 의미로 Ra whole of Japan is rookin fowad to your erection(일본 국민 모두는 당신이 발기(勃起)가 잘 되기를 고대하고 있습니다)이라고 말했다. 일본인의 알(r)과 엘(l) 발음이 서툰 데서 생긴 일이었다. 그러면서 그(일본 기업인)는 그(블레어 당수)가 최고가 되라는 뜻으로 엄지손가락을 위로 치켜들면서 Big one이란 말을 반복했다. 선거에서 승리해 큰 인물이 되라는 뜻을 담으려 한 것이었으나 발기(勃起)라는 단어 때문에 '큰 성기'를 의미하는 것으로 이해됐다. 이 말을 듣고 블레어 당수는 대경실색했다.

참고 블레어 전 영국 총리는 2004년 하원 청문회장에서 보라색 밀가루가 든 콘돔 2개의 공격을 받았다. 블레어는 각각 등과 다리에 콘돔을 맞았다. 범인은 영국의 이혼남 단체 회원들. 이들은 자신들과 이혼한 아내가 양육하는 자녀에 대한 접견(接見)권 확대를 요구하며 이런 일을 저질렀다.

■ 웃음(laughter)을 자아내게 하는 mispronunciation(발음 오류)

Piss be with you.
오줌이 함께하시길 빕니다.

Peace be with you.
평화가 함께하시길 빕니다.

We went to Japan by sheep.
우리는 양을 타고 일본에 갔다.

We went to Japan by ship.
우리는 배를 타고 일본에 갔다.

Do you mind if I take a piss?
오줌 누어도 괜찮겠습니까?

Do you mind if I take a piece?
한 조각 먹어도 괜찮겠습니까?

Rots of ruck on your coming erection!
다가오는 발기에서 썩어 문드러지길 바란다.

Lots of luck on your coming election!
다가오는 선거에서 행운이 있기를 바란다.

Would you put clean shits on the bed.
침대에 깨끗한 똥을 놓아 주실래요.

Would you put clean sheets on the bed.
침대 시트를 갈아 주실래요.

Curry lice is made from lice, curry sauce.
카레기생충은 카레를 소스로 하여 기생충으로 만든다.

Curry rice is made from rice, curry sauce.
카레라이스는 카레를 소스로 하여 쌀로 만든다.

The audience crapped for a long time after the concert.
연주회가 끝난 후 오랫동안 똥을 누었다.

The audience clapped for a long time after the concert.
연주회가 끝난 후 오랫동안 박수갈채를 보냈다.

Can you tell me where a fucking place is? I can't seem to find it anywhere.
성교하는 곳이 어디에 있나요? 찾을 수 없는 것 같네요.

Can you tell me where a parking place is? I can't seem to find it anywhere.
주차장이 어디에 있나요? 찾을 수 없는 것 같네요.

7. You can't lick our Dick!

어휘 **Dick**: 남자 이름 **Richard**의 애칭
lick: (1) 핥다 (2) 때리다(**beat**) (3) 이기다(**overcome · win against**)
dick: (비속어) 음경(陰莖 남자 성기)

미국의 제 37대 대통령(재임기간 1969 ~1974) 리처드 닉슨(Richard Nixon 1913~1994)의 1972년 재선(re-election)의 상대 후보는 민주당의 조지 맥거번(George McGovern) 후보였다. 당시 닉슨의 사진 밑에 'You can't lick our Dick이라는 슬로건이 적힌 선거 포스터(campaign poster)가 있었다. 주로 화장실 등에 붙어 있었다. 두 가지 해석이 가능하다.

(1) 당신은 우리의 음경을 핥을 수 없다.

(2) 당신은 우리의 리처드를 이길 수 없다.

■ Laugh and Learn!(웃으면서 배우시라!)

While the bar patron savored a double martini, an attractive women sat down next to him. The bartender served her a glass of orange juice, and the man turned to her and said, "This is a special day. I'm celebrating." "I'm celebrating, too," she replied, clinking glasses with him. "What are you celebrating?" he asked. "For years I've been trying to have a child," she answered, "Today my gynecologist told me I'm pregnant!" "Congratulations," the man said, lifting his glass. "As it happens, I'm a chicken farmer, and for years all my hens were infertile. But today they're finally fertile." "How did it happen?" "I switched cocks." "What a coincidence," she said, smiling.

술집에 온 손님이 더블 마티니를 홀짝이고 있는데 매력적인 여자가 옆에 앉았다. 바텐더가 그 여자에게 오렌지 주스 한 잔을 갖다 주자 남자가 고개를 돌리며 말했다. "오늘이 특별한 날이라서 축하하고 있는 겁니다." 여자는 남자와 글라스를 부딪쳐 땡그랑 소리를 내며 "저도 자축하고 있어요"라고 대답했다. "무슨 경사가 났는데요?"라고 남자가 물었다. "전 여러 해 동안 아이를 가져 보려고 노력했어요. 그런데 오늘 부인과 의사가 그러는데 임신이 됐다고 그러네요." 사내가 잔을 들어 올리며 말했다. "축하합니다. 공교롭네요. 난 닭을 기르는데, 몇 년 동안 닭들이 온통 알을 낳지 않았어요. 그러다가 오늘 마침내 알을 낳기 시작했어요." "어떻게 해서 그렇게 된 거죠?" "수탉을 바꿨어요." 여자는 "놀라운 우연의 일치네요"라고 말하면서 미소 지었다.

주 cock은 '수탉'도 의미하지만, '음경(陰莖 penis)'도 의미한다.

■ Laugh and Learn!(웃으면서 배우시라!)

Three nuns die, but they all have to answer one question to get into heaven. The first nun is asked who the first man on earth was. She replies, "Oh that's easy, Adam!" Lights flash and the pearly gates open. The second nun is asked "Who was the first woman on earth?" she says, "That's easy, Eve!" Lights flash and the gates open. The Third nun is asked, "What was the first thing Eve said to Adam?" The nun is puzzled and can't figure it out, so she says, "That's a hard one." Lights flash up and the pearly gates open.

수녀 셋이 죽는다. 그러나 그들은 천당에 가기 위해 저마다 한 가지 질문에 답해야 한다. 첫 수녀가 받은 질문은 지구의 첫 남자가 누구였느냐는 것이다. "어머 쉽네요, 아담이잖아요!" 빛이 번쩍이더니 천국의 문이 열린다. 두 번째 수녀가 받은 질문은 "지구의 첫 여자는 누구였지?"라는 것이다. "쉽네요, 이브잖아요!"라고 대답하자 빛이 번쩍이더니 천국의 문이 열린다. 세 번째 수녀에게는 "이브가 아담에게 한 첫마디는 뭐였지?"라는 문제이다. 수녀는 당황한 나머지 답을 생각해 낼 수가 없어 "그건 어려운 문제네요."라고 말한다. 그러자 빛이 번쩍이더니 천국의 문이 열린다.

해설 **동음이의해학이다. That's a hard one에서 hard는 '(문제가) 어려운'이라는 의미도 되지만 '(남자의 성기가) 단단한'이라는 의미도 된다. 천국의 시험관은 후자의 의미로 이해하고 합격 판정을 내린 것이다. 아담과 이브 시대에는 옷을 입지 않았으므로 이브가 아담의 그것을 보고 말한 상황(situation)을 상상해 보시기를!**

■ Laugh and Learn!(웃으면서 배우시라!)

While dancing with a dapper English Gentleman, the American girl's necklace became unfastened and slid down the back of her gown. She told her escort about it and asked him to retrieve the lost article for her. Somewhat embarrassed, but determined to please her, he reached cautiously down the back of her gown. After a moment he said: "Awfully sorry, but I can't seem to locate it." "Try further down," she urged. He began to blush as he groped down farther. Still no necklace. "Down still further," she ordered. Looking around and discovering that he was being watched by every couple on the dance floor, the Englishman blushed even deeper and whispered: "I feel a perfect ass." "Never mind that!" she snapped. "Just get the necklace."

미국 여자가 말쑥한 영국 신사와 춤을 추다가 목걸이가 풀어져 드레스 잔등으로 흘러내렸다. 여자가 파트너에게 이 일을 말하고서는 흘러내린 목걸이를 집어내 달라고 했다. 그는 약간 당황했지만, 그녀의 뜻대로 하기로 하고 드레스 잔등을 조심스럽게 더듬어 내려갔다. 잠시 후 남자가 "미안하지만 찾을 수 없네요"라고 말하자, 여자는 "더 내려가 보세요"라고 재촉했다. 더 아래로 더듬어 내려가자 창피했던지 남자의 얼굴이 빨개지기 시작했다. 그러나 여전히 목걸이는 없었다. 여자는 "더 내려가 봐요"라고 명령하듯 말했다. 남자가 주변을 둘러보니 무도장의 댄스 커플들마다 자기를 보고 있었다. 이 사실을 알자 남자의 얼굴이 더 홍당무가 되었다. 남자는 "완전히 바보가 된 기분이네요(만져보니 엉덩이가 일품이네요)"라고 나직하게 말했다. 여자는 "그런데 신경 쓰지 말고 목걸이나 찾아요"라고 딱딱거렸다.

어휘 ass : (1) fool 멍청이
(2) arse 엉덩이

비교 I felt a perfect ass.

(1) 완전히 멍청이가 된 기분이네요. (2형식으로 보면 ass는 멍청이)

(2) 만져보니 엉덩이가 끝내주네요. (3형식으로 보면 ass는 엉덩이)

해설 〈주어 + 동사 + 명사〉 문장에서 주어와 명사가 = (equal) 관계이면 2형식
〈주어 + 동사 + 명사〉 문장에서 주어와 명사가 ≠ (unequal) 관계이면 3형식

(1) He felt an outsider there. (2형식)
그는 거기에서 아웃사이더라는 느낌이 들었다. (He와 an outsider는 = (equal) 관계)

(2) The surgeon felt her breasts. (3형식)
그 의사는 그 여자의 유방을 觸診(촉진)했다.
(her breasts는 The surgeon이 촉진하는 대상이므로 ≠ (unequal) 관계)

(3) The herbal doctor felt her pulse. (3형식)
그 한의사는 그 여자를 진맥(診脈)했다.
(her pulse는 The herbal doctor가 진맥하는 대상이므로 ≠ (unequal) 관계)

8. 셰익스피어의 〈리처드 3세〉

과거에는 serious pun(진지한 동음이의해학)이 '중요하고 일반적인 수사적 또는 시적 장치(important and standard rhetorical or poetic device)'였다.

Now is the winter of our discontent made glorious summer by this sun of York.

이제 요크의 태양(아들)에 의해 불만의 겨울이 가고 찬란한 여름이 왔다.

– 셰익스피어 작 〈리처드 3세 Richard III〉 Act I scene I(1막 1장)

밑줄 부분이 'this sun of York', 'this son of York', 'this sun[son] of York', 'this son[sun] of York', 'this sun (or son) of York', 'this son (or sun) of York' 등등 중구난방으로 quote(인용)되고 있으나 this sun of York만이 correct quote(바른 인용)이고, 나머지 모든 것은 misquotation(틀린 인용)이다.

homophony(동음이의 同音異義)인 sun[sʌn](태양)과 son[sʌn](아들)을 가지고 언어유희(word play)를 한 것이다. 이를 Shakespearean pun 또는 Shakespeare's pun이라고 한

다. 시대적 배경은 에드워드(Edward)가 이끄는 요크가(York家)와 헨리(Henry) 6세가 이끄는 랭커스터가(Lancaster家)가 왕위를 두고 싸웠던 장미전쟁(the Wars of the Roses 1455~1487)이다. 요크가의 아들(this son of York)인 에드워드에 의해 '불만의 겨울(the winter of our discontent)', 즉 '장미전쟁'이 '찬란한 여름(glorious summer)', 즉 '요크가의 승리'로 바뀌었으니 'sun'은 곧 '아들'이라는 풀이가 가능하다.

해설 The Wars of the Roses were a series of civil wars fought over the throne of England between adherents of the House of Lancaster and the House of York. The name "Wars of the Roses" is not thought to have been used during the time of the wars but has its origins in the badges associated with the two royal houses, the Red Rose of Lancaster and the White Rose of York. The term came into common use in the nineteenth century, after the publication of The Maiden of the Mist by Sir Walter Scott. Scott based the name on a fictional scene in Shakespeare's play Henry VI Part 1, where the opposing sides pick their different-coloured roses at the Temple Church.

장미전쟁(1455-1487)은 랭커스터가(House of Lancaster) 지지자와 요크가(House of York) 지지자 사이의 왕위 쟁탈을 위한 일련의 내전(civil war)이었다. the Wars of the Roses란 이름은 전쟁 당시에는 사용되지 않았던 것으로 추정된다. 붉은 장미를 상징으로 삼은 랭커스터가의 휘장과 흰 장미를 상징으로 삼은 요크가의 휘장에서 기인되었다. 이 용어는 월터 스콧 경(Sir Walter Scott)의 〈The Maiden of the Mist 혹은 Anne of Geierstein〉(1829)의 출간 이후인 19세기에 일반화되었다. 스콧은 이 용어의 사용의 근거를 허구 장면인 셰익스피어의 〈헨리 6세〉 1막, 즉 양측이 템플 교회(영국 런던 템플 거리에 위치)에서 서로 다른 색의 장미를 따는 장면에 두고 있다.

9. the lesser of two weevils · the lesser of two evils

어휘 **weevil**[wíːvəl]: 바구미과의 곤충
evil[íːvəl]: 해악

2003년 영화 〈Master and Commander: The Far Side of the World〉의 대사

Captain Aubrey	*Do you see those two weevils, Doctor? Which would you choose?*
Dr. Maturin	*Neither. There's not a scrap of difference between them.* *They're the same species of Curculio.*
Captain Aubrey	*If you had to choose. If you were forced to make a choice.* *If there were no other option.*
Dr. Maturin	*Well, then, if you're going to push me. I would choose the right-hand weevil.* *It has significant advantage in both length and breadth.*
Captain Aubrey	*There, I have you! Do you not know that in the service one must always choose the lesser of two weevils?*
오브리 선장	저 두 마리 바구미가 보이지요, 박사님? 어떤 것을 선택하시겠어요?
머털린 박사	둘 다 싫어요. 똑같아 보이는데요. 그것들은 같은 종(種)이지 않아요.
오브리 선장	꼭 선택해야 한다면, 선택을 강요받는다면, 선택 외의 어떤 다른 선택도 없다면 말입니다.

머털린 박사	글쎄요, 그러면, 선택하라고 재촉한다면, 오른쪽 것을 선택하겠어요. 길이와 넓이 둘 다 눈에 띄게 크거든요.
오브리 선장	그 점에서 내가 이겼군요! 군에 복무할 때는 두 바구미(해악) 중에 작은 것을 항상 선택해야 한다는 것을 모르시나요?

주 lesser of two evils(두 악마 중 덜 나쁜 악마)라는 말이 있다. 말 그대로 '두 마귀 중에서 그나마 덜한 놈'이다. 불쾌한 두 가지 선택의 기로에서 그나마 덜한 쪽을 가리킬 때 쓴다. Choose the lesser of two evils(두 해악 중에서 덜한 쪽을 택하라). 마지막 대사의 the lesser of two weevils는 the lesser of two evils의 pun이다.

10. Pun에 대한 명언

A pun is the shortest distance between two straight lines.
동음이의해학이란 곧은 두 선 사이의 가장 짧은 거리다.

- original source unknown(출처 미상)

To pun is to treat homonyms as synonyms.
동음이의어로 재담을 하는 것은 동음이의어를 동의어(同義語)로 다루는 것을 말한다.

- 영국 작가 Walter Redfern이 Blackwell(London)이라는 출판사에서 발행한 〈Puns〉(1984)에서

Pun (n.): the lowest form of humor
동음이의해학(명사): 가장 저급한 형태의 유머

- 문학자 · 사전 편찬가 사무엘 존슨(Samuel Johnson 1709~1784)

If puns are the lowest form of humor, are buns the lowest form of bread?
동음이의해학이 가장 저급한 유머라면, 롤빵은 가장 저급한 빵인가?

- 미국 소설가 Piers Anthony(1934~)

주 puns와 buns가 대구를 이룸.

The pun is mightier than the sword.
동음이의해학은 칼보다 강하다.

- 아일랜드의 소설가 · 시인 조이스(James Joyce 1882~1941)

주 The pen is mightier than the sword의 변형.

Immanuel doesn't pun; he Kant.
임마누엘은 재담을 하지 않는다. 그는 할 수 없다.

- 영국 소설가 · 극작가 · 시인 와일드(Oscar Wilde 1854~1900)

주 독일의 철학자 임마누엘 칸트(Immanuel Kant 1724~1804)의 second name 'Kant'를 이용한 재담이다. he can't를 he Kant라고 하였다.

11. Right(오른쪽 · 올바른)의 의미로 인한 촌극(Skit)

On a British street a policeman stops a car. In the car there is a visitor from another country.
영국 거리에서 경찰이 차를 정지시킨다. 차에는 다른 나라에서 온 방문자가 있다.

Policeman	(holding up his hand) Stop!
Visitor	(in car) What's the matter?

Policeman *Why are you driving on the right side of the road?*
Visitor *Do you want me to drive on the wrong side?*
Policeman *You are driving on the wrong side.*
Visitor *But you said I was driving on the right side.*
Policeman *That's right. You're on the right, and that's wrong.*
Visitor *A strange country! If right is wrong, I'm right when I'm on the wrong side.*
Policeman *My dear sir, you must keep to the left. The right side is the left.*
Visitor *I'll try to remember. Thank you. It's as clear as daylight.*

경찰관 (손을 들면서) 정지!
방문객 (차 속에서) 왜 그러시죠?
경찰관 당신은 오른쪽에서 운전하고 계십니다.
방문객 그러면 내가 틀린 쪽에서 운전하기를 원합니까?
경찰관 당신은 틀린 쪽에서 운전하고 있습니다.
방문객 그렇지만 내가 올바른 쪽에서 운전하고 있다면서요?
경찰관 그렇습니다. 오른쪽에 있습니다. 그게 잘못입니다.
방문객 이상한 나라네요. 올바른 것이 잘못이라면, 엉뚱한 쪽에 있어야 옳다는 말이군요.
경찰관 선생은 좌측 통행을 해야 합니다. 올바른 쪽은 좌측입니다.
방문객 기억하겠습니다. 감사합니다. 확실히 알겠습니다.

해설 right는 '오른쪽'과 '올바른'이라는 두 가지 의미로 해석된다. 영국에서는 자동차가 좌측 통행이다. 이에 따라 벌어지는 촌극(寸劇 skit)이다. 경찰은 줄곧 right를 '오른쪽'이라는 의미로 말하고 있고, 방문객은 줄곧 right를 '올바른'이라는 의미로 말하고 있다. 경찰관의 마지막 말에 left(왼쪽)가 나옴에 따라 두 사람의 의사소통이 가능해졌다.

12. 〈양들의 침묵 The Silence of the Lambs〉에서의 Terns와 Turns

어휘 terns[tə:rns]: tern(제비갈매기)의 복수
turns[tə:rns]: 차례[교대] by turns(차례로) take turns(교대로 하다)

스릴러물(thriller movie) 〈양들의 침묵 The silence of the lambs〉(1991)에서 FBI 여성 수습요원 클라리스 스탈링(Clarice Starling: 조디 포스터 Jodie Foster 분)은 상관에게서 사악한 연쇄 살인마(vicious serial killer) 버팔로 빌(Buffalo Bill)을 조사하라는 지시를 받는다. 그때까지 사건의 단서를 찾지 못하고 있었다. 상관은 한니발 렉터 박사(Dr. Hannibal Lecter: 안소니 홉킨스 Anthony Hopkins 분)를 면담하라고 지시한다. 박사는 식인 취미가 있는 정신과 의사로, 자신의 환자 아홉 명을 죽여서 먹었다. 식인종 한니발(Cannibal Hannibal)이라고도 불린 그는 중죄인들과 함께 수감되어 있다. 박사와의 첫 대면, 그녀는 섬뜩한 느낌을 받지만 범인의 정체를 알아내기 위해 박사와 대화를 계속한다. 방탄 유리를 사이에 두고 스탈링과 박사 사이에 팽팽한 신경전이 벌어지는 가운데 둘은 서로에게 미묘한 호감을 느낀다.

Lecter *Plum Island Animal Disease Research Center. Sounds charming.*
Starling *That's only part of the island. There's a very, very nice beach. Terns nest there. There's beautiful...*

Lecter	Terns? If I help you, Clarice, it will be "turns" for us too. I tell you things, you tell me things. Not about this case, though. About yourself. Quid pro quo. Yes or no?
렉터	플럼섬 동물 질병연구센터라. 흥미로운데.
스탈링	그건 섬의 일부일 뿐이에요. 아주 훌륭한 해변이 있어요. 제비갈매기(terns)가 거기에 둥지를 틀죠. 또 있어요, 아름다운...
렉터	제비갈매기(terns)? 클라리스, 내가 당신을 도와준다면, 우리만을 위한 '차례(turns)'가 있는 거지요. 내가 뭔가를 말해주면, 당신이 내게 뭔가를 말해주는 거지요. 하지만 이 사건에 관한 거 말고. 당신 자신에 대해서. 주는 게 있으면 받는 게 있어야지. 어떻게 할래요?

해설 렉터 박사는 클라리스가 terns(제비갈매기)에 대한 말을 하자 repartee(말을 재치 있게 맞받아치는 재간)를 발휘하여 음이 같은 "turns" for us(우리만을 위한 '차례')라고 말한 것이다. 박사는 여자 수습요원에게 호감을 느껴 그녀에게 personal information(신상에 관한 정보)을 알고 싶어 한다.

이 영화가 끝나기 몇 분 전 한니발 렉터 박사(Dr. Hannibal Lecter)가 전화로 FBI 여성 수습요원 클라리스 스탈링(Clarice Starling)에게 'I do wish we could chat longer, but I'm having an old friend for dinner. Bye(더 노닥거리고 싶지만, ~. 안녕)'라고 말한다. Hannibal Lecter 박사가 예리한 정신과 의사(brilliant psychiatrist)이면서 식인 연쇄살인자(cannibalistic serial killer)라는 것을 착안하면 밑줄 부분은 'I'm going to have some dinner with my old friend(저녁식사에 친구를 초대하겠다)'는 의미도 되지만, 'I'm going to eat my old friend as food(친구를 먹어치우겠다)'는 의미도 내포되어 있다. have란 단어가 double meaning(이중 의미)으로 사용된 것이다.

13. Yogi's Pun(요기의 동음이의해학)

Lawrence Peter "Yogi" Berra (born May 12, 1925) is a retired baseball player and, later, team manager. Born on the Hill in St. Louis, he picked up his nickname from a friend who said he resembled a Hindu holy man (yogi). He began playing baseball in local American Legion leagues, where he learnt the basics of play as a catcher. After rejecting an offer from the St. Louis Cardinals he signed with the New York Yankees in 1942. In 1972 he was elected to the United States Baseball Hall of Fame. Berra is also famous for his tendency to malapropism and fracturing the English language in provocative, interesting ways. Many of the malapropisms now attributed to Yogi Berra were from stories originally told by former ballplayer turned broadcaster Joe Garagiola, who was a childhood friend of Berra's and loved to tell stories about Berra's accidental humor, and others have been attributed to him because they seem characteristic of his style. As he himself is said to have put it, referring to the numerous "Yogi-isms" floating around: "I didn't really say everything I said."

로렌스 피터 '요기' 베라(Lawrence Peter "Yogi" Berra 1925~)는 미국의 전직 야구 선수, 나중에 팀 매니저. 세인트 루이스에서 태어난 그는 그가 힌두 성자 yogi(요가 수도자)를 닮았다고 말한 친구로부터 닉네임을 얻었다. 그는 local American Legion leagues에서 야구를 시작했다. 거기에서 그는 포수(捕手)로서 경기의 기본을 배웠다. the St. Louis Cardinals로부터의 제안을 거절한 뒤 1942년에 뉴욕 양키즈와 계약을 체결했다. 1972년 미국 야구 명예의 전당에 헌정되었다. 베라는 malapropism 취향으로 유명하고, 도발적이고 흥미롭게 영어를 파격적으로 사용하는 것으로 유명하다. 지금까지 요기 베라(Yogi Berra)가 말한 것으로 추정된 malapropism 중 많은 것은 프로 야구 선수에서 방송인으로 전직한 Joe Garagiola가 말함으로써 알려졌다. 어린 시절부터 베라의 친구인 그는 베라의 재기 넘치는 유머(accidental humor)에 대해서 이야기하기를 좋아했다. 요기의 malapropism 중에는 Joe Garagiola의 특징적 스타일로 봐서 Joe Garagiola가 말한 것으로 추정되는 것들도 있다. 유포되어 있는 수많은 '요기의 어록'에 관하여 그(요기)가 말한 바와 같이 그는 그가 말한 것 모두를 말한 것은 아니다.

주 I didn't really say everything I said(나는 내가 말한 모든 것을 말한 것은 아니다)를 간접화법으로 옮겼음

A home opener is always exciting, no matter whether it's at home or on the road.

개막전은 항상 재미있다. 집에서(홈구장에서) 열리든 길에서든(원정 경기이든) 간에

I thought they said steak dinner, but then I found it was a state dinner.
It was hard to have a conversation with anyone; there were so many people talking.

스테이크 만찬인 줄 알았더니 국가 만찬이더군요. 거기서 누구와도 대화하기가 곤란했어요; 너도나도 얘기들을 하고 있었으니까.

해설 '요기' 베라(Yogi Berra)가 백악관에 초청되어 fancy dinner(화려한 저녁식사)를 하고 나서 한 말. 발음과 철자가 비슷한 steak dinner를 state dinner를 동원하여 특유의 malapropism을 유감없이 발휘.

When you get[come] to a fork in the road, take it.

도로에서 분기점에 이르거든 그것(포크)을 주어라.

해설 fork에는 '(식탁용의) 포크'와 '(길의) 분기(점)'이라는 의미가 있다. 두 가지의 의미를 동원한 fun이다.

Berra says that this is part of driving directions to his house in Montclair, New Jersey. There is a fork in the road, and whichever way you take, you will get to his house. Some people find this to be a very poignant pun, thinking it means that when you find a challenge, overcome it.

베라 말에 따르면 이곳은 뉴저지 주(州) 몬트클레어 읍(邑)에 있는 그의 집 방면 도로의 한 지점이다. 이 길에는 분기점(갈림길)이 있으며, 어느 길로 가든 그의 집에 이른다. 도전에 직면하면 그것을 극복하라는 것을 의미하는 말이라고 생각하기 때문에 이 말은 매우 예리한 동음이의어해학이라고 생각하는 사람도 있다.

14. Yogi's Wordplay(요기의 신소리)

The similarities between me and my father are completely different.

나와 나의 아버지의 유사성은 완전히 다르다.

해설 This quote was said by Dale Berra (1956~), Yogi's son, who is a former Major League Baseball player. It's interesting to note how similar they are in their linguistic ability. 요기 베라(Yogi Berra)의 아들인 전(前) 메이저 리그 야구 선수 데일 베라(Dale Berra)가 이 말을 했다. 흥미로운 것은 이 부자(父子)의 말하는 솜씨가 너무 흡사하다는 것이다.

We have a good time together, even when we're not together.

우리는 즐거운 시간을 함께 보내고 있다 - 같이 있지 않을지라도.

해설 This quote was talking about his wife Carmen. Apparently it makes perfect sense to them, and it means that he likes to spend a little time away from her, but wants to be back together after it(이 말은 그의 부인 카르멘(Carmen)에 관해서 말한 것이다. 분명히 이것은 그들에게 딱 들어맞는 말이다. 이 말은 그가 그녀에게서 잠시 떨어져 있기를 원하지만 다시 합치기를 원한다는 것을 의미한다).

It ain't over 'til it's over.

끝날 때까지는 끝난 게 아니다.

해설 This quote is the most well known Yogi-ism. It is also one of the more coherent ones. He first said this about the 1973 National League pennant race(이 말은 가장 잘 알려진 요기식 표현이다. 이것 역시 대단히 요기스러운 표현들 중 하나다. 그는 1973년 National League pennant race에서 처음으로 이 말을 했다).

If you don't know where you're going, you might not get there.

어디로 가고 있는지를 모르면 그곳에 도달할 수 없을 것이다.

해설 독일의 철학자 니체(Friedrich Wilhelm Nietzsche 1844~1900)는 Many are stubborn in pursuit of the path they have chosen, few in pursuit of the goal(자기가 선택한 길을 좇는 사람은 많은데 목표를 좇아가는 사람은 적다)라고 말했다.

Always go to other's funerals, otherwise they won't come to yours.

다른 사람의 장례식에 항상 가라. 그렇지 않으면 그들은 너의 장례식에 오지 않을 것이다.

해설 다른 사람에게 대접을 받고 싶으면, 먼저 다른 사람에게 대접하라'는 뜻인데, 말에 진지함을 더해 주기 위하여 장례식을 예로 든 것 같다. grave라는 단어는 명사로 사용되면 (1) 무덤 (2) 죽음 등의 의미지만, 형용사로 사용되면 (1) 표정이 엄한, 근엄한, 진지한 (2) 근심스러운, 침통한 (3)(문제 · 사태 등이) 중대한 등의 의미를 갖는다.

Slump? I ain't in no slump. I just ain't hitting.

슬럼프라고? 난 슬럼프에 빠지지 않은 게 아니야. 안타를 치고 있지 않을 뿐이지. (x)

슬럼프라고? 난 대단한 슬럼프에 빠졌어. 안타를 치고 있지 않을 뿐이지. (x)

슬럼프라고? 난 슬럼프에 빠진 게 아니야. 안타를 치고 있지 않을 뿐이지. (o)

해설 I ain't in no slump를 그대로 옮기면 부정어(否定語)가 두 번 나와 있으므로 [부정 + 부정 = 강한 긍정]이 되어 '나는 대단한 슬럼프에 빠져 있다'가 된다. 그러나 이 경우 context(글의 전후 관계)로 봐서 '한 번 부정'이다. 슬럼프에 빠지지 않았다는 것을 강조하기 위해서 부정어를 한 번 더 붙인 것이다.

In theory there is no difference between theory and practice. In practice there is.

이론에 있어서는 이론과 실제에 차이가 없다. 실제에 있어서는 차이가 있다.

주 아인슈타인(Albert Einstein)은 'If the facts don't fit the theory, change the facts(실제가 이론과 맞지 않으면 실제를 바꿔라)'라고 말했다.

I never blame myself when I'm not hitting. I just blame the bat, and if it keeps up,
I change bats. After all, if I know it isn't my fault that I'm not hitting,
how can I get mad at myself?

내가 안타를 치지 못하고 있다고 해서 내 자신을 비난하지 않는다. 단지 야구 방망이를 탓할 뿐이다. 계속 치지 못하면 난 방망이를 바꾼다. 결국 안타를 치지 못하는 잘못이 나에게 있지 않다는 것을 아는데 내가 내 자신에게 어떻게 화낼 수 있단 말인가?

I guess that's the earliest I've ever been late.

이번에는 내가 지금까지 늦어본 중에서 가장 빨랐다고 생각한다.

- 인터뷰하러 도착할 때 평소 30분보다 5분 늦게 도착하여

Baseball is 90% mental, the other half is physical.

야구는 90%가 정신적인 것이고, 나머지 반은 육체적인 것이다.

You have to give 100 percent in the first half of the game.
If that isn't enough, in the second half, you have to give what is left.

시합의 전반전에 100% 쏟아야 된다.

그것으로 충분하지 않다면 후반전에 나머지를 쏟아야 된다.

No one goes to that restaurant anymore - it's always too crowded.

어느 누구도 그 레스토랑에 더 이상 가지 않는다. 그곳은 항상 너무 혼잡하기 때문이다.

It was hard to have a conversation with anyone; there were so many people talking.
누군가와 conversation(쌍방 대화)을 한다는 것은 힘든 일이다. 일방 대화(talking)를 하는 사람이 아주 많기 때문이다.

If the people don't want to come out to the ball park, nobody's going to stop them.
사람들이 야구장에 가는 것을 원치 않는다고 해도 아무도 그들을 막으려고 하지 않을 것이다.

We're lost but we're making good time.
우리는 졌으나 즐거운 시간을 보내고 있었다.

Half the lies they tell me aren't true.
그들이 나에게 말한 거짓말의 반은 사실이 아니다.

If you can't imitate him, don't copy him.
그를 완벽하게 모방할 수 없다면, 그를 흉내 내지 마라.

The future ain't what it used to be.
미래란 그것(미래)이 과거에 어떠했느냐를 의미하지 않는다.

It's tough to make predictions, especially about the future.
예견이란 힘든 일이다. 특히 미래에 관해서.

90 percent of putts that fall short don't go in.
홀에 못 미치는 퍼트의 90퍼센트는 홀에 들어가지 않는다.

I knew I was going to take the wrong train, so I left early.
나는 차를 잘못 탈 것이라는 것을 알았다. 그래서 빨리 떠났다.

If I didn't wake up I'd still be sleeping.
내가 깨어 있지 않다면, 나는 여전히 잠을 자고 있을 것이다.

I always thought that record would stand until it was broken.
그 기록은 깨질 때까지 유지될 것이라고 나는 항상 생각했다.

Why don't you pair 'em up in threes?
왜 너희들은 그들을 셋씩 짝짓지 못하느냐?

You can observe a lot by just watching.
다만 봄으로써 많은 것을 관찰할 수 있다.

I usually take a two hour nap from 1 to 4.
난 보통 1시에서부터 4시까지 낮잠을 자곤 해.

15. Genuine Humorous Humor(진짜 썰렁하지 않은 유머)

어휘 **humor**: 유머 · 해학(諧謔)
joke: 농담(상대방을 웃기는 말)
jest: 농담(joke보다 격식을 차린 말로서 조소가 가미된 농담을 이름)
gag: 개그(극에서 관객을 웃기기 위해 배우가 하는 즉흥적인 익살스러운 말)

A good joke is the one ultimate and sacred thing which cannot be criticized. Our relations with a good joke are direct and even divine relations.

훌륭한 농담은 비난할 수 없는, 궁극적이고 신성한 것이다.
인간과 훌륭한 농담과의 관계는 절대적이며 신성하기까지 하다.

– 영국 비평가 · 시인 · 소설가 체스터턴(Gilbert Keith Chesterton 1874~1936)

Analyzing humor is like dissecting a frog: Nobody really enjoys it and the frog generally dies as a result.

유머를 분석하는 것은 개구리를 해부하는 것과 같다,
그것을 좋아하는 사람은 단연코 없으며 결과적으로 개구리만 죽을 뿐이다.

– 미국 수필가 화이트(Elwyn Brooks White)

제1화

A few years ago, I started going to a new dentist. While waiting in his reception room for my first appointment, I noticed his certificate of dentistry which bore his full name. Suddenly, I remembered that a tall, handsome boy with the same name had been in my high school class some forty years ago. Upon being ushered into his office, however, I quickly discarded any such thought. This gray-haired man with the deeply-lined face was too old to have been my classmate. After he had examined my teeth, I asked him.

몇 년 전 나는 새로운 치과 의사한테 다니기 시작했다. 첫 번째 진료 약속이 되어 대기실에서 기다리고 있는 동안, 풀 네임(full name 생략하지 않은 성명)이 쓰여 있는 치과 의사의 면허증을 보았다. 갑자기 약 40년 전 나의 고등학교 시절에 같은 이름의 키 크고 잘생긴 남학생이 있었다는 것이 생각났다. 그러나 치료실로 안내되자마자 나는 그러한 생각을 즉시 지워버렸다. 얼굴에 주름이 깊고 머리에 백발이 섞인 이 사람이 나의 동급생이었다고 판단하기에는 너무 나이가 들었다. 그가 나의 이를 진찰한 뒤, 나는 그에게 물었다.

I	Did you attend the local high school?
He	Yes.
I	When did you graduate?
He	In 1969. (to my amazement)
I	Why, you were in my class!
He	(looking at me closely) What did you teach?
나	그 지방 고등학교를 다니셨소?
의사	그렇소.
나	언제 졸업하셨소?
의사	1969년에요. (나는 놀랐다.)
나	아니, 당신이 우리 반에 있었단 말이에요!
의사	(나를 빤히 보더니) 무슨 과목을 가르치셨지요?

해설 **usher**: 안내하다(= show)

해설 This grey-haired man with the deeply-lined face was too old to have been my classmate.
(대과거를 나타냄)

제2화

Parson	Well, my dear, I do wish I could think of some way to make the congregation keep their eyes on me during the sermon.

Wife	Put the clock right behind the pulpit.
목사	그런데 말이요, 여보, 설교하는 도중에 신도들이 나에게 시선 집중을 하도록 하는 무슨 묘안을 생각해 낼 수 있으면 좋겠소.
부인	시계를 설교단 바로 뒤에다 달아 놓으세요.

■ 제3화

While I was going downtown on the tram this morning, the conductor came and looked at me. And I looked at him as if I had paid my fare.

오늘 아침 전차를 타고 중심가로 가고 있었는데, 차장이 와서 나를 쳐다보았다. 그래서 나는 요금을 낸 것처럼 그를 쳐다보았다.

■ 제4화

To the rear door of the house of a lonely spinster there came a speedy-looking person who, after being given some food, made so bold as to proffer this additional request.

외로운 노처녀의 집 뒷문에 초라해 보이는 작자가 와서 먹을 걸 얻은 후 대담하게도 이런 요청을 덧붙인다.

Man	Missis, ask your husband if he ain't got an old pair of trousers to give me?
Maid	(anxious not to expose her solitude) I am sorry, but he—er—never wears such things.
남자	마님, 남편에게 저에게 줄 만한 헌 바지가 없는지 물어봐 주시겠습니까?
처녀	(혼자 사는 것을 나타내지 않으려고 애쓰면서) 죄송합니다만, 그이는 — 저 — 그런 것을 입지 않습니다.

어휘 **show[present · put] a bold front on**: ~에 대담한 태도를 보이다
ain't got: (구어) have [has] not got = have[has] not
er: 저어(망설이거나 말이 막혔을 때에 내는 소리) I—er—don't know(나는—저—모르겠는데).

■ 제5화 주머니 검사(Going through the Pockets)

Hubby	(as he is dressing) Well, my dear. I suppose you're right, when you told me last night that there was a burglar in the house.
Wife	Why?
Hubby	Because all the money that was in my pocket is gone.
Wife	Well, if you'd been brave and got up and shot the wretch you'd have your money this morning?
Hubby	Possibly, but then I should have become a widower.
남편	(옷을 챙겨 입으면서) 당신 간밤에 도둑이 들었다더니 진짜 도둑이 들었나 보군.
부인	어째서요?
남편	내 호주머니의 돈이 몽땅 없어졌으니 하는 말이오.
부인	하면, 당신이 용감하게 자리에서 일어나 그 도둑에게 총을 쐈다면 지금 그 돈은 그대로 있을 것 아니에요?
남편	그랬을 수도 있겠지. 하지만 그렇게 했다면 홀아비 신세가 됐을걸.

해설 **then**: if I'd been brave and got up and shot the burglar

어휘 **go trough**: (1) (~을) 지나다, 빠져나가다, 관통하다; (전화 따위가) 통하다
(2) (서랍 · 주머니)를 뒤지다, (강탈하기 위해) ~의 몸을 뒤지다; (서류를) 조사하다
(3) (방 따위를) 깨끗이 하다; (학문 · 업무 등을) 빠지지 않고 다 하다, 전 과정을 마치다
(4) (고난 · 경험 등을) 거치다, 경험하다

■ 제6화

부부가 얘들 몰래 섹스를 하는 방법을 궁리하다가 소위 Code for Sex(섹스 암호)를 '편지 쓰기(writing a letter)'로 하기로 정했다. 하루는 아빠가 딸을 보고 말했다.

One day

Daddy said to Daughter	*Tell your mom, "Dad wants to write a letter."*
Mommy said to Daughter	*Tell your dad, "The red ribbon is coming out, not now."*

어느 날

아빠가 딸에게	아빠가 편지 쓰고 싶어 한다고 엄마에게 전하렴.
엄마가 딸에게	타자기 리본이 빨간색으로 돼 있으니까 지금은 안 된다고 전하렴.

A few days later

Mommy said to Daughter	*Tell your dad, "Mon wants to write a letter."*
Daddy said to Daughter	*Tell your mom, "Not now. Dad already wrote the letter by hand."*

며칠 후

엄마가 딸에게	엄마가 편지 쓰고 싶어 한다고 아빠에게 전하렴.
아빠가 딸에게	아빠가 이미 손으로 편지를 썼으니까 지금은 안 된다고 전하렴.

■ 제7화

Jew(유대인) (1) The pen is mightier than the sword.
펜은 칼보다 더 강력하다.

Jew(유대인) (2) Of course it is. You can't sign cheques with a sword.
물론 그럴 거야. 칼로는 수표에 사인할 수가 없지 않나.

〈베니스의 상인〉에 나오는 유대인 고리대금업자 샤일록(Shylock)처럼 욕심 많은 유대인 고리대금업자는 노상 생각하고 있다는 것이 돈이나 수표 거래다. 수표에 서명하는 데는 칼이 아니라 펜이라는 것을 빗댄 대화다. the pen은 literary power를, the sword는 military power를 의미한다. 이 말은 언론이 군사 독재에 대항하는 대명사로 사용되었는가 하면 영어 문법책에 단골로 등장하는 예문이다. 영영사전은 이 말의 용례를 다음과 같이 풀이하고 있다.

You use this proverb to say that you can solve problems or achieve your purpose better and more effectively through communication with words than by violence with weapons.

무장 폭력에 의해서보다는 말로 의사를 전달함으로써 보다 잘 그리고 보다 효과적으로 문제를 해결하거나 목적을 달성할 수 있다는 것을 말하는 데 이 금언이 사용된다.

이 말은 1839년 영국의 Edward Bulwer-Lytton(에드워드 불워-리튼 1803~1873)이 한 말이다. 그는 고대 도시 '폼페이'를 소재로 한 소설 〈The Last Days of Pompeii 폼페이 최후의 날〉(1834)의 작가다. 그가 말한 원문은 Beneath the rule of men entirely great, the pen is mightier than the sword(전적으로 위대한 사람의 지배 아래에서는 펜의 힘이 칼의 힘보다 강하다)다. 이 명언은 러시아에서는 written by pen can't be taken out by axe(펜으로 쓴 것은 도끼로 무효화시킬 수 없다)라고 번역되기도 한다. 이렇게 말하는 사람도 있다. The pen is mightier than the sword, but one must keep a sword for when the pen fails(펜은 칼보다 강하다. 그러나 펜으로 되지 않을 때를 위해서 칼을 손질해 놓아야 한다). 이 명언은 로마 공화제 말기 정치가 · 법률가 · 철학자 키케로(Marcus Tullius Cicero 106 BC ~ 43 BC)가 BC 44년 카이사르가 암살된 뒤에 완성한 〈도덕적 의무론 De Officiis〉 1장 22절 Cedant arma togae(Arms yield to persuasion. 무력은 설득에 굴복한다. 군정은 민정에게 이양한다)와 일맥상통한다.

한 가지 분명한 역사적 사실은 칼을 종식키는 것은 펜이라는 사실이다. 1945년 9월 2일 맥아더 사령관은 동경(東京)만에 정박 중이던 미국 전함 미주리호(the battleship USS Missouri)에서 항복 문서(Instrument of Surrender)에 펜으로 서명함으로써 태평양 전쟁을 공식적으로 종식시켰다.

주 USS: United States Ship

당시 문서에 번갈아 사용한 펜은 모두 6개였다. 그가 20년 동안 사용해온 빨간색 파커 듀오폴드 만년필(Parker Duofold fountain pen)과 5개의 파커 듀오폴드 데스크 펜(Parker Duofold desk pen)이었다. 온라인 백과사전 위키피디아(Wikipedia)의 기록을 보자.

As witnesses, US Lieutenant General Jonathan Wainwright, who had surrendered the Philippines, and British Lieutenant General Arthur Percival, who had surrendered Singapore, received two of the six pens he used to sign the surrender instrument. Another pen went to the US Military Academy at West Point, and one to his aide. All of the pens used by MacArthur were black, except the last which was plum colored and went to his wife.

필리핀을 빼앗긴 조나단 웨인라이트 미국 육군 중장과 싱가포르를 빼앗긴 아서 퍼시발 영국 육군 중장은 증인으로서 항복문서 서명에 사용하였던 6개의 펜 중 두 개를 받았다. 다른 하나는 웨스트포인트 미국 육군사관학교에 보내졌고, 하나는 맥아더의 부관에게 주어졌다. 맥아더가 사용한 펜들은 마지막으로 사용된 부인에게 준 짙은 자색의 펜을 제외하고는 모두 검은색이었다.

해설 '말라깽이(Skinny)'란 별명의 웨인라이트(Jonathan "Skinny" Wainwright(1883~1953) 미국 장군과 아서 퍼시발(Arthur Percival(1887~1966)은 공통점이 있다. 웨인라이트는 필리핀에서, 퍼시발은 싱가포르에서 각각 일본군에게 항복하여 포로가 되었던 인물이다. 맥아더는 항복했던 인물들을 항복시키는 식전에 참석시켜 서명에 사용한 펜을 선물로 준 것이다.

11 독설 *acrimony* · 혹평 *vituperation*

1. 여류 작가 파커에 대한 심술궂은 비평

To those she did not like, she was a stiletto made of sugar.
그녀가 좋아하지 않는 사람에게, 그녀는 설탕으로 만든 양날 단도였다.

- 미국 문학평론가 브라운(John Mason Brown 1900~1969)의 비평

파커(Dorothy Parker 1893~1967)는 1930년대 미국의 대표적인 여류 비평가이자 작가요 시인이다. 잡지사 〈Vanity Fair〉에서 드라마 비평가로 활약하다 신랄한 독설로 쫓겨난 뒤로 주로 자유기고가로 활동했다. 그녀의 시는 위트와 냉소가 넘치며 경쾌하다. 인간이 처한 상황을 비극적이면서도 우스꽝스러운 것으로 보는 관점이 특징이다. 〈Resume 다시 시작하라〉라는 시를 보자.

Razors pain you;	면도칼은 아프고
Rivers are damp;	강물은 축축하다
Acids stain you;	산(酸)은 얼룩을 남기고
And drugs cause cramp.	약은 경련을 일으킨다.
Guns aren't lawful;	총기 사용은 불법이고
Nooses give;	올가미는 풀리며
Gas smells awful;	가스는 냄새가 지독하다
You might as well live.	차라리 사는 게 낫다.

미국 제30대(1923~1929) 대통령인 캘빈 쿨리지(John Calvin Coolidge, Jr. 1872~1933)는 1933년 1월 5일 면도를 하다가 심장병으로 사망했다. 주위에서 "전직 대통령이 죽었다"고 하자 그녀는 이렇게 말했다. "어떻게 그에게 '전직 대통령'이라는 말을 할 수 있지요?" 잠만 자고 일은 제대로 못한 인물에게 대통령이라는 호칭을 붙이기 과분하다는 의미였다. 그는 잠을 많이 자기로 유명했다. 그는 대통령이 된 뒤에도 매일 11시간을 잤다. 오후에 정기적으로 2~4시간을 잤고 오후 10시만 되면 무슨 일이 있어도 침대로 들어갔다. 비록 대통령직에 대한 열의와 적극성은 떨어졌지만 검소함, 도덕성, 간단명료한 철학으로 대중적인 인기가 높았다. 40대 대통령 레이건(Ronald Wilson Reagan 1911~2004)은 쿨리지를 역할 모델로 삼았다.

2. 여류 작가 헬먼에 대한 심술궂은 비평

Every word she writes is a lie, including "and" and "the."
그녀가 쓴 모든 말은 거짓말이다 - '그리고'와 '그'라는 말까지도.

– 미국 여류 소설가 맥카시(Mary McCarthy 1912~1989)의 비평

미국 여류 극작가 헬먼(Lillian Hellman 1905~1984). 같은 마을 사람을 착취하고 가족끼리도 서로 다투는 무자비한 가족 이야기 〈작은 여우들 The Little Foxes〉(1939), 〈숲의 또 다른 부분 Another Part of the Forest〉(1946) 등 그녀의 작품은 악이 나타나는 양식을 다양하게 보여주었다. 그녀의 희곡은 소위 '잘 짜여진 극'으로서 구성이 치밀하고 때로는 지나칠 정도로 인위적이라는 느낌을 준다.

3. 여류 작가 맨스필드에 대한 심술궂은 비평

캐서린 맨스필드

출처 : Wikipedia

I loathe you. You revolt me stewing in your consumption.
You are a loathsome reptile - I hope you die.
나는 당신이 질색이다. 결핵으로 괴로워하는 당신을 보면 비위가 상한다.
당신은 파충류와 같아서 징그럽다 - 나는 당신이 죽기를 바란다.

– 영국 소설가 로렌스(David Herbert Lawrence 1885~1930)의 비평

영국 소설가 캐서린 맨스필드(Katherine Mansfield 1888~1923). 맨스필드도 5년 동안 결핵으로 고생을 하다가 죽었다. 로렌스 역시 결핵으로 1928년부터 죽음과의 처절한 투쟁을 하며 이곳저곳을 전전하다 1930년 요양소에서 운명한다. 결국 그녀에 대한 말은 자신에 대한 말이 되어 버렸다. 사람 일을 어찌 알리요?

4. 여류 시인 토클라스에 대한 심술궂은 비평

토클라스

출처 : Wikipedia

She was incredibly ugly, uglier than almost anyone I had ever met. A thin, withered creature, she sat hunched in her chair, in her heavy tweed suit and her thick lisle stockings, impregnable and indifferent. She had a huge nose, a dark mustache, and her dark-dyed hair was combed into absurd bangs over her forehead.

그녀는 정말 못생겼다. 아니 내가 지금까지 만난 거의 모든 사람들보다 못생겼다. 여위고 말라빠진 그녀는 무거운 모직 옷을 입고 두꺼운 무명실로 짠 스타킹을 신고 등을 활처럼 구부린 채, 결코 어떤 것에도 안중에 없는 표정으로 앉아 있었다. 엄청나게 큰 코에 거무스름한 코밑 수염까지 있었다. 검은색 염색 머리가 이마의 우스꽝스러운 단발 머리 쪽으로 빗질되어 있었다.

스타인의 평생 동반자 토클라스(Alice B. Toklas 1877~1967)에 대한 오스트리아의 화가 오토 프리드리히(Otto Friedrich 1862~1937)의 독설이다. 토클라스(Toklas)는 미국 여류 작가 스타인(Gertrude Stein 1874~1946)의 평생 동반자가 되어 함께 살았다. 두 사람의 관계를 잘 나타내준 말이 있다.

Mentored as she was by Gertrude Stein, Alice B. Toklas developed an unusual style of narrative which imitated but did not rival that of her teacher.

앨리스 B. 토클라스는 그녀의 스승인 거투르드 스타인의 지도를 받아 특이 스타일의 화법을 발전시켰다. 그러나 그녀는 스타인의 화법을 모방하였으나 스타인보다 더 뛰어나지는 못했다.

5. 여류 시인 싯웰에 대한 심술궂은 비평

싯웰

출처 : Wikipedia

영국 시인 싯웰(Dame Edith Louisa Sitwell(1887~1964)은 비평가(critic)이기도 하였다. 잃어버린 화려한 귀족적 전통에 대한 편애가 〈영국의 기인들 The English Eccentrics〉(1933) 등의 산문 작품 속에 나타나 있다. 처음에는 독특한 문체상의 기교로 명성을 얻었지만, 제2차 세계대전 동안에는 깊이 있는 감정 처리와 심오한 인간애로 두각을 나타냈다. 또한 고집스러운 성격, 엘리자베스 시대의 복장, 기발한 의견을 가진 시인으로도 유명하다.

I am fairly unrepentant about her poetry.
I really think that three quarters of it is gibberish.
However, I must crush down these thoughts,
otherwise the dove of peace will shit on me.

나는 그녀의 시에 대해 상당히 고집스런 견해를 갖고 있다.
나는 사실 그녀 시의 4분의 3은 횡설수설이라고 생각한다.
그러나 이러한 생각을 억누르지 않으며 안 된다.
그렇지 않으면 평화의 비둘기가 내 머리 위에 똥을 쌀 것이기에.

- 영국 배우 · 극작가 카우어드(Coward 1899~1973)의 비평

Isn't she a poisonous thing of a woman, lying, concealing, flipping, plagiarizing, misquoting, and being as clever a crooked literary publicist as ever!

그녀는 거짓말하고, 숨기고, 책을 후딱 훑어보고, 표절하고, 잘못 인용하는 해독물 같은 여자 아닌가! 그리고 그녀는 일찍이 없었던 불량하게 재주를 부려 이름을 파는 글쟁이 아닌가!

- 영국 시인 · 작가 토마스(Dylan Thomas 1914~1953)의 비평

어휘 **publicist**: a person, such as a press agent or journalist, who publicizes something
뭔가를 선전[광고]하는 선전[홍보] 담당자나 저널리스트

작문 그녀는 일찍이 없었던 불량하게 재주를 부려 이름을 파는 글쟁이다.
She is as clever a crooked literary publicist as anyone that ever lived.

→ She is as clever a crooked literary publicist as ever lived.
→ She is as clever a crooked literary publicist as ever.

6. 왕자비 사라 퍼거슨에 대한 혹평

She is a lady short on looks, absolutely deprived of any dress sense, has a figure like a Jurassic monster - very greedy when it comes to loot, no tact and wants to upstage everyone else.
그녀의 용모는 견적(?)이 안 나오며, 패션 감각도 전혀 없어 쥐라기의 괴물과 같다. 돈에 관한 한 매우 탐욕스럽다. 재치가 없음에도 누구한테든 거만하게 군다.

- 여왕 법률고문 · 예술가 · 담화가(raconteur) 페어베언(Fairbairn 1933~1995)의 혹평

My marriage began to break down within a week of the state wedding because of Prince Andrew's naval duties.
앤드류 왕자의 해군 복무 때문에 나의 결혼은 국혼(國婚) 일주일이 못 가서 파탄 나기 시작했다.

- 2001년 한 잡지에서 사라 퍼거슨이 한 말

사라 마가렛 퍼거슨 요크 공작부인(Sarah Margaret Ferguson Duchess of York 1959~)의 연보

1986년 엘리자베스 2세 여왕의 둘째 아들인 앤드류 왕자(요크 공작)와 결혼
1988년 베아트리스 공주(Princess Beatrice)를 낳음
1990년 유진 공주(Princess Eugenie)를 낳음
1996년 이혼 후 방송 출연 등 활발한 사회 활동으로 세간의 주목을 끌고 있음
2002년 Fireside Books에서 〈에너지 타개책 Energy Breakthrough〉이라는 책을 발간
2003년 〈4인치〉(하이힐의 높이)라는 책에 신발을 신고 보석만 두른 채 알몸으로 등장하여 화제

Duchess of York Sarah Ferguson files a 1.4 million USD lawsuit against French tabloids for running topless photos taken of her on the French Riviera, including some of Texas millionaire John Bryan suckling on her toes.
요크 공작부인 사라 퍼거슨은 프랑스 리비에라 해안에서 찍은 그녀의 유방을 드러낸 사진을 게재한 프랑스의 타블로이드판 신문에 대해 미화 1,400만 달러의 소송을 제기하는데, 텍사스의 백만장자 존 브라이언이 그녀의 발가락을 빨고 있는 사진도 몇 장 포함되어 있다.

- 1992년 신문기사

7. 연극배우 베르나르에 대한 독설

A great actress, from the waist down.
허리 아래로는 위대한 여배우.

- 영국 여자 배우 마가렛 켄달(Margaret Kendal 1848~1935)의 독설

어휘 **Vivian stripped from the waist down.** 비비안은 아랫도리를 벗었다.
He is paralyzed from the waist down. 그는 하반신 불구다.

프랑스 연극배우 베르나르(Sarah Bernhardt 1844~1923)는 고급 매춘부의 사생아로 태어났다. 그녀가 16세 되던 해 어머니의 정부 가운데 한 사람이었던 나폴레옹 3세의 이복동생 모르니 공작이 그녀를 연기학교 콩세르바투아르(파리 고등음악원)에 입학시켰다. 그녀의 출생과 성장은 모두 어머니의 정부들과 관련되어 있으며 베르나르 그녀 또한 벨기에 귀족의 정부가 되었다. 그녀는 위고(Victor-Marie Hugo 1802~1885)의 작품에 출연했으며, 그는 그녀의 목소리를 '황금의 목소리'라고 했으며 그녀의 연기를 보고 눈물을 흘렸다. 1905년 공연 중 〈라 토스카〉의 마지막 장면에서 난간에서 뛰어내리다 오른쪽 무릎을 다친 후 1915년 절단 수술을 받았다. 만년 그녀의 배역은 앉아서 연기할 수 있는 것이었다. 그녀는 국장(國葬) 예우를 받았다. 프랑스 19세기 후반을 장식한 대표적 여배우로 연극사에서 가장 유명한 인물로 꼽힌다. 그녀는 서출(庶出)이었으며 위대한 배우였다.

8. 여자 가수 헬렌 레디에 대한 혹평

She ought to be arrested for loitering in front of an orchestra.

그녀는 객석 전면 좌석 앞에서 빈둥거리는 죄로 체포되어야 한다.

- 레디(Helen Reddy 1941~)에 대한 여자 가수 미들러(Bette Midler 1945~)의 혹평

어휘 **orchestra**: (1) 관현악단 (2) (무대 앞의) 1등석[앞자리]

9. 여자 가수 티나 터너에 대한 독설

All legs and hair with a mouth that could swallow the whole stadium and the hot-dog stand.

다리와 머리털뿐. 그리고 스타디움 전체와 핫도그 노점을 꿀떡 삼켜버릴 수 있는 입.

- 연예잡지 〈Time Out〉(런던)의 편집자 데이비스(Laura Lee Davies)의 독설

티나 터너(Tina Turner 1939~)는 80년대 엄청난 볼륨의 갈기 머리를 흔들며 열정적으로 허스키하고 강한 목소리로 팝을 열창했다. 그래서 호랑이에 비유된다. 아드보카트 한국 국가대표 축구팀 감독은 경기 전 작전회의 때면 어김없이 다음과 같은 티나 터너의 노래 〈The Best〉의 한 소절을 들려주었다.

You're simply the best. Better than all the rest. Better than anyone.

네가 단연코 최고야. 어떤 사람보다 낫지. 누구도 따를 수 없어.

10. 여류 예술가 오노에 대한 혹평

Her voice sounded like an eagle being goosed.

그녀의 목소리는 독수리의 궁둥이를 쿡 찌를 때 나오는 목소리와 같았다.

– 미국 예술가 · 음악가 노박(Ralph Milton Novak 1928~1955)의 혹평

남준은 내 마음의 부처였다.

– 2006년 2월 백남준(白南準 1932~2006)의 장례식에서 오노가 한 말

일본 출신 반전운동가 · 전위예술가 오노 요코(Ono Yoko 小野洋子 1933~)의 연보

1953년 아버지를 따라 미국 뉴욕으로 건너가 피아노를 배움

1957년 가난한 일본인 음악가와 결혼

1962년 법적 이혼 수속을 밟지도 않은 채 화가이자 음악가인 콕스(Anthony Cox)와 결혼

1967년 비틀스(The Beatles)의 멤버인 레넌(John Winston Lennon)과 세 번째 결혼

1964년 전쟁 반대를 호소하며 전라가 될 때까지 사람들이 자신의 옷자락을 조금씩 잘라가도록 한 행위 예술 〈컷 피스(Cut Piece)〉

1967년 런던 트라팔가 광장 넬슨(Horatio Nelson) 전승기념비를 흰 천으로 감싼 〈포장이벤트〉

1969년 레넌과 함께 침대 위에서 벌인 〈평화를 위한 침대 시위 Bed In For Peace〉

주 bed-in: (부부 등이) 잠자리에서 드러누워 하는 항의

11. 여자 배우 파라 포셋에 대한 혹평

Maybe it's the hair.
Maybe it's the teeth.
Maybe it's the intellect.
No, it's the hair.

파라 포셋의 극치는 아마 그 머리털일 거야.
파라 포셋의 극치는 아마 그 치아일 거야.
파라 포셋의 극치는 아마 그 지성일 거야.
아니야, 파라 포셋의 극치는 그 머리털이야.

– 워싱턴 포스트 평론 기사로 퓰리처상을 받은 TV비평가 톰 쉐일즈(Tom Shales 1944~)의 혹평

파라 포셋(Farrah Fawcett 1947~2009). 1970년대 인기 드라마 〈미녀 삼총사〉(1976)에 출연했던 육체파 여배우 파라 포셋(Farrah Fawcett)의 '부풀린 머리'는 유명하다. '파라 포셋 버전'으로 이름 붙여진 이 스타일은 둥그스름한 볼륨과 모발의 끝 부분이 날아가는 듯하다. 자연스런 층의 흔들림은 도시적 여성의 움직임을 보여주었다. '파라 포셋 가발'이 등장했다. 〈WIG IN A BOX 상자 속의 가발〉은 영화 〈헤드윅과 앵그리 인치 Hedwig And The Angry Inch〉에 삽입된 곡이다. 이 영화는 독일 출신의 한 남성이 미국 록 스타의 꿈을 안고 남성에서 '헤드윅'이라는 여성으로 성전환한 뒤 맞게 되는 파란만장한 인생 역정을 록 뮤지컬 감성으로 풀어낸 영화다.

주 밴드 명칭 〈앵그리 인치 Angry Inch〉는 불완전한 성전환 수술로 인해 6인치에서 5인치가 잘려나가고 남은 성기 '성난 1인치'를 의미한다.

〈WIG IN A BOX의 한 소절〉

I'm pulling the wig down from the shelf.
Suddenly I'm Miss Farrah Fawcett from TV
Until I wake up and turn back to myself.

선반에서 가발을 내리고 있네.
갑자기 나는 TV에 나온 미스 파라 포셋이 되지.
환상에서 깨어나 내 자신으로 돌아올 때까지.

12. 여자 배우 자 자 가보에 대한 독설

I never hated a man enough to give his diamonds back.
나는 어느 남자고 그가 준 반지를 되돌려줄 만큼 증오하지 않았다.

– 1950년대 육체파 여배우 가보(Zsa Zsa Gabor 1917~)가 자신의 누차의 결혼에 관하여

미국 여자배우 자 자 가보(Zsa Zsa Gabor 1917~). Gabor has been married nine times. She was divorced seven times, and one marriage was annulled(가보는 9번 결혼했다. 7번 이혼했으며 한 번은 무효 선언(annulment)되었다). 1983년 4월 13일 Felipe de Alba와 결혼하였으나 다음날인 14일 무효 선언되었다. '세기의 광대', '웃음의 제왕'으로 불렸으며 영국 여왕으로부터 기사 작위를 받은 영국 태생 미국 코미디언 밥 호프(Bob Hope 1903~2003)는 가보에 대해서 이렇게 익살을 떨었다. She has discovered the secret of perpetual middle age. You can calculate Zsa Zsa Gabor's age by the rings on her fingers(그녀는 계속 중년의 나이로 살아가는 비법을 발견한 사람이다. 자 자 가보의 손가락에 낀 반지를 봐야만 그녀의 나이를 가늠할 수 있다).

Ephemeral Spouse(하루살이 배우자들 명단)

(1) Burhan Asaf Belge	(1937~1941)	(이혼 divorced)
(2) Conrad Hilton	(1942~1947)	(이혼 divorced)
(3) George Sanders	(1949~1954)	(이혼 divorced)
(4) Herbert Hutner	(1962~1966)	(이혼 divorced)
(5) Joshua S. Cosden, Jr.	(1966~1967)	(이혼 divorced)
(6) Jack Ryan	(1975~1976)	(이혼 divorced)
(7) Michael O'Hara	(1976~1982)	(이혼 divorced)
(8) Felipe de Alba	(1983)	(무효 annulled)
(9) Frederic von Anhalt	(1986~현재)	

Zsa Zsa Gabor has been married so many times she has rice marks on her face.
자 자 가보는 너무 많이 결혼을 해서 그녀의 얼굴에 쌀 자국이 여러 개 있다.

주 구미에서는 신혼여행을 나서는 신랑신부를 축하할 때 쌀을 뿌리는 습관이 있다.

– 미국 코미디언 · 음악가 헤니 영맨(Henny Youngman 1906 ~1998)의 코멘트

주 영맨: '1인극의 황제', '한 줄짜리 재담의 왕(the King of the One-Liners)'라고 불리었다.

I read about drinking so I gave up reading.
음주의 해악에 대해 읽은 후에 나는 책 읽는 것을 포기했다고 말하기도 했다.

The only person who ever left the Iron Curtain wearing it.
철의 장막을 걸치고 철의 장막을 떠난 유일한 사람.

– 영화감독 러셀 버드웰(Russel Birdwell)의 코멘트

주 가보는 버드웰 감독의 〈크렘린의 소녀 The Girl in The Kremlin〉(1957)에 스파이와 스탈린의 정부(情婦) 역으로 등장했다.

She not only worships the golden calf, she barbecues it for lunch.
그녀는 황금송아지를 경배할 뿐만 아니라 점심 때 먹으려고 그것을 통째로 굽는다.

– 미국 피아니스트 · 작곡가 · 배우 레반트(Oscar Levant 1906~1972)의 코멘트

13. 여자 배우 캐서린 헵번에 대한 혹평

She ran the whole gamut of emotions from A to B.
그녀는 A에서 B까지의 온갖 감정 표현을 다했다.

– 미국 여류 단편 작가 · 시인 파커(Dorothy Parker 1893~1967)의 혹평

캐서린 헵번(Katherine Hepburn 1907~2003). 비극과 희극, 영화와 무대의 양쪽에서 독특한 허스키와 세련되고 유동적인 움직임으로 불가사의한 매력을 뿌려 인기를 독차지하였다. 다음처럼 4번이나 아카데미 여우주연상을 받았다.

〈아침의 영광 Morning Glory〉(1933)
〈초대받지 않은 손님 Guess Who's Coming to Dinner〉(1967)
〈겨울 사자 The Lion in Winter〉(1968)
〈황금 연못 On Golden Pond〉(1981)

14. 여자 배우 주디 갈런드에 대한 독설

I didn't know her well, but after watching her in action I didn't want to know her well.
나는 그녀를 잘 알지 못했다. 그녀가 연기하는 것을 보고 나는 그녀를 별로 알고 싶지 않았다.

– 미국 여자 배우 조안 크로포드(Joan Crawford 1905~1977)의 독설

미국 여자 배우 주디 갈런드(Judy Garland 1922~1969). 보드빌(vaudeville 노래 · 춤 ·

주디 갈런드

출처 : Wikipedia

곡예 · 촌극)과 영화에서 활동한 가수 · 배우로 만능 엔터테이너였다. 환상과 모험을 그린 뮤지컬 영화 〈오즈의 마법사 The Wizard of Oz〉(1939)는 그녀를 세계적인 스타로 만들었고, 영화는 고전이 되었다. 〈무지개 너머 Over the Rainbow〉 등의 노래가 삽입되어 크게 히트했다. 〈무지개 너머〉로 아카데미 삽입곡상 및 악보(樂譜)상 2개 부문을 수상했다. 수많은 가수들에 의해 쉼 없이 불려졌던 뮤지컬 명곡이다. 이 곡이 바로 1939년 〈오즈의 마법사〉를 통해 처음으로 공개됐다.

Over The Rainbow

Lyrics by E. Y. Harburg
Music by Harold Arlen
Song by Judy Garland

Somewhere over the rainbow way up high,
There's a land that I heard of once in a lullaby.
Somewhere over the rainbow skies are blue,
And the dreams that you dare to dream really do come true.
Someday(= One day) I'll wish upon a star
And wake up where the clouds are far behind me.
Where troubles melt like lemon drops
Away above the chimney tops
That's where you'll find me.
Somewhere over the rainbow, bluebirds fly.
Birds fly over the rainbow,
Why then, oh why can't I?
If happy little bluebirds fly
beyond the rainbow,
Why, oh why can't I?

무지개 너머

작사: E. Y. 하버그

작곡: 하롤드 알렌
노래: 주디 갈랜드

무지개 너머 높은 곳 그 어딘가에,
옛날 자장가에서 들었던 나라가 있어요.
무지개 너머 그 어딘가에 하늘은 푸르고,
네가 언감생심 꿈꾸는 꿈들이 이루어져요.
언젠가 난 별님을 보고 소원을 빌겠어요.
그러면 구름이 있는 저 먼 곳에서 깨겠지요.
그곳에선 근심 걱정이 레몬 알사탕처럼 녹아요.
굴뚝 끝보다 훨씬 높은 저 높은 곳.

거기에서 네가 나를 보겠지.

무지개 너머 그 어딘가에 파랑새들은 날아다녀요.

무지개 너머로 새들은 날아다녀요.

그런데 왜, 아! 왜 나는 날지 못할까요?

행복에 겨운 귀여운 새들이

무지개 너머로 날아가는데도,

왜, 아! 왜 나는 날지 못할까요?

어휘 **Go way.** 저리 가거라.
way ahead: 훨씬 앞에[앞으로]
way behind: 훨씬 늦어서[뒤에]
way down the road: 이 길을 쭉 가면 그곳에

15. 여자 배우 Crawford에 대한 혹평

Joan always cries a lot. Her tear ducts must be close to her bladder.

조안은 항상 많이 운다. 그녀의 눈물관(눈물길)은 그녀의 방광과 가까이 있음에 틀림없다.

-1935년, 1938년 아카데미상 수상자 베티 데이비스(Bette Davis 1908~1989)의 혹평

조안 크로포드(Joan Crawford 1904~1977)는 1946년 아카데미상을 수상했다. 인터넷이 생활의 중심이 된 우리나라 N세대(Net Generation)의 신조어에 '안(眼)습'이 있다. '눈물이 고이다'를 '안구에 습기 차다'로 표현한 것이다. 조안의 경우는 어떻게 표현해야 좋을지?

16. 여자 배우 제인 맨스필드에 대한 독설

제인 맨스필드

출처 : Wikipedia

Miss United Dairies herself.

그녀는 미스 유나이티드 젖소.

- 영국 연극배우 · 영화배우 데이비드 니븐(David Niven 1910~1983)의 독설

Dramatic art in her opinion is knowing how to fill a sweater.

극예술에 대한 그녀의 지론: 스웨터(상의)를 어떻게 채우느냐를 아는 것.

- 미국 여자 배우 데이비스(Bette Davis 1908~1989)의 독설

제인 맨스필드(Jayne Mansfield 1933~1967). 캘리포니아 대학교 로스앤젤레스(Los Angeles)교 연기학과에서 연기 수업을 한 제인 맨스필드는 166cm의 키에 앞으로 넘어질 것 같은 육중한 가슴으로 세계를 떠들썩하게 한 스타다. 세계 인기 배우 중 가슴둘레가 단연 최대인 것은 제인 맨스필드의 44.3인치. 그 다음이 아니타 에크버그의 42.5인치다. 제인 맨스필드는 모래시계나 코카콜라 병처럼 가슴이 발달했으며 허리는 가늘다. 1967년 의문의 교통사고로 머리가 잘려 나간 끔찍한 모습으로 사망했다.

17. 여자 배우 브리짓 바르도에 대한 혹평

A buxom milkmaid reminiscent of a cow wearing a girdle, and both have the same amount of acting talent.

그녀는 거들을 입은 암소를 연상시키는 가슴이 풍만한 농장 아가씨 같고, 그녀와 농장 아가씨 둘은 똑같은 정도의 연기 재능을 갖고 있다.

– 패션 비평가(fashion critic) Mr. Blackwell(본명 Richard Selzer 1922~)의 혹평

프랑스 영화배우 브리짓 바르도(Brigitte Bardot 1934년~)는 영화 〈순진한 악녀〉(1956)에서 남자를 매료시키는 야성적인 아가씨로 등장, 성공을 거두면서 세계적인 스타로 부상하였다. 그 후 섹시하면서 관능적인 눈빛과 몸매를 과시하는 매혹적인 육체미로 독특한 매력을 발산하였다. 1956년 〈그리고 신은 여자를 창조했다〉에서의 화면을 가득 채운 압도적인 볼륨의 누드는 관객을 실신케 할 정도였다. 50~60년대에 미국에 MM(마릴린 먼로)가 있었다면 프랑스에는 BB(브리짓 바르도)가 있었다. 프랑스 동물보호협회 회원으로 활동하면서 한국의 보신탕 문화를 지속적으로 비판해왔다.

18. 여자 배우 엘리자베스 테일러에 대한 독설

Every minute this broad spends outside of bed is a waste of time.

이 매춘부가 침대 밖에서 보낸 잠깐 동안은 모두 다 시간 낭비다.

엘리자베스 테일러(Elizabeth Taylor 1932~)는 8번이나 결혼했다. 리처드 버튼과는 2번 결혼했다. 7번 이혼했으며 1번은 사별했다. 사별한 남편은 미국의 영화제작자 마이클 토드(Michael Todd 1909~1958)다. 위의 말은 그가 그녀에 대하여 한 말이다.

Ephemeral Spouses(하루살이 배우자들 명단)

(1) Conrad Hilton Jr. (1950~1951)
(2) Michael Wilding (1952~1957)
(3) Mike Todd (1957~1958)
(4) Eddie Fisher (1959~1964)
(5) Richard Burton (1964~1974)
(6) Richard Burton (1975~1976)
(7) John Warner (1976~1982)
(8) Larry Fortensky (1991~1996)

Elizabeth Taylor's so fat, she puts mayonnaise on aspirin.

엘리자베스 테일러는 아주 뚱뚱하다. 그녀는 아스피린에도 마요네즈 소스를 얹어 먹는다.

– 미국 코미디언 · 여자 배우 조안 리버스(Joan Rivers 1933~)의 독설

산성 식품인 육류 요리에 알칼리성 생 채소인 샐러드는 필수 식품이며 마요네즈는 샐러드의 필수 식품이다. 아스피린을 샐러드로 착각할 정도이고 보면 결국은 육류를 많이 섭취한다는 얘기이다. 엘리자베스 테일러는 수려한 미모와 연기력으로 〈Butterfield 8 버터필드 8〉(1960)과 〈Who's Afraid of Virginia Woolf? 누가 버지니아 울프를 두려워하랴〉(1966)로 두 번이나 아카데미 여우주연상을 받았다.

19. 여자 배우 스트라이샌드에 대한 혹평

A cross between an aardvark and an albino rat.

땅 돼지와 백색 변종 쥐의 이종교배 잡종.

– 미국 작가 · 문학평론가 · 영화평론가 · 연극평론가 존 사이먼(John Simon 1925~)의 혹평

I have more talent in my smallest fart than you have in your entire body.

나는 당신의 몸 전체에 있는 것보다 더 많은 재능을 나의 살~짝 뀐 방귀 속에 갖고 있다.

– 미국 배우 월터 존 매튜(Walter John Matthau 1920~2000)의 혹평

미국 여자 가수 · 영화배우 바바라 스트라이샌드(Barbara Streisand 1942~). 예쁘지 않아서 안 된다는 어머니의 말은 연기자가 꿈인 소녀의 가슴에 상처를 남겼다. 그러나 개성을 키워갔다. 1960년대 이후 미국의 가장 인기 있는 여자 가수이자 영화배우가 되었다. 1964년 데뷔 앨범인 Barbra Streisand Album으로 그래미상 최우수 앨범상과 최우수 여성 가수상을 수상했다. 브로드웨이 뮤지컬 〈퍼니 걸 Funny Girl〉의 주연을 맡았으며 1968년 동명의 영화에 출연했다. 첫 영화였으나 아카데미 최우수 여우주연상을 수상했다. 주연한 영화 뮤지컬 〈스타 탄생 A Star Is Born〉(1976)만큼이나 극적이었다. 그녀의 코를 두고 뉴요커는 '매부리코', 〈Saturday Evening Post〉는 '독수리의 부리', 라이프는 '마녀의 코'라고 빈정댔다. 그러나 강하고 야심 찬 여성상을 보여 준 그녀의 연기는 팬들에게 깊은 인상을 남겼다. 지구 온난화 방지를 위해 100만 달러를 자선 단체에 기부했다고 2006년 9월 11일 AP통신이 보도했다.

12 금기가 풀려가고 있는 금기어 *Taboo*

1. Four Letter Word(육두문자)

'저속하고 품격이 낮은 말이나 이야기'를 육두문자(肉頭文字) 또는 육담(肉談)이라고 한다. 영어에서는 외설적이고 비속적인 단어를 총괄하여 four-letter word(네 자로 된 말 · 네 글자 말)라 한다. 우연찮게 모두 네 단어로 구성되어 있기 때문이다. 성(性 sex)이나 배설(排泄 excretion)에 관한 expletive(비속적이거나 외설적인 어구), 즉 금기어(taboo word · forbidden word)를 말한다. 즉 '욕설', '욕지거리'이다.

온라인 백과사전 위키피디아(Wikipedia)의 설명

The phrase four-letter word refers to a set of English words written with four letters which are considered profane, including common popular or slang terms for excretory functions, sexual activity, and genitalia. The "four-letter" claim refers to the fact that most English swear words are monosyllabic, and therefore are likely to have four letters on average. This euphemism came into use during the first half of the twentieth century.

네 글자 말(four-letter word)이란 성구(成句)는 비속적(profane)인 것으로 간주된 네 자로 쓴 일련의 영어 단어를 말한다. 여기에는 배설 기능, 성행위, 그리고 생식기에 대한 비속한 통속어나 속어를 말한다. '네 글자(four-letter)'라는 명칭은 대부분의 영어 욕설이 단음절이며 대체로 십중팔구는 네 자로 되어있다는 것을 의미한다. 이러한 완곡어법은 20세기 전반기에 활용되기 시작했다.

어휘 **gun-shy**: (1) (사냥개나 말 따위가) 총소리에 놀라는[총소리를 무서워하는]
(2) (일반적) 잘 무서워하는[흠칫흠칫하는]

work-shy: 일하기를 싫어하는

camera-shy: 사진 찍기를 싫어하는

publicity-shy: 널리 알려지는 것을 싫어하는

■ Laugh and Learn!(웃으면서 배우시라!)

One of two friends reached into his golf bag, and pulled out a beautiful Martini sniper's rifle with a large telescopic sight. "Here are my tools." "That's a beautiful telescopic sight," said the other friend, "Can I take a look? I think I might be able to see my house from here." So he picked up the rifle and looked through the sight in the direction of his house. "Yeah, I can see my house all right. This sight is fantastic. I can see right in the window. Wow, I can see my wife in the bedroom. Ha Ha, I can see she's naked! What's that? Wait a minute, that's my neighbor in there with her. He's naked as well! The bitch!" He turned to the hit man, "How much do you charge for a hit?" "I do a flat rate, for you, one thousand dollars every time I pull the trigger." "Can you do two for me now?" "Sure, what do you want?"

"First, shoot my wife, she's always been mouthy, so shoot her in the mouth. Then the neighbor, he's a mate of mine, a bit of a lad, so just shoot his dick off to teach him a lesson." The hit man took the rifle and took aim, standing perfectly still for a few minutes. "Are you going to do it or not?" said the friend impatiently. "Just wait a moment, be patient," said the hit man calmly, "I think I can save you a thousand dollars here."

두 사람 중 하나가 골프백에 손을 넣더니 커다란 망원 조준경이 달린 멋진 마티니 저격용 총을 꺼내고는 "이게 내 작업 도구입니다"고 말했다. "조준경이 멋지군요. 한 번 볼 수 있나요? 여기서 우리 집이 보일 것 같은데요"라고 다른 친구가 말했다. 그는 총을 받아들고 자기 집 방향으로 조준경을 대고 들여다보았다. "야, 우리 집이 바로 보이네. 이 조준경 끝내주네. 바로 창문 안이 보이네. 이런, 마누라가 침실에 있는 게 보이네, 하하, 벌거벗고 있군! 저건 뭐야? 잠깐, 이웃집 놈이 마누라와 같이 있네. 그놈도 벌거벗고 있어! 개 같은 년!" 그는 살인청부업자를 돌아보며 말했다. "한방에 얼마 받습니까?" "당신에게는 정액만 받지요, 방아쇠를 당길 때마다 1,000달러씩 받습니다." "지금 두 명 처치해 주실래요?" "좋습니다. 어딜 쏠까요?" "먼저, 내 마누라를 쏘세요, 마누라는 항상 말이 많으니까 입을 쏘세요. 다음에는 이웃 놈인데, 그놈은 내 동료이고 친한 친구요, 그러니 그놈에게 교훈을 주기 위해 그놈의 연장을 날려버리세요." 청부업자는 라이플을 받아들고 조준했는데 잠시 꼼짝 않고 서 있었다. 친구는 마음 졸이며 말했다. "쏠 거요, 안 쏠 거요?" 그가 조용히 말했다. "잠깐만 기다려요, 흥분하지 말고요, 1,000달러를 절약할 수 있겠어요."

어휘 **sight**: 조준경
hit: (미국 속어) (범죄 조직에 의한) 살인
dick: 비속어로 penis를 말하며 우리말로 '연장'(남자의 성기를 속되게 이르는 말)이라고 번역됨

2. Taboo deformation(금기어 변형)

완곡어구란 불유쾌한 말(disagreeable term)이나 음란한 말(offensive term)을 대신하여 쓰는 단어나 구다. 어떤 말씨가 완곡어구가 되면 그것의 '글자 그대로의 의미(literal meaning)'는 밀려나게 된다. 완곡어를 만드는 것을 '금기어 변형(taboo deformation)'이라고 한다.

■ I want to see a man about a dog

여럿이 모여서 밥 먹는 자리에서 'I am going to the bathroom(화장실에 가야겠어)'이라고 말할 수는 없다. 정부(情婦)를 만날 약속 시간이 다가오는데 'I must visit my mistress(정부한테 가야 해)'라고 말할 수는 더더욱 없다. 이런 여러 경우에 요긴하게 사용하는 표현이 'to see a man(누구를 만나기 위하여)', 'to see a man about a dog(개에 관한 문제로 누구를 만나기 위하여)', 'to see a man about a horse(말에 관한 문제로 누구를 만나기 위하여)'이다.

• 어원(etymology) 1

개는 예로부터 일반 가정에서는 물론이고, 특히 시골에서는 사냥이나 양치기(herding)에서 없어서는 안 될 존재였기 때문에, 당연히 개에 대해서 서로 이야기하거나 사고파는 것이 일상사였다.

• 어원(etymology) 2

미국의 금주(禁酒)법 시대(Prohibition: 1920~1933)에 술을 사는 것이 불법이었으므로 'to see a man about a dog'은 종종 주류 밀매업자(bootlegger)를 만나는 것을 의미하였다. 금

주법이 repeal(폐지)된 후로는 다른 상황에 두루 사용되기 시작했다. 이 말은 주로 급한 용무(urgent purpose)로 진짜 이유(real reason)를 숨긴 채 자리를 뜨거나(absent oneself) 슬그머니 빠져나갈(slip away) 때, 또는 행선지(destination)에 대해서 대답하기 곤란한 질문(awkward question)을 받을 때, 사용하는 유용하고 애매한 핑계(useful and vague excuse)다.

영작 그가 무슨 볼일이 있어서 가 봐야 한다고 했어요.
He said he was going to see a man about a dog.

A *How come you're leaving the table?*
B *I'm gonna see a man about a dog.*
A 왜 자리를 떠?
B 뭔 일이 있어서.

■ Laugh and Learn!(웃으면서 배우시라!)

During class, a teacher trying to teach good manners, asks the students. "Michael, if you were on a date, having supper with a nice young lady, how would you tell her that you have to go to the bathroom?" "Just a minute, I have to go pee." "That would be rude and impolite! What about you, Peter, how would you say it?" "I am sorry, but I really need to go to the bathroom, I'll be right back." "That's better, but it's still not very nice to say the word bathroom at the dinner table." She saw Little John waving his hand. Fearfully she asked, "Okay John I'm sure you able to use your intelligence for once and show us your good manners?" "I would say: "Darling, may I please be excused for a moment? I have to shake hands with a very dear friend of mine, whom I hope you'll get to meet after supper." The teacher fainted!

수업 시간에 선생님이 예절을 가르치면서 학생들에게 물었다. "마이클, 예쁜 젊은 여성과 데이트 중 식사하면서 화장실에 다녀와야 한다면 뭐라고 말하겠어요?" "잠깐 실례해요, 오줌 누고 와야겠어요." "그러면 무례하지요! 피터는 어떻게 하겠어요?" "정말 죄송하지만 화장실에 다녀와야겠는데요." "낫긴 하지만 식사하는 자리에서 '화장실'이라는 단어를 사용하는 건 별로 좋지 않아요." 그 여선생님은 손을 들고 있는 귀염둥이 존을 보더니 "이번엔 존이 머리를 써서 좋은 예절을 말해줄 수 있을 거라고 믿어."라고 걱정스러운 듯 말했다. "'잠시 실례합니다. 매우 친한 친구하고 악수하고 와야 하는데 식사 후 당신이 그와 만나게 되기를 바랍니다'라고 말하겠어요." 선생님은 어안이 벙벙했다.

■ post a letter

post a letter에는 (1) 편지를 부치다 (2) (구어) 대변을 보다(대변을 보는 모습이 우체통에 편지를 넣는 형상과 비슷하여 생성된 표현인 듯) (3) 편지를 (게시판에) 붙이다[게시하다] 등 세 가지 의미가 있다. '편지를 부치다'를 영국에서는 post a letter라고 하고, 미국에서는 mail a letter라고 한다. He went to the post office to mail a letter(그는 편지를 보내기 위해 우체국에 갔다). He went to the restroom to post a letter(그는 대변 보러 화장실에 갔다).

'배설물'을 뜻하는 영어 단어에는 excretion, excrement, feces, waste material(직역하면

'폐기물'이지만 '대변'을 간접적으로 표현), stool(원래의 의미는 '걸상식의 변기'이지만 '대변'을 말하기도 함) 등이 있다. 무난하게 쓰이는 말은 bowel movement(직역하면 '창자 운동')이다. 약해서 B.M.이라고 하기도 한다. When's the last time you had a bowel movement?(언제 마지막 변을 보셨습니까?) Although I had a normal bowel movement yesterday before using this medication, I had no movement this morning(이 약을 사용하기 전에는 정상적으로 변을 보았는데 오늘 아침에는 변을 보지 못했어요).

3. 윌리엄 왕자가 여자 친구와 결별한 이유

영국 왕위 계승 서열 2위인 윌리엄 왕자(Prince William)(1982~)가 그의 오랜 여자 친구 케이트 미들턴(Kate Middleton)(1982~)과 헤어진 진짜 까닭은 무엇일까? 두 사람이 속한 계층의 차이도 결별 사유의 하나다. 미들턴 어머니의 언행이 결정적이었다. 왕실 사람들의 심기를 불편하게 하는 단어를 사용했던 것이다. 어떤 단어를 사용하는지를 기준으로 '당신은 어느 계층인가?'라는 질문을 던지고 있는 셈이다.

2007년 4월 16일자 영국 일간지 〈더 데일리 텔레그래프 The Daily Telegraph〉나 AP통신의 보도를 보면 이렇다.

Kate's mother's use of English is not sophisticated enough for royalty. In particular, she said "toilet" rather than "lavatory," and "Pleased to meet you." instead of "How do you do?"

케이트의 어머니의 영어 사용은 왕실에 어울릴 만큼 세련되지를 못하다. 특히 그녀는 lavatory(화장실)라고 하지 않고 toilet(변소)이라고 말했다. 그리고 "처음 뵙겠습니다"라고 말하지 않고 "만나서 반갑습니다"라고 말했다.

多不有時(다불유시)란 한자성어를 아시나요? '시간은 있지만 많지는 않다'는 뜻인가? 아니올시다. 누군가가 W.C.(water closet 수세식 화장실)를 한자 발음을 차용하여 기발하게 표기한 말장난(word play)이다. '푸세식' 화장실을 아시나요. '축적되는 분뇨를 퍼서 버리는 방식의 구식 변소'를 이르는 말이다. 근래 생긴 말로서 수세식 화장실과 대립된 명칭이다. '화장실'이란 명칭도 따지고 보면 화장(化粧)이라는 본래의 문자적 의미(literal meaning)가 전혀 없는 것은 아니지만 사실상 딴전을 피우는 완곡어다. 변소(便所)의 변에는 '똥오줌'이란 의미도 있지만, '편함'이란 의미도 있다. 두 가지 의미를 합치면 '똥오줌을 누면 편안해진다'는 의미가 된다. 우리나라 사찰(寺刹)에서는 해우소(解憂所)라는 고상한 말을 사용한다. '근심을 푸는 곳'이라는 의미다. 몸속의 오물을 버리듯 번뇌를 버린다는 뜻도 담겨 있어 불교의 화장실 용어로는 그만이다. 서양의 rest room(쉬는 방)보다 문화적으로 한수 앞선 것 같다. 전남 보성의 녹차 밭에 가면 '버리고 기쁨을 얻는 곳'이라는 표찰을 달아놓은 화장실도 있다. 이와 같이 각각의 명칭이 의미하는 바가 다르듯 영어도 마찬가지다.

• 화장실을 지칭하는 일반 명칭

toilet 변소
toilet-bowl 변기
toilet room 변소가 붙은 욕실
W.C. (water closet) 수세식 변소 (flush toilet라는 표현이 더 널리 사용됨)

• 화장실을 지칭하는 고상한 완곡어

rest room (휴게실) 호텔 등 격식을 갖춘 시설
men's room (남자들의 방) 그냥 men이라는 표찰이 붙어 있기도 함
women's room (여자들의 방) 그냥 women이라는 표찰이 붙어 있기도 함
ladies's room (여자들의 방) 그냥 ladies라는 표찰이 붙어 있기도 함
powder room (분 바르는 곳) 식당이나 호텔에 있는 여성용 화장실
bathroom (욕실) 가정집의 화장실
washroom (세면실) 큰 빌딩의 화장실과 세면 시설을 겸비한 곳
lavatory (세면실) 라틴어 lavare(= wash)에서 나온 말
수세식 변기에 손을 씻는 시설을 갖춘 곳
laboratory는 '실험실'이므로 혼동하지 말 것

• 공중 화장실을 지칭하는 말

john (주로 소문자로 씀) (남자 이름) 남자용 공중 변소이므로 남자들 사이에서 사용되는 속어
jane (주로 소문자로 씀) (여자 이름) 여자용 공중 변소이므로 여자들 사이에서 사용되는 속어
public comfort station 공공 편의시설
communal lavatory 공중 세면실
convenience (편의시설) 영국에서 '공중 변소'를 의미

• 옥외에 따로 있는 변소를 지칭하는 말

outhouse 바깥채
backhouse 뒤채
privy 남의 눈에 띄지 않는 곳
latrine 땅을 파고 만든 막사 · 공장 등의 변소

dressing room(화장하는 방)은 '침실 옆에 딸린 작은 방'이나 '연극배우 등의 분장실'을 말한다. 옷을 갈아입거나 화장(makeup)하는 곳이지 용변을 보는 곳이 아니다. '화장실이 어디지요?'를 Where's the rest room?이나 Where can I wash my hands?라고 하면 가장 무난한 표현이 된다. '소변금지'를 게시(揭示)하는 말인 (Commit) No Nuisance!(방해 행위 하지 말

것)나 Decency forbids(품위는 금한다)도 완곡 표현이다. 후자의 경우는 Decency forbids you urinate(품위는 당신을 소변 보는 것을 금한다. → 품위 있는 사람이라면 소변 보지 않는다)에서 앞부분만 남아 있는 형태다.

4. Sit your asses down!(엉덩이를 앉히세요!)

'엉덩이', '궁둥이'에 해당하는 영어 단어 중 많이 사용되는 것이 hips와 buttocks이다. hips의 용례를 보자.

well-rounded hips(펑퍼짐한 엉덩이). a woman with full hips(엉덩이가 큰 여자). Low-impact exercises, such as water aerobics, build up cardiovascular strength without damaging the back, hips, knees or ankles(수중 에어로빅과 같이 몸에 충격이 적은 운동은 등, 엉덩이, 무릎 또는 발목에 무리가 가지 않게 하면서 심장 혈관 기능 강화에 도움이 됩니다).

동작에 관련하여 말할 때는 buttocks가 많이 쓰인다. First, lie on the floor, face down. Stretch your arms out with the backs of your hands resting on your buttocks. Then, arching your spine, slowly raise up your head(팔을 뻗어 손등을 엉덩이에 올려놓으세요). '앉으세요'에 해당하는 영어 표현은 많다. Sit (down), Sit yourself (down), Seat yourself, Be seated, Take a seat, Have a seat, Set yourself, Take your place. 2005년 2월 27일 Oscar Night(오스카의 밤: Academy시상식)에서 사회를 맡은 사람은 배우 록(Chris Rock)이었다. 그는 four-letter(욕)를 자유자재로 사용하는 코미디언이기도 하다. 그의 입에서 첫 번째 튀어나온 말이 Sit your asses down!(엉덩이를 앉히세요!)이었다(asses는 미국에서 비어(dirty word)로 간주되며 점잖은 자리에서는 쓰지 말아야 한다). 관중은 기립 박수를 보냈다. 공중파 방송에 금지된 상스러운 말이 튀어나와 방영되는 것을 미리 방지하기 위하여 ABC방송은 실황중계를 5초 동안 늦게 방송하는 five-second decency delay(방송품위를 위한 5분 지연)을 실시하였다. 여차하면 four-letter를 삭제하여 방송하려는 일종의 사전 검열이었다. 다행히 그런 일은 없었다. ass는 방송 용어로는 부적합하다. 그런데 Sit your asses down!이 검열을 통과한 것이다. 다음에 이와 관련된 기사 한 토막을 보자.

Comedian Chris Rock who entertained the guests at Oscar Night has brought a new tone to the Oscars and many executives and sponsors of the Academy Awards hope it will lure back a bigger, younger TV audience to Hollywood's biggest night. While flirting with network censors in his choice of words as he urged the star-studded studio audience to take their seats, the opening minutes of the broadcast bore no signs that ABC was forced to bleep put any of his remarks.

오스카의 밤에 초대받은 내빈들을 즐겁게 한 코미디언 크리스 록은 오스카상에 새로운 분위기를 만들었다. 이렇게 해서 많은 젊은 TV시청자들을 아카데미 시상식에 다시 끌어들이는 것이 많은 집행부와 스폰서들의 희망이다. 그가 수많은 스타들이 포함된 관중에게 착석하라고 권할 때 방송 검열자들을 자극하는 단어들을 사용했지만, 그 시상식 시작 장면 몇 분 동안 ABC가 그의 어떤 말도 문제 삼아 지운 흔적이 없었다.

해설 밑줄 부분 bleep put 사이에 to가 생략되어 있다. bleep[blip이라고도 함]: (라디오 · 텔레비전 방송에서) 갑자기 소리가 나지 않으며 '삐' 하는 소리를 내다. put: 내려놓다, 지우다

이 표현은 분위기에 따라서는 재미있게 쓸 수 있다. 스스럼없는 사이에 쓸 수 있는 재미있는 표현으로 할리우드 영화에서 자주 들을 수 있다. 윌 스미스(Will Smith)가 주연한 〈Enemy Of The State 1998〉에서도 Sit your ass down이라는 대사가 나온다. 미국의 프로 레슬러 존시나(John Cena)의 테마 곡 My time is now(지금은 내 시간)에는 Lay yo' ass down for the three second(한 3초 정도라도 엉덩이 붙이고 앉아 있어봐)라는 구절도 나온다. ass가 단수로 사용되는 경우도 많다. Get your ass out of here(여기서 나가). Get your ass over here(거기 있지 말고 이리 와). Bring your ass over here in no second(총알같이 뛰어와라). Cover your ass(몸조심해라). ass가 '엉덩이'에서 '몸'이란 의미로 발전한 경우다. one's ass는 '자기의 몸'이라고 사전에 등재(登載)되어 있다. '섹스 대상의 여자'를 'a bit of ass' 또는 'a piece of ass'라고 표현한다. You could get a lot of nice ass downtown(시내 나가면 깔린 게 '쭉쭉빵빵'이라니까).

5. TV에서는 사용해서는 안 되는 7개의 비속어

조지 칼린(George Denis Patrick Carlin 1937~2008)은 코미디 앨범으로 4개의 그래미상(레코드 대상)을 받은 미국의 스탠드-업 코미디언(stand-up comedian)이다. 1975년 그의 〈filthy words 추잡한 말들〉라는 monologue(1인 프로그램)에서 사용한 shit, piss, fuck, cunt, cocksucker, motherfucker, tits 등 7개 단어를 'indecent word(선정적 단어)'로 결론지었다. 1978년 연방법원은 FCC의 결정을 뒷받침하면서 이런 방송을 어린이들이 시청할 가능성이 적은 safe harbor(심야 안전시간대)로 제한할 수 있는 권한이 FCC에 있음을 확인시켜 주었다.

해설 **stand-up comedy**: Stand-up comedy is a style of comedy where the performer speaks directly to the audience, with the absence of the theatrical fourth wall. stand-up comedy란 무대의 제4의 벽을 허물어 공연자가 관객에게 직접 말하는 코미디의 유형을 말한다.

해설 **FCC**: Federal Communications Commission 연방통신위원회)의 initialism(두문자 약어)로 〈무선 및 유선에 의한 통신을 규제하는 미국 연방정부의 행정기관〉을 말한다.

해설 **Safe Harbor**: The term safe harbor has several special usages, in an analogy with its literal meaning, a harbor or haven which provides safety from weather or attack. In broadcasting, particularly in the United States of America, the term safe harbor can refer to the hours during which broadcasters may transmit material deemed indecent for children. This "safe harbor," enforced by the Federal Communications Commission, extends from 10 PM to 6 AM(safe harbor라는 용어는 '날씨나 공격으로 부터 안전한 항구나 피난처'라는 문자적 의미에서 유추하여 특별한 여러 가지 용도로 사용된다. 방송에서는 특히 미국의 경우 어린이에게 적절하지 않다고 여겨지는 소재를 방송할 수 있는 시간대를 말한다. FCC가 시행하는 안전 시간대는 오후 10시로부터 오전 6시까지다).

■ 칼린(Carlin)의 comedy album 〈The Seven Words You Can Never Say On TV〉

There are 400,000 words in the English language and there are 7 of them you can't say on television. 399,993 to 7. They must really be bad. They'd have to be outrageous to be separated from a group that large. You know the 7, don't you, that you can't say on television? "Shit, Piss, Fuck, Cunt, CockSucker, MotherFucker, and Tits" Those are the heavy seven. Those are the ones that'll infect your soul, curve your spine, and keep the country from winning the war.

영어에 40만 개의 단어가 있는데 그중 7개는 TV에서 말할 수 없습니다. 399,993 대 7. 이것들은 정말 나쁩니다. 이것들은 언어도단이므로 저 커다란 그룹과 분리시켜야 합니다. TV에서 말할 수 없는 단어 7개를 모르십니까? 'Shit, Piss, Fuck, Cunt, CockSucker, MotherFucker, and Tits' 헤비급 7개입니다. 이것들은 우리를 오염시킵니다. 우리의 등을 휘게 합니다. 미국을 전쟁에서 지게 합니다.

6. damn(영국 · 미국) & bloody(영국) & fuck(미국)

강조어로 사용되는 비속어의 대표적인 것이 damned, bloody, fuck이다. damned는 영국과 미국에서 공통으로 사용되지만, 영국인에서는 bloody가, 미국에서는 fuck이 사용된다. fuck이 영국 bloody의 미국 측 counterpart쯤 되는 셈이다. 노골적인 표현을 꺼려 완곡하게 damn을 d-(n)로, bloody는 b—(d)y로 표기하기도 한다.

■ damn

타동사로 '파멸시키다', '(하느님이 사람을) 지옥에 떨어뜨리다', '저주하다'란 기본적 의미에서 발전하여, 자동사 · 명사 · 형용사 · 부사 · 감탄사로도 사용된다. 다음 [작문]에서 진화 과정을 자세히 살펴보자.

작문 이 망할 놈의 문이 열리지 않네.

This door which is damned by God will not open.
→ This door damned by God will not open.
→ This God-damned door will not open.
→ This damned door will not open.
→ This damn door will not open.

■ bloody

형용사로 '피를 흘리는(bleeding)', '잔인한'이라는 기본적 의미에서 발전하여, 영국 속어에서 의미를 강조하는 말로 사용된다.

bloody cold	되게 추운
All is bloody fine.	모두들 썩 잘 있다.
Not bloody likely!	(노여움을 나타내어) 어림도 없어! 말도 안 돼! 누가 해!

■ fuck

2008년 10월 24일(국정감사 마지막 날). 한 야당 의원이 유인촌 문화체육관광부 장관에게 "국민 사기극으로 정권 잡은 이명박… 장관, 차관, 공공기관 낙하산 대기자들 모두는 이명박 휘하다. 졸개들…"이라는 발언을 해 정회 소동이 벌어졌다. 화가 난 유 장관은 사진 기자들이 플래시를 터뜨리자 "찍지 마, 씨X, 성질이 뻗쳐 정말…"이라고 했다. 이에 대해 야당은 유 장관의 사퇴까지 요구했다. 유 장관은 "씨~"라고 했지, "씨X"이라고 하지 않았다고 주장했다. "씨~"라고 했다면 의미가 달라진다. '씨!'는 마음에 차지 않거나 못마땅할 때 내는 감탄사이기 때문이다. 유 장관의 이 발언은 언론에서 숨김표(안드러냄표) "××(욕설)"로 처리돼 보도됐다. 관행상 신문 보도에 '××'로 된 표현은 육두문자(肉頭文字)일 경우다. 인터넷에서 'X할'은 19세 미만의 청소년이 이용할 수 없는 성인 인증 대상의 검색어다. 입에 담기 민망하여 열여덟(18)이라고 순화시켜 말하기도 한다. 발음이 비슷하기 때문이다. 이에 해당하는 영어 단어가 fuck이다. 신문과 방송에서는 fuck을 완곡하게 f-word라고 하며 f*ck라고 표기하기도 한다. f-word가 faggot(남성 동성애자)나 feminism(남녀 동권주의)을 이르기도 한다. 온라인 백과사전 위키피디아(Wikipedia)의 설명을 보자.

Fuck is an English word that, as a verb, means "to have sexual intercourse." It can be used as a noun describing a disagreeable or offensive person (also fucker); its participle "fucking" is sometimes used merely as a strong emphatic. Its use is profane and considered obscene, offensive or vulgar in formal, polite and politically correct circles. On the other hand, it may be common or even expected in informal situations, or among culturally liberal social groups.

fuck이란 말은 동사로서 '성교하다'는 의미를 갖는 영어 단어다. 명사로는 ('바보자식', '멍청이', '얼간이'같은) 싫거나 불쾌한 사람뿐만 아니라 fucker(성교하는 사람)를 이를 때도 사용할 수 있다. 종종 분사(分詞)형 fucking은 그저 강한 강조어로 사용된다. 공식적이고 정중하고 정치적으로 공정한 자리에서 이 단어를 사용하게 되면 모욕적이거나 음란하거나 저속한 것으로 간주된다. 한편 스스럼없는 장소에서나 문화적으로 자유로운 집단에서는 흔히 사용되며 당연한 일로 간주되기까지 한다.

카루소(Dick Johnson "D. J." Caruso(1965~) 감독의 2007년 영화 〈디스터비아 Disturbia〉에는 친구로부터 전화가 걸어올 때마다 울리는 주인공 케일의 전화 벨소리는 야한 가사로 된 랩 그룹 2 Live Crew가 부른 〈Me So Horny 나 아주 흥분해 있어〉란 곡이 나온다. 가사 한 소절을 보자.

You can say I'm desperate, even call me perverted
But you say I'm a dog when I leave you fucked and deserted
I'll play with your heart just like it's a game
I'll be blowing your mind while you're blowing my brains

맞아, 나 하고 싶어 못 견디겠어. 내가 변태라고 말해도 돼.
널 강탈하고 버리면 날 개라고 불러.
난 게임처럼 네 가슴을 갖고 놀고 싶어.
네가 날 흥분시키는 동안 나는 널 흥분시킬 거야.

■ 폭 넓은 의미로 사용되는 fuck

동사 (1) (젖 · 액체를) 빨다, 핥다 (2) (성기를) 빨다 (3) 아첨하다 (4) (질이) 떨어지다, 불쾌하다

명사 알랑쇠(suckup)

작문 그는 형편없는 놈이다.

He sucks.

A *Why are you being such a suckup to your boss?*

B *I am not a suckup to anyone.*

A 왜 그렇게 보스에게 아부하는 거야?

B 난 누구에게도 아부하는 사람이 아니야.

■ Laugh and Learn!(웃으면서 배우시라!)

*A crusty old man walks into a bank and shouts to the Woman at the teller window "I want to open a f*cking Checking account." The astonished woman replies "I beg your pardon sir. I must have misunderstood you. What did you say?" "Listen up, you f*ck. I said I want to open a f*cking checking account now!!" "I'm very sorry sir, but that kind of language is not tolerated in this bank." The teller leaves the window and goes over to the bank manager to inform him of her situation. The manager agrees that the teller does not have to listen to that foul language. They both return to the window and the manager asks the old geezer, "Sir, what seems to be the problem here?" "There is no f*cking problem," the man says. "I just won 50 million bucks in the f*cking lottery and I just want to open a f * cking checking account in this f*cking bank, okay?" "I see," says the manager, "and is this fat bitch giving you a hard time?"*

한 심술궂은 나이든 남자가 은행에 들어서더니 창구 여직원에게 "X할 놈의 당좌계좌 하나 터야겠어"라고 소리쳤다. 깜짝 놀란 여직원은 "손님. 죄송합니다. 제가 잘못 들은 것 같네요. 뭐라고 말씀하셨죠?"라고 대답했다. "잘 들어. 지금 X할 놈의 당좌계좌 하나 터야겠다고 말했잖아!" "손님, 대단히 죄송합니다만 저희 은행에서는 그런 상소리는 용납되지 않습니다." 그 출납직원은 창구에서 일어나 부장한테 가서 전말을 알렸다. 부장은 그 출납직원이 그런 상소리를 들을 필요가 없다는 데 동의했다. 이들 둘은 창구로 갔다. 부장이 괴짜 노인에게 "손님, 저희에게 잘못된 점이 있는지요?"라고 물었다. 그는 "X할 놈의 문제는 무슨 문제"라고 말했다. "나 X할 놈의 복권으로 5,000만 달러가 생겼기에, X할 놈의 당좌계좌 하나 터야겠단 말이야." 부장은 대답하는 것이었다. "알겠습니다. 그런데 이 얼빠진 잡년이 손님에게 불편을 끼쳐드렸네요."

7. F*ck the draft!(징병 좋아하네! 엿 먹어라!)

베트남 전쟁(1954~1973) 중인 1968년에 폴 로버트 코헨(Paul Robert Cohen)이 "f*ck the draft(징병 좋아하네, 엿 먹어라)"라고 쓰인 재킷을 입고 Los Angeles County Courthouse(로스앤젤레스 지방법원의 복도를 배회하다가 구속됐다. 그는 구속 당시 전혀 소란을 피우지 않았으나 '치안의 의도적 그리고 악의적 방해(willful and malicious disturbance of the peace)'를 금지하는 주법(state statue)을 위반했다는 죄목으로 30일간 징역형이 선고됐다. 관련 내용을 보자.

Although Cohen testified that he wore the jacket with full knowledge of what it said, he also stated that he did so to express the depth of his feeling about the war in Vietnam. Citing the First Amendment's guarantee of free speech, he appealed his conviction to the Court of Appeals of California, then to the State Supreme Court. After both upheld his conviction, he appealed to the U.S. Supreme Court.

코헨은 '그것이 말하는 의미를 충분히 알고 그 재킷을 입었다'고 증언했으며, 그는 역시 '베트남 전쟁에 관한 심각한 감정을 표현하기 위하여 그렇게 했다'고 진술했다. 그는 표현의 자유(free speech)를 보장하는 헌법수정조항 제1조(the First Amendment)를 언급하면서 캘리포니아 상소법원(Court of Appeals of California)에 이어 캘리포니아 주(州) 대법원(State Supreme Court)에 상소(항소)했다. 둘 다 그의 원심(原審)을 확정하자 그는 연방대법원(U.S. Supreme Court)에 상소(상고)했다.

해설 상소(上訴 appeal)란 상급 법원(higher court)에 대한 재심 신청을 말하는 포괄적 개념이다. 이는 항소(抗訴)와 상고(上告)로 나뉜다. 항소(抗訴)란 지방법원의 제1심 판결에 대해 제2심 법원에 상소하는 것을 말한다. 상고(上告)란 제2심 판결에 대해 대법원에 상소하는 것(appeal to the Supreme Court)을 말한다. 즉 final appeal이다.

할란(Harlan) 판사는 이유를 이렇게 설명했다. 1971년 연방대법원은 5 : 4로 코헨의 손을 들어주었다.

While the expletive Cohen used may have been vulgar, it was not legally obscene. Neither did it constitute "fighting words" intended to incite a violent response. While the phrase might have been provocative, it was not aimed at anyone in particular.

코헨이 사용한 expletive(비속어)는 천박할지는 모르지만 법적으로 음란한 것은 아니다. 또한 폭력 야기를 목적으로 한 'fighting words(도전적인 말·싸움을 거는 말)'에 해당되지도 않는다. 문제의 표현은 자극적일지 모르지만 특정인을 두고 한 말은 아니었다.

흔히 미국 사람들은 "Cohen is the reason we can walk around with the word f*ck the draft on our shirts today(코헨은 오늘날 우리가 '징병 좋아하네, 엿 먹어라'고 쓰인 재킷을 입고 거리를 활보할 수 있는 이유다)"고 말하거나 "Cohen extended the boundaries of First Amendment protection for speech which is potentially provocative or obscene(선동적이거나 외설적일 수 있는 말에 대한 수정조항 제1조의 보호의 한계를 확대시켜 주었다)"이라고 말하기도 한다. F-word는 미국의 표현의 자유에 대한 landmark(이정표)인 셈이다.

8. 록(Rock) 신(神) U2 보노(Bono)의 금기어 해제

비속어 사용은 표현의 자유와 맞닿아 있다. 그 아슬아슬한 경계를 빠져 나가는 비법이 필요하다. 2003년 골든 글로브(Golden Globe) 시상식에서 록 밴드 U2의 보컬 보노(Bono)가 흥분한 나머지 이렇게 수상 소감을 피력했다.

This is really, really fucking brilliant!

이거 정말로 진짜로 지독하게 좋습니다!

골든 글로브는 할리우드 외신기자협회(Hollywood Foreign Press Association)에서 수여하는 상이다. 시상식은 약 3시간 동안 진행된다. 생방송으로 세계 120여 개국에 방영되어 매년 약 2억 5,000만 명의 시청자들이 이를 지켜본다. FCC는 수백만의 TV시청자가 보노(Bono)의 이런 식의 말을 보고 듣는 것을 찬성하지 않았다. FCC는 2004년 이렇게 선언했다.

The F-word is one of the most vulgar, graphic and explicit descriptions of sexual activity in the English language. It invariably invokes a coarse sexual image and broadcasting it on a national telecast was "shocking and gratuitous."

F-word는 영어에서 가장 천박하고 사실적인 성행위 묘사다. 이것은 상스러운 성적 이미지를 불러일으키며 전국의 TV에 방송하는 것은 '쇼킹하고 옳지 않다'.

그러나 FCC 집행사무국(FCC's Enforcement Bureau)은 문제가 있다는 것을 알았다. 이 사건은 Rock God(록의 신)이 F-word를 딱 한 번 외쳐댄 아주 제한된 행위였기 때문이다. 그래서 위원회는 처음 반응과는 달리 Once Is Enough(한 번은 괜찮으나 다시는 용납하지 않겠다)라고 했을 뿐, 어떠한 제재도 가하지 않았다. 2008년, 위원회는 이렇게 말했다.

Our stance was new. Prior Commission and staff action have indicated that isolated or fleeting broadcasts of the F-word such as that here are not indecent. The Golden Globe broadcaster, NBC, did not have the requisite notice to justify a penalty."

당시 우리의 입장은 새로운 것이었다. 당시 위원회와 위원들의 조치는 그때와 같은 어린이 시청이 격리되거나 순간적으로 지나가는 방송은 상스러운 것이 아니라는 것을 암시했다. 골든 글로브 방송사인 NBC는 벌금 통지를 받지 않았다.

참고 Federal Communications Commission(연방통신위원회)은 음란한(obscene) 저속한(indecent) 불경스러운(profane) 프로그램 또는 언어에 대해서는 시청자들의 불만을 접수해 경고장을 발송하고, 방송 건별로 각각 최고 3만 2,500달러의 벌금을 매긴다. 정도가 심할 경우 방송 허가를 취소할 수도 있다. 또 오전 6시~밤 10시에는 'fuck', 'suck' 이란 단어와 이를 변형한 단어를 방송할 수 없다. 인터넷의 경우에도 미성년자가 볼 수 있는 사이트에 저속한 표현을 쓰면 최고 25만 달러의 벌금을 매긴다.

9. 대통령에게 '엿이나 먹어라!'라고 말해 주시오!

Jussi M. Hanhimaki가 Oxford University Press US에서 발행한 〈흠 있는 건축가: 키신저와 미국의 외교정책 The Flawed Architect: Henry Kissinger and American Foreign Policy〉의 295~295 페이지를 보면 닉슨 행정부 당시 미 국무장관 로저스가 백악관 비서실장 헤이그에게 욕지거리를 하는 대목이 나온다.

In May 1973, when Nixon wanted to appoint Haig as Haldeman's replacement,

Kissinger initially objected. And yet, Haig, soon after returning to the White House, started pushing for kissinger's appointment as a way of boosting the administration's fledgling domestic base. He also kept Kissinger appraised of these lobbying efforts. Nixon eventually saw no way around the choice. Kissinger would not "tolerate competition," he later ruefully explained. Appointing someone else would undoubtedly result in Kissinger's resignation and another media circus. So eventually Nixon told Haig that Kissinger was the man for the job. But then he asked Haig to do what Haldeman had done so many times during Nixon's first term: go deliver the news to Rogers. Ask him to resign. Haig tried. But usually mild-mannered Rogers, fully aware that his time at the State Department was over, got insensed by this latest slight from his old law partner. "Tell the president to go fuck himself," he promptly responded. If Nixon wanted Rogers to resign, the president had better ask in person.

1973년 5월 1일 닉슨이 헤이그를 홀더만의 후임으로 임명하기를 원했을 때, 키신저가 처음에는 반대했다. 그러나 헤이그는 백악관에 돌아온 직후 갓 출범한 행정부의 국내 기반을 튼튼히 하기 위한 방안으로 키신저를 국무장관에 임명할 것을 자꾸 요구하기 시작했다. 역시 그의 이러한 로비 노력 때문에 키신저는 평가를 받았다. 그런데 닉슨은 이 선택에 관한 방도를 찾지 못했다. 닉슨은 나중에 키신저가 "경쟁을 용인하지"않았을 것이라고 유감스럽다는 듯이 설명했다. 키신저 말고 다른 누군가를 임명하게 되면 키신저가 틀림없이 사임(당시 국가안보 보좌관)할 것이며 또한 매스컴에 가십으로 보도되었을 것이다. 그래서 결국 닉슨은 헤이그(백악관 비서실장)에게 키신저가 그 자리의 적임자라고 말했다. 그때 닉슨은 헤이그에게 '로저스에게 사임하라는 전갈을 전하라'고 했다. 이것은 홀더만(직전 백악관 비서실장)이 닉슨의 첫 임기 동안 여러 번 했던 방식이었다. 헤이그는 그렇게 했다. 그러나 국무부에서 자기 임기가 끝났다는 것을 충분히 알고 있는 로저스(당시 국무장관)는 항상 온화하였지만 그의 오랜 공적(公的) 동료(닉슨을 말함)로부터 이러한 마지막 모욕을 받고 화가 났다. 그는 즉각 대답했다. "대통령에게 '엿이나 먹어라'라고 말해 주시오." 닉슨 대통령이 로저스를 사임시키려면 대통령이 직접 말하는 게 좋았다.

해설 닉슨(Nixon): 미국 대통령(President of the United States) (1969~1974)
홀더만(Halderman): 백악관 비서실장(White House Chief of Staff) (1969~1973)
헤이그(Haig): 백악관 비서실장(White House Chief of Staff) (1973~1974)
로저스(Rogers): 국무장관(Secretary of State) (1969~1973)
키신저(kissinger): 국가안보 보좌관(National Security Advisor) (1969~1975), 국무장관(Secretary of State) (1973~1977)
(중복 기간은 겸임)

어휘 **would**: [말하는 사람의 과거에 관한 추측] ~이었을[하였을] 것이다
I suppose it would be the first time I saw her(그것이 내가 그녀를 만난 최초였을 것이다).
ruefully: 후회하여, 슬퍼하여; 가련하게
She quitted ruefully(그녀는 유감스럽게 그만두었다).
John ruefully admitted his mistake(존은 유감스럽다는 듯이 자기 잘못을 인정했다).
media circus: 매스컴 서커스(판매 부수 · 시청률 신장을 노린) 매스 미디어의 흥미 위주 보도 (태도)
law partner: 공적 동료 (여기서는 '법률 파트너'가 아님)

PART Ⅳ

13 글쓰기 *Writing* 란 무엇인가?

1. Clincher의 개념(결정적 한마디)

말 · 표현 · 논변의 전문가는 '글 쓰는 사람', 'writer(작가 · 문필가)'다. 이들은 논리적 사고력, 치밀한 분석력, 날카로운 통찰력을 가진 언어 전략가다. 이들이 펼치는 명문장(felicity)은 그들 정신 세계의 결정체다. 특히 이들의 Writing에 대한 clincher는 정말 주옥같다. clincher는 '(볼트를) 죄는 도구', '꺾쇠 · 죔쇠(clamp · cramp)'다. 여기에서 '상대를 꼼짝 못하게 하는 말', '결정적인 간결한 표현', '결정적인 논변'이란 의미가 생겨났다. Quotations about Writing(글쓰기에 관한 인용문)을 들여다보자.

2. Writing에 관한 주옥같은 Clincher(결정적 한마디)

톨스토이

출처 : Wikipedia

One ought only to write when one leaves a piece of one's own flesh in the ink pot, each time one dips one's pen.

펜을 적실 때마다 잉크병 속에 자기의 살 한 점을 집어넣을 때에만 글을 써야 한다.

– 러시아 문호 톨스토이(Leo Tolstoy 1828~1910)

Drama, instead of telling us the whole of a man's life, must place him in such a situation, tie such a knot, that when it is untied, the whole man is visible.

드라마는 한 인간의 삶 전체를 말하지 말고, 그 사람을 어떤 상황 속에 갖다 놓고 어떤 매듭을 지어놓은 다음, 그 매듭이 풀릴 때 모든 인간을 볼 수 있게 해야 한다.

– 러시아 문호 톨스토이(Leo Tolstoy 1828~1910)

Writing is easy: All you do is sit staring at a blank sheet of paper until drops of blood form on your forehead.

글쓰기는 쉽다: 백지를 응시하고 앉아 있기만 하면 된다. 이마에 핏방울이 맺힐 때까지.

– 미국 저널리스트 진 파울러(Gene Fowler 1890~1960)

There's nothing to writing. All you do is sit down at a typewriter and open a vein.

쓸 것이 없다. 타자기에 앞에 앉아서 혈관을 절개(切開)하는 일밖에 없다.

– 미국 스포츠 칼럼니스트 Walter Wellesley "Red" Smith(1905 ~ 1982)

Writing is both mask and unveiling.

글을 쓰는 것은 가면을 씌우는 일이기도 하고 벗기는 일이기도 하다.

– 미국 수필가 · 문장가 E. B. 화이트(Elwyn Brooks "E. B." White 1899~1985)

Writing is a struggle against silence.

글쓰기란 침묵과 싸우는 전쟁이다.

– 멕시코 소설가 · 단편작가 · 극작가 · 평론가 푸엔테스(Carlos Fuentes 1928~)

Writing is a way of talking without being interrupted.
글을 쓴다는 것은 방해받지 않고 말하는 하나의 방법이다.

- 프랑스 작가 르나르(Jules Renard 1864~1910)

Writing comes more easily if you have something to say.
말할 것이 있을 때 글 쓰는 일이 보다 쉬워진다.

- 폴란드 태생 미국 소설가 · 극작가 Shalom Asch(1880~1957)

Writing is utter solitude, the descent into the cold abyss of oneself.
글을 쓰는 것은 완전한 고독이다. 즉 자기 스스로 차디찬 심연으로 빠져들어 가는 것이다.

- 오스트리아 소설가 카프카(Franz Kafka1883~1924)

I'm not a very good writer, but I'm an excellent rewriter.
나는 그다지 뛰어난 작가가 아니다. 다만 고쳐 쓰는 일에 뛰어난 작가일 뿐이다.

- 미국 작가 미케너(James Michener 1907~1997)

I love writing. I love the swirl and swing of words as they tangle with human emotions.
나는 글쓰기를 좋아한다. 말이 인간의 감정과 얽힐 때 그 말의 소용돌이와 진동을 사랑한다.

- 미국 작가 미케너(James Michener 1907~1997)

How vain it is to sit down to write when you have not stood up to live!
살기 위해 떨치고 일어선 적이 없었음에도 쓰기 위해 앉아야 하다니 이 얼마나 쓸데없는 짓인가!

- 미국 사상가 · 저술가 소로(Henry David Thoreau 1817~1862)

A writer is somebody for whom writing is more difficult than it is for other people.
작가란 보통사람보다 글쓰는 것이 더 어려운 사람이다.

- 독일 소설가 토마스 만(Thomas Mann 1875~1955)

A story should have a beginning, a middle, and an end-but not necessarily in that order.
이야기는 시작, 중간, 그리고 끝이 있어야 한다. 그러나 반드시 이 순서일 필요는 없다.

- 종래의 연출 상식을 무시한 즉흥적 표현으로 인간 존재의 의미를 추구한 프랑스의 영화감독 고다르(Jean-Luc Godard 1930~)

I love being a writer. What I can't stand is the paperwork.
나는 내가 작가인 것을 좋아한다. 그러나 내가 견딜 수 없는 일은 글 쓰는 일이다.

- 미국 소설가 피터 드 브리스(Peter De Vries 1910~1993)

I do not like to write – I like to have written.
나는 글쓰기를 좋아하지 않는다. 글쓰기를 마쳤을 때를 좋아한다.

- 미국 남녀동권주의 우상(feminist icon) 스타이넘(Gloria Marie Steinem 1934~)

주 여권확장주의자(women's rights advocate). 1972년 여성운동의 관점에서 현대의 문제를 다루는 잡지인 〈미즈 Ms.〉를 창간하여 편집인을 지냄. 1983년 평론과 잡지 기사를 모은 〈성난 행동과 매일의 반란 Outrageous Acts and Everyday Rebellions〉을 출판.

A synonym is a word you use when you can't spell the other one.
동의어란 다른 단어의 철자를 모를 때 사용하는 단어다.

- 스페인 산문작가 발타자르 그라시안(Baltasar Gracian 1601~1658)

Loafing is the most productive part of a writer's life.
빈둥거리는 것은 작가의 삶에 있어서 가장 생산적인 부분이다.

- 미국 작가 홀(James Norman Hall 1887~1951)

What no wife of a writer can ever understand is that a writer is working when he's staring out of the window.

작가의 부인이 전혀 이해할 수 없는 것은 작가가 창밖을 응시하고 있을 때 작가가 일하고 있다는 점이다.

- 미국 저널리스트 · 편집자 · 문학평론가 Burton Rascoe(1892~1957)

My language is the common prostitute that I turn into a virgin.

나의 언어는 비속한 창녀다. 그러나 나는 이 창녀를 처녀로 바꾼다.

- 오스트리아 작가 크라우스(Karl Kraus 1874~1936)

주 모든 영역의 부패와 타락상을 비판하였으며 언어의 순수성을 보전하려고 하였음.

I want to write books that unlock the traffic jam in everybody's head.

사람마다의 머릿속에 있는 교통 체증을 풀어주는 책을 쓰고 싶다.

- 미국 소설가 · 시인 존 업다이크(John Hoyer Updike 1932~)

Our passions shape our books; repose writes them in the intervals.

열정(熱情)이 책의 겉모양을 만든다. 열정과 열정 사이에 평정(平靜)이 책을 쓴다.

- 프랑스 소설가 프루스트(Marcel Proust 1871~1922)의
〈되찾은 과거 The Past Recaptured〉(1927) 중에서

All my best thoughts were stolen by the ancients.

나의 가장 훌륭한 생각들은 모두 이미 고대인들이 무단 차용하였다.

- 미국 사상가 · 시인 에머슨(Ralph Waldo Emerson 1803~1882)

When something can be read without effort, great effort has gone into its writing.

저자가 어떤 것을 쓰는 데 엄청난 노력을 쏟아 부어야만 독자가 수월하게 읽을 수 있다.

- 스페인 작가 겸 극작가 폰셀라(Enrique Jardiel Poncela 1901~1952)

주 effort가 대구(對句)를 이루어 표현의 묘미를 더해준다.

If I don't write to empty my mind, I go mad.

글을 써서 마음을 비우지 않으면 나는 미친다.

- 영국 낭만파 시인 바이런(Lord George Gordon Byron 1788~1824)

To withdraw myself from myself has ever been my sole, my entire, my sincere motive in scribbling at all.

내가 내 자신으로부터 벗어나는 것, 그것은 항상 적어도 일필휘지로 휘갈겨 쓸 때의 나의 유일한, 나의 모든, 나의 진지한 동기였다.

- 영국 낭만파 시인 바이런(Lord George Gordon Byron 1788~1824)

A writer is someone who can make a riddle out of an answer.

작가는 답에서 수수께끼를 만들 수 있는 사람이다.

- 크라우스(Karl Kraus 1874~1936) 오스트리아 작가

Metaphors have a way of holding the most truth in the least space.

은유는 최소의 면적에서 최대의 진리를 간직하는 방법이다.

- 미국의 베스트셀러 작가 카드(Orson Scott Card 1951~)

주 the most truth와 the least space가 대구를 이루고 있음.

They lard their lean books with the fat of others' works.

그들은 다른 사람의 작품의 지방으로 지방이 적은 자기들 책을 꾸민다.

- 영국 문필가 버턴(Robert Burton 1577~1640)의 1621년 수필집
〈우울의 해부 The Anatomy of Melancholy〉에서

주 이 수필집은 세상에 대한 인간의 불만과 이것을 누그러뜨리는 방법에 관한 내용으로 그의 풍부한 기지와 유머가 돋보임.

What I like in a good author is not what he says, but what he whispers.
훌륭한 작가에게서 내가 좋아하는 것은 그가 말하는 내용이 아니라 속삭이는 내용이다.
- 미국 수필가 겸 평론가 스미스(Logan Pearsall Smith 1865~1946)

섬머셋 몸
출처 : Wikipedia

The best style is the style you don't notice.
가장 좋은 스타일은 눈에 띄지 않는 스타일이다.
- 영국 작가 몸(William Somerset Maugham 1874~1965)

A good style should show no signs of effort.
What is written should seem a happy accident.
훌륭한 문체가 되려면 노력의 흔적이 보여서는 안 된다.
쓴 글이 행복한 우연인 것처럼 보여야 한다.
- 영국 작가 몸(William Somerset Maugham 1874~1965)

A man will turn over half a library to make one book.
한 인간이 한 권의 책을 내기 위해서는 서재의 반을 뒤집는다.
- 영국 시인 · 비평가 · 수필가 · 사전 편찬자 사무엘 존슨(Samuel Johnson 1709~1784)

Authors and lovers always suffer some infatuation, from which only absence can set them free.
저자들과 연인들은 항상 심취한다. 여기에서 이탈하는 것만이 이들을 자유롭게 함에도.
- 영국 시인 · 비평가 · 수필가 · 사전 편찬자 사무엘 존슨(Samuel Johnson 1709~1784)

The two most engaging powers of an author are to make new things familiar and familiar things new.
작가의 가장 매력적인 힘 두 가지는 새로운 것을 친숙하게 만드는 것이고, 친숙한 것을 새롭게 만드는 것이다.
- 영국 시인 · 비평가 · 수필가 · 사전 편찬자 사무엘 존슨(Samuel Johnson 1709~1784)

The most beautiful things are those that madness prompts and reason writes.
가장 아름다운 것은 광기가 일러주고 이성이 쓴 내용이다.
- 프랑스 소설가 · 비평가 앙드레 지드(Andre Gide 1869~1951)

An original writer is not one who imitates nobody, but one whom nobody can imitate.
독창적인 작가는 누구도 모방하지 않는 사람이 아니라 누구도 모방할 수 없는 사람이다.
- 프랑스 작가 · 정치가 · 외교관 샤토브리앙(chateaubriand 1768~1848)

주 프랑스 문학 로맨티시즘 창시자(founder of Romanticism in French literature)라고 불림.

Who writes poetry imbibes honey from the poisoned lips of life.
시는 쓰는 사람은 인생이라는 독 묻은 입에서 꿀을 빨아들인다.
- 미국 시인 베넷(William Rose Benet 1886~1950)

The wastebasket is a writer's best friend.
휴지통이 글을 쓰는 사람의 가장 좋은 친구다.
- 폴란드 태생 미국 작가(1978년 노벨 문학상 수상) 싱어(Isaac Bashevis Singer 1902~1991)

Every creator painfully experiences the chasm
between his inner vision and its ultimate expression.
The chasm is never completely bridged.
We all have the conviction, perhaps illusory,
that we have much more to say than appears on the paper.
글을 쓰는 이라면 누구나 자신의 내적 상상력과 결과적인

표현 사이에 커다란 간극이 존재함을 고통스럽게 경험한다.

그 간격은 결코 완전하게 메워지지 않는다.

우리 모두는 종이에 나타난 것보다 말할 것을 훨씬 더 많이 갖고 있다는 확신,

아마도 환상적인 확신을 갖고 있다.

– 폴란드 태생 미국 작가(1978년 노벨 문학상 수상 싱어(Isaac Bashevis Singer 1902~1991)상 수상)

No thinking - that comes later.
You must write your first draft with your heart.
You rewrite with your head.
The first key to writing is to write, not to think!

생각 금지 - 생각은 나중에 떠오르는 법.

처음에는 가슴으로 써라.

다음에는 머리로 고쳐 써라.

글을 쓰는 첫 번째 열쇠는 생각하는 것이 아니라 쓰는 것이다.

– 2000년 미국 영화 파인딩 포레스터(Finding Forrester) 극중 대사

해설 숀 코네리(Sean Connery)가 연기한 작가 윌리엄 포레스터(William Forrester)는 여러 가지 점에서 〈호밀밭의 파수꾼〉을 쓰고 은둔한 전설적 미국 작가 샐린저(Jerome David Salinger)를 떠올리게 한다. 노작가 포레스터가 로버트 브라운(Robert Brown)이 연기한 신출내기 작가 지망생 자말 월리스(Jamal Wallace)에게 한 말이다.

작문 초고는 완전하게 쓰려고 하지 말고 그냥 거침없이 써라.
그런 다음 되돌아가서 각 절을 검토하라.
과도한 단어는 솎아내고 완전한 단어를 찾아내어 이야기가 노래처럼 들리게 하라.
Let the first draft flow without trying to make it perfect.
Then go back and examine each passage,
trimming the excess words and seeking the perfect words
to make your story sing.

A word is not the same with one writer as with another.
One tears it from his guts. The other pulls it out of his overcoat pocket.

말이란 작가마다 서로 다르다. 자기의 창자에서 뜯어내는 작가가 있는가 하면 자기의 오버코트 주머니에서 끄집어내는 작가가 있다.

– 프랑스 사상가 시인 샤를 페기(Charles Peguy 1873~1914)

주 그의 말에 〈진실을 알고서도 큰 소리로 말하지 않는 사람은 거짓말쟁이의 공범이다〉가 있다.

주 〈one: another〉는 〈셋 이상 사이〉 〈one: the other〉는 〈둘 사이〉에 사용된다고 하지만 구별은 엄밀하지가 않음.

By the way, everything in life is writable about
if you have the outgoing guts to do it, and the imagination to improvise.
The worst enemy to creativity is self-doubt.

그런데 삶의 모든 것을 쓸 수 있다.

그렇게 할 수 있는 외향적인 용기와, 즉석에서 창작할 수 있는 상상력이 있다면.

창작에 대한 최악의 적은 자기 불신이다.

– 미국 시인 소설가 실비아 플라스(Sylvia Plath 1932~1963)

I would hurl words into this darkness and wait for an echo,
and if an echo sounded, no matter how faintly,

I would send other words to tell, to march, to fight,
to create a sense of hunger for life that gnaws in us all.

나는 이 어둠 속으로 말을 던져 메아리를 기다리겠다.
그리고 아무리 희미하다 할지라도 반향이 들리면,
다른 말들도 보내겠다. 말하고 행진하고 싸우기 위하여,
우리 모두를 괴롭히는 삶을 향한 열망을 창조하기 위하여.

- 미국 흑인 작가 라이트(Richard Wright 1908~1960)

주 미국 사회의 고질적 인종 문제의 병폐를 파헤쳤다는 점에서 크게 주목을 받았음.

It is necessary to write, if the days are not to slip emptily by.
How else, indeed, to clap the net over the butterfly of the moment?
For the moment passes, it is forgotten; the mood is gone; life itself is gone.
That is where the writer scores over his fellows:
he catches the changes of his mind on the hop.

삶이 헛되이 지나가 버리지 않게 하려면 글 쓰는 일이 필요하다.
정말, 나비와 같은 그 순간을 그물로 낚아채려면 달리 어찌 하란 말인가?
그 순간은 지나가고 잊혀지고, 그 감정은 가고 없어지고, 삶 자체가 가고 없어지기 때문이다.
이것이 작가가 그의 친구들보다 우위에 있는 점이다.
작가는 마음의 변화를 불시에 포착한다.

- 영국 여류 시인 소설가 비타 색빌 - 웨스트(Vita Sackville-West 1892~1962)

어휘 **on the hop**: (1) 현장을 불시에 catch a person on the hop(아무를 불시에 덮치다)
(2) 뛰어 다니며 keep a person on the hop(아무를 계속 바쁘게 하다)

The pages are still blank, but there is a miraculous feeling of the words being there,
written in invisible ink and clamoring to become visible.

지면은 여전히 공백이다. 그러나 단어의 신비한 감정이 거기에 있다.
눈에 보이지 않는 잉크로 쓰여졌지만, 보이게 될 것이라고 외치기 때문이다.

- 러시아계 미국 소설가 Vladimir Nabakov(1899~1977)

The story I am writing exists, written in absolutely perfect fashion, some place, in the air.
All I must do is find it, and copy it.

공중 어딘가에 정말 완전한 형태로 쓰여진 내가 쓰고 있는 이야기가 있다.
내가 해야 하는 일은 그것을 찾아서 복사하는 일이다.

- 프랑스 작가 르나르(Jules Renard 1864~1910)

A prose writer gets tired of writing prose, and wants to be a poet.
So he begins every line with a capital letter, and keeps on writing prose.

산문을 쓰다 싫증난 산문 작가는 시인이 되고 싶어 한다.
그래서 그는 매줄마다 대문자로 시작한다. 그리고는 계속해서 산문을 쓴다.

- 미국 성직자 Samuel McChord Crothers(1857~1927) 1920년 작 〈 "Every Man's Natural Desire to Be Somebody Else"
The Dame School of Experience "딴 사람이 되고 싶어 하는 누구나의 자연스런 욕망" 경험이라는 초등학교〉에서

When once the itch of literature comes over a man, nothing can cure it but the scratching of a pen. But if you have not a pen, I suppose you must scratch any way you can.

일단 글을 쓰고 싶어 안달이 나면, 펜으로 휘갈겨 쓰는 일만이 그것을 치유할 수 있다.
그러나 펜을 갖고 있지 않으면 할 수 있는 어떤 방법으로든 휘갈겨 써야 한다.

- 아일랜드 초상화가 · 작사가 · 소설가 사무엘 라버(Samuel Lover 1797~1868)

출처 : Wikipedia

Words - so innocent and powerless as they are, as standing in a dictionary, how potent for good and evil they become in the hands of one who knows how to combine them.

단어-사전에 있을 땐 정말로 순진하고 힘없는 것들이 그것들을 섞을 줄 아는 사람들의 손아귀에 들어가면 얼마나 강한 선과 악으로 변하는가!

- 미국 소설가 호손(Nathaniel Hawthorne 1804~1864)

Writing, I think, is not apart from living.
Writing is a kind of double living. The writer experiences everything twice.
Once in reality and once in that mirror which waits always before or behind.

글쓰기는 삶과 분리되어 있지 않은 것 같다.
글쓰기는 이중으로 사는 것과 같다. 작가는 모든 것을 두 번 경험한다.
현실 생활에서 한 번, 항상 앞이나 뒤를 비춰주는 거울 속에서 한 번.

- 미국 전기(傳記) 작가(biographer) Catherine Drinker Bowen(1897~1973)

To me, the greatest pleasure of writing is not what it's about,
but the inner music the words make.

나에게 있어서, 글쓰기의 가장 큰 즐거움은 글의 소재가 아니라 말이 만들어 낸 영적 음악이다.

- 미국 소설가 커포티(Truman Capote 1924~1984)

주 고독한 인간이 자아내는 공상적인 세계를 기교적인 화려한 문체로 구사.

Write down the thoughts of the moment.
Those that come unsought for are commonly the most valuable.

그 순간의 생각을 써라.
자연스럽게 나오는 생각이 가장 귀중한 것인 경우가 많다.

- 영국 수필가 · 정치가 · 철학자 베이컨(Francis Bacon 1561~1626)

Reading makes a full man, conference a ready man; and writing an exact man.

독서는 지식이 풍부한 사람을 만들고, 대화는 기민한 사람을 만들고, 집필은 치밀한 사람을 만든다.

- 영국 철학자 베이컨(Francis Bacon)의 〈Essays of Studies 학문론〉에서

The expression "to write something down" suggests
a descent of thought to the fingers whose movements immediately falsify it.

표현, 다시 말해서 '뭔가를 쓴다는 것'은 사상이 손가락으로 내려가서 그 손가락의 움직임이 바로 그것을 변조하는 것을 말한다.

- 미국 소설가 가스(William Howard Gass)(1924~)

It seems to me that those songs that have been any good,
I have nothing much to do with the writing of them.
The words have just crawled down my sleeve and come out on the page.

지금까지의 저 노래들이 아무리 좋다 할지라도,
나는 그것들의 작사 · 작곡과는 별로 관련이 없다.
말들이 그냥 나의 소맷자락을 타고 내려와 페이지 위에 나타났다.

- 미국 여자 가수 · 작사가 · 작곡가 조안 바에즈(Joan Baez 1941~)

When a man is in doubt about this or that in his writing,
it will often guide him if he asks himself how it will tell a hundred years hence.

글을 쓰면서 이것저것에 대해 회의가 들 때, 지금부터 100년 후, 그것이 무엇을 의미할까를 자문해보는 것이 도움이 될 때가 있다.

- 영국 소설가 · 수필가 · 비평가 사무엘 버틀러(Samuel Butler 1835~1902)

Let me walk through the fields of paper
touching with my wand, dry stems and stunted butterflies.
종이라는 들판 여기저기를 걷고 싶다.
지팡이를 들고, 마른 가지를 꺾어 들고, 조그마한 나비와 함께 들판을 어루만지면서.

– 영국 출신 미국 시인 드니즈 레버토브(Denise Levertov 1923~1997)의 〈A Walk through the Notebooks 공책 산책〉에서

When we see a natural style we are quite amazed and delighted,
because we expected to see an author and find a man.
자연스러운 스타일을 보면, 아주 놀랍고 기쁘다.
저자를 보고 인간을 발견하기를 기대했기 때문이다.

– 프랑스 철학자 파스칼(Pascal 1623~1662)의 〈팡세 Pensée(불어) Thoughts(영어)〉에서

I asked Ring Lardner the other day how he writes his short stories,
and he said he wrote a few widely separated words or phrases on a piece of paper
and then went back and filled in the spaces.
나는 전번에 링 라드너에게 단편 소설을 어떻게 쓰느냐고 물었다.
한 장의 종이 위에 단어들이나 구절들을 띄엄띄엄 써놓는다.
그런 다음 빈 공간을 메운다고 그는 말했다.

– 미국 저널리스트 로스(Harold Wallace Ross 1892~1951)

해설 라드너 (Ring Lardner 1885~1933): 미국 소설가. 단편집에 〈단편소설 작법 How to Write Short Stories〉(1924) 〈사랑의 보금자리와 그 밖의 이야기 The Love Nest and Other Stories〉(1926)가 있다. 서민의 생태를 해학적으로 묘사하면서도 그 속에 냉철한 풍자를 담은 작품을 많이 썼다.

When you are describing,
A shape, or sound, or tint;
Don't state the matter plainly.
But put it in a hint;
And learn to look at all things,
With a sort of mental squint.
형태, 소리, 빛깔을
묘사할 때,
그대로 말하지 마라.
암시를 주어라.
정신적 곁눈질 같은 것으로
모든 것을 보는 법을 배워라.

– 영국 작가 · 수학자 · 논리학자 · 사진작가 루이스 캐럴(Lewis Carroll 1832~1898)

A perfectly healthy sentence, it is true, is extremely rare.
For the most part we miss the hue and fragrance of the thought;
as if we could be satisfied with the dews of the morning or evening
without their colors, or the heavens without their azure.
사실, 완전히 건전한 문장은 아주 드물다.
대부분 우리는 그 문장이 주는 색깔과 향기를 지각하지 못한다.
아침이나 저녁의 이슬은 색깔이 없어도 만족할 수 있고,
하늘은 담청색(淡靑色)이 없어도 만족할 수 있는 것처럼.

– 미국 사상가 작가 소로(Henry David Thoreau 1817~1862)

출처 : Wikipedia

What would there be in a story of happiness?
Only what prepares it, only what destroys it can be told.
행복을 주제로 한 이야기에 무엇이 들어 있을까?
행복을 준비하는 것과 행복을 파괴하는 것을 말해줄 수 있을 뿐이다.
– 프랑스 소설가 · 비평가 앙드레 지드(Andre Gide 1869~1951) 노벨 문학상 수상(1947)

I think it's bad to talk about one's present work, for it spoils something at the root of the creative act. It discharges the tension.
자기의 현재의 작품에 대하여 이야기하는 것은 좋지 않은 것 같다.
창조적 행위의 뿌리에 있는 그 무엇인가를 결딴내기 때문이다. 그것은 긴장을 풀어버린다.
– 미국 소설가 노먼 메일러(Norman Kingsley Mailer 1923~2007)

Words are but the vague shadows of the volumes we mean.
Little audible links, they are, chaining together great inaudible feelings and purposes.
말은 우리가 의미하는 총체적인 것의 희미한 그림자일 뿐이다.
말은 들을 수 없는 커다란 감정과 목적을 엮어주는 들을 수 있는 조그마한 연결고리다.
– 미국 소설가 드라이저(Theodore Dreiser 1871~1945)

I am a man, and alive. For this reason I am a novelist. And being a novelist, I consider myself superior to the saint, the scientist, the philosopher, and the poet, who are all great masters of different bits of man alive, but never get the whole hog.
나는 인간이다. 살아 있다. 이러한 이유 때문에 나는 소설가다. 소설가이기 때문에 나는 내 자신을 성인, 과학자, 철학자, 시인보다 우수하다고 생각한다. 이들은 모두 살아 있는 인간의 서로 다른 작은 부분에 도통한 사람이지만 전체적인 완전함은 결코 얻지를 못하기 때문이다.
– 영국 소설가 · 단편 작가 · 시인 · 수필가 로렌스(David Herbert Lawrence 1885~1930)

어휘 **the whole hog**: (명사) 전체, 전부, 완전 ex. believe [accept] the whole hog: 모조리 믿다[시인하다]
(부사) 완전히, 철저히 ex. go (the) whole hog: 철저히[완벽하게] 하다

It is impossible to discourage the real writers
- they don't give a damn what you say, they're going to write.
진정한 문필가를 낙담시키기란 불가능하다.
그들은 사람들이 말하는 것을 조금도 개의치 않고 쓰려고 하기 때문이다.
– 미국 소설가 · 사회비평가 싱클레어 루이스(Harry Sinclair Lewis 1885~1951)

주 1930년 미국인으로서 처음으로 노벨 문학상을 받았음
어휘 **damn**: (구어) 「부정어와 함께」 조금도
ex. do not care(= give) a damn 조금도 개의치 않다 * give 움츠리다 물러서다 굴복하다

Let's hope the institution of marriage survives its detractors, for without it there would be no more adultery and without adultery two thirds of our novelists would stand in line for unemployment checks.
결혼이라는 제도가 이 제도를 비방하는 사람들을 이길 수 있도록 희망하자.
결혼이 없다면 더 이상 간통이 없을 것이기 때문이며
간통이 없다면 소설가의 3분의 2는 실직 수당을 받기 위해 줄을 설 것이기 때문이다.
– 미국 작가 · 도서 비평가(book critic) 프레스코트(Peter S. Prescott ?~2004)

주 20년 이상 Newsweek의 senior book reviewer(선임 도서 비평가)였음.

True Ease in Writing comes from Art, not Chance,
As those move easiest who have learned to dance.

글을 정말 쉽게 쓴다는 것은 우연(偶然)이 아니라 기술이다.
춤을 배워 본 사람이 가장 잘 움직이는 것처럼.

– 영국 시인 포프(Alexander Pope 1688~1744)의 〈An Essay on Criticism 비평론〉에서

An author in his book must be like God in the universe, present everywhere and visible nowhere.

책 속의 저자는 어디에나 존재하나 어디서도 볼 수 없는 우주 속의 신과 같아야 한다.

– 프랑스 소설가 플로베르(Gustave Flaubert 1821~1880)

There's only one person who needs a glass of water oftener than a small child tucked in for the night, and that's a writer sitting down to write.

축어역(逐語譯) (verbatim translation):
자꾸 눈을 뜨고 재워 달라는 아이들보다 더 자주 물을 마셔야 하는 사람이 딱 한 사람 있다. 앉아서 글을 쓰는 문필가다.
함의(含意) 번역 (intent translation):
잠자리에서 잠들지 않고 자꾸 물을 달라고 조르는 아이보다 더 자주 물을 마셔야 하는 사람이 딱 한 사람 있다. 앉아서 글을 쓰는 문필가다.

– 미국 작가 맥래플린(McLaughlin 1913~1983)의 〈The Second Neurotic's Notebook〉(1966) 중에서

tuck의 본래 의미는 '집어넣다'이다. I tucked my money into my wallet(나는 돈을 지갑 속에 집어넣었다). tuck a child in (bed)은 일상에서 아주 자주 쓰이는 관용어로, '아이를 이불을 덮어 자리에 뉘다', '아이를 재우다'라는 뜻이다. 아이들을 일찍 8~9시쯤 2층의 아이 방에 재우고 나서, 어른들이 TV도 보고 자기들 시간을 가진다. 이불을 덮어주고 다독거려 주어 잠이 든 듯해서 나오려고 하면, 다시 눈을 뜨고 '책 읽어 달라', '물 달라'는 등의 과정이 여러 번 되풀이 된다. 그래서 재우는 것이 귀찮고 성가신 작업이다. 따라서 이 문장의 주절이 There's only one person who needs a glass of water oftener(더 자주 물을 마셔야 하는 사람이 딱 한 사람 있다)이므로, 이런 경우는 함의 번역하는 게 원작자의 의도와 합치한다.

올커트

출처 : Wikipedia

Sleep on your writing;
take a walk over it;
scrutinize it of a morning;
review it of an afternoon;
digest it after a meal;
let it sleep in your drawer a twelve month;
never venture a whisper about it to your friend,
if he be an author especially.

잠자면서 글을 써라.
걸으면서 글을 써라.
아침 같은 때에 그것을 음미하라.
오후 같은 때에 그것을 검토하라.
식사 후에 그것을 삭혀라.
12개월 동안 그것을 서랍 속에 잠재워라.
친구에게 그것에 대하여 속삭이는 모험을 하지 마라.
그가 특히 작가라면.

– 미국 교사 · 작가 올커트(Amos Bronson Alcott 1799~1888)

i never think at all when i write;
nobody can do two things at the same time and do them both well.

나는 글을 쓸 때는 결코 생각하지 않는다.
동시에 두 가지 일을 하면서 두 가지를 다 잘 할 수 있는 사람은 없다.

– 미국 신문기자 · 시인 · 극작가 마퀴스(Don Marquis 1878~1937)의 1933년 작품 〈Archy's Life of Mehitabel〉에서

해설 그의 작품에 1인칭 시점(視點 point of view)으로 서술되는 '아치(Archy)'라는 캐릭터가 등장한다. 아치는 시적 명상을 하며 타자기의 shift key를 누르지 못한다. 그래서 대문자(I)가 소문자(i)로 되어 있다.

The good writers touch life often.
The mediocre ones run a quick hand over her.
The bad ones rape her and leave her for the flies.

1류 작가는 인생을 자주 접한다.
2류 작가는 인생을 손만 대다가 잽싸게 뗀다.
3류 작가는 인생을 강간하고 버리고 도망친다.

– 미국 작가 브래드버리(Ray Douglas Bradbury 1920~)

주 과학소설, 향수를 담은 단편, 시, 라디오극, 텔레비전과 영화의 대본을 썼음

Having imagination, it takes you an hour to write a paragraph that, if you were unimaginative, would take you only a minute. Or you might not write the paragraph at all.

상상력을 가지면 한 단락 쓰는 데 한 시간이 걸린다.
상상력이 없다면 1분이 걸릴 것이다. 혹은 그 단락을 전혀 쓰지 못할 것이다.

– 미국 칼럼니스트 애덤스(Franklin Pierce Adams 1881~1960)

You could compile the worst book in the world entirely out of selected passages from the best writers in the world.

전적으로, 이 세상에서 가장 훌륭한 작가에게서 뽑은 문장을 바탕으로 책을 쓴다면 이 세상에서 가장 나쁜 책을 만들 수 있을 것이다.

– 영국 비평가 · 시인 · 소설가 체스터턴(Gilbert Keith Chesterton 1874~1936)

A good novel tells us the truth about its hero;
but a bad novel tells us the truth about its author.

좋은 소설은 우리에게 그 소설의 주인공에 대한 진실을 말해 주지만,
나쁜 소설은 우리에게 저자에 대한 진실을 말해준다.

– 영국 비평가 · 시인 · 소설가 체스터턴(Gilbert Keith Chesterton 1874~1936)

Life can't ever really defeat a writer who is in love with writing, for life itself is a writer's lover until death - fascinating, cruel, lavish, warm, cold, treacherous, constant.

인생은 글쓰기를 사랑하는 자를 결코 정말로 좌절시키지 않는다.
인생은 작가에게 평생 연인이기 때문이다. 매혹적이면서도 잔인하고,
사치스럽고, 다정하면서도 차갑고, 배신하면서도 한결같은 그런 연인.

– 미국 여류 소설가 퍼버(Edna Ferber 1887~1968)

해설 그녀의 작품 〈자이언트 Giant〉(1952)는 1956년 영화화됐다. 텍사스 석유 왕 매카시(Glenn Mccarthy)의 삶을 재구성한 것이다. 엘리자베스 테일러(Elizabeth Taylor), 록 허드슨(Rock Hudson), 제임스 딘(James Dean)이 주연을 맡았다. 광활한 텍사스 농장을 배경으로 2세대에 걸쳐 전개되는 농장주 일가의 이야기를 그린 작품이다. 500만 달러의 제작비를 투자한 1950년대식 블록버스터이다. 1957년 제29회 아카데미상 10개 부문 후보에 올라 아카데미 감독상을 수상하였다. 영화 개봉을 2주일 앞두고 교통 사고로 사망한 제임스 딘의 유작이다.

The writer writes in order to teach himself, to understand himself, to satisfy himself; the publishing of his ideas, though it brings gratification, is a curious anticlimax.
작가는 자신을 가르치기 위하여, 자신을 이해하기 위하여, 자신을 만족시키기 위하여 글을 쓴다.
자기의 사상을 출판한다는 것은 만족을 가져다주기는 하지만 묘한 역(逆)클라이맥스다.

– 미국 평론가 겸 편찬자 케이진(Alfred Kazin 1915~1998)

어휘 **anticlimax**: (1) (예상보다) 시들한 일 · 용두사미
(2) (위엄 · 품질 · 세력 등의) 급격한 저하
(3) (수사) 점강법(문세(文勢)나 말이 차츰 약해지는 표현법)

작문 (1) 올림픽 금메달을 획득하고 나서는 모든 일이 시들했다.
(2) 계획 세울 때의 모든 흥분 뒤 정작 여행 자체는 약간 용두사미 격이었다.
(3) 인기 독주자가 나오지 않아 연주회는 좀 흐지부지하게 끝났다.
(1) Everything was an anticlimax to winning an Olympic gold medal.
(2) The trip itself was a bit of an anticlimax after all the excitement of planning it.
(3) The concert was something of an anticlimax because the star soloist never turned up.

The good writing of any age has always been the product of someone's neurosis, and we'd have a mighty dull literature if all the writers that came along were a bunch of happy chuckle-heads.
어느 시대든 간에 훌륭한 작품은 항상 누군가의 노이로제의 산물이다.
지금까지 존재해온 모든 작가들이 행복한 얼간이들의 무리라면,
우리는 정말로 재미 없는 문학을 가지고 있는 셈이다.

– 미국 소설가 스타이런(William Clark Styron 1925~2006)

There is no royal path to good writing;
and such paths as do exist do not lead through neat critical gardens,
various as they are, but through the jungles of self, the world, and of craft.
좋은 글을 쓰는 지름길은 없다. 있는 길은 다양하지만, 깔끔하고 정밀하게
단장한 정원을 통하는 것이 아니라, 자아 · 세상 · 재능의 정글을 거쳐야 한다.

– 미국 작가 웨스트(Jessamyn West 1902~1984)

Writing a book is a horrible, exhausting struggle, like a long bout of some painful illness.
One would never undertake such a thing if one were not driven on by some demon whom one can neither resist nor understand.
책을 쓴다는 것은 고통스러운 오랜 병처럼 피 말리는 끔찍한 버둥질이다.
우리가 거부할 수도 없고 이해할 수도 없는 어떤 악마가 부추기지 않는다면
그런 일을 결코 착수하지 않을 것이다.

– 영국 소설가 오웰(George Orwell 1903~1950)의 1946년 평론 〈Why I Write〉에서

One must be drenched in words, literally soaked in them,
to have the right ones form themselves into the proper pattern at the right moment.
단어에 흠뻑 젖어야 한다, 문자 그대로 함빡 젖어야 한다.
적절한 단어가 적절한 순간에 적절한 형태가 될 때까지.

– 미국 시인 크레인(Harold Hart Crane(1899~1932)

어휘 **form oneself into**: ~의 모양이 되다

ex. The cloud formed itself into a camel. 구름이 낙타 모양이 되었다.

He that uses many words for explaining any subject, doth,
like the cuttlefish, hide himself for the most part in his own ink.

어떤 주제를 설명하기 위하여 많은 단어를 사용하는 사람은

오징어처럼 자신의 잉크로 자신의 대부분을 숨긴다.

– 영국 박물학자 · 식물학자 레이(John Ray 1627~1705)

어휘 **doth**: (고어 · 시어) do의 3인칭 · 단수 · 직설법 · 현재

Find out the reason that commands you to write;
see whether it has spread its roots into the very depth of your heart;
confess to yourself you would have to die if you were forbidden to write.

쓰라고 명령하는 이유를 찾아내라. 그 이유의 뿌리가 가슴의 아주 깊은 곳까지 뻗어 들어가 있는가를 살펴라.

못 쓰게 하면 죽을 수밖에 없다고 자신에게 고백하라.

– 오스트리아 태생 독일 시인 라이너 마리아 릴케(Rainer Maria Rilke 1875~1926)

Books want to be born: I never make them.
They come to me and insist on being written, and on being such and such.

책은 태어나고 싶어 한다. 나는 결코 책을 만들지 않는다.

책이 나에게 와서 써 달라고 우긴다. 계속해서 그렇게 우긴다.

– 영국 소설가 · 수필가 · 비평가 사무엘 버틀러(Samuel Butler 1835~1902)

벤츨리

출처 : Wikipedia

It took me fifteen years to discover I had no talent for writing, but I couldn't give it up because by that time I was too famous.

내가 글을 쓰는 재간이 없다는 것을 발견하는 데 15년이 걸렸다.

그러나 글쓰기를 포기할 수 없었던 것은 그때에 이미 너무 유명해졌기 때문이다.

– 미국 연극비평가 · 배우 · 유머 작가 벤츨리(Robert Charles Benchley 1889~1945)

주 단편 영화와 해학적인 수필로 유명함.

There are thousands of thoughts lying within a man that he does not know
till he takes up the pen and writes.

한 인간의 마음 속에는 자기가 알지 못하는 수천 가지의 생각이 있다; 펜을 들고 쓸 때까지는.

– 영국 소설가 새커리(William Makepeace Thackeray 1811~1863)

3. 마크 트웨인의 Writing에 관한 Clincher(결정적 한마디)

A classic is a book which people praise and don't read.

고전 작품이란 사람들이 좋다고 말하지만 아무도 읽지 않는 책.

The difference between the right word and the almost right word is
the difference between lightning and a lightning bug.

올바른 단어와 거의 올바른 단어의 차이는 번개와 반딧불의 차이이다.

Substitute "damn" every time you're inclined to write "very;" your editor will delete it and the writing will be just as it should be.

'very'라고 쓰고 싶을 때마다 'damn'을 써라.

그러면 편집자가 그걸 지우고 '마땅한' 것으로 바꿀 것이다.

The time to begin writing an article is when you have finished it to your satisfaction. By that time you begin to clearly and logically perceive what it is you really want to say.

어떤 논설 쓰기를 끝내고 만족할 때가 바로 기사를 쓰기 시작해야 할 때이다.

그때쯤이면 네가 정말로 말하고 싶은 것이 무엇인지 분명하게 논리적으로 자각하기 시작한다.

4. 오스카 와일드의 Writing에 관한 Clincher(결정적 한마디)

주 오스카 와일드(Oscar Wilde 1854~1900)에 관해서는 다음 항목 참조

01 재치즉답(Repartee) 중 11. 뉴욕세관원 vs. 오스카 와일드, 20 오스카 와일드 언어 해독

I was working on the proof of one of my poems all the morning, and took out a comma. In the afternoon I put it back again.

나는 나의 여러 편의 시(詩) 중 하나를 오전 내내 교정하고 있었다. 콤마 하나를 뺐다.

오후에 다시 그 코마를 집어넣었다.

There is no such thing as a moral or an immoral book. Books are well written or badly written.

도덕적인 책이나 부도덕적인 책 같은 것은 없다.

잘 써진 책이 있거나 잘못 써진 책이 있을 뿐이다.

My own business always bores me to death; I prefer other people's.

나에 관한 일은 죽도록 지겹다. 그래서 다른 사람에 관한 일을 더 좋아한다.

The public have an insatiable curiosity to know everything, except what is worth knowing. Journalism, conscious of this, and having tradesman-like habits, supplies their demands.

일반 국민은 알 가치가 있는 것을 제외한 나머지 모든 것을 알고자 하는 탐욕스러운 호기심을 갖고 있다.

이것을 알고 있는 저널리즘은 장사꾼과 같은 기질을 가지고, 그들이 요구하는 것을 공급한다.

The difference between literature and journalism is that journalism is unreadable and literature is not read.

문학과 저널리즘의 차이점은 저널리즘은 읽을 가치가 없다는 것이고 문학은 읽히지 않는다는 것이다.

Journalism justifies its own existence by the great Darwinian principle of the survival of the vulgarist.

저널리즘은 '속물적인 것만이 살아남는다'는 다윈의 위대한 원리에 의해서

자신의 존재를 정당화한다.

5. 여류 작가의 Writing에 관한 Clincher(결정적 한마디)

버지니아 울프

출처 : Wikipedia

As for my next book, I am going to hold myself from writing it till I have it impending in me: grown heavy in my mind like a ripe pear; pendant, gravid, asking to be cut or it will fall.

나의 다음 책에 관하여 말하자면, 임박할 때까지는 그것을 안 쓴다.

익은 배처럼 나의 마음 속에서 무겁게 클 때까지; 꽉 차 늘어져 자르지 않으면 떨어질 때까지.

- 영국 여류 작가 울프(Virginia Stephen Woolf 1882~1941)

The best time for planning a book is while you're doing the dishes.

책을 써야겠다고 궁리하는 가장 좋은 시점은 설거지를 하고 있을 때다.

- 영국 여류 추리소설 작가(crime writer) 크리스티(Agatha Christie 1890~1976)

A writer's mind seems to be situated partly in the solar plexus and partly in the head.

작가의 마음은 부분적으로는 가슴(감성)에, 부분적으로는 머리(지성)에 위치해 있다.

- 캐나다 여류 소설가 윌슨(Ethel Davis Wilson 1888~1980)

If there's a book you really want to read, but it hasn't been written yet, then you must write it.

정말 읽고 싶으나 아직 그런 책이 쓰여진 적이 없다면 당신이 그 책을 써야 한다.

- 미국 여류 작가 · 노벨 문학상 수상자 · 랜덤하우스 출판사 편집자 모리슨(Toni Morrison 1931~)

The role of a writer is not to say what we all can say, but what we are unable to say.

작가의 임무는 모두가 말할 수 있는 것을 말하는 것이 아니라 말할 수 없는 것을 말하는 것.

- 미국 여류 소설가 아나이스 닌(Anais Nin 1903~1977)

It seems to me that the problem with diaries, and the reason that most of them are so boring, is that every day we vacillate between examining our hangnails and speculating on cosmic order.

일기에서 다루는 문제와 일기의 대부분이 아주 지겨운 이유는, 우리가 날마다 우리의 손거스러미를 살펴보는 것과 우주의 질서를 사유하는 것 사이를 왔다갔다 하기 때문이다.

- 미국 여류 소설가 앤 베티(Ann Beattie 1947~)

6. 편집과 출판에 관한 Clincher(결정적 한마디)

No man should ever publish a book until he has first read it to a woman.

맨 먼저 여자에게 읽어주기 전까지는 누구도 결코 책을 출판해서는 안 된다.

- 미국 평론가 겸 전기 작가 브룩스(Van Wyck Brooks 1886~1963)

주 작가와 사회와의 관계 및 작품과 그 작품을 낳게 한 환경과의 관계를 다루면서 뉴잉글랜드를 중심으로 하는 19세기 미국의 문인 생활을 여실히 재현해 호평을 받았음.

Most editors are failed writers but so are most writers.

대부분의 편집자는 실패한 작가다. 그러나 대부분의 작가도 실패한 작가다.

- 미국 출생 영국 시인 엘리엇(Thomas Stearns Eliot 1888~1965) · 노벨 문학상 수상(1948)

No author dislikes to be edited as much as he dislikes not to be published.

저자는 편집되지 않는 것 보다 출판되지 않는 것을 더 싫어한다.

– 〈Harper's Magazine〉 편집장 러셀 라인즈(Russell Lynes 1910~1991)

해설 직역하면 '출판되지 않는 것을 싫어하는 만큼 편집되는 것을 싫어하는 저자는 없다'고 옮겨지지만, 의미가 모호하다. 이 말의 정확한 의미가 무엇인가? 먼저 다음 문장을 보자. Vivian is beautiful as much as Cleopatra is(비비안은 클레오파트라만큼 예쁘다). 이 문장에서 우열을 정확히 따지면, 클레오파트라가 더 예쁘다. 문장 구조상 클레오파트라가 미(美)의 절대적 기준으로 설정되어 있기 때문이다. 이러한 기준에 따라서 옮기면 이렇다. '편집되는 것을 싫어하는 저자는 없다. 저자는 그 이상으로 출판되지 않는 것을 싫어한다.' → '저자는 편집되지 않는 것 보다 출판되지 않는 것을 더 싫어한다.' 결국 '저자는 자기 글을 누군가가 손대는 것을 싫어하지만, 출판되지 않는 것을 더 싫어하기 때문에 편집되는 것을 감수할 수밖에 없다'는 의미다.

주 하퍼스 매거진(Harper's Magazine)은 뉴욕(시)에서 발행(월간)되는 미국에서 가장 유서 깊고 권위 있는 문예시론 잡지이다. 뛰어난 영미 작가들의 글을 가장 앞장서서 발표해 1865년에는 이미 미국에서 가장 성공적인 정기 간행물이 되었다. 다루는 분야는 문학, 정치, 문화, 재정, the arts(모든 예술 분야)이며, 현재 발행 부수(current circulation)는 22만 부 이상이다.

An editor is someone who separates the wheat from the chaff and then prints the chaff.

편집자는 밀과 왕겨를 분리한 다음 왕겨를 인쇄하는 사람이다.

– 1950년대 미국 민주당 지도자 아들라이 스티븐슨(Adlai Stevenson 1900–1965)

주 Bill Adler가 편집한 〈The Stevenson Wit 스티븐슨의 위트〉 (1966)에 있는 말

You write to communicate to the hearts and minds of others what's burning inside you.
And we edit to let the fire show through the smoke.

문필가는 마음 속에 불타고 있는 것을 다른 사람의 가슴과 머리에 전달하기 위하여 글을 쓴다.

편집자는 그 불이 연기를 제치고 나와 독자가 볼 수 있도록 편집한다.

– 편집 · 출판 경험을 겸비한 작가 아서 폴로트닉(Arthur Polotnik)

나폴레옹

출처 : Wikipedia

Publication is the auction of the Mind of Man.

출판이란 인간의 마음을 경매 붙이는 것이다.

– 미국 여류 시인 디킨슨(Emily Elizabeth Dickinson 1830~1886)

The old nobility would have survived
if they had known enough to become masters of printing materials.

옛 귀족들이 인쇄 도구에 대한 충분한 지식이 있었더라면,
그들은 살아 남았을 것이다.

– 프랑스 황제 나폴레옹 보나파르트(Napoleon Bonaparte 1769~1821)

7. 표절에 관한 Clincher(결정적 한마디)

I'd rather be caught holding up a bank than stealing
so much as a two-word phrase from another writer;
- omitted
but when someone has the wit to coin a useful word,
it ought to be acclaimed and broadcast or it will perish.

다른 작가로부터 두 단어로 이루어진 한 구절씩을
표절하느니 차라리 은행을 강탈하다 잡히겠다.
- 중략(中略)
누군가가 재치 있게 유용한 신어를 만들어내면
갈채를 보내며 퍼뜨려야 한다. 그렇지 않으면 사라져 버릴 것이다.

– Jack Smith

It is the little writer rather than the great writer who seems never to quote, and the reason is that he is never really doing anything else.

결코 인용하지 않은 것처럼 보이는 작가는 위대한 작가라기보다는 오히려 시시한 작가다.
그런 작가는 결코 인용하지 않는 것처럼 보이게 하는 일 외에는
실제로 하는 일이 없다는 데 그 이유가 있다.

- 영국 수필가 의사 엘리스(Henry Havelock Ellis 1859~1939)

If you steal from one author, it's plagiarism; if you steal from many, it's research.

하나의 저작으로부터 도둑질하면 표절이지만, 여러 저작으로부터 표절하면 연구다.

- 미국 극작가 미즈너(Wilson Mizner 1876~1933)

Your manuscript is both good and original;
but the part that is good is not original,
and the part that is original is not good.

당신의 원고는 훌륭하기도 하고 독창적이기도 하다.
그러나 훌륭한 부분은 독창적이 아니다.
그리고 독창적인 부분은 훌륭하지 않다.

주 Author Unknown(저자 미상)이다. 영국 문학가 · 사전 편찬가 사무엘 존슨(Samuel Johnson1709~1784)의 말이라고 알려져 있으나 그의 작품 · 편지 어느 곳에서도 찾을 수 없음.

14 언론의 자유 *Freedom of Speech*

1. 〈말씀 = 하나님〉이라고 말한 요한복음 & 〈말씀 = 인간〉이라고 말한 스타인벡

God said, "Let there be light," and there was light.
하나님 가라사대 "빛이 있어라" 하시매, 빛이 있었다.

- 창세기(Genesis) 1장 3절

In the beginning was the Word, and the Word was with God, and the Word was God.
태초에 말씀이 있나니. 그 말씀은 하나님과 더불어 있나이다. 그 말씀이 곧 하나님이니라.

- 요한복음(John) 1장 1절

창세기(Genesis) 1장 3절과 요한복음(John) 1장 1절은 〈말씀 = 하나님〉이며, 하나님은 말씀을 통해 우주의 삼라만상을 창조했으며, 말씀 속에 창조의 능력이 있었다고 말한다. 그러나 미국의 소설가 스타인벡(John Steinbeck 1902~1968)은 1962년 노벨 문학상 수락 연설(Nobel Prize Acceptance Speech)에서 엄청난 내용의 말을 쏟아냈다.

We have usurped many of the powers we once ascribed to God. Fearful and unprepared, we have assumed lordship over the life and death of the whole world of all living things. The danger and the glory and the choice rest finally in man. The test of his perfectibility is at hand. Having taken God-like power, we must seek in ourselves for the responsibility and the wisdom we once prayed some deity might have. Man himself has become our greatest hazard and our only hope. So that today, saint John the Apostle may well be paraphrased: In the end is the word, and the word is man, and the word is with man.

일찍이 하나님께 돌렸던 많은 권능을 우리 인간이 빼앗아 왔다. 두려워하면서 아무런 준비도 없이 우리는 모든 생물계의 사활을 지배하게 되었다. 위험, 영광, 그리고 선택은 드디어 인간에게 달렸다. 인간이 과연 완전한가를 시험할 때가 가까이 다가왔다. 우리는 하나님과 같은 권능을 갖게 되었으니, 이전에는 신이 관장해 주기를 간구했던 책임과 지혜를 이제는 인간 자신에게서 찾아야 한다. 인간 자신이 우리의 가장 커다란 위험이 되었고 또한 우리의 단 하나의 희망이 되었다. 그래서 오늘날 사도 성 요한(John)의 말씀을 이렇게 바꿔 써도 좋을 것이다: 마지막에 말씀이 있나니 그 말씀은 곧 인간이요, 그 말씀은 인간과 더불어 있나이다.

스타인벡은 〈말씀 = 인간〉이라고 말한다. 하나님의 천지창조는 초자연적 현상이지만, 오늘날의 과학은 자연의 문을 이미 열어놓았다. (예1) 배아복제로 줄기세포를 만들 수 있으며, 복제 인간을 만들 수 있는 단계에까지 왔다. (예2) 3,000여 년 전 18세의 젊은 나이에 죽은 이집트 제18왕조 제12대 왕 투탕카멘(Tutankhamen BC 1370~BC 1352)의 미라 발굴이 한창 무르익던 1923년 4월 6일 발굴 책임자가 모기에 물려 죽은 것을 시작으로 발굴에 참여했던 사람들이 하나씩 죽어갔다. 온 세계의 신문은 '파라오의 저주', '투탕카멘으로부터 저주받은 몇 번째 희생자' 따위의 제목을 달아 호들갑스럽게 보도했다. 1933년 21명의 죽음이 모두 자연사였거나 발굴과 관계 없는 우연한 죽음이라는 것이 밝혀졌다. 뿐만 아니라 의학자들은 의혹에 싸였던 투탕카멘의 죽음도 부상으로 인한 죽음이라고 그 사인을 밝혀냈다. (예3) 이미 1969년 7월 20일 아폴로(Apollo) 11호의 우주인 암스트롱(Armstrong), 올드린(Aldrin), 콜린스(Collins)를 태운 달착륙선은 달의 평원에 착륙하였다. 이 공상과학 소설 같은 이야기가 현실이 되어 새로운 신천지가 열린 셈이다. 암스트롱은 That's one small step for a man, one giant leap for mankind(이것은 한 사람으로서는 작은 하나의 발걸음이지만 인류에게는 하나의 큰 도약이다)라고 말했다.

2. 언론 · 출판의 자유(Freedom of Speech and Publication)

말이나 글로 자기의 사상을 발표하는 일을 언론이라 한다. 언론과 출판의 자유란 국민의 언론과 출판을 국가로부터 제한받지 아니하는 자유를 말한다. 넓은 뜻으로는 표현의 자유의 별칭이며, 좁은 뜻으로는 표현의 자유 중 언어와 인쇄를 매체로 하는 것을 가리킨다. 우리나라 헌법 제21조 1항 모든 국민은 언론 · 출판의 자유와 집회 · 결사의 자유를 가진다(All citizens shall employ freedom of speech and the press, and freedom of assembly and association)에서 본 것처럼, 헌법은 언론 · 출판의 자유를 보장하고 있다. 언론 · 출판의 자유는 민주정치의 필수 요소인 사상 표현의 자유다. 언론 · 출판의 자유는 민주정치의 적극적인 구성 원리다. 언론의 자유는 근대 이후 언론 행위에 대한 정부의 통제로부터의 자유를 의미하는 '소극적 언론 자유'에서 시작하여 오늘날은 단순히 정부 간섭의 배제가 아니라 정부가 말할 기회와 수단을 보장해야 한다는 '적극적 언론 자유'의 개념으로 발전했다. 이러한 언론의 자유를 최초로 헌법에 명시한 것은 The First Amendment(미국 수정헌법 제1조(종교와 언론 및 출판의 자유와 집회 및 청원의 권리에 관한 조항))다.

Congress shall make no law respecting an establishment of religion, or prohibiting the free exercise thereof; or abridging the freedom of speech, or of the press; or the right of the people peacefully to assemble, and to petition the government for a redress of grievance.

연방 의회는 종교 설립을 권장하거나 자유로운 신앙 행위를 금지하는 법률을 제정할 수 없다. 또한 언론 출판의 자유나 국민이 평화롭게 집회하고 고충 처리를 위하여 정부에게 청원하는 권리를 제한하는 법률을 제정할 수 없다.

주 미국에는 국교가 없고 교회와 국가는 엄격히 구별되어 있다.

3. Let Truth and Falsehood Grapple(진리와 거짓이 맞붙어 논쟁하게 하라)

강건한 프로테스탄트(protestant)인 영국 시인 밀턴(Milton 1608~1674)은 1643년 6월 14일 영국 의회에서 검열 없는 언론 출판의 자유를 주장하는 연설을 했다. 1644년 11월 25일 이 주창을 책으로 출판했다. 이 책의 제목이 그 유명한 〈아레오파지티카 Areopagitica〉(라틴어로 대법관이란 의미)이다. 출판물에 대한 허가·검열제에 정면으로 도전한 이 문헌으로 그는 언론의 자유를 맨 먼저 주창한 명실상부한 선구자가 되었다. 〈아레오파지티카〉는 자유 언론을 옹호하는 고전적인 전거가 됐다. 내용 일부를 보자.

(1) The temple of Janus with his two controversial faces might now not insignificantly be set open. (2) And though all the winds of doctrine were let loose to play upon the earth, so Truth be in the field, (3) we do injuriously, by licensing and prohibiting, to misdoubt her strength. (4) Let her and Falsehood grapple; (5) who ever knew Truth put to the worse, in a free and open encounter? (6) Her confuting is the best and surest suppressing.

(1) 논쟁을 좋아하는 두 얼굴을 가진 야누스의 신전이 지금 무의미하게 열려 있는 것은 아니다.
(2) 온갖 허튼소리의 주장이 이 땅에서 자유롭게 활개치게 하고, 그리하여 진리가 이에 맞서도록 자유롭게 허용되어야 함에도 불구하고,
(3) 우리는 진리의 힘을 믿지 못하기 때문에 허가하고 금지하는 부정한 짓을 기어이 한다.
(4) 진리와 거짓이 맞붙어 논쟁하게 하라.
(5) 자유롭고 공개적인 대결에서 진리가 진 것을 본 적이 있는가?
(6) 진리가 논박하는 것이 거짓을 억제하는 가장 좋고 확실한 방법이다.

해설 (1) his = Janus(야누스)

(2) though ~ field는 가정법으로 된 양보부사절
wind: 빈말·무의미·허튼 소리
so Truth be in the field: so Truth be let loose to play in the field
in the field: (1) 출정[종군] 중에 (2) 경기에 참가하여 (3) 현지[현장]에

(3) to misdoubt her(= Truth) strength는 이유를 나타내는 to부정사의 부사적 용법

(4) her: Truth(진리)

(5) 수사(修辭) 의문문
put a person to the worse: ~를 지게 하다

(6) Her confusing에서 Her를 Truth로 보면 '진리가 논박하는 것'이란 의미가 되고, Falsehood로 보면 '거짓을 논박하는 것'이 되어 이렇든 저렇든 전체적 의미에는 차이가 없다.
the best and surest suppressing에서 suppressing 다음에 Falsehood가 생략되어 있다.

그는 '사상의 자유로운 공개 시장(free and open market of ideas)'과 '자기 수정의 원리(self-righting principle)'를 제시함으로써 언론 자유의 정당성을 강조했다. 이는 20세기 초에 들어와서 '사상의 자유 시장(free marketplace of ideas)'이라는 원리로 구체화되었다. 그의 자유 시장과 자율 조절의 개념은 오늘날 사상과 표현의 자유를 뒷받침하는 이론적 근거가 되고 있다. 물론 일체의 사상을 자유 공개 시장에 방임할 것인지 아니면 일정한 제한과 규제가 요구되는지는 논란의 여지가 있다. 그러나 언론 자유의 말살이 언론 자유의 허용보다 훨씬 나쁜 결과를 가져왔다는 것은 민주주의가 최선이 아닐지 모르나 독재보다 나은 것과 같으며, 이는 또한 역사적으로 입증된 경험이다.

The sole method of arriving at the truth in the long run is by the free competition of opinion in the open market.

결국 진실에 도달하는 유일한 방법은 공개 토론장에서 의견을 자유롭게 경쟁시키는 방법이다.

- 광범위한 영향을 주었던 미국 역사가 베커(Carl Lotus Becker 1873~1945)

The ultimate good desired is better reached by free trade in ideas - that the best test of truth is the power of the thought to get itself accepted in the competition of the market.

사상을 자유롭게 매매함으로써 우리는 소망스러운 궁극적 선에 보다 잘 도달할 수 있다. 즉, 진실성을 시험하는 가장 좋은 방법은 그 진실성이 시장 경쟁에서 받아들여지게 하는 판단 능력이다.

- 1919년 미국 연방대법원(Supreme Court) 판사 Oliver Wendell Holmes, Jr.(1841~1935)

주 (1) 대시(dash) 앞에 위치한 문장 전체와 that 이하 전체가 동격 관계를 이룸

(2) The ultimate good desired is better reached by free trade in ideas. → We reach better the ultimate good desired by free trade in ideas.

4. Wordsworth는 언론의 자유를 주창한 Milton의 위대함에 찬미

워즈워스

출처 : Wikipedia

MILTON! thou shouldst be living at this hour:
England hath need of thee: she is a fen
Of stagnant waters: altar, sword, and pen,
Fireside, the heroic wealth of hall and bower,
Have forfeited their ancient English dower
Of inward happiness. We are selfish men;
Oh! raise us up, return to us again;
And give us manners, virtue, freedom, power.
Thy soul was like a Star, and dwelt apart:
Thou hadst a voice whose sound was like the sea:

밀턴! 그대는 지금 이 순간에 살아 있었어야 하오.
영국은 그대를 필요로 하오: 영국은 괴어 있는
물의 늪지: 제단(祭壇), 검, 그리고 펜, 난롯가,
장원(莊園)의 저택과 정자(亭子)가 있는 웅대한 부는
행복의 본질인 오래된 영국의 유산을 잃어버렸어요.
우리는 이기적인 사람들이에요.
오! 우리를 일으켜주오, 다시 우리에게 돌아와 주오.
그리고 우리에게 풍습, 미덕, 자유, 권능을 주오.
그대의 영혼은 별처럼 멀리 떨어져 있었고:
그대의 음향은 바다 같은 음향을 지녔어요.

- 워즈워스(William Wordsworth 1770~1850)

워즈워스는 그의 이름 words(말)+worth(가치)처럼, "시는 모든 글 중에서 가장 철학적이며, 강력한 감정의 자연적 유출이다. 시의 목적은 열정으로 진리를 사람들의 가슴속에 생생하게 전달하는 것이다"라고 주장한 영국의 낭만파 시인이다. 그는 실낙원(Paradise Lost)의 작자이며 영

국의 자유의 투사인 밀턴(John Milton 1608~1674)을 흠모해서 그 심정을 시로 남겼다. 그는 그를 별과 바다와 비유하여 그가 이루어 놓은 업적과 그의 위대함을 나타내고 있다. 워즈워스는 왜 밀턴을 이렇게 찬미했는가? 다음과 같은 밀턴의 저술을 보면 알 수 있다.

〈국왕과 관료의 자격조건 The Tenure of Kings and Magistrates〉 (1649년): 권력이란 항상 국민에게 있는 것으로 일시적으로 군주에게 양도된다 하더라도 그것이 오용될 때 국민은 권력을 되찾고 폭군을 양위시키거나 심지어 처형할 수도 있다고 설파한 정치 논설.

〈영국 국민 변호론 Defence of the People of England〉 (1651년)

1652년 그의 나이 43세에 시력을 잃음.

〈교회에서 돈벌이 목사를 축출하는 가장 효과적인 방법에 관한 고찰 Considerations touching the Likeliest Means to Remove Hirelings out of the Church〉 (1659년): 사도(使徒)다운 소박한 삶을 사는 성직자의 이상을 주장한 글.

〈자유공화국을 수립하는 손쉬운 방법 The Ready and Easy Way to Establish a Free Commonwealth〉 (1660년)

1649년 밀턴은 찰스 1세가 처형된 지 2주 후 첫 정치 논설 〈국왕과 관료의 자격 조건〉을 출간한다. 1660년 마지막 정치 논평 〈자유공화국을 수립하는 손쉬운 방법〉을 출판한다. 이것은 엄청 용감한 행위였다. 찰스 2세를 복귀시키려는 움직임이 뚜렷해진 상황이었기 때문이다. 결국 찰스 2세는 1660년 왕위를 되찾는다. 그가 20년의 세월을 바쳤던 공화정의 영광은 왕정복고로 사라지게 된다. 그는 찰스 1세 시해의 옹호자로서 위험에 처하게 된다. 1660년 감금되나 곧 석방된다. 맹인 작가는 더 이상 위험 인물이 아니라는 판단이었다. 실명 속에서 영국 문학의 대표적 대서사시 〈실낙원〉을 썼다. 밀턴은 1640년경부터 베르길리우스의 서사시를 능가할 만한 그리스도교 서사시를 쓸 계획을 가지고 있었으나 청교도 혁명으로 인해 이 계획을 20년 정도 늦출 수밖에 없었던 것이다. 〈실낙원〉의 집필이 완료된 것은 1663년 가을이었다. 1671년 〈투사 삼손 Samson Agonistes〉(원명은 그리스어이며 영어로는 Samson the agonist)가 출판되었다. 눈이 뽑힌 채 방아를 돌리는 노예가 된 삼손이 비탄과 치욕으로부터 벗어나 겸손과 새로운 영적 용기를 가지면서 다시 한 번 신의 선택된 전사가 된다. 그 역시 자유를 잃은 노예처럼 실명한 채 런던에 살다가 1674년 66번째 생일 전에 사망했다.

5. 존 스튜어트 밀의 사상 · 토론의 자유

인간 사회가 궁극적으로 추구해야 하는 것은 개개인의 생존 권리이며 언론과 표현의 자유 역시 이를 보호하기 위한 문명 사회의 수단이다. 인간이 인간을 침묵시키는 권리는 있을 수 없다. 영국의 존 스튜어트 밀(John Stuart Mill: 1806~1873년)은 경제학자였지만 정치학 관련 저서들도 출판하였다. 1859년에 〈자유론 On Liberty〉, 〈의회 개혁에 관한 구상 Thoughts on Parliamentary Reform〉, 1861년에 〈대의제 정부 형태에 대한 고찰 Considerations on Representative Government〉이 출판되었다. 그는 〈자유론〉의 '제2장: 사상과 토론의 자유(Chapter Ⅱ: Of The Liberty Of Thought And Discussion)'에서 다음과 같은 불멸의 말을 했다.

If all mankind minus one were of one opinion,
and only one person were of the contrary opinion,
mankind would be no more justified in silencing that one person,
than he, if he had the power, would be justified in silencing mankind.

한 사람을 뺀 모든 인류가 같은 의견이고,

단 한 사람이 반대 의견을 갖고 있다 할지라도,

인류가 그 한 사람을 침묵시키는 것이 정당화되지 않는다.

그것은 그가 힘을 갖고 있다 할지라도, 인류를 침묵시키는 것이 정당화되지 않는 것과 마찬가지이다.

작문 경제 법칙을 피할 수 없는 것은 만유인력을 피할 수 없는 것과 같다.
Economic laws can no more be evaded than gravitation can be evaded. (o)
Economic laws can no more be evaded than gravitation cannot be evaded. (x)

해설 (1) 주절에 dubious fact(모호한 사실)를 종속절(than 이하)에 obvious fact(명백한 사실)를 기술해야 한다. 〈클레오파트라는 우리 마을의 영자처럼 미인이다〉는 어색하지 않은가?

(2) 종속절(than 이하)을 [긍정]으로 해야 한다. 기준이 되는 서술은 긍정으로 하기 때문이다.
우리말도 마찬가지다. 그는 그의 아버지처럼 미남이다. (양자 긍정)
그는 그의 아버지처럼 미남이 아니다. (양자 부정)

6. 연설 원고를 빼앗아버린 옐친과 연설 기회를 준 브루투스

옐친(Boris Yeltsin 1931~2007)은 1981년 소련 공산당 중앙위원이 되었다. 1985년 고르바초프가 소련 공산당 서기장이 되면서 옐친은 그에 의하여 당 정치(政治)국 후보위원으로 발탁, 일약 중앙 정계로 부상하였다. 급진적 개혁 논리를 주창하면서 개혁에 필요한 사회적 분위기 조성에 주도적 역할을 하여 대중의 절대적 지지를 획득하였다. 의회 내에서 공산당 권력 독점의 폐기를 주장하는 야당 세력을 이끌어 오다가, 1990년 5월 러시아 공화국 대통령에 당선됨으로써 '체제 속의 야당'에서 권력의 핵심에 서게 되었다.

1991년 8월 19일 보수 강경파에 의한 쿠데타가 발생하자 즉각 반(反)쿠데타 세력의 선봉에 서서 소련 국민에게 저항할 것을 호소하며 총파업을 촉구, 60시간 만에 쿠데타를 실패로 끝나게 하는 데 결정적 역할을 하였다. 그 후 고르바초프의 권력은 급속히 약해졌다. 이즈음 TV에 방영된 역사적인 장면 하나를 전 세계인은 목도했다. 고르바초프는 원고를 보면서 연설하고 있었다. 옐친이 연단으로 걸어가더니 원고를 빼앗아버린 것이다. 이로써 1922년 스탈린에 의하여 강제 구성되어 69년 동안 지속되어 왔던 '소비에트 사회주의 공화국연방'이 역사의 뒤안길로 사라졌다.

Four hostile newspapers are more to be feared than a thousand bayonets.
4개의 적대적인 신문은 1,000개의 총검보다도 더 두렵다.

- 나폴레옹

주 〈만일 언론에 자유를 준다면 내 권력은 사흘을 못 갈 것이다〉도 나폴레옹의 말로 자주 인용되지만 필자는 이 말에 대한 확실한 전거를 찾지 못했다.

■ 브루투스(Brutus)와 안토니(Antony)

Shakespeare의 작품 〈Julius Caesar〉는 정치 세계에서의 이상주의자의 비극을 잘 묘사하고 있다. 공화정치를 지지하는 이상주의자 브루투스 일당이 음모를 꾸며 시저를 죽인다. 시저의 죽음에 대해 로마 시민들은 어떤 자세를 취해야 할지 갈팡질팡한다. 브루투스는 로마 시민들에게 살해의 정당성을 역설한다. 시민들은 브루투스를 환호한다. 성품이 너그러운 브루투스는 안토니의 안전을 보호해줄 뿐만 아니라 안토니가 시저에 대해 연설하는 것을 허용한다. 브루투스는 인격이 고매하다고 일정한 간격을 두고 반복적으로 말한다. 이것은 안토니가 브루투스 일당의 감정을 자극하지 않기 위한 가장된 겸손이었다. 안토니의 연설을 들은 시민들은 시저가 야심가라는 브루투스의 말에 의문을 갖게 된다. 시민들은 이 선동적인 안토니의 웅변에 감동되어 동요하기 시작한다. 결국 브루투스 일당을 축출하게 된다. 브루투스는 역전패당하고 만다. 연설 기회를 준 것은 지나친 이상주의에서 비롯된 무모한 짓이었다.

■ 3막(Act) 2장(Scene)에 나오는 브루투스가 forum(공공 광장)에서 행한 유명한 연설

브루투스

출처 : Wikipedia

• Brutus(브루투스)

Be patient till the last.
Romans, countrymen, and lovers!
Hear me for my cause, and be silent that you may hear.
Believe me for mine honor, and have respect to mine honor that you may believe.
Censure me in your wisdom, and awake your senses that you may the better judge.

끝까지 진정해 주시오.
로마인이여, 동포여, 사랑하는 친구들이여!
내가 자초지종을 밝히겠습니다. 그러니 조용히 하시고 내 말씀을 들어주시오.
나를 믿어주시오. 명예를 걸고 말합니다. 내 명예를 존중해 주시고 내 말씀을 믿어주시오.
현명하게 저를 판단해 주시오. 분별력을 갖고 더 현명한 판단을 해주시오.

해설 **mine**: (고어 · 문어) 「모음 또는 h로 시작되는 낱말 앞에서」 나의(my) :
mine eyes: (나의 눈)
mine heart: 내 마음 (나의 그리운 사람)

If there be any in this assembly, any dear friend of Caesar's,
to him I say that Brutus' love to Caesar was no less than his. (1)
If then that friend demand why Brutus rose against Caesar,
this is my answer: not that I loved Caesar less, but that I loved Rome more.
Had you rather Caesar were living, and die all slaves, than that Caesar were dead,
to live all free men? (2)

만약 여기 모인 분들 가운데 시저와 절친한 친구가 있다면,
나는 그분에게 말하겠소. 시저에 대한 브루투스의 사랑은 그분과 마찬가지라고.
만약 그분이 왜 브루투스가 시저에게 역모를 했느냐고 묻는다면,
나는 이렇게 대답하겠소. 시저를 덜 사랑해서가 아니라 로마를 더 사랑했기 때문이라고.
시저가 죽고 모두가 자유롭게 살기보다 시저가 살고 모두가 노예로 살기를 원합니까?

해설 (1) Brutus' love to Caesar was no less than his. = Brutus' love to Caesar was as much his.
(2) **original text:** Had you rather Caesar were living, and die all slaves, than that Caesar were dead, to live all free men?
modern text: Would you rather that Caesar were living and we would all go to our graves as slaves, or that Caesar were dead and we all lived as free men?

As Caesar loved me, I weep for him;
as he was fortunate, I rejoice at it;
as he was valiant, I honour him: but,
as he was ambitious, I slew him.

시저가 나를 사랑했기에 나는 그의 죽음을 애도합니다.
시저가 행운아였기에 나는 그것을 기뻐합니다.
시저가 용감했기에 나는 그를 존경합니다. 그러나
시저가 야심가였기에 나는 그를 죽였습니다.

There is tears for his love;
joy for his fortune;
honour for his valor;
and death for his ambition.

그의 사랑에 눈물을 흘리고,
그의 행운을 기뻐하고,
그의 용맹을 존경하지만,
그의 야심에는 죽음을 가져다 준 것입니다.

Who is here so base that would be a bondman?
If any, speak; for him have I offended.
Who is here so rude that would not be a Roman?
If any, speak; for him have I offended.
Who is so vile that will not love his country?
If any, speak; for him have I offended.
I pause for a reply.

여기에 누가 노예가 될 만큼 비천한 사람이 있습니까?

있다면 말해 보시오. 있다면 나는 그에게 잘못을 저질렀소이다.

여기에 누가 로마인이 되기를 원하지 않을 만큼 야만적인 사람이 있습니까?

있다면 말해 보시오. 있다면 나는 그에게 잘못을 저질렀소이다.

여기에 누가 자기 나라를 사랑하지 않을 만큼 야비한 사람이 있습니까?

있다면 말해 보시오. 있다면 나는 그에게 잘못을 저질렀소이다.

잠시 멈추고 대답을 기다리겠소.

해설 〈modern text〉

Who here is so low that he wants to be a slave?
If there are any, speak, for it is he whom I've offended.
Who here is so barbarous that he doesn't want to be a Roman?
If there are any, speak, for it is he whom I've offended.
Who here is so vile that he doesn't love his country?
If there are any, speak, for it is he whom I have offended.
I will pause for a reply.

- Roman Citizens(로마 시민들)

None, Brutus, none.

한 사람도 없어요, 브루투스, 한 사람도 없어요.

- Brutus(브루투스)

Then none have I offended.
I have done no more to Caesar than you shall do to Brutus.
The question of his death is enrolled in the Capitol.
His glory not extenuated wherein he was worthy,
nor his offenses enforced for which he suffered death.

그렇다면 나는 어느 누구에게도 잘못을 저지르지 않았어요.

내가 시저에게 한 것과 마찬가지로 여러분이 브루투스에게도 할 수 있을 것이오.

시저를 죽인 전말은 원로원에 기록되어 있소.

그가 획득한 영광이 과소평가되지도 않았으며,

그의 죽음을 가져온 과오가 과장되지도 않았소.

해설 〈modern text〉

Then I have offended no one.
I've done no more to Caesar than you will do to me.
The reasons for his death are recorded in the Capitol.
His glory which he earned has not been diminished,
nor have those offenses for which he was killed been exaggerated.

- Roman Citizen 1 shrieks as Antony enters carrying Caesar's body

안토니가 시저의 시체와 함께 등장하자 로마 시민 1이 비명을 지른다

- Brutus(브루투스)

Here comes his body mourned by Mark Antony,
who, though he had no hand in his death,
shall receive the benefit of his dying, a place in the commonwealth;

as which of you shall not?

시저의 시체가 옵니다. 마크 안토니가 애도를 표합니다.

안토니는 시저의 살해에 가담은 안 했지만,

시저의 죽음의 혜택을 받아 공화국의 국정에 참여하게 될 것이오.

여러분 모두처럼 말입니다.

해설 as which of you shall not? = as you all will.
(수사(修辭) 의문문)

수사의문문(Rhetoric Question)을 반어(反語)의문문이라고도 한다. Do you know it?(그것을 아느냐?)은 물음에 모른다고 답해야 할 때, 평범하게 No, I don't(아니, 모른다)라고 하는 것보다 How should I know it?(내가 그걸 어떻게 아나?)라고 말하면 '그것을 배우지도 않았는데(듣지도 않았는데)'라는 의미가 함축되어 있어 보다 강력하게 부인하는 효과를 가져온다. '야, 정말 배고픈데'를 영어로 표현할 경우 I'm very hungry라고 해도 의미는 통한다. 그러나 원어민은 Boy! Am I hungry?([?] 대신 [!]를 붙이기도 한다)를 즐겨 사용한다. 위 문장에서처럼 주어 + 동사 어순이 뒤바뀐 형태 앞에 'Boy', 'Oh', 'Oh, boy'가 선행할 때 열이면 열 수사의문문으로 간주한다. 여기서 boy는 유쾌함과 놀람 또는 실망과 지루함을 나타내는 감탄사(interjection)로 우리말의 '야', '이런', '참', '물론' 등에 해당한다.

With this I depart ?
that, as I slew Caesar for the good of Rome,
I have the same dagger for myself,
when it shall please my country to need my death.

한마디만 더하고 물러가겠소.

내가 로마의 영광을 위하여 시저를 죽인 것처럼,

나는 시저를 찌른 그 칼로 나를 찌르겠소.

나의 조국이 나의 죽음을 필요로 한다면 말이오.

해설 when it shall please my country to need my death = when my country requires my death
(it: 형식주어) (to need my: 실질주어)

• 로마 시민 몇몇이 'Live, Brutus! live, live!(만세, 브루투스! 만세, 만세!)'

'Bring him with triumph home unto his house(승리를 축하하며 브루투스를 댁까지 모셔요)', 'Let him be Caesar(브루투스를 황제로 추대합시다)'라고 외치면서 군중을 선동한다.

• Brutus · 브루투스

Good countrymen, let me depart alone,
And, for my sake, stay here with Antony.
Do grace to Caesar's corpse and grace his speech tending to Caesar's glories,
which Mark Antony by our permission is allowed to make.
I do entreat you, not a man depart, save I alone, till Antony has spoke.

사랑하는 동포 여러분, 나를 혼자 물러가게 해주시오.

나를 위한다면 여러분은 안토니와 함께 여기 머물러주시오.

시저의 유해에 조의를 표하고 시저의 위업을 찬양하는 안토니의 연설을 빛내주시오.
안토니는 추도사를 할 수 있도록 우리의 허락을 받았소.
간청하오. 나 외에는 한 사람도 빠짐없이 안토니의 말이 끝날 때까지 떠나지 말아주시오.

- 브루투스의 연설에 이어 안토니가 행한 유명한 연설

안토니

출처 : Wikipedia

Friends, Romans, countrymen, lend me your ears;
I come to bury Caesar, not to praise him.
The evil that men do lives after them;
The good is often interred with their bones;
So let it be with Caesar. The noble Brutus
Has told you Caesar was ambitious:

친구 여러분, 로마 시민 여러분, 동포 여러분, 제 말씀을 들어주십시오;
저는 시저를 장사 지내기 위해 온 것이지, 칭찬하기 위해 온 것이 아닙니다.
사람이 행한 악한 일은 죽은 뒤까지도 남지만;
선한 일은 뼈와 함께 땅에 묻히는 것이 예사입니다;
시저의 경우도 그렇습니다. 인격이 고매한 브루투스는
시저가 야심가라고 말했습니다.

해설 극적 효과를 극대화시키기 위해서 I come to bury Caesar, not to praise him(저는 시저를 장사 지내기 위해 온 것이지, 칭찬하기 위해 온 것이 아닙니다)에서 현재형 come을 사용하고 있다. 이것을 '극적(劇的) 현재(Dramatic Present)'라 한다.

If it were so, it was a grievous fault,
And grievously has Caesar answered it.
Here, under leave of Brutus and the rest ~
For Brutus is an honourable man;
So are they all, all honourable men ~

만약 그것이 정말로 사실이라면, 그것은 중대한 과실입니다,
그래서 시저는 이에 대한 벌을 받았습니다.
이에, 브루투스와 그 밖의 사람들의 허락을 받아 ~
브루투스는 훌륭한 분이기 때문입니다;
그 밖의 모든 분들이 훌륭한 분들이기 때문입니다 ~

Come I to speak in Caesar's funeral.
He was my friend, faithful and just to me:
But Brutus says he was ambitious;
And Brutus is an honourable man.

시저의 장례식에 애도의 말씀을 드리기 위하여 왔습니다.
시저는 저의 친구였습니다. 저에게 충실하고 공정하였습니다.
그러나 브루투스는 그가 야심가라고 말했습니다.
그런데 브루투스는 훌륭한 분입니다.

He has brought many captives home to Rome
Whose ransoms did the general coffers fill:
Did this in Caesar seem ambitious?
When that the poor have cried, Caesar hath wept:
Ambition should be made of sterner stuff:

시저는 수많은 포로들을 고국 로마로 끌고 와서,
그들이 바치는 몸값은 모든 국고를 가득 차게 했습니다.
이래도 시저가 야심적으로 보였습니까?
가난한 사람들이 울 때, 시저도 울었습니다.
야심이란 이런 것이 아니라 보다 가혹한 것이어야 하는 것 아닙니까:

Yet Brutus says he was ambitious;
And Brutus is an honourable man.
You all did see that on the Lupercal
I thrice presented him a kingly crown,
Which he did thrice refuse: was this ambition?

그러나 브루투스는 시저가 야심이 있었다고 말하고 있습니다.
그런데 브루투스는 훌륭한 분입니다.
여러분 모두가 루퍼칼(Lupercal) 축제 때 보셨습니다.
제가 세 번이나 시저에게 왕관을 받쳤으나,
그가 세 번이나 거절했습니다: 그것이 야심이었습니까?

해설 루퍼칼(Lupercal) 축제는 루퍼칼리아(Lupercalia) 축제를 말한다. The Lupercalia festival(The Wolf Festival) was in honor of Lupa, the she-wolf who suckled the infant orphans, Romulus and Remus, the founders of Rome. The festival was celebrated near the cave of Lupercal on the Palatine Hill where Rome was founded, on February 13 through February 15 to avert evil spirits and purify the city, releasing health and fertility(루퍼칼 축제는 루파(Lupa: 고대 로마의 건국자인 버려진 유아 로물루스와 로무스에게 젖을 먹인 암컷 늑대)를 기리기 위한 축제다. 이 축제는 로마 건국 장소인 팔라틴 언덕의 루퍼칼 동굴 부근에서 경축된다. 2월 13일부터 15일까지 악령을 쫓고 도시를 정화시켜 건강과 다산을 빌었다).

Yet Brutus says he was ambitious;
And, sure, he is an honourable man.
I speak not to disprove what Brutus spoke,
But here I am to speak what I do know.
You all did love him once, not without cause:

그러나 브루투스는 그가 야심을 품고 있었다고 말합니다.
그러나 브루투스는 분명히 훌륭한 분입니다.
저는 브루투스의 말씀에 논박하는 것은 아닙니다,
다만 제가 확실히 알고 있는 바를 말씀 드리기 위하여 여기에 왔습니다.
여러분은 모두 한때 시저를 사랑했습니다, 이유가 없지도 않습니다.

What cause withholds you then, to mourn for him?
O judgment! thou art fled to brutish beasts,
And men have lost their reason. Bear with me;
My heart is in the coffin there with Caesar,
And I must pause till it come back to me.

그렇다면 이제 시저를 애도하는 일을 망설이는 이유가 무엇입니까?
오! 분별력이여! 여러분들의 분별력은 이미 짐승에게로 도망쳐버렸습니다,
인간은 판별력을 잃어버렸습니다. 용서하십시오.
저의 마음은 시저와 함께 거기 관에 들어가 있습니다,
그리고 저의 정신이 저에게로 돌아올 때까지 말을 할 수가 없습니다.

15 침묵의 자유 *Freedom of Silence*

1. Sound of Silence(침묵의 소리)

레오네(Sergio Leone) 감독의 갱 영화(gangster film) 〈Once Upon A Time In America〉(1984)에서의 잊을 수 없는 장면. 로버트 드니로(Robert DeNiro: 누들스 역)가 장기간의 옥살이를 하고 나와 두목 제임스 우즈(James Woods: 맥스 역)를 만난다. 그는 어느새 황제로 변해 있었다. 권위주의자로 변한 우즈를 역겨워한 드니로는 단 한마디의 말대꾸도 없이 커피 잔에 스푼을 돌린다. 침묵이 흘렀다. 또 침묵이 흘렀다. 침묵 속에서 스푼이 찻잔에 부딪힐 때 나는 금속성 소리만이 여러 차례 관객의 귀를 송곳으로 찌르듯 쑤셨다. 그리고 또 침묵이 흘렀다. 소름끼칠 정도의 공포가 엄습했다. 대단한 연출 솜씨였다. 70년대 · 80년대 군사독재 정권은 국민에게 침묵을 강요했다. 우리는 이 시대를 '암울했던 시절'이라고 말한다. 이때의 시대 상황과 맞물려 크게 유행한 노래가 사이먼 앤드 가펑클(Simon & Garfunkel)의 〈침묵의 소리 The Sounds of Silence 혹은 The Sound of Silence〉다. 이들의 미성과 화음은 어두운 뉘앙스를 풍기는 시적인 노랫말과 어우러져 전설이 됐다. 한국에서는 침묵이 깊어질수록 그 반동 역학이 강해져 마침내 1987년 6월 민주 항쟁이 일어났다. 2006년 KBS 라이브 음악 프로그램인 '콘서트 7080'에서 사회자 배철수 씨가 재미있는 얘기를 했다. "학창 시절 소풍을 갔는데 노래 자랑이 벌어졌고, 한 학생이 나와서 약 30초간 가만히 있었다. 사회자가 '왜 노래 부르지 않느냐?'고 묻자 그 학생은 '〈침묵의 소리〉를 노래했다'고 대답해서 이 학생은 인기상을 받았다."

"The Sounds of Silence" or "The Sound of Silence" was written on February 19, 1964 by Paul Simon in the aftermath of the assassination of President John F. Kennedy on November 22, 1963. Simon conceived of the song as a way of capturing the emotional trauma felt by many Americans. The song was originally called "The Sounds of Silence," and is titled that way on the early albums. In later compilations, it was retitled "The Sound of Silence." Both the singular and the plural form of the word appear in the lyrics. The song was used in the film The Graduate, played during the opening credits and the closing footage.

The Sounds of Silence(혹은 The Sound of Silence)는 1963년 11월 22일 존 F. 케네디 대통령 암살에 영향을 받아 폴 사이먼(Paul Simon)이 1964년 2월 19일 만들었다. 사이먼은 많은 미국 사람이 느낀 마음의 상처를 어루만지기 위한 치유책의 하나로 이 노래를 생각해 냈다. 이 노래는 원래 The Sounds of Silence로 불렸으며 초기 앨범에 그렇게 이름 붙여졌다. 나중 편집 과정에서 The Sound of Silence로 제목이 바뀌졌다. 가사에는 단수형과 복수형 둘 다 나온다. 이 노래는 〈졸업 The Graduate〉이라는 영화에 사용되어 개시 인물 자막(opening credit)과 종영 장면(closing footage)에 연주되었다.

해설 opening credit(개시(開始) 인물 자막): 영화의 앞 부분에 제시되는 인물 자막. credit이란 '신용'을 말하지만 여기에서는 '인물'이란 의미로 사용된다. '신용'이라는 말이 곧 '이름'이라는 의미 아닌가? deal on credit(이름을 걸고 거래하다 → 외상 거래하다 → 신용 거래하다). He already has ten published books to his credit(그는 자기 이름이 붙는 책을 이미 10권이나 출판하고 있다).

■ 노랫말

And in the naked light I saw ten thousand people, maybe more.
People talking without speaking.
People hearing without listening.
People writing songs that voices never share.
And no one dared disturb the sound of silence.

환히 비추는 불빛 속에서 나는 수많은 사람을 보았지.
마음에 없는 말을 하는 사람들을.
귀 기울이지 않고 듣는 척하는 사람들을.
아무도 따라 부르지 않는 노래를 쓰는 사람들을.
아무도 감히 침묵의 소리를 깨뜨리지 못하였네.

"Fools" said I, "You do not know silence like a cancer grows.
Hear my words that I might teach you.
Take my arms that I might reach you."
But my words like silent raindrops fell,
And echoed in the wells of silence.

나는 "바보들, 암처럼 침묵이 자라고 있음을 당신들은 알지 못하는군요.
당신들을 깨우치는 내 말을 들으세요.
당신들에게 내미는 내 손을 잡으세요"라고 말했지.
하지만 이러한 나의 말은 소리 없는 빗방울처럼 떨어져,
침묵의 샘에서 메아리쳤지.

The Sound of Silence(침묵의 소리)는 제목부터 모순어법이다. 노랫말 군데군데에도 모순어법이 드러난다. 이 밖에 잘 알려진 침묵에 관련된 모순어법을 보자.

Cum tacent, clamant.	(Latin epigram 라틴 경구)
When they are silent, they shout.	(English equivalent 같은 의미의 영어)
그들은 침묵함으로써 항의한다.	(Korean equivalent 같은 의미의 국어)

- 로마 웅변가 · 정치가 · 철학자 키케로(Marcus Tullius Cicero 106 BC~43 BC)

thunderous silence 천둥과 같은 침묵
silent demonstration 침묵 시위
Silence is gold, speech is silver. 침묵은 금이요, 웅변은 은이다.

■ 모순어법을 동원한 스탠자(stanza 연 聯)가 있는 팝송 〈I believe I can fly〉

I believe I can fly.
See I was on the verge of breaking down.
Sometimes silence can seem so loud.

There are miracles in life I must achieve.
But first I know it starts inside of me.

나는 내가 날 수 있다는 걸 믿어요.

내가 막 망가지려고 했던 순간을 보세요.

때로는 침묵이 너무 큰 소리로 느껴지기도 해요.

인생에는 내가 꼭 이루어야만 하는 기적들이 있어요.

그러나 먼저 알고 있어요. 그것이 내 안에서 시작된다는 걸.

2. Right of Silence(묵비권)

묵비권 (默秘權) ┌ the right of silence
├ the right to keep silent
└ the right to remain silent

말할 권리(the right to speak)가 있는가 하면 말하지 않을 권리(the right not to speak)도 있다. 사법제도는 이른바 '묵비권'을 인정한다. 형사 피의자(defendant)가 부당한 심문을 당하는 것을 막고 경찰관의 위법 증거 수집 배제를 위해서다. 수많은 인권 침해에 대한 논란의 결과다. 범죄자가 공권력의 집행보다 절차적 정당성이 더 중요하다는 원칙을 대변하는 역설적 상징이 되었다. 수틀리면 말하지 않겠다는 묵비는 범죄 사실을 숨기는 방편으로 악용되기도 한다. 거짓은 단숨에 들통난다는 사실을 알면서도 거짓말의 유혹에서 벗어나지 못한다. 거짓을 일삼는 것보다 오히려 침묵이 더 낫지 않은가? 정직하게 말하자! 아니면 차라리 입을 닫자!

시간이 없다고 이 고지를 생략했다가는 절차상의 하자로 무죄로 판명되는 경우가 많다. 영화 〈로보캅 Robocop〉(1987)에서 로봇 경찰관인 머피(Murphy)가 범인을 박살내면서 "You have the right to remain silent and … Do you understand?(당신은 묵비권을 행사할 수 있으며 … 아시겠지요?)"하고 고지하는 장면이 나온다. 명칭이 여러 가지다. Miranda Warnings(미란다 고지), Miranda Rights(미란다 권리), Miranda Rules(미란다 규정) 등. 이를 말하지 않고 얻은 심문 진술은 증거 능력이 없다. 이 권리의 고지 내용은 다음과 같다.

You have the right to remain silent and refuse to answer questions. Do you understand?

질문에 대해서 묵비권을 행사할 권리와 답변을 거부할 권리가 있습니다. 아시겠지요?

Anything you do say may be used against you in a court of law. Do you understand?

진술하는 것은 법정에서 당신에게 불리한 증언으로 쓰일 수 있습니다. 아시겠지요?

You have the right to consult an attorney before speaking to the police and to have an attorney present during questioning now or in the future. Do you understand?

경찰에서 진술하기 전에 변호사를 선임할 수 있으며, 지금이나 향후 심문하는 과정에서 변호사를 참석시킬 수 있습니다. 아시겠지요?

If you cannot afford an attorney, one will be appointed for you before any questioning if you wish. Do you understand?
변호사를 고용할 능력이 없을 경우 원한다면 국선 변호사를 선임받을 수 있습니다. 아시겠지요?

If you decide to answer questions now without an attorney present you will still have the right to stop answering at any time until you talk to an attorney. Do you understand?
변호사 없이 지금 심문에 응한다 할지라도, 변호사가 도착할 때까지는 언제라도 답변을 중단할 권리가 있습니다. 아시겠지요?

Knowing and understanding your rights as I have explained them to you, are you willing to answer my questions without an attorney present?
당신의 권리에 대해 충분히 설명을 드렸는데, 변호사가 없는 상태에서 지금 심문에 응하시겠습니까?

묵비권을 행사하고 싶으면 I'll take[plead] the Fifth라고 말하면 된다. the Fifth는 The Fifth Amendment(미국 수정헌법 제5조: 자기에게 불리한 증언을 거부할 수 있다고 명시한 조항)를 말한다. 변호인 선임을 원할 때는 I want a lawyer라고 하거나 Speak to my lawyer라고 하면 된다. 우리나라 헌법 제12조 2항에는 '모든 국민은 고문을 받지 아니하며, 형사상 자기에게 불리한 진술을 강요당하지 아니한다'고 명시되어 있다. 따라서 우리나라 경찰과 검찰도 피의자를 체포·연행할 때 필수적으로 진술 거부권과 변호인 선임 권리가 있음을 고지한다. 미란다(Miranda)는 사람 이름이다. 1963년 3월 미국 애리조나 주에서 납치 강간 혐의로 체포된 22세의 미란다라는 청년은 2시간 동안 수사를 받은 뒤 범죄를 자백했다. 피해자도 그를 범인으로 지적해 1심에서 유죄 판결을 받았다. 그는 연방대법원에 청원했고 연방대법원은 1966년 6월 13일 5대 4의 표결로 그에게 무죄를 선고했다. 항소 과정에서 경찰이 Miranda에게 헌법으로 보장받은 권리를 알려주지 않았다는 것이 문제가 됐던 것이다. 연방대법원의 판결 이후 그는 재심에 회부돼 유죄 선고를 받고 11년간 복역했다. 출소 후 미란다 원칙을 적은 카드에 자필 서명을 해서 1.5달러에 팔기도 했던 그는 싸움에 휘말려 목숨을 잃었다. 그를 살해한 용의자도 체포될 때 예외 없이 미란다 원칙을 고지받았다.

It is better to remain silent and be thought foolish than to open your mouth and remove all doubt.
입을 열어 모든 의심에서 벗어나기보다는 침묵을 지켜 바보로 보이는 것이 더 낫다.

– household word(일상 쓰는 말)

3. Talk Least!(말을 삼가라!)

言出如箭 不可輕發 一入人耳 有力難拔(언출여전 불가경발 일입인이 유력난발)
말의 화살을 가벼이 던지지 말라. 한번 사람 귀에 박히면 힘이 있어도 빼낼 수 없다.

– 대한불교조계종 종정(宗正) 월하(月下) 스님(1915~2003)

Silence is sometimes the severest criticism.
때로는 침묵이 가장 호된 비판이다.

– 영국 작가 · 자선가(philanthropist) · 하원의원 Charles Buxton(1823~1871)

Vote for the man who promises least; he'll be the least disappointing.
공약을 가장 적게 말하는 사람을 뽑아야 한다, 왜냐하면 실망을 가장 적게 시킬 것이기 때문에.

– 미국 재정가 · 주식 투자가 · 정치가 · 대통령 고문 바루크(Bernard M. Baruch 1870~1965)

■ household word(일상 쓰는 말 · 잘 알려진 속담)

The wise man has long ears and a short tongue.
현자는 귀가 길고 혀가 짧다(현자는 남의 말을 잘 듣고, 말을 적게 한다).

– 독일 속담

입을 열면 침묵보다 뛰어난 것을 말하라. 그렇지 않으면 가만히 있는 편이 낫다.

– 독일 속담

A tattler is worse than a thief.
Two eyes, two ears, only one mouth.
An ox is taken by the horns, and a man by the tongue.
A fool babbles continuously; a wise man holds his tongue
말이 많은 자는 도둑보다 나쁘다.
많이 보고 많이 듣되, 말은 적게 하라.
황소는 뿔로 잡히고, 사람은 혀(말)로 잡힌다.
바보는 계속 재잘대고, 현명한 사람은 입을 묶어둔다.

It is with a word as with an arrow; once let it loose and it does not return.
말은 화살과 같다; 화살이 일단 시위를 떠나면 돌아오지 않는다.

Four things come not back:
the spoken word, the sped arrow, the past life and the neglected opportunity.
돌아오지 않는 네 가지 것: 내뱉은 말, 쏜 화살, 지나간 삶, 놓쳐버린 기회.
남의 입에서 나오는 말보다도 자기의 입에서 나오는 말을 잘 들어라.
말은 당신의 입 안에 들어 있는 한 당신의 노예이지만, 입 밖에 나오면 당신의 주인이 된다.
자기의 말은 자기가 건너는 다리라고 생각하라. 단단한 다리가 아니면 건너지 않을 테니까.

– 유태인 속담

참새와 뱁새는 하루 종일 재잘거리지만, 호랑이와 사자는 침묵을 지키다가 가끔 포효한다. 벽난로 속의 불은 주변을 훈훈하게 하지만, 벽난로 밖의 불은 한 개비의 성냥불이라 할지라도 집 전체를 태울 수도 있고, 생명체를 죽일 수도 있다. 대책 없이 마구 흘러내리는 물은 온 세상을 삼켜버리지만, 댐 속의 물은 홍수를 막아주고, 적절하게 방출된 물은 동력을 생산한다. 듣기는 가리지 말아야 하며, 말하기는 가려야 한다. 말하고 싶지만 말해서는 안 될 말과 말하기 싫지만 꼭 해야 할 말을 구별할 줄 아는 슬기가 있어야 한다.

동양의 가르침

He who speaks does not know, he who knows does not speak.

知者不言 言者不知(지자불언 언자부지) 아는 자는 말이 없고, 말하는 자는 알지 못한다.

– 노자(老子)의 〈도덕경 道德經〉에서

多言數窮 不如守中(다언삭궁 불여수중)

말이 많으면 궁지에 빠지는 일이 많으니, 마음 속에 간직해두고 말하지 아니 하는 것만 못하다.

주 數: (1) 셈 수 (2) 자주 삭

말할 만한데도 말하지 않으면 사람을 잃는 것이요,
말할 만하지 않은데도 말하면 말을 잃는 것이다.

– 공자의 〈논어 論語〉에서

病從口入 禍從口出(병종구입 화종구출)

병은 입으로 들어오고 화는 입에서 나온다.

– 진나라 정치 사상가 부현(傅玄)의 구명(口銘: 입을 위한 좌우명)에서

주 중국 공산당 기관지 인민(人民)일보 인터넷 판이 2007년 7월 5일 '세계 각국 지도자의 실언과 망언'을 모아 국제면 '종론천하(縱論天下)'라는 코너에 실었다. 각국 지도자 15명 중에 맨 첫머리를 장식한 사람은 대한민국 노무현 대통령이었다. 다음으로 자크 시라크 전 프랑스 대통령, 조지 W. 부시 미국 대통령 등으로 이어진다.

성경의 가르침

When words are many, sin is not absent, but he who holds his tongue is wise.

말이 많으면 허물을 면키 어려우나, 그 입술을 제어하는 자는 지혜가 있느니라.

– 잠언(箴言 Proverbs) 10장 19절

Through the blessing of the upright a city is exalted, but by the mouth of the wicked it is destroyed. A man who lacks judgement derides his neighbor,
but a man of understanding hold his tongue.
A gossip betrays a confidence, but a trustworthy man keeps a secret.

선한 자의 축원으로 동네의 품위가 올라가나, 악한 자의 험담으로 동네가 품위가 무너지느니라.
지혜 없는 자는 이웃을 멸시하나 지혜 있는 자는 침묵을 지키느니라.
말 많은 자는 비밀을 누설하고 말 없는 자는 비밀을 지키느니라.

– 잠언(箴言 Proverbs) 11장 11절~13절

Reckless words pierce like a sword, but the tongue of the wise brings healing.
Truthful lips endure forever, but a lying tongue lasts only a moment.

분별없이 말하는 것은 칼로 찌르는 것 같으나, 지혜롭게 말하는 것은 상처를 치유케 하느니.
진실한 말은 영원히 지속되지만, 거짓은 눈 깜짝할 순간일 뿐이다.

– 잠언(箴言 Proverbs) 12장 18절~19절

A man of knowledge uses words with restraint,
and a man of understanding is even-tempered.
Even a fool is thought wise if he keeps silent, and discerning if he holds his tongue.

지식 있는 자는 말을 아껴서 하고, 분별 있는 자는 침착하느니라.
바보라도 잠자코 있으면 현명한 자로 여겨지고, 침묵을 지키면 총명한 자로 여겨지느니라.

- 잠언(箴言 Proverbs) 17장 27절~28절

주 우리말에 〈가만히 있으면 중간이나 간다.〉는 말이 있다. 같은 메시지다.

A fool's lips bring him strife, and his mouth invites a beating.
A fool's mouth is his undoing, and his lips are a snare to his soul.
미련한 자의 말은 다툼을 야기하고, 미련한 자의 말은 손해를 자청하느니라.
미련한 자의 말은 멸망의 원인이 되고, 미련한 자의 말은 영혼의 덫이 되느니라.

- 잠언(箴言 Proverbs) 18장 6절~7절

My dear brothers, take note of this: Everyone should be quick to listen,
slow to speak and slow to become angry,
for man's anger does not bring about the righteous life that God desires.
나의 사랑하는 형제들아, 이 말을 명심할 지어다. 사람마다 듣기는 속히 하고,
말하기는 더디 하며 성내기도 더디 하라. 성내는 것이
하나님이 바라는 올바른 삶을 구현하는 것이 아니기 때문이니라.

- 야고보서(James) 1장 19절~20절

When we put bits into the mouths of horses to make them obey us, we can turn the whole animal.
Or take ships as an example. Although they are so large and are driven by strong winds, they are steered by a very small rudder wherever the pilot wants to go.
Likewise the tongue is a small part of the body, but it makes great boasts.
Consider what a great forest is set on fire by a small spark.
말을 복종케 하려고 입에 재갈을 물리면, 마음대로 제어할 수 있다.
혹은 배를 보라. 아주 크고 광풍에 밀려가지만,
사공은 매우 작은 키로 가고 싶은 대로 운전한다.
이와 같이 혀도 작은 부분이지만 크게 떠벌인다.
작은 불꽃이 얼마나 큰 산림을 태우는가를 생각하여 보라.

- 야고보서(James) 3장 3절~5절

4. Deeds, Not Words!(말보다 행동!)

信(믿을 신)은 人(사람 인)과 言(말씀 언)의 합자(合字)이다. 즉 '믿음'이란 곧 '사람(人)의 말(言)'이다. '신앙(信仰)'이란 '우러러 성인의 말씀을 믿는 것'이다. 말은 돈에 비유하면, 과장된 말은 인플레 같고, 약속을 안 지키는 말은 부도수표 같고, 거짓말은 위조지폐 같다.

■ 영어로 된 금언(金言)

Facta, Non Verba!	(Latin proverb 라틴 속담)
Action, Not Words!	(English equivalent 같은 의미의 영어)
Deeds, Not Words!	(English equivalent 같은 의미의 영어)
말보다 행동!	(Korean equivalent 같은 의미의 국어)

Easier said than done.	말하기는 쉬우나 행하기는 어렵다.
Long tongue, short hand.	혀가 길면 손은 짧다(말이 많으면 실행력이 적다).
Actions speak louder than words.	행동이 말보다 설득력이 있다.
Well done is better than well said.	행동을 잘하는 것은 말을 잘하는 것보다 어렵다.

I have no words; My voice is in my sword.
나는 말을 하지 않는다. 나의 목소리는 나의 칼 속에 있다.

– 셰익스피어 작 〈맥베스 Macbeth〉 5막 8장

It is a kind of good deed to say well; and yet words are not deeds.
말을 잘하는 것은 훌륭한 행위이지만 말이 행동이 아니다.

– 셰익스피어 작 〈The Famous History of the Life of King Henry the Eighth〉 3막 2장

A thousand words will not leave so deep an impression as one deed.
천 마디의 말이 한 번의 행(行)만큼 깊은 감명을 주지 못한다.

– 노르웨이 극작가 입센(Henrik Ibsen 1828~1906)

If you want to find out anything from the theoretical physicists about the methods they use,
I advise you to stick closely to one principle:
Don't listen to their words, fix your attention on their deeds.
이론물리학자가 어떻게 연구하는가를 알려면, 한 가지만 주목하라:
그들의 말에 귀 기울이지 말고 행위에 주목하라.

– 아인슈타인(Albert Einstein 1879~1955)

5. Listening & Hearing

Hearing is not the same as listening. Hearing involves your ears, while listening involves your ears and your mind(Hearing과 Listening은 같지 않다. Listening은 귀와 정신이 수반된 반면에 Hearing은 귀만 수반된다). listen은 의지동사로 '듣다' 즉 의식을 집중해 정보를 접수한 뒤 이를 분석해 뇌로 보내는 능동적 행위를 말하고, hear는 무의지동사로 '들리다' 즉 귀에 들려오는 소리를 애쓰지 않고 듣는 수동적 행위를 말한다. 따라서 hearing은 '청력'을, listening은 '청취력'을 말한다.

작문 할머니는 귀가 들리지 않아서 보청기를 껴야 한다.
Grandmother is hard of hearing, so she need to wear a hearing aid.
Grandmother is losing my hearing, so she need to wear a hearing aid.
Grandmother has difficulty in hearing, so she need to wear a hearing aid.

작문 영어 청취력과 구술 능력을 향상시켜라.
Develop your listening comprehension and oral fluency in English.

작문 나는 귀를 기울였지만 아무 소리도 들리지 않았다.

I listened but heard nothing.
(의지행위) (무의지행위)

작문 아이들에게는 선생님의 목소리는 들렸으나 선생님이 말하는 내용은 듣고 있지 않았다.

The boys heard the teacher's voice but they weren't listening to what was
(무의지행위) (의지행위)

being said.

해설 listen은 전적으로 의지동사로만 사용되지만, hear는 무의지동사 외에 의지동사로도 사용된다.

• listen: 의지동사

Are you listening to me? 너 내 말 듣고 있니?
I am listening to his recital. 나는 지금 그의 연주를 듣고 있다.
Listen, or else you'll be sorry! 내 말을 듣지 않으면 후회하게 될 거야!

• hear(1): 무의지동사

I have it by hearsay(그것을 소문으로 듣고 알고 있다). 왜 hearsay를 '소문'이라 하고 hearsay evidence를 '전문(轉聞)증거'라고 하는가? hearsay란 hear people say(사람들이 말하는 것을 듣다)에서 생성된 단어로 들으려고 해서 듣는 것이 아닌 들리는 소리들이기 때문이다.

번역 Do you hear me?
내 말 듣니? (x)
내 말 들리니? (o)

작문 귀에 총알이 핑핑 지나가는 소리가 들린다.
I hear bullets sing in my ear.

작문 이웃 사람들이 말다툼하는 소리가 들린다.
I hear my neighbors bickering.

작문 어둠 속에서 개 짖는 소리가 들리니?
Do you hear a dog bark in the dark? (o)
Are you hearing a dog bark in the dark? (x)

해설 hear가 무의지동사로 사용될 경우 진행형으로 사용 불가
A: Have you heard about John? 존에 대한 얘기 들었어?
B: Yes. He's on a roll! 응, 그 친구 잘 나간대!

• hear(2): 의지동사

작문 끝까지 내 이야기를 들으세요!
Hear me out please!
해설 대화 중 상대방이 이야기를 가로채거나 자르려고 할 때

작문 판사가 피고의 증언을 듣고 있었다.
The judge was hearing the defendant.

■ The Sound of Silence(침묵의 소리) 노랫말에서의 hear와 listen

People talking without speaking.
People hearing without listening...(hearing: 무의지 · listening: 의지)
Hear my words that I might teach you. (hear: 의지)
Take my arms that I might reach you.

마음에 없는 말을 하는 사람들.
귀 기울이지 않고 듣는 척하는 사람들......
당신들을 깨우치는 내 말을 들으세요.
당신들에게 내미는 내 손을 잡으세요.

People talking without speaking에서는 talk과 speak의 의미상의 차이를 구별해야 한다. speak는 한마디 말하는 것에서부터 정식 연설에 이르기까지 모든 구두 전달에 사용된다. 반면에 talk는 내용이 공허한 발언에도 쓴다. He's just talking(그는 말뿐이다).

6. Active Listening(적극적 듣기)

이청득심(以聽得心). 귀 기울여 들으면[以聽] 사람의 마음을 얻을 수 있다[得心]는 말이다. 오늘날의 정치 이데올로기는 '통치(統治)'가 아니라 '협치(協治)'다. 21세기 국가 관리 최적의 모델은 산업화시대의 통치가 아니라 국가와 국민이 협력하는 '협치'여야 한다는 것이다. 통치가 관료적 · 위계적 · 중앙집권적인 반면 협치는 수평적 · 분권적 지배 형태다. 협치를 하려면 great communicator(탁월한 소통(疏通)자)가 되어야 한다. 그렇게 되려면 great listener(탁월한 듣는 자)가 되어야 한다. 여당은 야당과 대화해야 하고 보수주의자는 노동자 · 서민들의 목소리를 경청해야 한다. 여기에서 active listening(적극적 듣기)이 강조된다. 프랭크 런츠(Frank Luntz 1962~)는 Political Consultant(정치 전문 컨설턴트)이며 Political Pollster(정치 전문 여론조사가)다. 고객(정치하는 사람)의 언어(language)를 테스트하고 그들이 상품(product 정치상품)을 파는 데 도움을 주는 말(words)을 찾아주는 것이 그의 장기(specialty)

이다. 그의 지론은 이렇다. Words that work: it's not what you say, it's what people hear(먹히는 말: 중요한 것은 말하는 것이 아니라 듣는 것).

Nature has given us two ears, two eyes, and but one tongue
- to the end that we should hear and see more than we speak.
신은 인간에게 두 귀와 두 눈, 그리고 오직 하나의 혀를 선사했다.
그건 말하기보다 더 듣고 보라는 목적에서다.

- 소크라테스(Socrates)

It is the province of knowledge to speak and it is the privilege of wisdom to listen.
말하는 것은 지식의 영역이고 듣는 것은 지혜의 특권이다.

- 홈스(Oliver Wendell Holmes, Sr. 1809~1894)

주 홈스는 하버드 대학교에서 법률을 배우다가 후에 의학으로 전과하였다. 졸업 후, 동 대학의 의학부 교수로 35년 동안 재직하였다. 제임스 마셜 '지미' 헨드릭스(James Marshall "Jimi" Hendrix, 1942~1970)는 Knowledge speaks, but wisdom listens(지식은 말하지만 지혜는 듣는다)고 홈스와 같은 말을 했다. 그는 미국의 기타리스트이자 가수이며 작곡가다. 여러 음악 팬들과 비평가들은 헨드릭스를 록 역사상 최고의 기타리스트로 손꼽는다.

Silent and listen are spelled with the same letters!
Silent and listen look different but are the same - look closely.
silent(말없는)와 listen(듣다)은 같은 철자로 되어 있다!
silent(말없는)와 listen(듣다)은 보기에는 다르지만 같다. 잘 보아라.

- 아인슈타인(Albert Einstein)

I like to listen. I have learned a great deal from listening carefully.
Most people never listen.
나는 경청을 즐긴다. 주의 깊게 경청함으로써 많이 배웠다.
대부분의 사람들은 결코 경청하지 않는다.

- 헤밍웨이(Ernest Hemingway)

Courage is what it takes to stand up and speak.
Courage is also what it takes to sit down and listen.
용기는 일어나 말하는 데 필요한 것이기도 하지만,
용기는 앉아서 경청하는 데 필요한 것이기도 하다.

- 처칠(Winston Churchill 1874~1965)

Wise men talk because they have something to say;
fools, because they have to say something.
현명한 사람은 할 말이 있어서 입을 열고,
멍청한 사람은 무언가를 말해야 하기에 입을 연다.

- 그리스 철학자 플라톤(Plato 427 BC?~347 BC)

The first duty of love is to listen.
사랑의 첫 의무는 경청하는 것.

- 독일계 미국 신학자(theologian) 틸리히(Paul Tillich 1886~1965)

모토롤라의 브라운(Greg Brown 45) 부회장 그는 누구인가? 2006년 1월 포천(FORTUNE) 지는 월가(街) 헤드헌터(headhunter)들을 대상으로 미국 차세대 스타 경영자 12명을 조사한 결과 브라운을 3위로 선정했다. 브라운은 연구 · 개발(R&D) 투자를 과감하게 늘리고, 대규모 인력 감축에 성공해 모토롤라를 위기에서 구해낸 능력을 인정받았다. 실리콘 밸리에서 잔뼈가 굵은 브라운 부회장은 '3L(Listen, Learn, Lead: 듣고, 배우고, 인도해라)'의 경영 신조로 유명하다. 기사의 일부를 보자.

He boils his philosophy down to three words: listen, learn, lead.
It means you need to understand your business down to the nuts and bolts.

그는 그의 철학을 3L(Listen, Learn, Lead: 듣고, 배우고, 인도해라)로 요약했다.

이 말은 경영자가 기본적이고 실제적인 세부 사항까지 이해해야 할 필요가 있다는 것을 의미한다.

주 the nuts and bolts: the essential or practical details(기본적이고 실제적인 세부사항)

Ann is familiar with the nuts and bolts of public relations(앤은 홍보의 기본을 잘 알고 있다).

16 편견을 배제한 언어 *Political Correctness*

1. 편견을 배제한 언어(Political Correctness)

이윤재 한반도영어공학연구원장은 신문 기고문(오역과 반역에 무심한 영어교육 · 조선일보 2007. 11. 17)을 통해 오역에 무심한 사회를 고발하고 있다. "학자들의 칼럼을 보면 장애인을 지칭하는 '피지컬리 챌린지드(physically challenged · 육체적 어려움에 맞서는)'를 '신체적으로 도전받는'이라고 번역하고 있다. … 이 번역대로 하면 '장애인이 정상인에게 신체적으로 도전받는'이라는 주객 전도가 된다." 그는 이런 경우를 오역을 훨씬 넘어 반역(反譯)이라고 했다. 원래의 의미와 정반대로 번역했다는 말이다. 이 반역은 근본적으로 무지하거나 소명 의식이 없을 때 나타난다.

- 문화일보(2008년 5월 14일) 황성규 논설위원 칼럼 중에서

■ 편견을 배제한 언어 vs. 정치적 공정 언어

Translators are traitors(번역자는 반역자)라는 말이 있다. 그 기원은 이탈리아 격언 Traduttori traditori(번역은 반역)이다. A라는 언어로 된 문장을 B라는 언어로 된 문장으로 정확하게 그리고 이해가 쉽게 옮기는 일이 쉽지 않다는 것을 잘 보여주는 말이다. 1차 번역은 말(words)을 말(words)로 바꿔치기(shift)하는 것이고, 2차적 번역은 문화(culture)를 문화(culture)로 바꿔치기(shift)하는 것이다. 사전에 나와 있는 1번의 뜻이 적합하지 않을 때는 적절한 2번 3번의 뜻을 찾아내야 한다. 그래도 적합지 않을 때는 사전에 없는 제 3의 어휘를 생각해 내야 한다. 우리나라 학계나 언론에서는 PC(Political Correctness)를 '정치적 공정 언어'라고 판박이하듯 번역하고 있다. 그런데 이 번역은 얼른 와 닿지 않는다. 그래서 본 저서에서는 함의(含意) 번역(intent translation)하여 '편견을 배제한 언어'라고 하였다. 그러나 '정치적 공정 언어'라는 용어가 이미 널리 사용되어 귀에 익어 있다. 이로 인한 '언어의 관성(慣性)법칙' 때문에, 이 저서에서 병용되는 경우도 있을 수 있다.

■ Political Correctness의 정의

a term used to describe language, ideas, policies, or behavior seen as seeking to minimize offense to racial, cultural, or other identity groups

인종 집단, 문화 집단, 혹은 다른 동질 그룹에 대한 위화감을 극소화하기 위한

노력으로 인식되는 언어, 사상, 정치, 혹은 행위를 말하기 위하여 사용된 용어

extreme carefulness not to offend or upset any group of people in society who have a disadvantage, or who have been treated differently because of their sex, race, or disability

불리한 조건을 갖는, 다시 말해서 성별, 인종, 신체 장애로 인해 동등한 대우를 받지 못하는 사람들을 공격하거나 불쾌하게 느끼지 않도록 극도로 조심하는 것

이에 적합한 용어를 politically correct terminology(PC terminology · PC term)라고 하거나 간단히 political term이라고도 한다. politically correct란 말은 영어만에 국한되는 말은 아니다. 스칸디나비아의 몇몇 나라에서는 politisk korrekt, 스페인에서는 politicamente correcto, 프랑스에서는 politiquement correct, 네덜란드에서는 politiek correct로 사용되고 있다. 이와 반대로 politically incorrect(정치적으로 공정하지 못한)란 용어는 language that may cause offense(거부감을 줄 수 있는 언어)를 이르는 데 사용된다. PC라는 말은 1900년대부터 본격적으로 사용되었지만 이러한 개념은 이미 오래전에 존재했다. 시저와 처칠은 PC 언어를 구사했던 탁월한 소통 능력(communication ability)의 소유자다. 그들은 부하들의 마음을 얻기 위해 단어 하나까지 신중하게 골라 썼다. 시저는 병사들을 부를 때 '여러분'이나 '병사들' 대신 늘 '전우들(commilitones)'이라고 했으며, 처칠은 '하급(low-grade)보병여단'이란 표현을 쓰지 말고 '예비여단'이라고 부르자고 제안했다.

2. Physically Challenged가 '신체적으로 도전받는'인가?

'장애인'이란 지칭어는 여러 변화를 거치면서 우리 사회에 정착했다. 요즈음에는 더욱 친근감이 있다 하여 '장애우'라고도 하는데 우(友)란 '벗'을 의미하는 말로 장애인(남녀노소 구분 없는 보통명사)보다 그 범위가 좁아져 적절한 것 같지 않다. 영어의 경우 장애인을 지칭하는 말이 더욱 많은 변화를 겪어 왔다. the deformed(불구자) 혹은 the crippled(절뚝발이)에서 the disabled[handicapped](장애자)로 바뀌었다. 31차 유엔총회에서 1981년을 the International Year of Disabled Persons(세계 장애인의 해)로 선언한 뒤로는 다시 the disabled가 정착되었다. 또 다시 the disabled가 부정적인 의미라 하여 다시 the differently abled라는 용어가 등장했다. '특정 분야에서 남다른 탁월한 재능과 능력을 가지고 있는 자'란 의미의 이 말은 장애를 극복한 사람을 지칭하는 아주 적절한 표현이다. disabled나 differently abled는 able-bodied(신체 건강한 · 비(非)장애의)의 반대 개념이다. Every able-bodied man is obliged to do military service(신체 건강한 모든 남자는 병역 의무를 이행해야 한다).

참고 한일 월드컵 때의 일이다. 2001년 12월 6일자 TIME은 다음과 같이 보도했다.

Foreign visitors to Seoul's new World Cup soccer stadium got a surprise recently when they saw some of the English-language signs posted around the just-opened facility. Who exactly is supposed to use the "Disabled Elevator" and the "Smorking Room?"

최근 서울 월드컵 축구 경기장을 방문한 외국인들은 막 개장한 시설물에 붙은 영문 표지판을 보고 깜짝 놀랐다. 과연 누가 '고장 난 승강기'와 'Smorking Room'을 이용할까?

컴퓨터의 glitch(전류의 순간적 이상으로 인한 사소한 고장)로 인해 Smoking Room(흡연실)이 Smorking Room으로 되었다고 치자. 하지만 Disabled Elevator(고장 난 승강기)는 어떻게 설명할 것인가? 아마 장애인용(For the Disabled · Reserved for the Disabled)을 그렇게 오역한 것이 아닌가 생각된다.

더 발전하여 요즘에는 the physically challenged라고 하기에 이르렀다. 우리나라의 모든 인쇄매체(특히 신문기사나 교수들의 칼럼)에서는 physically challenged를 '신체적으로 도전받는'이라고 일관되게 번역하여 이제는 이미 고착되다시피 한 우리말이 되었다. 이러한 수동형 번역은 어쩐지 우리말 정서에 어울리지 않는 것 같다. '신체적으로 도전받는 자'라면 그 주체는 누구이고 그 객체는 누구인가? 주체는 장애인이고 객체는 정상인이라는 말인가? 도전이란 '자기보다 나은 수준의 강자에 싸움을 걸거나 어려운 일이나 기록 경신에 나서는 것'을 말한다. 결국 the disabled who are physically challenged by the able-bodied(정상인에게 신체적으로 도전을 받는 장애인)로 오해받을 가능성이 많다. 이 번역은 장애인 측에서 보면 차별이 되고 정상인 측에서 보면 우대가 된다. 주객 전도가 되어 오역을 훨씬 넘어 반역(反譯)이 된다. 장애인에 대한 또 한 번의 언어적 차별이다. 이러한 번역은 PC 용어의 목적과 취지에 정면으로 배치되어 PC를 말하면서 anti-PC가 되고 만다.

physically challenged를 단어를 좇아서 하는 축어역(逐語譯 verbatim translation)을 하면 '신체적으로 손상된'이다. challenge의 어원은 라틴어로 falsely accuse(남을 헐뜯어 명예를 손상시키다)이기 때문이다. 그러나 이 용어를 PC용어의 목적과 취지에 어울리게 함의(含意) 번역(intent translation)하려면, 우선적으로 〈The American Heritage Book of English Usage. A Practical and Authoritative Guide to Contemporary English〉(1996)의 설명을 주목할 필요가 있다.

The use purpose of challenged in combinations, such as physically challenged is to emphasize the positive aspect of the challenge that a particular condition presents over the negative aspect of hindrance or incapacity.

physically challenged와 같은 여러 복합어에서 challenged라는 단어가 사용된 목적은 신체상의 특정한 조건이 방해되거나 지장을 주는 부정적인 측면보다 그로 인한 도전이라는 긍정적인 측면을 강조하기 위함이다.

■ 영어 구조에 대한 설명

비교 (1) I was interested in English by him.
(2) I was interested in English.
(1) 나는 그로 인해 영어에 흥미를 갖게 되었다(나는 수동적으로 영어에 흥미를 갖게 되었다).
(2) 나는 영어에 흥미가 있었다(나는 능동적으로 영어에 흥미가 있었다).

해설 (1) He interested me in English(그는 나에게 영어에 흥미를 갖게 했다)의 수동태 문장이다.
(2) I interested myself in English(나는 나 스스로 영어에 흥미를 갖게 되었다)라는 재귀(再歸) 능동태 문장의 재귀(再歸)수동태 문장이다.
I interested myself in English.
→ I was interested by myself in English.
→ I was interested in English.

people who are physically challenged by themselves(스스로 신체적 결함을 극복하는 사람들)는 people who are interested in English(영어에 흥미를 가지고 있는 사람들)와 같은 구조다.

- physically challenged의 번역

신체적으로 도전받는 (x)
신체적 결함을 극복하는 (o)
신체적 결함에 도전하는 (o)
신체적 결함에 맞서는 (o)

작문 장애인들(신체적 결함을 극복하는 사람들)
people who are physically challenged by themselves
→ the physically challenged

작문 장애인들이 직업과 개인적 삶에서 차별에 직면하여 있다.
The physically challenged face discrimination in their professional and personal lives.

physically challenged는 신체장애라는 부정적인 면을 극복하는 도전 정신의 적극적 표현이라는 〈The American Heritage Book of English Usage〉의 정의가 필자의 주장을 객관적으로 뒷받침하고 있다고 본다. 장애 · 좌절 · 절망 · 실의 등을 이겨내는 사람만이 갖게 되는 능력을 negative capacity(고난을 지배하는 능력)라 한다. 2008년 제29회 베이징 올림픽 폴란드 여자 탁구 선수 나탈리아 파르티카(Natalia Partyka)는 오른쪽 팔꿈치 아래가 없으며, 남아프리카공화국 여자 수영 선수 나탈리 뒤 투아(Natalie Du Toit)는 112년 올림픽 역사상 올림픽에 출전한 한쪽 다리가 없는(무릎 아래가 아예 없는) 장애인이다.

오토다케 히로타다는 〈오체불만족〉의 저자로 잘 알려진 인물이다. 태어날 때부터 양팔과 양다리가 없어 한마디로 '꼼짝 마!' 운명이었다. 그의 도전의 대상은 자기의 삶에 던져진 지독한 운명이었다. 그는 특수학교가 아닌 일반 초·중·고교에 다녔다. 남들과 똑같은 조건에서 경쟁하여 대학을 졸업했다. 어릴 적 꿈이었던 교사가 되기 위해 도쿄도 내 초등학교에서 교원 실습을 마쳤다. 턱과 어깨 사이에 분필을 끼워 칠판에 글씨를 썼고 컴퓨터에 연결된 프로젝터를 통해 각종 자료를 펼치며 너끈히 수업을 진행하였다. 그의 어머니는 다른 아이들이 자기 아들을 놀릴 때 절대로 대신 나서지 않았다. 스스로 그 놀림과 편견의 벽을 깨고 돌파해 나가도록 했다.

주 오체불구(伍體不具)보다 오체불만족(伍體不滿足)이 듣기에 좋다. 오체(伍體)란 '사람의 온몸'을 말한다.

3. 오히려 조롱(parody)으로 간주되는 PC용어

'못사는[쪼들리는] 사람들'보다 '서민(庶民)'이 듣기에 좋듯, poor(가난한)보다는 financially challenged(재정적 어려움에 맞서는)가 듣기에 좋다. 그러나 low short small을 altitudinally disadvantaged(고도(高度)상으로 불리한)이나 vertically challenged(수직적 결함에 도전하는)로 대체하거나, fat을 horizontally challenge(수평적 결함에 도전하는)로 표현하는 것은 '하늘 높은 줄은 모르고 땅 넓은 줄만 안다'는 우리말과 비슷한 뉘앙스를 주는 말장난(word play)이 되거나 fun(장난기 있는 농담)이 되고 만다. 차라리 '내 키를 땅에서부터 재면 누구보다 작지만 하늘로부터 재면 누구보다 크다'는 나폴레옹의 말이 위트가 있다.

bald(머리털이 없는)이나 baldheaded(머리가 벗어진)보다 hair disadvantaged(머리카락이 불리한 조건에 있는·머리카락의 혜택을 받지 못한)가 좋다. 그러나 follicularly challenged(모낭 결함에 도전하는)가 되면 역시 말장난이 된다. ugly(추한)를 unattractive(아름답지 못한)정도로 해야지 aesthetically challenged(미적 결함에 도전하는)로, dumb(미국 구어에서 stupid(우둔한이란 의미)를 cerebrally challenged(뇌 결함에 도전하는)로 하는 것도 마찬가지다. snow white(멜라닌 색소가 적은 '백색변종'·학명으로는 albino) 대신에 melanin challenged(멜라닌 결함에 도전하는)로 표현하는 것도 조롱(parody)으로 간주될 수 있다.

참고 피부가 검다고 나쁜 것만은 아니다. 피부가 검으면 피부에 멜라닌 세포가 많다. 멜라닌 세포는 자외선을 차단하여 햇볕에 의한 피부 노화를 늦춘다. 멜라닌 세포가 상대적으로 적은 백인은 피부 노화가 빠르다. 자외선 노출로 인한 피부암이 백인에게 많은 것도 이런 탓이다. 백인 피부는 또 흑인에 비해 건조한 경향이 있다. 흑인 여성 피부는 매우 촉촉하다. 이 때문에 백인종은 유색 인종에 비해 10년 정도 피부 노화 속도가 빠르다. 백인 여성 30대가 우리 눈에는 40대로 보이는 것이 이런 이유 때문이다.

phone sex operator(전화 섹스 오퍼레이터)를 discussion partner(토론 상대자) 혹

은 woman at the other end of the discussion(토론 상대 여성)이라고 하는 것이나, robber(도둑)를 alternative shopper(대안적 구매자)이라고 하는 것이나, cheating(부정행위)을 cooperative assignment(과제(課題) 협조)로 하는 것은 PC의 남발이요 빈정거림(fun)이다. 이런 경우들은 언어 순화가 아니라 언어 유희나 말장난(world play)이다. 듣는 사람을 어리벙벙하게 하는 허튼소리가 되고 말기 때문이다. 우스개로 비꼬아 만들어내는 조롱(parody)은 주의를 요한다. 언어 순화가 언어 유희의 샛길로 빠지는 경우다.

4. 장애인이나 환자에 대한 비인격적 표현 피하기

Avoid Depersonalization of Persons with Disabilities or Illnesses.

장애인이나 환자에 대한 비인격적 표현을 피하라.

- 일러두기

(A) : Avoid This 이것을 피하라

(U) : Use This Instead 대신 이것을 사용하라

비교 (A) Stairs handicap a wheelchair-bound person.
계단은 휠체어에 얽매인 사람에게 불리하다.
(U) Stairs handicap a person confined to a wheelchair.
계단은 휠체어에 틀어박혀 있는 사람에게 불리하다.
(U) Stairs handicap a person who uses a wheelchair.
계단은 휠체어를 사용하는 사람에게 불리하다.

해설 '장애보다는 사람을 강조하는 용어(terminology that emphasizes the person rather than the disability)'가 선호된다.

비교 (A) He is an epileptic. 그는 간질환자다.
(U) He is a person with epilepsy. 그는 간질이 있는 사람이다.
(U) He is a person with a seizure disorder. 그는 발작성장애가 있는 사람이다.

해설 사회적 편견과 차별 대우에 시달리는 간질 환자들을 돕기 위해 간질(癎疾 · epilepsy)의 명칭을 바꾸는 작업이 추진된다. 대한간질학회와 한국간질협회는 2008년 6월 26일 제13차 대한간질학회에서 개명 작업을 추진하기로 합의했다. 현재 거론되고 있는 새 병명은 시저와 나폴레옹이 간질 환자였다는 데서 따온 '황제(皇帝)증' 등이다.

비교 (A) He is a disabled person. 그는 장애인이다.
(A) He is a crippled person. 그는 장애인이다.
(A) He is a handicapped person. 그는 장애인이다.
(U) He is a person with disabilities. 그는 장애가 있는 사람이다.
(U) He is a person who uses crutches. 그는 목발을 짚고 다니는 사람이다.

비교 (A) He is a polio victim. 그는 소아마비 환자다.
(U) He has polio. 그는 소아마비를 앓고 있다.

비교 (A) He is a paraplegic. 그는 하반신 불수다.
(U) He has paraplegia. 그는 하반신 장애를 가지고 있다.
(U) He is a man with paraplegia 그는 하반신 장애를 가지고 있다.

비교 (A) He is quadriplegic. 그는 사지 마비 환자다.
(U) He has quadriplegia. 그는 전신장애를 가지고 있다.
(U) He is a man with quadriplegia. 그는 전신장애를 가지고 있다.

비교 (A) He is drug-addicted. 그는 마약중독자다.
(A) He is dope-addicted. 그는 마약중독자다.
(U) He is chemically dependent. 그는 약에 의지하고 있다.

비교 (A) He is a senile dementia sufferer. 그는 노인성치매 환자다.
(U) He is a victim of Alzheimer's. 그는 알츠하이머병 환자다.

해설 치매(癡呆)란 '어리석을' 치(癡)에 '어리석을' 매(呆)라는 부정적인 병명이다. 일본에선 몇 년 전부터 치매를 '인지(認知)증'으로 바꿔 부르고 있다. '인지'란 '인지상실(喪失)', '인지장애(障碍)', '인지저하(低下)', '인지쇠약(衰弱)'에서 앞 부분만 따온 말이다.

비교 (A) She is a diabetic. 그녀는 당뇨병 환자다
(U) She is a person with diabetes. 그녀는 당뇨병이 있는 사람이다.

비교 (A) AIDS sufferer 에이즈 환자
(A) person afflicted with AIDS 에이즈를 앓는 사람
(A) AIDS victim 에이즈 희생자
(U) PWA (person with AIDS) (에이즈 보균자) 의사가 환자의 프라이버시 보호를 위해
(U) HIV positive person HIV 양성 반응자

HIV infected person(에이즈 감염자)보다는 HIV positive person(HIV 양성 반응자)이 듣기에 좋고, HIV exposed person(HIV에 노출된 자)이 듣기에 더욱 좋다. HIV negative person(HIV 음성 반응자)보다는 HIV non-exposed person(HIV에 노출되지 않은 자)이 듣기에 더욱 좋다.

해설 (1) **AIDS:** Acquired Immuno-Deficiency Syndrome 후천성 면역 결핍증
(2) **HIV(Human Immunodeficiency Virus** · 인류 면역 결핍 바이러스): 에이즈 원인균
(3) **HIV positive person:** one who tests positive for HIV but does not show symptoms of AIDS (HIV 양성 반응이나 AIDS 증상을 보이지 않는 사람)

비교 (A) He is a Mongoloid. 그는 몽골증 환자다.
(U) He is a person with Down('s) syndrome. 그는 다운증후군이 있는 사람이다.

해설 다운증후군(Down('s) syndrome)은 선천적으로 특유한 얼굴 생김새와 정신 지체를 특징으로 하는 염색체 이상에 따른 장애를 말한다. 다운증후군(Down('s) syndrome)이라는 병명은 이 병을 발견한 영국 의사 다운(John L. H. Langdon Down)의 이름을 따서 붙여졌다. 다운증후군을 가진 사람의 얼굴형이 몽골인과 비슷하다고 Mongolism(몽골증)이라고도 한다. 다운이 1866년 특수한 정신 지체의 한 군(群)을 몽골 인형 백치(白痴)라고 보고한 것에서 비롯됐다. 그러나 인종 차별적 용어이기 때문에 요즘에는 거의 사용하지 않는다.

비교 (A) the blind 장님 · 소경 · 봉사 · 맹인
(U) the sight impaired 시각 장애인
(U) the visually[optically] disabled 시각 장애인
(U) the visually[optically] inconvenienced 시각 장애인
(U) the visually[optically] challenged 시각적 결함에 도전하는 사람

비교 (A) the deaf 귀머거리
(U) the hearing-impaired 청각 장애인
(U) the aurally inconvenienced 청각 장애인
(U) the audibly challenged 청각적 결함에 도전하는 사람

해설 ① 농자(聾者 귀머거리 deaf person)은 보청기를 착용하거나 착용하지 않은 상태에서 귀만으로 말을 들어 이해할 수 없을 정도로 청각(청력)에 장애가 있는 사람

② 난청인(hard-of-hearing person)은 보청기를 착용하거나 착용하지 않은 상태에서 귀만으로 말을 들어 이해하는 것이 불가능하지는 않으나, 이해하기 곤란할 정도로 청각에 장애가 있는 사람

5. 차이를 불필요하게 강조하는 언어 피하기

patronizing expressions(시건방진 표현)나 demeaning expressions(상대의 품위를 떨어뜨리는 표현)는 삼가야 한다. language that unnecessarily emphasizes differences(차이를 불필요하게 강조하는 언어)도 피해야 한다.

■ 성인 여성을 언급할 때

(A) girls 젊은 여자들
(A) the fair sex 여자들
(U) women 여자들

■ 독신 여성을 언급할 때

(A) old maid(노처녀), bachelorette(독신 여성), spinster(혼기를 놓친 미혼 여자)
(U) single woman(독신 여성), woman(여자)

■ 성인 남성을 언급하거나 호칭할 때

(A) boy 젊은이
(U) man 성년의 남자
(U) sir 선생님

■ 이름을 언급할 때

(A) Christian name 세례명
(U) given name = name given at birth 태어나면서 얻은 이름
(U) personal name = names other than one's surname 성 이외의 모든 이름
(U) first name first name = forename = pre-name = given name

해설 이름의 부분에 대한 갖가지 명칭

(1) name given at birth 태어나면서 얻은 이름
first name = forename = pre-name = given name

(2) inherited name 조상으로부터 물려받은 이름
last name = surname 성 = family name 가문명

(3) names other than one's surname 성 이외의 모든 이름
forenames = pre-names = personal name

(4) maiden name = the surname that a married woman had at birth
결혼한 여성이 태어날 때 가진 성

■ 신체 조건을 언급할 때

(A) dwarf 난쟁이
(A) midget 난쟁이
(A) low·short·small 키가 작은
(U) of low[short·small] stature 작은 신장의
(U) compact·well-knit 체격이 탄탄한
(U) petite (아담한) 여성일 경우
(A) fat 살찐
(A) obese 뚱뚱한
(A) full-bodied 뚱뚱한
(U) large·of size·heavyset 체격이 큰
(U) well-built 체격이 좋은
(U) stout (풍채가 당당한) 나이가 지긋한 남자일 경우
(U) plump (포동포동한) 어린아이나 젊은 여자일 경우
(U) roundabout (토실토실한) 어린아이나 젊은 여자일 경우

6. 각종 PC Terminology

■ Race(인종) · Ethnicity(민족성) · National Origin(국적) 관련 PC 용어

Some words and phrases that refer to racial and ethnic groups are clearly offensive. Other words (e.g. Oriental, colored) are outdated or inaccurate. Hispanic is generally accepted as a broad term for Spanish-speaking people of the Western Hemisphere, but more specific terms (Latino) are also acceptable and in some cases preferred.

민족적, 인종적 그룹을 말하는 어구가 단어나 구절이 아주 모욕적인 경우가 있다. 시대에 뒤떨어졌거나 부정확한 경우도 있다 (예를 들면 '동양의', '유색의'). 일반적으로 히스패닉(Hispanic)은 스페인 말을 하는 서반구의 사람을 의미하는 광의의 용어로 받아들여진다. 그러나 보다 구체적인 용어 (라티노: 미국에 사는 라틴 아메리카 사람)는 용인되기도 하고 어떤 경우에는 선호된다.

어휘 **ethnical**: 언어 · 습관 등에 관한 경우
racial: 피부나 눈의 빛깔 · 골격 등에 관한 경우

(A) Mr. Johnson, the black representative, met with the President today to discuss civil-rights legislation. 흑인 대표 존슨 씨는 오늘 인권 법률 제정을 토의하기 위해 대통령을 만났다.

(U) Mr. Johnson, a member of the Congressional Black Caucus, met with the President today to discuss civil-rights legislation. 블랙 코커스(Congressional Black Caucus · 미 하원 흑인의원연맹) 소속 의원 존슨 씨는 오늘 인권 법률 제정을 토의하기 위해 대통령을 만났다.

(A) Arab man denies assault charge. 아랍 남자 습격 혐의 부인하다.

(U) Man denies assault charge. 남자 습격 혐의 부인하다.

- 극동

18세기 후반 이래 유럽인에 의해 사용된 유럽 중심의 시각에서 나온 말이다. 그들은 아시아 대륙을 극동(極東), 근동(近東), 중동(中東)으로 대별하였다. 따라서 한국을 포함한 동북아는 아시아 대국의 동북쪽에 있으므로 극동(極東)은 Northeast Asia(동북아시아)라고 해야 타당하다.

극동(極東 Far East): 유럽과 가장 멀다 하여 원동(遠東)이라고도 하며 한국, 중국, 일본, 대만 등을 이름
근동(近東 Near Eat): 유럽에 가까운 터키, 이란, 이라크, 시리아, 이스라엘 등을 이름
중동(中東 Middle East): 극동(極東)과 근동(近東)의 중간 지역, 아프가니스탄, 이란, 파키스탄 등을 이름

- 동양인

Oriental(동양인)이나 Asiatic(아시아인)도 경멸 · 비하하는 인종 차별 용어(racial epithet)이므로 Asian이라고 하거나 보다 구체적으로 Pacific Islander(태평양 섬 사람), Korean, Chinese라고 말해야 안전하다. 동양(東洋)학(Oriental studies)이란 용어도 아세아(亞細亞)학(Asian Studies)으로 대체되어 가고 있다.

• 흑인

'흑인'을 말할 경우 negro[nigger]나 colored보다는 black이 선호되며, Afro-American보다는 African-American이 선호된다. 'My grandfather was a Negro, my father was Colored, I am Black, and my son will be African-American'이라는 문장은 흑인을 지칭하는 용어의 변화를 보여주는 문장이다.

Hines Ward(1976~) is a multiethnic football player born to a Korean mother and an African American father. He has become an advocate for ethnic minorities in South Korea(하인즈 워드는 한국인 어머니와 미국 흑인 아버지 사이에서 태어난 혼혈 축구 선수다. 그는 한국 소수 민족의 대변자가 되었다.)

• 인디안

'인디안'을 말할 때는 Indian이라고 해서는 안 된다. American Indian이나 Native American이라고 해야 한다. 아니면 서반구(Western hemisphere)의 원주민을 보다 구체적으로 지칭하여 Chinook(치누크: 미국 북서부 컬럼비아 강 유역에 살던 아메리카 원주민)이나 Hopi(호피: 미국 Arizona주 북부에 사는 Pueblo족)라고 하는 것이 좋다.

Indian은 당연히 people who live in or come from India(인도에 살거나 인도에서 온 사람)을 말한다. 아메리카 대륙을 발견했을 때 India(인도)로 착각하여 원주민을 Indian이라고 불렀다.

• 에스키모인

Eskimo(에스키모인) 대신에 Alaska Natives로 해야 한다. 아니면 Inuit(이누이트: 북아메리카와 그린란드의 에스키모)와 Aleut(알류트: 알류샨 열도 사람) 같은 부족 이름을 공식 호칭으로 사용해야 한다.

• 유태인 · 이태리인

'유대인'을 Jew대신에 kike라고 부르거나, '이태리인'을 Italian 대신에 wop라고 부르는 것은 인종 차별적 호칭이다.

• 원주민

'원주민'을 말할 때는 natives보다는 native people, early inhabitants, aboriginal people, indigenous people이라고 해야 안전하다.

■ 정신장애 · 학습장애 관련 PC 용어

비교 (A) brain damaged person 뇌손상인
(U) person with a psychiatric disability 정신장애를 가지고 있는 사람
(U) person with an intellectual disability 지적장애를 가지고 있는 사람

비교 (A) crazy 미친
(A) insane 미친
(A) psychotic 정신이상의
(A) demented 정신착란 상태의
(U) mentally ill 정신건강이 나쁜
(U) mentally deficient 정신적으로 결함이 있는
(U) mentally defective 정신적으로 결함이 있는
(U) mentally handicapped 정신적으로 장애가 있는
(U) mentally challenged 정신적 결함에 도전하는

비교 (A) retarded child 저능아 · 지진아
(U) learning disabled child 학습장애아
(U) child with learning difficulties 학습에 어려움을 겪는 아이
(U) slow learner 학습부진아

비교 (A) failing student 낙제생
(U) underachiever 낮은 성적 취득자

참고 조지 W. 부시 행정부가 2002년 제정한 '낙제생 방지법'을 No Child Left Behind라 한다.

■ 국가 관련 PC 용어

poor nation(빈국) · backward country(후진국) → undeveloped country(미개발국) → underdeveloped country(저개발국) → developing country(개발도상국) → emerging nation(신흥국) → less advanced country(선진화가 덜된 나라)

주 emerge: (빈곤에서) 벗어나다, 빠져나오다(= come out)

• 범죄 관련 PC 용어

'죄는 미워해도 사람은 미워하지 말라'는 말이 있다. dishonest(부정직한)보다는 unethical(비윤리적인)이, crime(범죄)보다는 misdeed(나쁜 짓)가, fraud(사기)보다는 irregularity(불법 · 부정)가 완곡하다. 우리나라에서도 한때는 감옥이나 형무소라고 불렀으나 지금은 교도소라고 부른다. jail이나 prison은 감옥이나 형무소를 의미하고, correctional institution [center · facility]이나 penitentiary는 교도소(矯導所)를 의미한다. 교도소는 '바로잡아 이끄는 곳'이란 의미이다.

• 가족 관련 PC 용어

broken home(결손 가족)은 single-parent family(한 부모 가족)로 대체되었다. pet(애완동물)이 animal companion(동물 반려자)으로 대체되었다. 영어 동화 The Three Bears Family(세 마리 곰 가족)가 An Anthropomorphic Nuclear Family(인간과 같은 핵가족)로 대체되어 가고 있다.

• 연령 관련 PC 용어

The concept of aging is changing as people are living longer and more active lives. Be aware of word choices that reinforce stereotypes (decrepit, senile) and avoid mentioning age unless it is relevant(사람들이 보다 오래 살고 능동적인 삶을 구가하므로 늙음(노화)의 개념이 변하고 있다. 판에 박은 문구를 사용하여 늙어빠진(decrepit)이나 나이 많은(senile)을 강조하는 단어를 선택하지 않도록 주의해야 한다. 꼭 필요하지 않으면 나이를 언급하지 말아야 한다).

elderly people(나이가 지긋한 사람들), old [aged](늙은 사람들), geriatrics(노인들)보다는 older people(나이가 더 든 사람들), seniors[senior citizens](손위의 사람들)가 듣기에 좋다.

상대편을 기분 좋게 하는 말 중에 'You are young for your age(나이보다 젊어 보입니다)', 'You're aged very well(나이대로 안 보여)' 등이 있다. old-timer(구식 사람)보다는 retired person(퇴직자)이 듣기에 좋다. old maid나 spinster는 '과년한 처녀'라는 경멸의 뉘앙스가 풍기므로 single[unmarried] woman(미혼 여성)이나 career woman(직장 여성)으로 표현하는 게 안전하다.

• 직업 관련 PC 용어

기차, 버스, 전차 등에서 찻삯을 받거나 차의 원활한 운행과 승객의 편의를 도모하는 사람을 차장(車掌)이라 했다. 차장이란 '차의 손바닥'이란 의미다. 요즘 말로는 '승무원'이라 한다.

barber(이발사)가 hairdresser(영국) · tonsorial artist(미국). hairdresser · hair stylist (미용사)로, 다시 beautician(미) · beauty-culturist · beauty artist [expert] · beauty doctor[specialist] · cosmetologist(미)로 바뀌었다.

nurse 간호사	→	health care professional 건강관리 전문가
salesman 세일즈맨	→	territory sales manager 지역 판매 매니저
garbage collector 청소부	→	sanitation worker 환경미화원
car wash worker 세차 노동자	→	vehicle-appearance specialist 차량 외관 전문가
gas station attendant 주유소 직원	→	petroleum transfer technician 가솔린 운반 기술자

janitor·doorkeeper·guard 수위 → custodian 관리인 · building caretaker 건물 관리인
manicurist 손톱 다듬는 사람 → nail care specialist 손톱 관리 전문가
nail artist 손톱 예술가

• 주거 관련 PC 용어

vagrant 방랑자 → nonspecifically destinationed individual 뚜렷한 행선지가 없는 사람
homeless person 노숙자 → residentially flexible individual 거처에 유연하게 적응하는 사람
one-room apartment → (1) studio apartment 스튜디오 아파트먼트
→ (2) efficiency ← efficiency apartment 간이 아파트

해설 studio에는 (1) (화가 · 조각가 · 사진가 등의) 작업장 (2) (음악 · 무용 · 연기 등의) 연습장 (3) 영화 촬영소 (4) 방송실 · 녹음실 (5) (부엌과 욕실이 딸린) 1실형 주거 시설 등의 의미가 있다. 여기에서는 (5)의 의미로 사용되어 있다. '방 한 칸짜리 집'을 one-room apartment라고도 하지만, 협소한 공간을 미화하려는 표현으로 (1) studio flat (2) studio apartment (3) efficiency라고도 한다. '나는 방 한 칸짜리 집에서 살고 있다'를 영어로 하면 (1) I live in a studio flat (2) I live in a studio apartment (3) I live in an efficiency apartment (4) I have a 1 bedroom place 등이 된다. 우리는 흔히 원룸(one-room) 또는 오피스텔(officetel · office와 hotel의 합성어)이라고 하는데, 이것들은 한국식 영어일 뿐이다. 그러나 이러한 단어들은 한국에서 외국으로 수출되어 한국을 소개하는 데 사용되고 있다. 영어에 office tel이라는 용어는 있다. 이것은 office telephone(사무실 전화)을 말한다.

• 배우자(配偶者)에 대한 표현

비교 (A) little woman 집사람
(A) old lady 늙은 마누라
(A) old woman 늙은 마누라
(A) ball and chain 다리에 사슬로 채운 무거운 쇠 공 → 성가신 속박 → 아내
(U) wife 아내

husband(남편)는 house(가정) + band(묶는 띠)에서, wife(아내)는 weave(지물을 짜다)에서 생성된 말이다. wife는 a woman who works at the distaff(물레질하는 여자)라는 의미다. significant other((부모 · 동료 등) 큰 영향을 미치는 사람)가 '배우자'란 의미로 사용되는가 하면, trouble and strife(고뇌와 투쟁)가 '아내'란 의미로, she who must be obeyed(거스르면 무서운 사람)가 '마누라'란 의미로 사용되기도 한다. This lady is she who must be obeyed(이 숙녀가 내 마누라이다). 배우자를 의미하는 여러 어휘를 보자.

rib	늑골 · 갈빗대 → 처 · 아내 · 여자(창세기 2: 21~22)
lady	(woman에 대한 정중한 말) 여자분 → 연인(ladylove) · 아내 · 부인
mate	상대 → (특히) 배우자(spouse 남편 혹은 아내)
partner	협동(協同)자 → 배우자(남편 · 아내)
spouse	배우자(配偶者)
consort	(왕 · 여왕의) 배우자(spouse) · prince consort (여왕의) 부군(夫君) · queen consort 왕비

jelly roll	젤리 롤(젤리 바른 스펀지 케이크) → 애인
helpmate	협조자 → 내조자 · 배우자 · (특히) 아내 · model helpmate 양처
paramour	정부(情夫) · 정부(情婦) · 애인
soul mate	(이성의) 마음의 친구 → 애인 · 정부(情夫 · 情婦)
life partner	인생 동반자
main squeeze	(조직의) 중요 인물 · 보스 · 상사 → 마누라 · 애인(정해진 걸[보이] 프렌드)
squeeze a person's hand	(애정 · 우정 따위의 표시로) 남의 손을 꽉 쥐다
missis[missus]	(자기 또는 남의) 마누라 · 아내
How's the missis?	마누라는 안녕한가?

7. 윤락 · Sex Worker·Phone Sex Operator

■ 윤락(淪落)

(1) 세력이나 살림이 보잘것없어져 다른 고장으로 떠돌아다님.

(2) 여자가 타락하여 몸을 파는 처지에 빠짐.

지금이야 (2)의 의미로 쓰이지만 이 말에는 적잖은 시정(詩情)이 담겨 있다. 원래 (1)의 의미였다. 이 단어는 중국 당(唐)나라 천재 시인 백거이(白居易)-자(字)는 낙천(樂天) -를 통해 세상에 널리 알려졌다. 지금의 장시(江西)성으로 좌천되어 한직을 맡고 있던 무렵, 어느 가을 자신을 찾아왔다 돌아가는 친구를 배웅하려다 강가에서 비파 소리를 듣고 그 주인공을 찾아 음악을 감상한 뒤 백거이는 여인의 살아온 행적을 듣는다. 수도 장안에서 잘나가던 기생이 나이가 들어 퇴기 취급당하다가 먼 지방의 장사치 아내로 자리 잡게 된 사연이다. 고개를 떨어뜨리고 젊었을 적의 즐거웠던 추억들과 지금 실의에 빠진 초췌한 모습으로 남게 된 이력을 말하는 그녀를 동병상련(同病相憐)한다. 자신 또한 정쟁에 말려 마흔 셋 나이에 지방의 한직으로 밀려난 신세였으니 말이다. 민초들의 힘겨운 삶에 늘 귀를 기울였던 백거이는 그 순간의 공명(共鳴)을 이렇게 읊는다.

주 공명(共鳴): 남의 사상, 감정, 행동 따위에 공감하여 자기도 그와 같이 따르려 함

同是天涯淪落人 相逢何必曾相識(동시천애윤락인 상봉하필증상식)
다 같이 하늘가를 떠도는 신세, 서로의 만남이 어찌 아는 사이뿐이랴.

절박한 삶의 환경이 만들어 놓는 하늘 끝, 그곳에서 마음 둘 곳을 찾지 못하고 이리저리 헤매는 상태가 윤락이다. 당초 성매매와는 아무런 상관이 없는 단어로 쓰였던 것이다. 이 용어에 관한 한 PC의 역사가 영어보다 훨씬 깊다고 볼 수 있다.

- What is a sex worker? (성(性) 노동자는 무엇을 하는 사람인가?)

매춘·매춘부에 대한 영어 단어는 두 가지이다. 하나는 prostitution·prostitute이고, 다른 하나는 streetwalking·streetwalker[street girl]이다. 전자는 라틴어에서 나온 말이고 후자는 전자를 풀어 쓴 것이다. prostitution의 'pro'는 '앞에'(예: proceed 앞으로 나아가다)의 의미이며, 'stitution'은 '입(立)'이란 의미다. 손님을 유혹하기 위해 업소 앞에 나와 서 있다는 뜻이다. 창녀를 street hooker라고도 하는데 이는 '거리에서 낚아채는 사람'이라는 의미다.

sex worker(성 노동자)란 성적 서비스를 제공함으로써 돈을 버는 사람이다. 이 말은 political term(정치 용어)으로 1970년대에 미국의 prostitute-activist(매춘부 운동가) Carol Leigh가 만들어낸 말이다. 이 말은 때때로 prostitution의 synonym(동의어)나 euphemism(완곡적 표현)으로 사용된다. 일반적으로 sex worker(성 노동자)란 sex industry(섹스 산업)에서 sexual activity(성적 활동)를 하는 사람, 즉 strip teaser(스트립쇼의 무희)·erotic massage therapist(에로 안마 치료사)·pornography actor and actress(포르노 배우)·phone sex operator(전화 섹스 오퍼레이터)를 일컫는다.

- Phone sex operators(전화 섹스 오퍼레이터)

Phone sex operators - persons who give "oral" sex to clients who phone them - in other words, sex workers who talk to the client in a very suggestive, sexually explicit manner while the client (usually) masturbates. Since the client never actually sees the person at the other end of the discussion, the phone sex operator can give a description of him or herself. The sex worker does not have to be dressed, doesn't have to drive anywhere to get to work, and can do other activities while carrying on a conversation with the client.

전화 섹스 오퍼레이터 - 전화한 고객에게 '입으로(말로)' 성행위를 하는 사람 - 다시 말해 고객이 (보통) 자위 행위를 하는 동안에 매우 암시적이며 성적으로 노골적인 투로 고객에게 말하는 성(性) 종사자다. 고객은 통화 중인 상대방을 실제로 볼 수 없기 때문에 전화 섹스 오퍼레이터는 고객과 자신의 모습에 대해서 마음대로 말할 수 있다. 이 성(性) 종사자는 옷을 차려 입을 필요가 없고 일을 하기 위하여 어디로 갈 필요가 없으며 고객과 대화하면서 다른 일을 할 수도 있다.

17 양성평등언어 *Gender-Fair Language*

1. 양성평등언어(Gender-Fair Language·Neutral Language)

■ 남성 중심 어휘

성(性: 남성과 여성 또는 암컷과 수컷의 구별)에 해당하는 영어는 gender와 sex다. 라틴어로 '종류'란 뜻인 gender는 주로 문법(文法)에서 사용되는 용어다. sex에는 gender에는 없는 '성욕'이라는 의미가 포함되어 있다. 대개의 언어는 남성 중심이다. 18세기까지 남자가 삶의 중심이었기 때문이다.

history(역사)는 '남자의 이야기'란 뜻이다. mankind(인류), congressman(의회의원), chairman(의장), bookman(문인·학자) 등도 남성 중심이긴 마찬가지다. 남성 존칭어 mister(Mr.)는 master(라틴어로는 maestro)의 변형이다. master의 원래 의미는 '지배자'다. master에서 파생된 말이 많다. masterpiece(걸작), mastermind(주모자·조종하다), master bedroom(큰 침실) 등등. surname(성)은 아버지 쪽 성씨를 말한다. 따라서 What's your surname?보다는 What's your family name?이라고 묻는 것이 중립적이라고 할 수 있다. 그 어원을 보자.

The word surname derives from Latin super "over" or "above," meaning "additional name." As early as the 14th century it was also found spelled as sirname or sirename, suggesting that it meant "man's name" or "father's name."

surname이라는 단어는 라틴어 super(over 혹은 above)에서 나온 말로 '부가적인 이름'이란 의미다. 또한 일찍이 14세기 이 단어는 sirname 또는 sirename라고 철자되었는데 이는 이 단어가 '남자의 성' 또는 '아버지의 성'을 의미한다는 것을 시사한다.

미국, 영국, 독일, 일본, 러시아, 중국에서는 부모가 두 사람 성 가운데 하나를 자녀의 성으로 선택해 준다. 덴마크, 노르웨이, 핀란드, 스웨덴도 마찬가지지만 선택하지 않으면 어머니 성을 따른다. 우리는 2005년 아버지 성 따르기를 원칙으로 하되 부모가 합의하면 어머니 성을 쓸 수 있게 민법을 바꿨다. '아버지를 알 수 없는 사람'만 어머니 성을 따르게 했던 조항이 남녀 차별이라고 국회가 인정한 것이다.

■ 여성 중심 어휘

그런가 하면 여성이 중심이 된 말도 있다. bridegroom(신랑)은 bride(신부)에 groom(마부 · 하인)을 붙인 것이다. 아마 신랑은 신부를 말에 태우고 편하게 모셔(?)가는 마부[하인] 같은 존재였던 모양이다. male nurse(남자 간호사)는 nurse(유모 · 보모 · 여자 간호사)에 male(남자)을 붙인 것이다. nurse는 라틴어로 양육(자)란 의미였다.

또 하나는 Mrs. Grundy(미세스 그란디)다. Mrs. Grundy는 '남의 입', '세상의 평판', '세상의 구설수'라는 의미로 사용되며 Grundyism(그란디즘)은 '지나친 인습 존중', '남의 이목과 체면 중시'라는 의미로 사용된다. 미국 작가 토마스 머튼(Thomas Morton 1764~1838)이 지은 희극 〈Speed the Plough〉(1798)에서 농부 애쉬필드(Ashfield)의 아내 애쉬필드 부인(Mrs. Ashfield)은 이웃 그런디 부인(Mrs. Grundy) – 무대에는 등장하지 않는 offstage neighbor(무대 뒤의 이웃) – 을 의식하고 시샘한다. 그는 매사에 "What will Mrs. Grundy say? What will Mrs. Grundy think?(그런디 부인은 뭐라고 말할까? 그런디 부인은 뭐라고 생각할까?)"라고 말한다.

이에 남편은 "Be quiet, will you? Always ding, dinging Grundy into my ears(조용히 좀 안 할 거야? 허구한 날 '그런디', '그런디'야, 귀에 딱지가 붙었어)"라고 말한다. 이때부터 Mrs. Grundy가 'everyday speech as a criterion of rigid respectability(엄격한 관습의 기준을 나타내는 일상적인 말)'이 되었다. What will Mrs. Grundy say?는 'What will our rivals say?(우리의 경쟁자는 뭐라고 할까?)', 'What will our neighbours say?(우리의 이웃은 뭐라고 할까?)', 'What will the world say?(세상은 뭐라고 할까?)', 'What will people say?(사람들은 뭐라고 할까?)'란 의미로 사용되고 있다.

영국의 시인 로커-램프슨(Frederick Locker – Lampson 1821~1895)은 〈The Jester's Plea 익살꾼의 탄원〉에서 'Many are afraid of God – And more of Mrs. Grundy(많은 사람이 신을 두려워한다. 더 많은 사람이 세상의 소문을 두려워한다)'고 썼다. 이런 말도 있다. The tongue of a woman is her sword which never rusts(여성의 혀는 녹스는 일 없는 칼이다). A woman's tongue is only three inches long, but it can kill a man six feet high(여성의 혀는 3인치밖에 안 되지만, 6피트의 남성을 죽일 수 있다). 세상의 평판은 여성의 몫이 아닐까!?

■ 해남(海男)은 없는가?

바다 속에서 해삼이나 전복을 따는 여자를 해녀(海女)라 한다. 해남(海男)이라는 말은 없다. 선천적으로 여자들이 물질을 잘해서일까? 신석기 시대에는 물질이 여자만의 몫은 아니었다. 7000여 년 전 한반도 남부에서는 남녀 가릴 것 없이 깊은 바다에서 전복 따위를 잡았다는 사실이 발굴을 통해 증명됐다. 경남 통영시 산양면 연대도(사적 335호)는 1987년 태풍으로 흙이 왕창

파이면서 유적의 존재가 알려져 1988~1992년에 발굴되었다. 발굴된 조개가 살아 있을 때 영양분을 섭취하면서 체내에 들어온 C14의 변화량(= 반감기)으로 연대측정(탄소연대측정)한 결과 지금부터 7300~6700년 전의 유적이었다는 것이 판명되었다.

■ 이름에 관한 한 서양 여자보다 운이 좋은 한국 여자

미국의 여성은 결혼하면 90% 이상 남편의 성을 따른다. 일본도 대부분은 남편 성씨를 따른다. 미국의 인구 조사에서도 여성의 경우 married name(결혼 후 이름)을 쓰도록 하고 있는데 이는 premarital name(결혼 전 이름)을 공식적으로는 인정하지 않는다는 것을 의미한다. 영어에서는 부부를 호칭할 때 Mr. and Mrs. Bush 식으로 아내의 결혼 전 이름(premarital name · maiden name)은 없어지고 남편 이름 앞에 Mrs.만 추가할 뿐이다. Mrs. Jones, nee Adams(존스 부인, 구성(舊姓) 애덤스)처럼 프랑스어로 '태어난'이란 의미인 nee를 써서 기혼 여성의 결혼 전 성을 나타내는 경우가 있기는 하다.

재클린(Jacqueline 1929~1994)의 경우 첫째 남편이 케네디(Kennedy), 둘째 남편이 오나시스(Onassis)이므로 그녀의 성명은 '재클린 케네디 오나시스(Jackline Kennedy Onasis)'다. 이름이 곧 결혼 이력서인 셈이다. 정식 이름은 재클린 리 부비에 케네디 오나시스(Jacqueline Lee Bouvier Kennedy Onassis)다. Lee는 어머니의 middle name이고 Bouvier는 아버지의 last name이다.

우리나라 언론에서는 이름을 줄여 쓸 경우 '성'만 호칭한다. '힐러리 클린턴 국무장관'의 경우도 '클린턴 국무장관'으로 해야 한다. 그러나 그의 경우 남편인 빌 클린턴 전 대통령의 유명세 때문에 남편과의 혼선을 피하기 위하여 지금까지 '힐러리 상원의원'으로 써왔던 것처럼 편의상 '힐러리 국무장관'으로 호칭한다.

이런 말이 있다. When it comes to names, Korean women are luckier than western women; they keep their maiden names even after they get married.(이름에 관한 한 한국 여자는 서양 여자보다 운이 좋다. 한국 여자들은 결혼 후에도 결혼 전의 이름을 유지한다). 뿐만 아니다. 택호(宅號)도 친정이 있는 동네의 이름을 따서 '강화(江華) 댁', '안동(安東) 댁'이라고 한다. 미국의 클린턴 대통령이 한국을 방문해 김영삼 대통령 내외를 만났을 때였다. 클린턴은 손명숙 여사를 Mrs. Kim으로 호칭(addressing)했다. 미국 관리들이 나중에 클린턴에게 한국 전통을 말해준 뒤에야 클린턴은 자신의 실수를 깨달았다.

■ Kinship Terms 친척 관계 명칭

가족 제도에 관한 한 동양 사회가 명칭과 호칭도 세분화되었고 다양하게 발달하였다. 가족의 혈연 관계가 약하고 이혼이 잦은 서양인들은 대충 부르는 경우가 많았다. 시어머니도 장모도 호칭은 똑같이 mother-in-law(장모 · 시어머니)이기 때문에 이 말만 듣고 누구인지 분간할 수 없다. In-law로 끝나는 명칭은 주로 '혼인으로 맺어지는 관계'를 말하고, stepfather(계부) stepmother(계모)에서처럼 step(한 다리 건너)은 half라는 의미로 혈연 관계는 없다.

영어에는 '오빠'나 '누나'라는 단어가 별도로 없다. 구태여 꼭 써야 할 경우는 억지로 만들어 써야 한다. 영어에 'Tom is Vivian's brother(톰은 비비안과 남매지간이다)', 'Sarah is Robert's sister(사라는 로버트와 남매지간이다)'라는 표현은 있어도, 'Tom is Vivian's elder[big] brother(톰은 비비안의 오빠예요)', '사라는 로버트의 누나예요(Sarah is Robert's elder[big] sister)'라는 식의 표현은 사실상 거의 없다.

가족제도는 우리나라가 발달했다. 위아래 종적 개념이 발달한 우리나라의 호칭은 세분화되고 구체적이다. 반면에 영어의 경우는 몽땅 싸잡아서 호칭한다. 예를 들어 cousin의 경우는 8가지의 친척 관계를 나타낸다. 시동생(媤同生: 남편의 남동생)을 영어로 하면 an unmarried younger brother of one's husband가 되어 아주 길어진다. 영어권에서는 핵가족(nuclear family) 제도가 우리나라에서는 대가족 제도(extended family)가 발달된 데 연유한 것이다.

uncle	큰아버지, 작은아버지, 고모부, 이모부, 삼촌, 외삼촌
	(구어) 이웃집 아저씨, 방송국의 아나운서, 늙은 흑인 하인
aunt	백모, 숙모, 이모, 고모, 형수, 제수, 외숙모
	(구어) 어린이가 친밀감을 느끼는 남의 아주머니
cousin[nephew]	삼촌의 아들, 고모의 아들, 외삼촌의 아들, 이모의 아들
cousin[niece]	삼촌의 딸, 고모의 딸, 외삼촌의 딸, 이모의 딸
brother-in-law	매형, 매제, 처남, 시숙
sister-in-law	형수, 제수, 처형, 처제, 올케[시누]

■ 왜 God가 '아버지'인가?

우리나라에는 반가사유상(半跏思惟像)의 미소가 있고 프랑스에는 모나리자(Mona Lisa)의 미소가 있다. 이태리의 레오나르도 다 빈치(Leonardo da Vinci)는 모나리자를 그리기 위해 악사와 광대를 불러 부인의 심기를 항상 즐겁고 싱그럽게 함으로써 정숙한 미소를 머금은 표정을 표현할 수 있었다. 그는 이 초상을 프랑스의 왕에게 팔았다. 이 초상에는 눈썹이 없는데, 그것은 당시 넓은 이마가 미인의 전형으로 여겨져 여성들 사이에 눈썹을 뽑아버리는 일이 유행했기 때문이다. 미술사(美術史)는 다빈치를 '최고의 미소 발명가'라고 꼽는다. 웃는 듯 마는 듯한 모호한 표정을 짓고 있다. 이 은밀한 스마일 안에는 육감적인 여체에서 발산되는 신선하고 매혹적인 아름다움이 융합돼 있다.

모나리자의 미소에 비해 우리나라의 반가사유상은 상대적으로 차분하고 정적인 느낌을 준다. 국보 제78호 · 제83호 금동미륵보살반가사유상(金銅彌勒菩薩半跏思惟像)의 얼굴을 보라! 연화대(蓮花臺) 위에 걸터앉아 오른쪽 다리를 왼쪽 다리 위에 포개 얹고 오른손 손가락으로 가볍게 숙인 얼굴의 턱을 살짝 괸 채 명상하는 그 우아한 모습은 참으로 미묘하다. 세속과 깨달음의 갈림길에서 고뇌하는 슬픈 얼굴인가 하면 슬퍼 보이지도 않고, 입가에 머금은 듯하면서 흐르는 미소를 누르고 있는 준엄한 기운, 그 오묘하고 거룩한 자태는 달관과 사유의 즐거움을 나타낸다. 세계 미술사(美術史)에서 가장 뛰어난 걸작이다. 눈썹에서 코, 코에서 입술로 이어지는 황금 비율의 절묘한 곡선!

국보 제83호와 쌍둥이처럼 닮은 목조(木造) 미륵반가사유상이 소장된 일본 교토(京都)의 광륭사(光隆寺)를 603년 신라(新羅) 도래(渡來)인 진하승(秦河勝)이 창건했다. 이 반가사유상은 서기 623년 신라에서 제작되어 일본에 전한 것으로 추정된다. 재질(材質)이 우리나라의 적송(赤松)이라는 것이 확인됐다. 일본의 전문가는 '반가사유상의 얼굴은 성인(adult)과 어린이(kid)의 표정이 함께 표현된 대자대비(大慈大悲)의 얼굴이다'고 말한다. 광륭사의 반가사유상을 관찰한 독일의 철학자 야스퍼스(Karl Theodor Jaspers 1883~1969)는 다음과 같이 찬미했다. '일본 광륭사의 반가사유상에는 실로 완전히 완성된 인간 실존의 최고 이념이 남김 없이 표현되어 있다. 그것은 지상에 있는 모든 시간적인 것과 속박을 초월하여 도달한 인간 존재의 가장 청정한 가장 원만한 가장 영원한 모습이다.'

그런데 반가사유상은 중성(中性)이다. 신은 남성도 아니고 여성도 아닌 중성이어야 한다고 주장하는 종교철학자도 있다. 또 God을 더 이상 he나 his로 받아서는 안 된다는 주장이 이미 제기되었다. 개신교 여성단체들이 한국기독교총연합회(한기총)와 한국기독교교회협의회(KNCC)가 공동으로 마련해 발표한 새 번역 주기도문(The Lord's Prayer)이 양성 평등의 시대적 흐름을 반영하지 않았다며 Non-Sexist Language(성차별 없는 언어 · 중성언어)로 해야 한다고 문제를 제기하고 있다. 1960대부터 영어에서 남성 편리나 우월적 용어를 금하기 시작하면서 생긴 결과다. God을 he로 받지 않고 It으로 받자는 주장도 중성(中性) 대명사로 표기하자는 시대적 흐름의 일부다. KNCC여성위원회, 한국여성신학회, 한국여신학자협의회 등 3개 단체는 "새 번역 안에서 2인칭 소유격 대명사를 〈아버지의〉로 고친 것은 재고해야 한다"고 주장했다. 주기도문(The Lord's Prayer: 마태복음 6장 9절~13절)을 보자.

(9절) Our Father in heaven, hallowed be your name,
(10절) your kingdom come, your will be done on earth as it is in heaven.
(11절) Give us today our daily bread.
(12절) Forgive us our debts, as we also have forgiven our debtors.
(13절) And lead us not into temptation, but deliver us from the evil one.
(For the kingdom, the power, and the glory are yours, now and forever. Amen.)

새 번역

(9절) 하늘에 계신 우리 아버지여, 아버지의 이름이 거룩하게 하시며,

(10절) 아버지의 나라가 오게 하시며 아버지의 뜻이 하늘에서 이룬 것같이 땅에서도 이루어지이다.
(11절) 오늘날 우리에게 일용할 양식을 주시고.
(12절) 우리가 우리에게 죄 지은 자를 사하여 준 것같이 우리 죄를 사하여 주시고.
(13절) 우리를 시험에 들게 하지 마옵시고 다만 악에서 구하옵소서.
(나라와 권세와 영광이 아버지께 영원히 있사옵니다. 아멘.)

주 (9절) hallowed be your name(아버지의 이름이 거룩하게 하시며)는 기원(祈願)문에 사용하는 도치구문이다. 원래의 어순은 your name be hallowed이다.

이들의 주장은 'your name(아버지의 이름)을 거룩하게 하시며' · 'your kingdom(아버지의 나라)가 오게 하시며' · '(your will(아버지의 뜻)이 하늘에서 이룬 것같이'에서 '아버지의'를 생략하자는 것이다. 영어 버전에서는 지금도 그대로 쓰고 있는 문구를 한국의 개신교 여성 신도 그룹이 개정을 요구한 것이다. 남녀가 평등한데 God를 남자 명칭 '아버지'로 표현하는 것은 가부장적 문화의 잔재라는 것이다. '아버지의'가 생략된 기존의 주기도문은 맥락에 아무 문제가 없었다며 그동안 생략했던 2인칭 소유격 대명사를 굳이 '아버지의'를 붙여 번역한 것을 이해할 수 없다는 것이다.

2. 히틀러에게는 조국(祖國)은 없었고 모국(母國)은 있었다

주 필자는 〈The Psychoanalytic Interpretation of History: 역사의 정신분석학적 해석〉 (Basic Books: New York 1971)을 〈정치지도자(히틀러 · 스탈린 · 헤르츨)의 정신분석〉(1978년 2월 20일 태양문화사 발행)이란 제목으로 번역 출판한 바 있다. 내용 중에 윌리엄스 대학(Williams College) 역사학 교수 로버트 웨이트(Robert Waite)의 논문 〈Adold Hitler's Anti- Semitism 아돌프 히틀러의 반유태주의〉가 있다. 아래는 그중 일부를 요약한 것이다.

참고 역사상 인물을 연구하는 데 정신분석학을 적용하는 것과 같이, 여러 학문 분야를 연결 협력 통합 집결하는 연구법을 interdisciplinary[multidisciplinary] approach라 한다. 우리말로는 '학제(學際)학문'이라 한다. 혹은 consilience(unity of knowledge)라고도 한다. 우리말로는 '통섭(統攝)학문'이라고 한다.

선조 또는 조상을 영어로 forefathers라고 한다. fore-mother라는 말은 사전에도 없다. 조국(祖國)은 fatherland, 또는 motherland라 한다. 그런데 히틀러는 조국(祖國 fatherland)이라는 단어를 사용하지 않았다. 대신에 모국(母國 motherland)이라는 단어를 즐겨 사용했다. 이는 히틀러의 유태인 학살과 밀접한 관련이 있다. 히틀러는 그의 나이 18세 때 어머니를 잃었는데 그는 어머니에게 강한 애정을 갖고 있었다. 빈에 있던 히틀러는 어머니가 중병에 걸려 사경을 헤매고 있다는 소식을 듣자 어머니를 병구완하기 위해 공부를 중단하고 어머니의 병상으로 서둘러 돌아왔다. 애를 태워가며 어머니를 간호했으며 어머니가 좋아하는 감상적인 사랑의 이야기와 소설의 흥미 있는 부분을 골라서 어머니에게 소리 내어 읽어드렸다. 어머니의 고통이 심할 때는 어머니를 꼭 껴안았으며, 어머니가 죽자 어머니의 모습을 스케치했다.

그는 전 생애 동안 어머니의 사진을 지갑 속에 간직했으며, 어머니의 초상화가 모든 침실의 침대 위에, 뮌헨의 아파트에, 총통 관저에, 그리고 베를린의 벙커 속에 걸려 있었다. 히틀러의 유태인 배척주의(anti-Semitism)는 어머니가 죽은 시기와 밀접한 관련을 갖고 있다. 그는 화가가 되기를 원했으나 그를 공무원으로 만들려고 했던 아버지는 "뭐 환쟁이가 되겠다고! 내가 살아 있는 동안은 절대 안 돼"라고 하며 반대했다. 그는 레알슐레(Realschule 실과(實科)중학교)를 중도 하차했다. 이것은 아버지에 대한 대립 감정을 나타낸 사보타주였던 것이다. 히틀러의 어머니는 유방암으로 인한 유방 절제 수술을 받은 후에 린쯔에서 죽었다. 수술 전후 그의 어머니를 돌보았던 의사는 유태인 에드문트 블로흐(Edmund Bloch)였다. 크리스마스이브 전날(12월 23일)인 어둡고 음산한 날에 행해졌던 장례식이 끝나자마자 히틀러는 빈으로 되돌아갔다.

히틀러가 광신적인 반유태주의자가 된 것은 1908년 초인 이 무렵이었다. 프로이드 이론에 따르면 히틀러는 그의 아버지에 대해서 깊이 느낀 갈등으로 인하여 오이디푸스 콤플렉스(oedipus complex: 아들의 어머니에 대한 무의식적 사랑)를 가졌다. 의식적으로는 아버지에 대해서 좋게 말했으나 무의식적으로는 어머니에 대한 라이벌로서 아버지를 싫어했다. 아버지 대신 유태인 의사 에드문트 블로흐가 나타나서 그의 아버지에게 품었던 근본적인 갈등을 다시 불러 일으켰다. 의사 블로흐는 아버지에 대한 감정전이(感情轉移 transference · displacement)의 대상이었다. 히틀러가 젊었을 때 보았던 아버지의 행동과 비슷한 행동 중 많은 것을 이 유태인 의사가 대신했던 것이다. 그 역시 거의 매일 모르핀(진통제)을 피하주사하기 위해 어머니의 침실로 들어갔다.

거기서 옷을 벗은 어머니를 보았고 그는 어머니의 양쪽 유방을 진찰하였다. 의료상의 이러한 접촉 관계는 히틀러의 마음 속에 어머니에 대한 성적인 공격자로서의 아버지의 이미지를 연상시켰다. 그 당시 수술에 의한 유방 절제는 잔인함을 연상시켰다. 히틀러는 겉으로는 이 의사에게 감사를 표했지만, 무의식적으로는 그에게 가장 소중했던 어머니를 절단하여 죽인 잔인한 공격자였던 것이다. 아버지의 이미지가 유태 민족의 한 사람인 의사 블로흐에 투사(projection)되었다. 결국 감정전이의 확대에 의해서 유태인 전체는 모국 독일(German Motherland)에 대한 공격자가 되었으며 독일 혈통의 성배(Holy Grail of German Blood) - 순수한 독일 혈통 - 에 대한 해독이 되었다. 이들은 모두 절멸(絶滅)되지 않으면 안 되었다.

3. Replacing the pronoun he(대명사 he 대체하기)

관습적으로 남성(男性)형이 남녀 모두를 지칭하는 총칭(總稱)으로 사용되었으나 성차별이라는 논란 때문에 politically correct writer(정치적으로 올바르게 글쓰는 사람)는 Like man, the generic use of he can be seen to exclude women(man과 마찬가지로 he를 총칭적으로 사용하는 것은 여성을 배제하는 것으로 보일 수 있다)고 지적한다. 스미스 대학(Smith College)은 미국의 명문 여자대학(elite school only for women)이다. 학생들은 학교 학칙(school constitution)을 바꿔 특정성 언어(gender-specific language)인 she나 he를 추방하고 student만을 사용하기로 투표로 결정했다.

작문 운전자가 빨간불을 만나면 정지할 채비를 해야 한다.

(A) When a driver approaches a red light, he must prepare to stop.

(U) When drivers approach a red light, they must prepare to stop.

(A) When a driver approaches a red light, he or she must prepare to stop.

(U) When approaching a red light, a driver must prepare to stop.

작문 자리를 들 때 손님들께서는 각자 우산을 잊지 마세요.

When leaving, each guest should not forget his/her umbrella.

4. 대등 명칭(parallel name)으로 양성 언급

특정의 성(性)을 명시하는 용어가 총칭적으로 사용될 경우 성차별이라는 고정 관념을 불필요하게 영속화시킬 수 있다. 어느 직업이고 남성 전유물인 경우는 없다. gender-neutral term(성 중립적 용어)이나 gender bias-free term(성 편견 없는 용어)을 사용하면 통칭 표현이 된다. 여자들만의 영역이던 간호사 직업에 남자 간호사가 등장하면서 male nurse라 하였는데 이 또한 성차별이라 하여 이젠 역으로 nurse라고 한다. 여배우를 actress라 하였는데 이 역시 성차별이라 하여 이젠 다시 actor라 한다. 과학계의 다른 여성과 비교하는 경우가 아니면, Marie Curie was a great woman scientist(마리 퀴리는 위대한 여성 과학자였다)보다는 Marie Curie was a great scientist(마리 퀴리는 위대한 과학자였다)가 좋다.

girl Friday 또는 gal Friday는 '(일 잘하여 여러 일을 맡은) 여비서[여사무원]'을 말한다. 이를 assistant라고 해야 양성평등 언어가 된다. '비서와 보스'를 말할 때는 secretary and her boss보다는 secretary and boss 또는 secretary and his or her boss가 포괄적이다. doctors and their wives(의사들과 그들의 부인)보다는 doctors and their spouses(의사들과 그들의 배우자)가, lawyers and their wives(변호사들과 그들의 부인)보다는 lawyers and their spouses(변호사들과 그들의 배우자)가 포괄적이다.

주 spouses and their lawyers: 배우자들과 그들에게 법률 감정을 하는 변호사

남성은 성취(accomplishment) 면에서 기술하는 반면 여성은 나이(age)와 용모(appearance) 면에서 기술하는 것도 여성을 경시하는 언어 습관에 해당된다.

비교 (1) Betty Schmidt, an attractive 49-year-old physician, and her husband, Alan Schmidt, a noted editor

(2) Betty Schmidt, a physician, and her husband, Alan Schmidt, an editor
(1)보다 좋은 표현

(1) 매력적인 49세의 의사인 Betty Schmidt와 저명한 편집자인 그녀의 남편 Alan Schmidt

(2) 의사인 Betty Schmidt와 편집자인 그녀의 남편 Alan Schmidt

• 의장

(A) chairman

(U) chair, chairperson, president

president는 동사 preside(사회를 보다)에서 나온 말로서 사회를 보는 사람

• 객실 승무원

(A) stewardess 여 steward 남

(U) flight attendant

주 '차장(車掌)'이란 말이 있다. 본래 의미는 '차의 손바닥'이다. '기차 버스 전차 따위에서 찻삯을 받거나 차의 원활한 운행과 승객의 편의를 도모하는 사람'이다. '승무원'으로 순화되었다. "운전석 기사와 출입문 앞 자리의 차장 아가씨 한 사람뿐 차 안은 여태 텅텅 빈 채로였다."(이청준의 '살아 있는 늪)

• David Kim 씨와 Betty Harrow 씨

(A) Mr. David Kim and Mrs. Betty Harrow

(U) Mr. David Kim and Ms. Betty Harrow

주 Ms.: (Miss와 Mrs.의 혼성) 여성이 미혼(Miss)인지 기혼(Mrs).인지 모를 때나 그녀가 Mrs.를 선호한다고 알려져 있지 않을 경우에 성이나 성명에 붙여 …씨

• 근계(謹啓) (상용서신 첫 머리)

(A) Dear Sir:

(U) Dear Sir·Madam:

(U) Dear Madam·Sir:

(U) Dear Sir or Madam:

(U) Dear Madam or Sir:

(U) To whom it may concern: 관계자 앞:

5. TIME은 Man을 Person으로 변경

'남녀평등'이라는 말도 '양성평등'이라고 해야 한다는 여성도 있다. 순서가 남(男)이 먼저고 여(女)가 나중이라는 것이다. 그렇다면 '부모'라는 단어도 '양친'이라고 해야 한다는 주장도 나올 법하다. 하여간에 성차별 소지가 있는 표현은 포괄적인 표현으로 바꿔 쓰는 것이 좋다. 이러한 표현을

nonsexist expression(남녀를 차별하지 않는 표현) 또는 gender-fair language(양성평등 언어)라 하며, PC용어에 포함된다. Longman사전에서는 man을 이렇게 설명한다.

Many people, especially women, do not like the use of man to mean human beings (men and women) in general. They prefer to use words like: humans, human beings, the human race, people(많은 사람, 특히 여자들은 인간 일반(남자와 여자)을 이르기 위하여 man이라는 단어를 사용하는 것을 달가워하지 않는다. 대신에 humans, human beings, the human race, people과 같은 단어를 선호한다).

Englishman(잉글랜드 사람), Irishman(아일랜드 사람), Frenchman(프랑스 사람), Dutchman(네덜란드 사람), manmade satellite(인공위성), manmade lake(인공 호수) 등등의 단어나 Man is mortal(사람은 죽게 마련이다), A man's home is his castle(사람에게 집은 자신만의 성과도 같다) 따위의 문장도 이제는 손을 봐야 할 것 같다는 생각이 든다. Dutchman의 경우를 예로 들면 Hollander, Netherlander, Dutch person, Dutch people이라고 하면 성차별이 없는 말이 된다. '인공의'에 해당하는 영어는 'man-made'보다 'synthetic', 'artificial'이 적절하다. '일반인'에 해당하는 영어는 'man in the street'보다 'average person', 'ordinary person'이 적절하다.

미국의 시사주간지 Time(상표는 대문자 TIME으로 표시)의 가장 유명한 특집기사는 해마다의 표지 기사 '올해의 인물'이다. 그 해의 뉴스에 가장 큰 영향을 미친 인사를 다루는 기사다. 그 기사의 명칭이 과거에는 Man of the Year이었으나 현재는 Person of the Year다.

■ 가사전업남편(家事專業男便)의 탄생

육아와 가사에 전념하는 남성의 수가 늘어난 것은 최근 전문직 여성의 증가로 남성에 비해 높은 수입을 올리는 여성이 많고 전통적인 남녀의 역할 관계에도 변화가 있기 때문이다. 살림하는 남성은 전문직 여성과 여성이 연상인 커플의 증가 등 새로운 트렌드의 산물이기도 하다.

'일하는 여성과 살림하는 남성'은 선진국에서는 이상한 현상이 아니다. 중국에서는 주가남인(住家男人)이라고 한다. 우리나라에서는 '가사전업남편(家事專業男便)'으로 통용된다. 글자대로 하면 주부(主婦)의 상대어는 주부(主夫), 가정주부(家庭主婦)의 상대어는 가정주부(家庭主夫), 전업주부(專業主婦)의 상대어는 전업주부(專業主夫)다.

주 夫(남편 부) 婦(아내 부) 영어에서는 housewife(주부 主婦)에 대응하여 house husband(주부 主夫)라는 말이 생겨났다. 전업주부(專業主夫)가 등장하면서, housewife도 house husband도 통칭 명칭이 되지 못한다. 통칭 명칭이 되려면 남녀 구분 없는 homemaker라고 하거나 전문성을 부각해 domestic engineer라고 해야 한다.

6. 국어 속의 성차별 언어

언어 속 편견을 시정하지 않고는 뿌리 깊은 성차별의 껍데기를 깨기 힘들 것이다. 2008년 5월 1일 국립국어원은 "성차별적 언어 표현은 성별 간의 편견을 고착화함으로써 성별 간 갈등을 유발하고 궁극적으로는 사회 통합마저 저해할 수 있다"며, 성차별적 표현 5087개를 발표했다.

'형제애', '효자상품', '신사협정'이 남성 우월적 표현으로 지목됐다. 그 반대에 해당하는 '자매애', '효녀상품', '숙녀협정'이라는 말은 거의 쓰이지 않거나 존재하지 않기 때문이라는 것이다. '신사협정'을 '명예협정'이라는 대안을 제시했다. '사모님식 투자'는 '주먹구구식 투자'로, '미망인(未亡人: 아직 남편을 따라 죽지 못한 사람)'은 '고(故) 아무개 부인'으로, '레이싱 걸'은 '레이싱 모델'이나 '경주 도우미'로, '집사람'이나 '바깥양반'은 '배우자'로 표현하자고 제안했다.

남편의 본가를 '시댁'으로 호칭하는데 반해 아내의 본가를 '처가'로 낮춰 부르는 것 또한 성차별 표현으로 지적됐다. '1남 2녀', '장인장모' 등 양성을 함께 가리킬 때 남성을 앞세우는 경우로 지목됐다. '연놈', '계집사내'와 같이 양성을 가리키면서도 여성을 먼저 쓰는 경우 대개 여성 비하의 뜻이 담겨 있다는 점에서 암시적으로 성차별 의식을 보여 준다는 지적을 받았다. 그러나 이 경우는 남녀 우열보다는 병렬적 표현이라는 반론이 있다.

• 불필요하게 성을 강조한 표현

'남자미용사', '여의사', '여성총리' 등이 불필요하게 성을 강조한 표현으로 지목됐다. 영어에서 빌려온 '처녀작(處女作 maiden work)'을 '첫 작품(first work)'으로 처녀비행(處女飛行 maiden flight)을 '첫 비행(first flight)'로 하자고 제안했다.

• 성별의 고정 관념을 강조한 표현

'극성맞다', '앙칼지다', '꼬리치다', '앙탈부리다', '앙칼진', '가녀린', '야들야들한', '앳돼 보이는' 등은 남자에게 쓰이는 경우는 거의 없어 여성의 특정 속성을 지나치게 부각시키는 말이다. '늠름한', '터프가이', '늑대들의 욕망', '쩨쩨하다', '좀스럽다' 등은 남자에게 해당하는 말이다.

• 선정적 표현

'S라인', '쭉쭉빵빵', '섹시가슴', '핫바디(hot body)', '울끈불끈' 등이 선정적 표현으로 지목됐다.

• 특정 성(性) 비하 표현

'여편네', '된장녀', '부엌데기', '얼굴마담' 그리고 '놈팽이', '쩍벌남', '바지사장' 등이 특정 성(性)을 비하 표현으로 지목됐다. '쩍벌남'은 지하철에서 남성들이 다리를 쩍 벌리고 앉아 있는 남자를 말하고, '바지사장'은 회사의 경영에 참여하지 않고, 운영하는 데 필요한 명의만 빌려주고 실제는 운영자가 아닌 사장을 일컫는다.

18 속이는 정치 언어 *Political Language*

1. 정치가 다루는 것은 사실이 아니라 사실에 대한 인식

When It's Head Versus Heart, The Heart Wins.
Science shows that when we are deciding which candidate to support, anxiety, enthusiasm and whom we identify with count more than reason or logic.

머리(이성)와 가슴(감정)이 맞서면, 가슴이 이긴다.
어느 쪽 후보를 지지할 것인가를 결정하고자 할 때, 염원과 열정과 누구에게 공감하는가가 이성이나 논리보다 더 가치가 있다는 것을 과학이 밝혀주고 있다.

- NEWSWEEK(2008년 2월 2일 인터넷 판) 기사

해설 anxiety, enthusiasm and whom we identify with count more than reason or logic.
(주어1) (주어2) (주어3)

'임직'을 '비정규직'으로, '광부'를 '생산직 사원' 으로, '해고'를 '구조 조정'으로, '가격 인상'을 '가격 현실화'로, '강경 노조에 굴복'을 '노조와 대화', '노조와 타협', '협력적 노사 관계'로 개념(conception)을 재규정하면 인지(cognition)가 확 달라진다. 역시 '노동 시장 유연화'를 '노사 공존 파괴'로, '상속세 인하 정책'을 '현대판 신분제도'로, '비정규직 노동자'를 '곧 해고될 노동자'로, '기업 규제 완화'를 '재벌 강화 정책', '재벌에게 몰아주기 정책'으로, '값싸고 질 좋은 쇠고기'를 '팔 곳 없는 쇠고기', '미국인들은 거들떠보지도 않는 쇠고기'로 개념을 재규정하면 인지가 확 달라진다.

비교

〈해고〉를 의미하는 직설 표현	〈해고〉를 의미하는 정치 언어
layoff 해고	downsizing 축소화
dismissal 해고	right-sizing 적정 규모화
discharge 해고	streamlining 합리화 · 능률화
redundancy 해고 · 잉여 인원	restructuring 재구성
early retirement 정년 전의 조기 퇴직	

실체적 사실과 그것을 받아들이는 사람들의 인지 사이에는 괴리가 있기 마련이다. 그러나 정치가 다루거나 취급하는 것은 사실이 아니라 사실에 대한 인식이다. 바로 여기에서 정치 언어가 발전했다. 그러나 그 정치 언어에는 명(明)과 암(暗)이 있다

2. Political Language와 Doublespeak

'속이는 당의(唐衣)언어', '표리부동(表裏不同)의 언어', '겉 다르고 속 다른 언어'를 흔히 정치 언어라고 한다. 'torture(고문)'을 정치 언어로 말하면 'tough questioning(모진 심문)', 'physical persuasion(물리적 설득)', 'enhanced interrogation techniques(심문 기술의 강화)'라 한다. 레이건 대통령은 1982년 11월 22일 연설에서 MX missile(MX 미사일)을 peacekeeper(평화 수호자)라고 했다. 역사를 조작하지 않는 나라가 없다. 패배가 승리로 둔갑된다. 1940년 5월 26일 히틀러의 군대가 프랑스를 침공하자 영국·프랑스 연합군은 순식간에 밀려 34만의 연합군이 프랑스의 항구 뒹케르크(Dunkirk)로부터 영국 본토로 후퇴했다. 이후 파리는 함락되었다. 뒹케르크 철수는 사상 최대의 퇴각 작전이었다. 영국은 뒹케르크(Dunkirk)로부터의 후퇴를 정신적 승리로 미화시켰다. 과거사를 다루는 데 관한 한 일본은 조작의 명수다. '일본의 무자비한 중국 침략(Japan's ruthless invasion of China)은 '중국 진출(advance into China)'로 서술된다. 조지 오웰(George Orwell)은 〈정치와 영어 Politics and the English Language〉(1946년 4월 영국 런던의 Horizon이란 출판사에서 처음 발행)에서 이렇게 쓰고 있다.

Political language-and with variations this is true of all political parties, from Conservatives to Anarchists-is designed to make lies sound truthful and murder respectable, and to give an appearance of solidity to pure wind.

정치 언어는 거짓을 참말로 들리게 하고, 살인을 훌륭한 일로 판단케 하고, 완전한 기체인 바람을 고체로 보이도록 고안된 것이다-이것은 차이가 있기는 하지만 보수주의에서 무정부주의에 이르기까지의 모든 정당에 적용된다.

political language와 doublespeak는 동의어다. doublespeak의 사전적 의미는 '둘러대는 말', '얼버무리는 말', '애매하고 모호한 말', '앞뒤가 맞지 않는 말', '겉 다르고 속 다른 말'이다. 정치적 의미는 '국가가 선전 목적을 위하여 사실을 조작하고 왜곡하여 일반 대중을 기만하는 속과 겉이 딴판인 말의 기교'를 말한다. 다시 말해 Doublespeak is presenting things in a way that is intended to hide the truth(doublespeak는 진실을 속이려는 목적으로 사물을 표현하는 것)이다. 우리나라에서는 이 용어의 번역이 통일되지 않고 중구난방이다. '겹말'이라고 번역하는 경우가 있으나 적절치 않다. 겹말(pleonasm)은 같은 뜻의 말이 겹쳐서 된 말을 이르기 때문이다. 겹말의 예를 보자.

- 국어

처갓집	처가 + 집
고목나무	고목 + 나무
여러분들	여러분 + 들
살짝 선잠	살짝 + 선잠
관상(觀相) 보기	관상 + 보기

• 영어

cold ice	찬 얼음
false lie	가짜 거짓말
true fact	진짜 사실
burning fire	불타는 불
honest truth	정직한 진실
black darkness	어두운 어둠
qualified expert	자격 있는 전문가
some but not all	일부이지만 모두는 아닌
seriously consider	진지하게 숙고하다
unexpected surprise	예기치 않는 놀라움
visible to the naked eye	육안으로 볼 수 있는
all together and all at once	모두 함께 그리고 다 한꺼번에
HIV virus	HIV 바이러스(Human Immunodeficiency Virus)
PIN number	PIN 넘버(Personal identification number)
ATM machine	ATM 기계(Automated Teller Machine)
RAM memory	RAM 메모리(Random Access Memory)

'이중 언어'라고 번역하는 경우도 있지만 이 또한 적절치 않다. monolingual(1개 언어를 말하는 사람)의 반대 개념인 bilingual(이중[2개] 언어를 말하는 사람)과 혼동할 가능성이 있기 때문이다. '속이는 당의(唐衣)언어', '표리부동(表裏不同)의 언어', '겉 다르고 속 다른 언어'라고 번역해야 본뜻에 가깝다.

3. Doublespeak란 Sugarcoating(사탕발림)

doublespeak라는 단어는 1950년대 초기에 생긴 조어(造語)다. 이 말이 흔히 조지 오웰과 그의 1948년 작품인 역(逆)유토피아 소설(dystopian novel) 〈1984년 Nineteen Eighty-Four〉에서 비롯된 것이라고 하지만 이것은 잘못이다. 이 단어가 이 소설에 나오지 않는다. 하지만 오웰은 이 소설에서 newspeak(신어), oldspeak(구어), doublethink(이중 사고)라는 전에 볼 수 없었던 복합명사(composite noun)를 만들어 유행시켰다. 이 소설은 정부 관리가 인민의 모든 면을 모니터(감시)하는 전체주의 국가에 관한 이야기이다. 여기저기 널려 있는 포스터에는 '전쟁은 평화(War Is Peace)', '자유는 예속(Freedom Is Slavery)', '무지는 힘(Ignorance Is Strength)'이라는 슬로건이 보인다. doublespeak(속이는 정치 언어)의 교묘한 조작이다.

속이는 정치 언어(Doublespeak)는 정치적 목적으로 실질적 의미를 위장하거나 왜곡하기 위하여 의도적으로 만들어낸 언어다. 이러한 언어를 사용하는 사람들에게 desirable mental attitude(소기의 정신적 태도)를 갖도록 하는 것을 목적으로 하였다. 냉전 기간 동안을 통틀어 양 진영은 전적으로 Doublespeak를 사용했다. 공산주의 국가는 그들의 일당 독재 국가(party state)를 반드시 democracy(민주국가) 혹은 people's republic(인민공화국)이라고 칭했다. 서구의 자본주의 민주국가(capitalist democracy)는 그들에게 우호적인 억압적 독재자(repressive dictatorship)를 칭하는데, 'Free World(자유세계)', 'independent nation(독립국가)', 'ally(맹방)'과 같은 말을 사용했다. 때로는 '공격적인 어구(offensive word)'가 '거슬리지 않는 완곡어법(inoffensive euphemism)'으로 대체된다. 한 예로 소련은 '부농 말살(kulak democide)'을 숨기기 위하여 '부농을 정리하다(liquidate the kulaks)'라는 말을 사용하였다.

Doublespeak는 제3제국(The Third Reich 나치 국가)에서 매우 흔하게 사용되었다. 괴벨스(Goebbels)의 Ministry of the Reich for Public Education and Propaganda(나치 공공교육 · 선전(宣傳)성)은 수천 개의 새로운 독일어 단어를 만들어냈다. '죽음 캠프(death camp)'를 '집결 캠프(concentration camp)'로, '정당한 법 절차를 밟지 않은 투옥(imprisonment without due process of law)'을 '보호조치(protective custody)로, '오스트리아 점령(occupation of Austria)'을 '고국을 제국으로(Heim ins Reich · Home into the Country)'로 바꾸어 말했다. 1938년에 시작된 '하임 인스 라이히(Heim ins Reich)'는 히틀러가 추진한 정책으로 제2차 세계대전의 요인이 되었다. 이 정책은 독일계 민족(people of German descent)이 사는 독일 밖 지역을 대(大)독일(히틀러의 제3제국)에 합병시키는 것을 목적으로 하였다. 이런 목적으로 이 지역을 'Home(고국)'이라고 칭하였던 것이다. 여기에는 베르사유 조약(Treaty of Versailles) 이후에 할양된 지역과 본래는 독일 영토가 아니었던 주데텐란트(Sudetenland) 지역 등이 포함되었던 것이다.

• 해설 1

냉전(Cold War)이라는 신어(neologism)를 만든 사람은 누구인가? 다름 아닌 조지 오웰이다. 그는 1945년 10월 19일 발행된 그의 에세이 〈You and the Atomic Bomb〉에서 이 용어를 선보였다. 그러면 이 '냉전'이란 단어를 퍼뜨린 사람은 누구인가? 다름 아닌 미국 재정가 바루크(Bernard M. Baruch 1870~1965)다. 그는 윌슨부터 케네디까지 대통령 8명의 경제보좌관을 40년간 지내 '숨은 대통령'으로도 불렸다. 1 · 2차 대전에서는 전시산업위원장을 맡아 생산과 가격을 통제하고 세금원천징수제도 등을 도입했다. 국제연합(UN) 원자력에너지위원회 미국 대표로 일할 때 제시한 '미국이 세계의 핵을 관리 통제한다'는 '바루크 플랜'은 오늘날까지 미국 핵정책의 근간으로 내려오고 있다. 그의 어록에 이런 것이 있다. I am not smart. I try to observe. Millions saw the apple fall but Newton was the one who asked why(나는 명석하지 않다. 나는 관찰하려고 노력한다. 수많은 사람들이 사과가 떨어지는 것을 보았다. 그러나 뉴턴은 '왜'라고 물은 유일한 사람이었다).

• 해설 2

북한의 정식 명칭은 조선민주주의인민공화국(Democratic People's Republic of Korea · DPRK)이며, 국제사회에서는 보통 북조선(North Korea)으로 표기하기도 한다. 중국의 정식 명칭은 중화인민공화국(People's Republic of China), 쿠바의 정식 명칭은 쿠바공화국(Republic of Cuba)이다. 집권당은 각각 조선공산당, 중국공산당, 쿠바공산당이다.

• 해설 3

중국공산당: 중화인민공화국을 건설한 주역이자 현재 중국을 통치하고 있는 실질적 독재(獨裁) 정당이다. 1921년 7월 1일 설립됐다. 세계 최대의 정당이기도 하다.

• 해설 4

democide: 하와이대 정치학 교수 Rudolph Joseph Rummel(1932~)이 만든 조어로 '정부가 자행하는 집단 학살과 대량 학살과 같은 무차별 살육(the murder of any person or people by a government, including genocide and mass murder)'을 말한다. democide를 전문적으로 연구하는 학자인 그는 '민주주의는 국민을 죽이는 가능성이 가장 적은 정부 형태다(Democracy is the form of government least likely to kill)'는 결론을 내렸다.

• 해설 5

-cide	〈죽임〉〈살해〉를 의미하는 접미사(suffix)
suicide	자살
patricide	아버지 살해
matricide	어머니 살해
bullycide	학생의 폭력 · 따돌림으로 인한 자살
politicide	이데올로기적 학살 · 정치적 학살
genocide	인종 · 국민에 대한 계획적인 집단 학살
homicide	살인
aborticide	낙태
insecticide	살충제
pesticide	농약 · 살충제

• 해설 6

holocaust	그리스어 holos(completely 완전히)와 kaustos(burnt 불태워 버려진)의 합성어

(1) (유대교의) 전번제(全燔祭) 짐승을 통째로 구워 신에게 제사 지내는 의식
(2) (사람 · 동물을) 전부 태워 죽임
(3) 대학살

해설 The Holocaust 나치의 유대인 대학살

• 해설 7

ethnic cleansing(인종 청소 · 민족 정화): '다수가 지배하는 영토(majority-controlled territory)'에서 민족 동질성(ethnic homogeneity)을 성취하기 위해 다수 인종(ethnic majority)의 소수 인종(ethnic minority)에 대한 투옥(imprisonment), 추방(expulsion), 살해(killing)를 통한 박해(persecution)를 이르는 완곡어다. 이 용어보다 가혹한 용어인 genocide와 혼용되기도 한다. 1990년대 초 국제 매체(international media)가 '보스니아 내전에서 세르비아인이 보스니아에서 크로아티아인이나 이슬람교도를 강제 추방하는 정책'을 이르는 데 사용되었다.

4. Doublespeak라는 Distorting Lens(왜곡 렌즈)를 통해 본 말장난

suicide(자살) → self-injury(자해 행위)
debt(자본 차입) → leverage(지레 장치)
evacuation(철수) → reallocation(이동 배치)
starvation(굶주림) → food insecurity(식량 불안)
assassination(암살) → wet work(손 적시는 일)
death penalty(사형) → capital punishment(중벌)
Dead End(막다른 길) → No Outlet(출구 없음)
hostile act(적대 행위) → unfriendly act(비우호적 행위)
bag of ice(얼음 주머니) → thermal therapy kit(열(熱)치료 도구)
genocide(인종 대량학살) → ethnic cleansing(인종 청소 · 민족 정화)
drug addict(마약 중독자) → substance abuser(약물 남용자)
illegal worker(불법 노동자) → undocumented worker(서류 미비 노동자)
sex(성교) → penile insertive behavior(남근 삽입 행위)
rescue financing(구제 금융) → bailout(긴급 탈출)
revenue enhancement(세금 인상) → higher taxes(더 높은 세금)
growth going backward(역성장) → negative growth(소극적 성장)
death (against) insurance(사망 보험) → life insurance(생명 보험)
illegal alien[immigrant](불법 외국인) → undocumented alien(서류 미비 외국인)
expose corruption(비리를 적발하다) → discover a task(과제를 발견하다)

find problems(문제점을 찾아내다) → find challenges(설명을 요하는 과제를 찾아내다)
body bag(시체 운반용 부대(負袋)) → transfer tube(운반용 튜브)
criminal·outlaw(범인 · 무법자) → failure to comply with law(법을 준수하지 않는 사람)
identity theft(ID카드 도용) → unauthorized withdrawal(허가받지 않는 예금 인출)
killing(살인) → unlawful or arbitrary deprivation of life
(생명의 비합법적 혹은 자의적 박탈)
bomb(폭탄) → vertically-deployed anti-personnel devices
(수직으로 전개된 반인간 발명품)
bribes taken during traffic stops(차량이 멈추는 동안에 받는 뇌물)
→ fines on the spot(현장 벌금)

5. Pro-Life(생명 찬성 = 낙태 반대) & Pro-Choice(선택 찬성 = 낙태 찬성)

1973년 미국 연방대법원은 '로우 대(對) 웨이드 판결(Roe v. Wade)'에서 여성의 낙태 권리를 인정했다. '로우 대 웨이드 판결'이란 1973년 임신 3개월 이내의 인공 낙태를 제한하는 것은 여성의 사생활 권리를 침해한 것이라고 결정한 판결을 말한다. 이 사건은 1970년 두 여성 변호사가 로우(Roe)라는 여성을 대신해 텍사스 주정부의 웨이드(Wade) 지방검사를 상대로 낙태 금지법이 위헌이란 소송을 내면서 비롯됐다. 35년이 지났건만 논쟁은 수그러들지 않고 있을 뿐만 아니라 미국 대선 구도를 뒤흔든다.

낙태 찬반 여부는 민주당과 공화당을 가르는 잣대이자, 공화당 내에서도 중도와 정통을 가르는 이슈다. 루돌프 줄리아니(Rudolph Giuliani) 뉴욕 시장은 공화당 경선 전까지 선두를 달리다 2007년 낙태 옹호 발언 때문에 후보를 사퇴하고, 존 매케인을 지원하기로 하였다. 대선 주자인 존 매케인 상원의원은 여성이 낙태를 결정할 수 있도록 허용한 '로우 대 웨이드 판결'은 번복돼야 한다고 주장하고 있다.

1993년 3월 10일 미국의 낙태 시술 전문의였던 데이비드 건 박사가 급진적 반(反)낙태운동 단체의 조직원에게 피살됐다. 미국의 낙태 전문의의 첫 피살이다. 불임 부부를 위한 인공수정 전문가이기도 했던 건 박사는 낙태 시술을 받으려고 하는 여성들을 거부하지 않았다. 이듬해 7월 장로교 목사인 폴 힐이 의사 존 브리튼과 그의 경호원을 총으로 사살했다. 힐 목사는 사형 선고를 받았지만 산부인과 의사에 대한 테러는 그 후에도 끊이지 않았다. 낙태 반대와 찬성, 생명의 존엄성과 여성의 결정권은 어느 한쪽이 다른 쪽을 굴복시킬 수 없는 가치다.

'낙태 반대'를 con-abortion(낙태 반대)라 하지 않고 'pro-life(생명 찬성)'라 하고, 낙태 찬성을 pro-abortion(낙태 찬성))이라 하지 않고 pro-choice(선택 찬성)라 한다. 일종의 정치 언어다.

어휘 **pro-life**(생명 찬성 = 낙태 반대) ← 접두어 **pro**(= **for** 위하여) + **life**(생명)
pro-choice(선택 찬성 = 낙태 찬성) ← 접두어 **pro**(= **for** 위하여) + **choice**(선택)

6. '비행기 추락'을 '정상적인 조종 상태에서의 지상 충돌'이라고 개칭

narrowly avoided nuclear explosion
간신히 피한 핵폭발을

spontaneous energetic disassembly
자발적 에너지 분해로

– 메트로폴리탄 에디슨(Metropolitan Edison)

해설 1979년 미국 메트로폴리탄 에디슨(Metropolitan Edison)사의 TMI 원자력발전소(Three Mile Island Nuclear Generating Station)에서 일어났던 사고는 미국의 상업용 원자력 발전소 운전 역사상 최악의 사고였다. 원자로 냉각수 온도와 압력이 높아지자 이를 완화시키기 위해 가압기의 안전 밸브가 자동으로 개방되어 냉각수가 빠져나갔다. 사고 후 5일 동안 발전소는 계속해서 방사능 물질을 방출함으로써 주위 환경을 오염시켰다. 당시 사고 지점 반경 8㎞내에 거주하던 200만 명의 주민이 유출된 방사능 물질에 노출되었다. 발전소 당국은 진의를 숨기기 위하여 색다른 기술용어(outlandish technical term)를 만들어냈다.

bill collector(외상 수금원 · 채권 추심인)를 persistency specialist(악착 같은 전문가)로

– 체이스 맨해튼 은행(Chase Manhattan Bank)

airplane crash(비행기 추락)를 controlled flight into terrain(조종 상태에서의 지상 충돌)로

– 전국수송안전위원회(National Transportation Safety Board)

해설 controlled flight into terrain: 항공기의 조종과 지상에서의 관제가 정상적으로 이루어진 상태에서 조종사의 과도한 강하(降下)율로 인하여 항공기가 지상의 장애물이나 해면에 추락하는 사고

쿠바 동부에 위치한 관타나모만(Guantanamo Bay)은 미국-에스파냐 전쟁의 결과 1903년 이래 미국의 해군기지가 되어 왔다. 1961년 피그만(Bay of Pigs) 침공과 1962년 쿠바 미사일 사건 때에 세계의 이목을 끌었다. 관타나모 미 해군기지 안에 있는 수용소는 2002년부터 테러 용의자 수감 시설로 사용됐다. 대부분 아프가니스탄과 파키스탄에서 체포한 '적 전투원'이라는 게 미군 당국의 주장이다. 2006년 6월 수감자 3명이 목을 매 자살한 사건이 발생했다. 관타나모 연합 기동부대(Joint Task Force Guantanamo) 사령관 해군소장(Rear Admiral) 해리 해리스(Harry Harris)는 군사 전문용어를 사용하여 이렇게 말했다.

The suicides were an act of "asymmetric warfare" aimed at getting the prison closed.
A "mythical belief" has spread among inmates that the camp would be shut if three detainees were to die.
이 자살은 감옥을 폐쇄시키려는 것을 목적으로 한 'asymmetric warfare(비대칭적 전쟁 행위)'다.
세 명의 수감자가 죽으면 캠프가 폐쇄될 것이라는 'mythical belief(허무맹랑한 이야기)'가 수감자들 가운데 퍼졌다.

비대칭(非對稱) 전쟁(asymmetric warfare)이란 군사적으로 압도적 우위에 있는 적을 '비전통적 전략과 전술(strategies and tactics of unconventional warfare)'로 대항하는 전쟁 개념으로 기습, 테러 등 '교활한 방법으로 싸우는 것(fighting unfair)'을 말한다.

참고 오바마 미국 대통령은 취임 이틀째인 22일 2009년 1월 22일 관타나모의 수감 시설을 앞으로 1년 이내에 폐쇄하고 테러용의자들을 수용하기 위해 미 중앙정보국(CIA)이 해외에 설치한 '비밀 감옥(black site)'을 폐쇄하라는 행정 명령에 서명했다.

미국 뉴저지 주립대학인 럿거스 대학(Rutgers University)의 영어 교수이며 〈the Quarterly Journal of Doublespeak〉의 오랜 편집자인 윌리엄 러츠(William Lutz)는 그의 저서 1997년 HarperCollins 발행 〈새로운 거짓말: 언외(言外)의 뜻을 모르는 이유 The New Doublespeak: Why No One Knows What Anyone's Saying Anymore〉에서 이렇게 말한다.

Doublespeak is language that pretends to communicate but really doesn't. It is language that makes the bad seem good, the negative appear positive, the unpleasant appear attractive or at least tolerable. Doublespeak is language that avoids or shifts responsibility, language that is at variance with its purported meaning. It is language that conceals or prevents thought; rather than extending thought, doublespeak limits it.

doublespeak는 의사 전달을 하는 것처럼 보이지만 사실은 그렇지 않다. doublespeak는 나쁜 것을 좋은 것으로, 부정적인 것을 긍정적인 것으로, 불쾌한 것을 재미있거나 적어도 봐줄 만한 것으로 보이게 하는 언어다. doublespeak는 책임을 회피하거나 전가하는 언어이며, 그것이 뜻하는 의미와 일치하지 않는 언어다. doublespeak는 생각을 숨기거나 방해하는 언어이며 생각을 확장하기보다는 제한한다.

7. 클린턴 대통령은 부적절한 관계를 가진 것이 아니라 간통을 저질렀다

간통죄를 법률 용어로는 criminal conversation, 일반 용어로는 adultery라 한다. 불륜 관계는 immoral intimacy라 하고, 혼외 정사는 extramarital love affair라 한다. 이러한 말이 '부적절한 관계(inappropriate relationship)'로 둔갑되었다. 미국 구어에 Her husband is seeing another woman(그녀의 남편은 불륜을 저지르고 있다)이라는 말랑말랑한 표현이 있다. 이러한 표현들은 좋게 말해서 유피미즘(euphemism 완곡한 말투)이고 나쁘게 말하면, '얄미운 겉 다르고 속 다른 말(crafty doublespeak)'이다.

My husband and I have been married for 19 years. During this time, he has had a series of what one terms inappropriate relationships with women. But I never believed anything sexual was going on.

남편과 저는 19전에 결혼했습니다. 결혼 생활 내내 남편은 여러 여자들과 소위 '부적절한 관계'를 계속해서 가져 왔습니다. 그러나 성적인 관계가 벌어지고 있으리라고는 한 번도 생각하지 않았습니다.

주 what one terms = what one call (소위 근간에 성가를 발휘한 '부적절한 관계'란 말은 수입품이다. 이 표현이 공식적으로 사용된 것은 1998년 8월 17일 클린턴 대통령이 행한 모니카 르윈스키(Monica Lewinsky) 관련 대(對)국민 연설에서였다.

Good evening. This afternoon, in this room, from this chair, I testified before the office of independent counsel and the grand jury. I answered their questions truthfully. I answered their questions truthfully, including questions about my private life, questions no American citizen would ever want to answer. Still, I must take complete responsibility for all my actions, both public and private and that is why I'm speaking to you tonight. As you know, in a deposition in January, I was asked questions about my relationship with Monica Lewinsky. While my answers were legally accurate, I did not volunteer information. Indeed, I did have a relationship with Ms. Lewinsky that was not appropriate. In fact, it was wrong.

안녕하십니까. 저는 오늘 오후 이 사무실 이 자리에서 특별검사(the office of independent counsel)와 대배심(the grand jury) 앞에서 증언했습니다. 저는 이분들의 질문에 성실히 답했습니다. 저의 사생활에 관한 질문, 다시 말해서 미국인 어느 누구도 답변하기를 결코 원하지 않는 질문에 관해서 말입니다. 하지만, 저는 저의 행동에 대해서 공적이든 사적이든 전적인 책임을 져야 하기에 이렇게 오늘 여러분에게 말씀드리는 것입니다. 여러분께서 아시다시피 1월의 증언에서 나와 르윈스키와의 관계에 대해서 질문을 받았습니다. 저의 답은 법률적으로는 정확했습니다만, 자진하여 사실을 말하지는 않았습니다. 실은 저는 르윈스키와 적절치 못한 관계를 가졌습니다. 사실상 그것은 잘못된 것이었습니다.

1998년 8월 27일 BGEA(the Billy Graham Evangelistic Association 빌리 그라함 복음전도회) 회장 겸 CEO인 프랭클린 그라함 (Franklin Graham 1952~)은 월스트리트저널(The Wall Street Journal)을 통하여 '부적절한 관계'라는 말은 부적절한 표현이라고 질타했다. 프랭클린 그라함은 유명한 복음전도사 빌리 그라함의 아들이다.

Mr. Clinton's sin can be forgiven, but he must start by admitting to it and refraining from legalistic doublespeak. According to the Scripture, the president did not have an "inappropriate relationship" with Monica Lewinsky - he committed adultery. He didn't "mislead" his wife and us - he lied. Acknowledgment must be coupled with genuine remorse. A repentant spirit that says, "I'm sorry. I was wrong. I won't do it again. I ask for your forgiveness," would go a long way toward personal and national healing.

클린턴의 죄는 용서받을 수 있지만 그는 먼저 doublespeak(형식적인 모호한 말)를 하지 않고 자신의 죄를 인정해야만 한다. 성경대로 하자면 대통령은 모니카 르윈스키와의 부적절한 관계를 갖은 것이 아니라 간통을 저질렀다. 그는 부인과 국민을 오도한 것이 아니라 거짓말을 했다. 사실 인정은 순수한 양심의 가책을 수반해야 한다. "죄송합니다. 제가 잘못했습니다. 다시는 그러지 않겠습니다. 용서를 구합니다"라고 말하고 회개하는 것이 개인과 국가를 치유하는 데 상당히 기여할 것이다.

어휘 **go a long way**: (종종 미래 시제에서) 성공하다

A little education would go a long way. 조금만 교육시켜도 효과가 크게 나타날 거예요.

The absence of a plan goes a long way to guarantee failure. 그러나 계획의 부재는 실패의 보장에 기여한다.

8. Government is mastering doublespeak(정부는 '속이는 정치 언어' 마스터 중)

bureau-speak이란? bureau는 원래 불어로 영어 desk에 해당하는 단어이나 미국에서 '(관청의) 국(局)'이란 의미로 많이 사용된다. (the Bureau of the Mint(미국 재무부의) 조폐(造幣)국 · the National Bureau of Standards(미국 상무부의) 표준국). 따라서 관청에서 즐겨 사용하는 어휘를 bureau-speak이라 한다. doublespeak을 총론 용어라고 한다면 bureau-speak을 각론 용어라고 할 수 있다.

2006년 말 USDA(미국 농무부 United States Department of Agriculture)는

food insecurity without hunger(굶지는 않지만 식량 확보 가능성 불안)를 low food security(식량 확보 가능성 낮음)로, food insecurity with hunger(굶을 정도로 식량 확보 가능성 불안)를 very low food security(식량 확보 가능성 매우 낮음)로 대체했다. 농무성이 굳이 말을 바꾼 이유는 뻔하다. 말을 복잡하게 하고 알아듣기 힘들게 만들어 빈곤 문제에 대한 정부의 책임을 덜어보려는 언어 최면이다. 예쁘지 않은 자극적인 표현을 피하고 말랑말랑하고 두루뭉술하게 표현하여 부정적 이미지를 상쇄하려는 의도가 숨겨져 있다.

민감한 문제를 피해가기 위해 동원하는 이런 식의 표현을 이른바 bureau-speak(행정 용어)라 한다. Bureau-Speak is the science of answering direct questions without giving direct answers(Bureau-Speak는 직접적인 질문에 대해서 직접적으로 답하지 않으면서 대응하는 과학이다). speak 돌림 합성어가 많다. bureau-speak(행정 용어), politico-speak(정치 용어), computer-speak(컴퓨터 용어), newspaper-speak(신문 영어), advertising-speak(광고 용어) 등등 거의 모든 분야에 존재한다. 용어의 순화를 탓할 것은 아니지만 자칫 냉철한 현실 인식이 흐려질 수 있다.

11월 16일 워싱턴포스트지(Washington Post)가 Some Americans Lack Food, but USDA Won't Call Them Hungry(미국에는 끼니를 거르는 사람이 있지만 미국 농무부는 이들을 'hungry(배고픈)'라고 부르지 않는다)라는 제목의 기사를 실었다. 2006년 11월 26일 워싱턴 발 AP통신 우두워드(Calvin Woodward) 기자의 Government is mastering doublespeak(정부는 '속이는 정치 언어' 마스터 중)라는 제목의 기사는 bureau-speak의 현주소를 파악하는 데 큰 도움이 된다고 본다.

■ 2006년 11월 26일 워싱턴 발 AP통신 우두워드(Calvin Woodward) 기자의 기사

The government's annual accounting of hunger in America reported no hunger in its last outing. Instead, it found "food insecurity." Likewise, no one is even considering retreating from Iraq. "Redeploying" the heck out of there is, however, an option.

미국 정부의 기아(飢餓)에 관한 연간 조사는 최종 보고서에서 no hunger(굶주림 없음)라는 용어 대신 food insecurity(식량 불안)라는 말을 애써 찾아서 사용했다. 마찬가지로 어느 누구도 이라크에서의 미군 철수를 생각조차 하지 않고 있는데, 이라크로부터 redeploying(이동 배치)은 선택 사항이라니 대관절 무슨 소리를 하고 있는지 모르겠다.

해설 heck(hell의 완곡어): 명사로 '지옥'이라는 의미이나 'Hell!(빌어먹을!)'처럼 노여움 · 놀라움 등을 강조할 때 발성한다. the hell이 부사 용법으로 사용되는 경우가 많은데 in the hell에서 in이 생략된 형태다. 〈부사 용법 1〉 Where the hell were you?(대관절 어디 있었니?) What the hell have I done with my key?(도대체 열쇠를 어떻게 했지?) 〈부사 용법 2〉 상대방의 의견에 강한 반대를 나타내어 '절대로 ~않다', '~이라니 그럴 리 없다' A: They know what they are doing(그 녀석들은 알면서 그러고 있는 거야). B: The hell they do!(설마 그럴 리가 있나!).

That is no easy task when the administration offers tortured definitions of torture, describes suicide by captives as "self-injurious behavior incidents" and labeled at least one suspect an "imperative security internee" when it became constitutionally questionable to hold him as an "enemy combatant."

행정부는 torture(고문)의 정의를 왜곡하고, 수감자의 suicide(자살)를 self-injurious behavior(자해 행위)라고 말 바꾸기를 했다. 그리고 한 suspect(용의자)를 enemy combatant(적 전투원)로 수감한데 대해 위헌 문제가 제기되자 그 혐의자를 imperative security internee(불가피한 안보 수감자)라고 이름 붙였다. 이렇게 하느라고 얼마나 힘들었을 것인가.

But nefarious "War is Peace" Orwellianisms are (1) not the only impulse at work, by a long shot. Some of Washington's bland euphemisms are calculated mainly not to offend. Just as Dead End signs have been replaced in some communities by No Outlet ones, (2) congressional oversight investigators tend these days to find "challenges" in the behavior of agencies, as they politely put it, and not quite so many "problems" - how rude.

그러나 '전쟁은 평화'라는 사악한 오웰 방식 언어가 현재 유일하게 작용하는 자극은 결코 아니다. 워싱턴 정가에서 사용되는 몇 가지의 부드러운 완곡 표현의 주목적은 상대를 자극하지 않는 것이다. 어떤 지역에서는 Dead End(막다른 길) 표시가 No Outlet(출구 없음) 표지로 대체되었던 것처럼, 요즘 의회 조사원들은 정부 기관의 현황에서 아주 많은 'problems(문제점들)'– 이렇게 말하면 얼마나 건방진가! –을 적발했다고 말하기보다는 'challenges(설명을 요하는 과제들)'를 찾았다고 점잖게 말하는 경향이 있다.

해설 (1) not ~ by a long shot: 결코 ~아니다

(2) 밑줄 부분의 문장구조: '그것은 붉은 색이 아니고 검은 색이다'를 영작하면,

(A) 'It is not red but black.'

(B) 'It is black(,) (and) not red'가 되는데

(B)가 밑줄 부분과 같은 구조다.

해설 challenge: a demand for explanation or justification 설명이나 변명의 요구

Democrats will go to the wall in defense of abortion rights without uttering that unpleasant word, abortion. Instead, they are champions of "choice" or "reproductive choice."

민주당이 낙태 권리를 옹호하는 데 성공하려면 듣기에 불쾌한 단어인 '낙태'라는 말을 반드시 사용해야 하는데도, 낙태라는 말 대신 'choice(선택)' 혹은 'reproductive choice(생식 선택)'라는 용어를 사용하여 낙태 권리를 옹호한다.

해설 밑줄 부분은 [부정 + 부정 = 강한 긍정] 구문이다. They never meet without quarrelling(그들은 싸우지 않고는 결코 만나지 않는다 → 그들은 만나면 싸운다). Democrats will go to the wall in defense of abortion rights without uttering that unpleasant word, abortion(민주당은 듣기에 불쾌한 단어인 '낙태'라는 말을 하지 않으면 낙태 권리를 옹호하는 데 실패할 것이다 → 민주당이 낙태 권리를 옹호하는 데 성공하려면 듣기에 불쾌한 단어인 '낙태'라는 말을 반드시 사용해야 할 것이다).

The department reasoned it cannot truly measure hunger because it surveys households, and households do not get hungry - people do. The terms "low food security" and "very low food security" replaced the old descriptions of "food insecurity without hunger" and "food insecurity with hunger."

농무부는 가구를 조사하기 때문에 식량 부족을 사실대로 측정할 수 없다고 변명했다. 굶는 가구는 없으나 굶는 사람은 있다. '굶지는 않지만 식량 확보 가능성 불안(food insecurity without hunger)'과 '굶을 정도로 식량 확보 가능성 불안(food insecurity with hunger)'이라는 옛날 용어를 각각 '식량 확보 가능성 낮음(low food security)'과 '식량 확보 가능성 매우 낮음(very low food security)'으로 대체했다.

9. Doublespeak(거짓말)의 골든 레즈베리(Golden Raspberry)상

골든 레즈베리상(Golden Raspberry Awards)은 미국에서 한 해 동안 제작된 영화 중 최악의 작품상 및 남녀주연상 등을 선정해 주는 상이다. 그런데 이런 상도 있다. 미국의 NCTE(The National Council of Teachers of English 전국영어교사협의회)의 the Committee on Public Doublespeak(정부의 정치 언어에 관한 위원회)는 1974년 〈Doublespeak Award 정치 언어상〉을 제정하여 해마다 수여한다. 이 상은 '전혀 믿을 수 없는, 회피적인, 완곡한, 혼란스러운, 괘씸한, 혹은 자기중심적인 언어(grossly deceptive, evasive, euphemistic, confusing, egregious, or self-centered language)'를 구사한 공직자에게 주는 일종의 조소상(ironic tribute)이다. 이 위원회를 설립할 당시 NCTE의 사무총장(Executive Secretary) 로버트 호간(Robert Hogan)은 이렇게 언급했다.

Behind the appointment of the committee is a resurgent interest in the content of language. The question is not just whether subjects and verbs agree, but whether statements and facts agree.

언어의 속 내용에 대한 관심을 부활시키는 것이 이 위원회의 출범 배경이다.
문제는 주어와 동사가 일치하느냐가 아니라 진술과 사실이 일치하느냐이다.

가장 저명한 '제3세대(the third generation)' 비평 이론가 더글러스 켈너(Douglas Kellner 1943~)의 평론 〈From 1984 to One-Dimensional Man: Critical Reflections on Orwell and Marcuse '1984년'과 '1차원적 인간'으로 본 오웰과 마르쿠제에 대한 비평소고〉의 일부를 보자.

주 〈일차원적 인간〉은 독일 출생 미국 철학자 마르쿠제(Herbert Marcuse 1898~1979)의 1964년 저서로 고도로 기술화된 선진 산업사회 내부에서의 전체주의적 지배의 구조를 치밀하게 분석하고 폭로하여 부정적(否定的) 사유의 회복을 통한 인간성 해방의 길을 시사한다.

In 1984, they provided Doublespeak awards to Pentagon for descriptions of peace as "permanent pre-hostility," for calling combat "violence processing," for referring to civilian causalities in nuclear war as "collateral damage," and for description of the October 1983 invasion of Grenada as a "predawn vertical insertion." The Reagan administration has also appropriated medical terminology for military actions: the term "surgical strike" is used to describe bombing raids which usually involve civilian causalities. War for the Reagan administration is thus a medical affair with surgery and mopping up, dedicated to eradicating the "cancer" of communism.

1984년 Doublespeak award(거짓말 상) 수상자는 국방부였다. 국방부는 peace(평화)를 permanent pre- hostility(계속되는 적대 행위 전 단계), combat(전투)를 violence processing(난폭한 행진), 핵전쟁 시 발생한 civilian casualties(민간 사상자)를 collateral damage(부차적 피해), 그리고 1983년 그레나다 invasion(침공)을 predawn vertical insertion(동트기 전 수직 개입)이라고 묘사했기 때문이다. 레이건 행정부는 군사 행동에 의학 용어를 사용했다: surgical strike(외과적 타격)이란 말이 bombing raids which usually involve civilian causalities(통상적으로 민간 사상자를 수반하게 되는 기습 폭격)를 말하는 데 사용하는 것을 보면, 레이건 행정부에게 있어서 전쟁은 공산주의라는 cancer(암 덩어리)를 수술하여 완전히 없애버리는 의료 행위다.

어휘 **mop**: (명사) 자루걸레 (동사) 자루걸레로 닦다, 청소하다
mop up: 닦아 내다, 소탕(掃蕩)하다, 마무리 짓다

mopping-up: operation 소탕 작전

해설 미국 그레나다 침공: 1983년 10월 25일 미 해병대 병력 2천여 명은 카리브 해 작은 섬나라 그레나다를 기습 공격했다. 미국의 침공이 있기 직전 그레나다에서는 소련과 쿠바의 지원을 받은 군부에 의해 쿠데타가 일어나 총리와 세 명의 각료가 처형됐다. 미국은 그레나다의 공산화를 막기 위해 기습 공격을 단행했다고 주장하면서, 주권 침해를 정당화했다. 미국은 군사 목적을 달성한 뒤 그레나다에 1985년 6월까지 미군을 주둔시켰다.

Doublespeak Award의 2004년 수상자는 부시 행정부였다. 미군이 이라크 아부 그라이브(Abu Ghraib) 교도소에서 포로들을 광범위하게 고문(torture)한 사건에 대해서 도널드 럼스펠드(Donald Rumsfeld) 국방장관은 the excesses of human nature that humanity suffers(인간이 겪는 인성의 월권)라고 머리를 어리둥절케 하는 표현을 했다. 이 상은 과거 30년 동안 단 한 번 외국 지도자에게 주어졌는데 수상자는 팔레스타인 자치정부 수반(President of the Palestinian National Authority) 아라파트(Arafat 1929~2004)였다. 1975년(Palestine Liberation Organization 의장시절)의 성명(聲明)으로 상을 받았다.

We do not want to destroy any people. It is precisely because we have been advocating coexistence that we have shed so much blood.
우리는 어떤 민족도 파괴하기를 원하지 않습니다. 정확히 말해서 우리는 공존을 주창하여 왔기 때문에 우리는 그토록 많은 피를 흘렸습니다.

10. Big Lies, Big Consequences(새빨간 거짓말, 엄청난 결과)

Everybody lies - every day; every hour; awake; asleep; in his dreams; in his joy; in his mourning.
모든 사람은 매일, 매시간, 깨어 있든 자고 있든, 꿈 속에서든, 기쁘거나 슬프거나 거짓말을 한다.

- 마크 트웨인

구약성서의 〈창세기〉에 이런 이야기가 나온다. 인류의 시조 아담 (Adam)과 이브(Eve)에게 맏아들 카인(Cain)과 그이 동생 아벨(Abel)이 있었다. 카인은 농부였고, 아벨은 목자(牧者)였다. 카인은 여호와에게 농산물을 바치고, 아벨은 가축을 제물로 바쳤는데, 신이 아벨이 바친 제물은 반기고, 카인이 바친 제물은 반기지 않았다. 그러자 카인이 아벨을 질투하여 돌로 쳐 죽였다. 이를 안 신(神)은 모른 척하고 Where is your brother?(네 동생은 어디 갔느냐?)라고 묻는다. 그러자 카인은 Am I my brother's keeper?(제가 동생을 지키는 사람입니까?)라고 하며 시치미를 뚝 뗐다. 성서에 따르면 우리는 살인자의 자손인 동시에 하나님에게 대놓고 거짓말을 한 사람의 자손이기도 하다.

거짓말은 인간만 하는 게 아니다. 아마존의 숲 속에 사는 새들도 거짓말을 한다. 각기 다른 종의 새들이 함께 무리를 지은 집단에는 보초 역할을 맡는 종이 있다. 흰 날개 때까치와 개미때까치다. 매 같은 포식자가 나타나면 큰 소리로 울어 경보를 울린다. 이들이 거짓 경보를 내는 경우가 관찰됐다. 다른 새들이 황망히 몸을 숨기는 동안 유유히 날아다니며 눈에 띄는 벌레들을 먹어 치우는 것이다. 관찰된 718회의 경보음 가운데 106회는 근처에 포식자가 없는 거짓 신호였으며 대

개는 위와 같은 사태가 벌어졌다.

2007년 11월 25일(일) 워싱턴포스트는 6면에 〈Big Lies, Big Consequences 새빨간 거짓말, 엄청난 결과〉라는 기사를 실었다. 그 내용을 살펴보자.

Sometimes big lies are justified. During a January 1980 press conference, Jimmy Carter said he wouldn't consider taking military action to recapture the hostages at the U.S. Embassy in Tehran. At that very moment, the military was preparing for just such action. In that case, and despite the outcome, deceit was necessary to preserve the integrity of the mission. In wartime, truth is so precious that she must often be attended by a bodyguard of lies, as Winston Churchill reportedly said. But there are plenty of instances of high-profile figures engaging in wrongful deceit. Note: We are not equating the gravity or consequences of these disparate acts, but simply looking at famous lies.

때로는 새빨간 거짓말이 정당화된다. 1980년 1월 한 기자회견에서 지미 카터는 테헤란 주재 미국 대사관에 억류된 인질 구출을 위한 군사 행동을 취하는 것을 고려하지 않을 것이라고 말했다. 바로 그 순간 군부는 바로 그 작전을 준비하고 있었다. 그런 경우 그 결과에 상관없이 완전한 군사 작전 성공을 보장하기 위해서는 속임이 필요했다. 전하는 바에 따르면 윈스턴 처칠은 "전시에는 진실이 정말로 소중하기 때문에 가끔 '거짓'이라는 경호원을 대동할 필요가 있다"고 말했다 한다. 그러나 유명 인사가 교활한 거짓말을 했던 수많은 예가 있다.

주 우리는 이러한 여러 가지의 행위의 중대성과 결과를 가감하지 않으며, 다만 유명한 거짓말을 관찰할 뿐이다.

■ Hitler's Pledge(히틀러의 약속)

In 1938, British Prime Minister Neville Chamberlain met with the German chancellor in a last-ditch diplomatic effort to quell impending war. Adolf Hitler assured Chamberlain that war would be avoided if Czechoslovakia would negotiate a redrawing of its borders. Chamberlain was satisfied and told Parliament that "Hitler means what he says." Needless to say, Hitler didn't.

1938년 영국 수상 체임벌린은 임박한 전쟁을 피하기 위하여 막판의 외교적 노력으로 독일 총통을 만났다. 히틀러는 체임벌린에게 '체코슬로바키아가 국경을 새로 정하는 데 협의할 의사가 있으면 전쟁을 피할 수 있을 것이다'라고 분명히 했다. 그의 말에 만족한 체임벌린은 영국 의회에서 "히틀러는 빈말 할 사람이 아니다(Hitler means what he say)"고 말했다. 말할 필요도 없이 히틀러는 거짓말을 했던 것이다.

해설 meet with: '(사람)과 만나다'라고 할 때 그것이 우연이건 약속한 것이건 ~ (with) a person이라 하며, with의 유무는 별로 관계가 없다. 다만 '…을 경험[당]하다'의 의미일 때는 with를 붙여 쓴다(have [meet with] an accident 사고를 당하다).

해설 체임벌린은 체코의 독일인 거주 지역을 넘겨주었지만 결국 제2차 세계대전은 일어났고 수백만 명이 희생됐다.

해설 히틀러: 대통령 힌덴부르크는 경제계와 정계의 혼란을 수습하기 위하여 1933년 1월 30일 히틀러를 수상으로 임명하였다. 그는 보수파와 군부의 협력을 얻어 반대파를 탄압하고 1933년 7월 일당독재 체제를 확립하였다. 1934년 8월 대통령 힌덴부르크가 죽자 대통령의 지위를 겸하여, 그 지위를 '총통 및 수상(Führer und Reichskanzler: 약칭은 총통)'이라 칭하였다.

해설 Hitler means what he says(히틀러는 빈말 할 사람이 아니다).: 'Say what you mean!(본심을 말하라! → 허튼소리 하지 말라!)', 'Mean what you say! (말한 대로 하라!)'에서 mean은 '의도하다(intend)', '꾀하다'란 의미다. 우리말의 '말로만!', '괜히 하는 말이지요?'란 표현은 상대방이 마음에 없는 말을 할 때 하는 말이다. 이에 대한 영어 표현은 'You never means what you say', 'You're just saying that(당신 그냥 말로만 그러시는 거죠).', 'You are all talk and no action(당신은 말만 앞세우고 행동이 뒤따르지 않는다)', 'You speak with a forked tongue(당신은 일구이언하는 사람이다)' 등이 있다.
A: You look so gorgeous today!(오늘 정말 멋져요!) B: You're just saying that, right?(당신 그냥 말로만 그러시는 거죠, 그렇죠?)

Why it's significant: This is, unequivocally, one of mankind's most devastating deceptions. It enabled the start of World War II and led to the death of millions. Hitler is an example of a natural performer, Paul Ekman writes in his book "Telling Lies." He was able to engage in deceit without the yoke of remorse. "The lie to Chamberlain was likely to succeed because no strong emotions had to be concealed," Ekman writes. "Hitler certainly would not have felt guilt."

이것이 주요한 이유: 이것은 인류에게 가장 심한 참화를 가져다 준 속임수의 하나라는 것은 명명백백하다. 이것은 2차 대전을 유발시켰으며, 수백만의 죽음을 가져왔다. 히틀러는 타고난 거짓말쟁이의 전형이라고 폴 에크만(Paul Ekman)은 그의 저서 〈Telling Lies 거짓말 식별하기〉에서 말하고 있다. 그는 양심의 가책이라는 멍에 없이 속임수를 썼다. "어떤 격한 감정도 숨길 필요가 없었기 때문에 체임벌린에 대한 거짓말은 성공할 수 있었을 것이다. 히틀러는 죄책감을 느끼지 않았을 것이다"라고 에크만은 쓰고 있다.

The Watergate Scandal(워터게이트 스캔들)

High-ranking officials in the Nixon administration carried out a buffet of crimes (including fraud, wiretapping and the burglary of the Democratic National Committee headquarters at the Watergate complex). Richard Nixon denied knowing anything about it. Taped conversations revealed that Nixon was not only aware of the criminal plans but also had made key decisions about their implementation.

닉슨 행정부의 고위 관리들은 뷔페식 식사(취향대로 직접 차려 먹는 식사)와 같은 범죄(사기, 도청 그리고 워터게이트 콤플렉스의 민주당 전국위원회 본부 침입 포함)를 저질렀다. 리처드 닉슨은 그것에 대해서 전혀 아는 바 없다고 부인했다. 테이프에 녹음된 대화는 닉슨이 범죄 계획을 알고 있었을 뿐만 아니라 범죄 수행에 대한 중요한 결정을 했다는 것을 밝혀주었다.

해설 워터게이트(Watergate complex): 미국 워싱턴 포토맥 강변에 있는 빌딩 군(群)의 이름으로 사무용 빌딩과 호텔, 식당 등의 건물들이 밀집되어 있는 곳이다.

Why it's significant: Simply put, Watergate pitted citizens against their government. "It just sent a shudder through the whole society," says psychology professor Bella DePaulo, who is working on a book tentatively titled "How Ordinary People Become Extraordinary Liars." "It really did seem to create a less-trusting mind-set. So now we have lots of serious deception happening in government and, even though they do get lots of attention, there isn't quite that Watergate reaction - in that we've already had our most basic trust shattered, and so we know now that this can happen."

이것이 중요한 이유: 간단히 말해서 워터게이트로 인해서 미국 국민은 행정부에 대해 신뢰를 저버렸다. 〈How Ordinary People Become Extraordinary Liars 보통 사람이 터무니없는 거짓말쟁이가 되는 이유〉라는 가제를 붙인 책을 저술하고 있는 심리학 교수 벨라 드 파울로는 이렇게 말한다. "그것은 전 사회를 전율케 했다. 그것은 분명히 불신(不信) 심리기재(less-trusting mind-set)를 만들었다. 그래서 지금도 정부에서는 많은 간단치 않은 속임수가 진행되고 있고, 그 때문에 많은 눈총을 받지만, 워터게이트 때와는 다른 반응이다. 우리의 가장 기본적인 신뢰가 이미 박살 났고 이제 우리는 이러한 일이 일어날 수 있다는 것을 이미 알고 있기 때문이다."

해설 벨라 드 파울로(Bella DePaulo): 1979년 하버드 대학교 PhD. 버지니아 대학교(The University of Virginia) 교수

mind-set: (습성이 된) 심적 경향[태도], (고정된) 사고방식; 태도, 기호, 버릇

■ Clinton's Denial(클린턴의 부인(否認))

A sexual indiscretion was exacerbated by a perjury charge and by the fact that the man involved was the president. You probably still remember Clinton's lie verbatim: "I did not. Have. Sexual. Relations. With that woman," he told the American people. Why it's significant: "It wasn't Clinton's lie that was so important," psychology professor Robert Feldman says. "It was the fact that he lied and he got away with it. Yes, immediately he had great difficulty and got into a lot of trouble, but ultimately the message to society is you can be deceptive in a very big and public way and, in the long run, there's very little consequence. Bill Clinton is probably the most popular politician today."

상대를 가리지 않는 무분별한 성행위가 위증 혐의 때문에 그리고 관계된 사람이 대통령이었다는 사실 때문에 악화되었다. 아마 지금도 사람들은 클린턴이 미국 국민에게 말한 lie verbatim(정확히 글자 그대로 반복되는 거짓말)-'나는', '그 여자와', '성', '관계를', '갖지', '않았다.'-을 기억하고 있을 것이다. 이것이 중요한 이유: 심리학 교수 로버트 펠드먼(Robert Feldman)은 이렇게 말한다. "아주 중요한 것은 클린턴의 거짓말이 아니다. 중요한 것은 그가 거짓말을 하고도 벌 받지 않고 그냥 지나갔다는 사실이었다. 그렇다. 그는 곧 어려움에 봉착하여 많은 어려움을 겪었다. 하지만 궁극적으로 이 사건이 사회에 던진 메시지는 누구나 크게 그리고 공공연히 속일 수 있다는 점이다. 결국 결과는 거의 없다. 아마도 빌 클린턴은 오늘날 가장 인기 있는 정치인이다."

해설 **verbatim**: 형용사(부사와 명사로도 사용)로 사용된다. 'using exactly the same words(정확히 같은 말을 사용하는)'이란 의미이며 동의어로는 'word-for-word', 'literal'이 있다. The President's speeches are reproduced verbatim in the state-run newspapers(대통령의 연설은 국영신문에서 그대로 반복되었다). He kept verbatim transcripts of discussions with his friends so he could use them in his next novel(그는 다음 소설에 이용할 수 있게 친구들과 했던 토론을 한마디 한마디 그대로 적어놓았다).

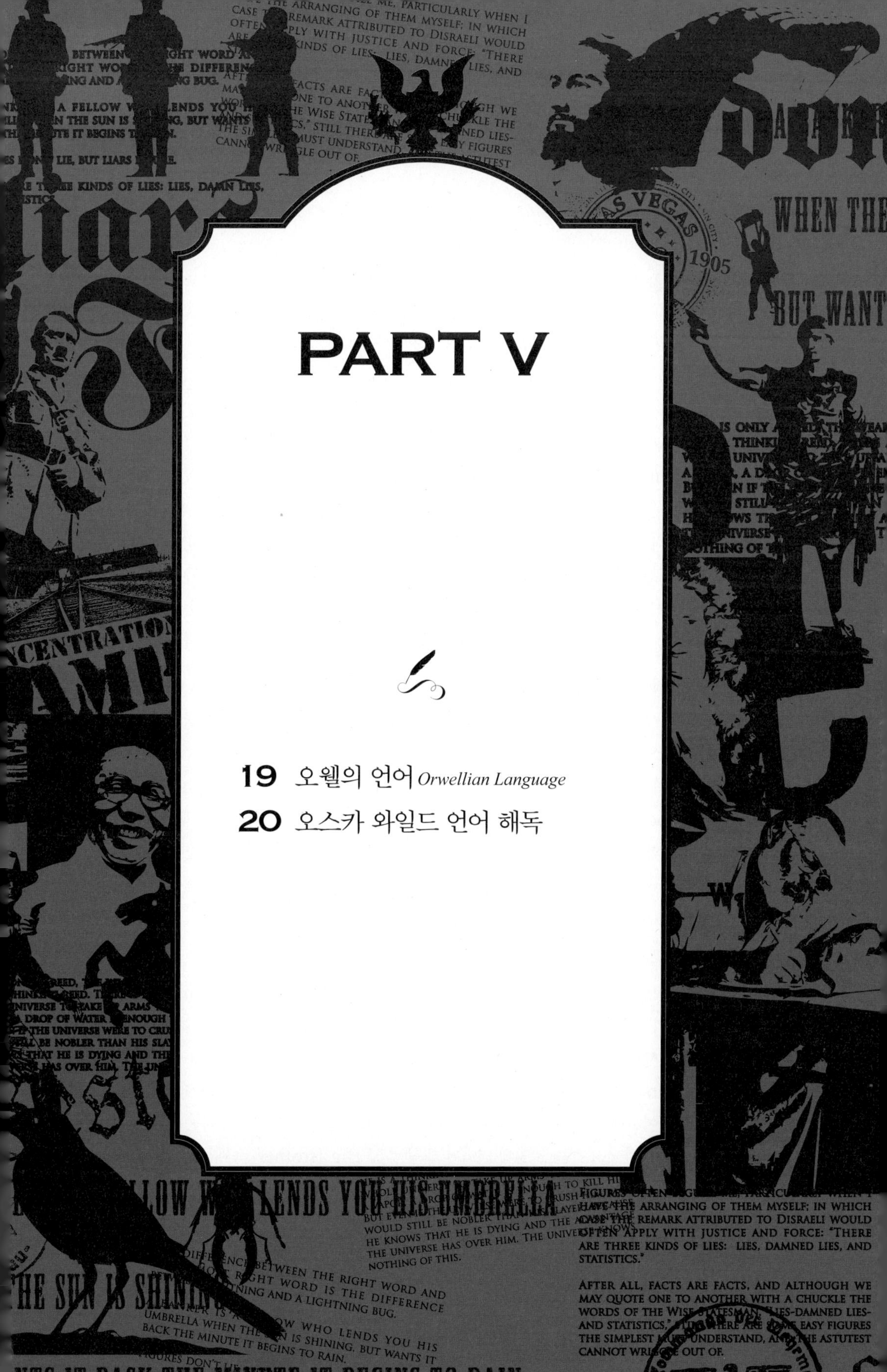

PART V

19 오웰의 언어 *Orwellian Language*

1. 하버드대 학생들이 가장 많이 사보는 책은 〈1984〉

classic: a book which people praise and don't read
고전: 사람들이 좋다고 말하지만 아무도 읽지 않는 책

– 미국 작가 마크 트웨인(1835~1910)

서울대 중앙도서관은 2008년 6월 '서울대 선호도서 100선'과 '하버드대 선호도서 100선'을 발표했다. 서울대의 경우 최근 1년 대출 빈도 누적 통계 10위 내를 보면 소설이 9권, 에세이가 1편으로 고전을 찾아볼 수 없다. 인문 · 사회 · 자연과학 서적도 없다. 일본의 코믹소설 〈공중그네〉가 1위로 10위 내에 일본 소설이 네 편이나 포함되어 있다. 하버드대의 경우 도서관 수가 워낙 많아 전체 통계를 잡을 수 없어 대학 내에 있는 서점에 가장 잘 팔리는 책 목록을 부탁했다고 한다. 서점 측은 '꾸준히 잘 팔리는(steady) 목록'이라며 순위를 명시한 자료를 전달했다. '학생들이 가장 많이 사보는 책 100선'의 상위권은 고전으로 채워져 있었다.

1위는 조지 오웰(George Orwell)의 〈1984〉, 2위는 노벨 문학상 수상 작가 토니 모리슨(Toni Morrison)의 〈Beloved의 〈빌러브드 Beloved〉, 3위는 노벨 문학상 수상 작가 가브리엘 가르시아 마르케스(Gabriel Garcia Marquez)의 〈백 년의 고독 One Hundred Years of Solitude〉, 4위는 하워드 진(Howard Zinn)의 〈미국 민중(民衆)사 A People's History of the United States〉, 5위는 도스토예프스키(Dostoevsky)의 〈죄와 벌 Crime and Punishment〉였다. 서울대 학생들은 고전(古典) 읽기 같은 진지한 독서를 외면하는 대신 하버드대 학생들은 '높이 올라가기 위해서는 피라미드처럼 밑변을 넓혀야 한다'는 독서 성향을 나타냈다. 오웰의 〈Nineteen Eighty-Four 1984〉의 줄거리를 살펴보자.

허구 인물인 윈스턴 스미스는 이 소설의 주인공이다. 그는 오세아니아(Oceania 소설 속의 가상 국가)의 진리성 서기로 일한다. 그는 역사 기록을 고쳐 쓰는 일을 한다. 끊임없이 변화하는 당의 노선과 일치시키기 위해서다. 신문기사를 수정하고 사진을 조작하는 일이 필연적으로 수반된다. 주로 'unpersons(당에서 축출된 실각(失脚)자들)'을 빼버리기 위해서다. 역사를 고쳐 쓰는 못된 짓을 가까이하다 보니 당에 대해서 그리고 당만이 진실을 독점하고 있다는 사실에 대해 회의를 갖는다. 윈스턴 스미스는 꼬임에 넘어가 대형(大兄 Big Brother: 독재국가 권력의 의인화)의 독재를 전복시키는 것을 목적으로 하는 비밀 조직에 가입하게 된다. 알고 보니 정부 끄나풀인 오브라이언(O'Brien)이 부추긴 일이다. 체포되어 고문을 받자 그는 결국 공범이면서 연인인 줄리아(Julia)를 배반한다. 그가 2 + 2 = 5라는 주장 - 합리적 진실이나 사실을 지배하는 이데올로기에 대한 복종을 나타낼 때 쓰는 유명한 문구의 하나-을 받아들인다. 이때 그의 자유는 마침내 완전히 박탈된다.

History is a set of lies agreed upon.
역사는 합의된 거짓말의 집합체다.

- 나폴레옹

History is the version of past events that people have decided to agree upon.
역사는 사람들이 따르기로 결정한 지나간 사건의 각색(脚色)이다.

- 나폴레옹

2. 〈1984〉란 타이틀

조지 오웰

출처 : Wikipedia

영국 소설가 조지 오웰(George Orwell)은 1903년 6월 25일 태어났다. 우연의 일치겠지만 그가 태어난 지 정확히 47년 후인 1950년 6월 25일에 한국전쟁이 일어났다. 한국전쟁이 일어난 그 해인 1950년 6월 21일 46세를 일기로 죽었다. 그의 소설 〈Nineteen Eighty-Four 1984〉(1949년 6월 8일 발간)는 우리나라에서 오랜 기간 동안 '20세기의 묵시록'으로 여겨졌던 반공 문학 작품이다. 소설의 가상 무대는 디스토피아(distopia), 즉 유토피아(Utopia)의 반대 개념인 개인의 공간이 소멸된 역(逆)유토피아다. 60여 개의 언어로 번역되었다.

이 소설의 원래 제목은 〈The Last Man in Europe 유럽의 마지막 인간〉이었다. '유럽'이란 오세아니아(Oceania 소설 속의 가상 국가)의 주(主)무대인 유럽을 말한다. '마지막 인간'이란 주인공인 윈스턴 스미스가 '대형을 타도하기를 원하는 마지막 인간'이란 의미다. 3장(Chapter 3)은 심리적 고문(psychological torture)을 상세히 묘사하고 있다. 'the last man'이란 말은 이 부분에서 세 번 나온다. 처음 나오는 부분만을 간추려본다. 오브라이언과 윈스턴의 대화다.

Men are infinitely malleable. Or perhaps you have returned to your old idea that the proletarians or the slaves will arise and overthrow us. Put it out of your mind. They are helpless, like the animals. Humanity is the Party. The others are outside - irrelevant. (omitted) If you are a man, Winston, you are the last man. Your kind is extinct; we are the inheritors. Do you understand that you are alone? You are outside history, you are non-existent.
인간이란 무한한 순응성(malleability)이 있어. 그렇지 않다면 무산 계급이나 노예가 들고 일어나 우리를 넘어뜨릴 거란 과거의 생각을 다시 할지 몰라. 그런 생각일랑 머리에서 지워버리게. 그들은 짐승처럼 힘이 없어. 인간다운 것은 당이야. 그 외는 껍데기야-당치도 않아. (중략) 윈스턴, 자네가 인간이라면 자네는 마지막 인간이야. 자네와 같은 인간은 이미 없어. 우리가 상속자야. 자네는 혼자일 뿐이라는 걸 모르나? 자네는 역사 밖에 있어. 이미 없는 존재야.

런던의 출판사 Secker & Warburg의 발행인인 와버그(Fredric John Warburg 1898~1981)가 '잘 팔릴 수 있는 제목(marketable title)'으로 바꿀 것을 제안했다. 소설의 제목을 〈1984〉이라고 한 데 대한 오웰(Orwell)의 설명이 없기 때문에 제목에 얽힌 여러 가지 설(說)이 분분하다.

(1) 1884년에 설립된 the socialist Fabian Society(페이비언 사회주의 협회)의 100주년(週年)에서 따왔다는 설.

(2) 미국 작가 잭 런던(Jack London 1876~1916)의 1908년 소설 〈The Iron Heel〉에서 따왔다는 설. 이 소설에서 정권을 잡는 정치 운동의 절정기가 1984년이다.

(3) 오웰의 첫 번째 부인인 아마추어 시인 Eileen O'shaughnessy(1905~1945)의 시(詩) 〈20세기말 1984 End of the Century, 1984〉에서 따왔다는 설.

출판사 Penguin Modern Classics 발행의 서문에 따르면 오웰은 원래 이 소설의 시기를 1980년으로 잡았으나 병으로 인하여 집필이 연기됨에 따라 1982년으로 했다가 다시 1984년으로 바꾸었다. 저술을 1948년(발간은 1949년)에 시작했기 때문에 뒷자리 두 자를 거꾸로 뒤집어 84로 하지 않았느냐는 추측도 가능하다.

해설 페이비언 협회: 1884년 1월 4일 설립된 단체로 혁명보다는 점진적인 방법으로 사회주의 국가(영국)를 건설하는 것이었다. Fabian이란 말은 Cunctator(쿵크타토르 · the Delayer 지연 전술을 쓴 자)라는 별칭(epithet)으로 불린 로마 정치가 · 장군 Quintus Fabius Maximus(퀸투스 파비우스 막시무스 280 BC~203 BC)가 카르타고의 장군 한니발의 침입에 맞서 전면전을 피하면서 지구전으로 적의 자멸을 기다리는 작전을 펼쳐 자신보다 세력이 큰 군대를 이긴 전략에서 유래했다. 그래서 Fabian이 '지구(持久)적인', '점진적인'이란 의미를 갖게 됐다(fabian tactics: 지구전법). 쇼(Bernard Shaw), 웨브(Sidney Webb), 웰스(Herbert George Wells), 버트런드 러셀(Bertrand Russel), 케인즈(John Maynard Keynes)도 회원이었다. 1900년 영국 노동당의 창립에 많은 협회 회원이 참여했다. 가장 최근의 사례로는 토니 블레어이다.

해설 〈The Iron Heel〉: 미국 작가 잭 런던(Jack London 1876~1916)의 1908년 소설로 그의 사회주의 혁명 소설 중에서도 백미로 꼽힌다. iron heel은 '쇠로 된 구두[장화] 뒤축'이다. 1980년대 후반 우리나라에서 〈강철군화〉로 번역됐다(당시 반(反)군사정권 정서의 덕을 보려는 의도에서 붙여진 제목인 듯하다). "우리는 너희들 같은 혁명가들을 우리들의 구두 뒤축(iron heel)으로 짓뭉갤 것이고, 자네들의 얼굴 위를 짓밟고 다닐 것이다"에서 보듯 '구두 뒤축(iron heel)'은 나치 독일의 '돌격대'같이 혁명 세력을 진압하는 기득권 세력의 무력 집단을 상징한다.

3. 〈1984〉의 가상 무대는 디스토피아(distopia)

소설의 무대인 오세아니아(Oceania)는 남태평양의 오스트레일리아(호주)가 아닌 가상 국가다. 소설 속의 설명은 Oceania comprises the Americas, the Atlantic islands including the British Isles, Australasia, and the southern portion of Africa(아메리카 대륙, 영국을 포함한 대서양 제도(諸島), 오스트랄라시아(Australasia), 그리고 아프리카의 남부)라고 되어 있다. 소설 속에서 세계는 세 개의 거대 국가-오세아니아(Oceania), 유라시아(Eurasia), 이스트아시아(Eastasia)-로 나뉘어 지속적인 전쟁을 벌이고 있다. War is peace. Freedom is slavery. Ignorance is strength(전쟁은 평화 · 자유는 예속 · 무지는 힘)라는 슬로건은

오세아니아의 당이 인민(citizen)을 지배하는 중심 수단이 되는 대표적 어구다. '디스토피아(distopia)'를 '유토피아(utopia)'라고 사탕발림한 것이다. 언어와 사고를 포함한 인간의 모든 생활이 전체주의에 지배되는 세계다.

주 오스트랄라시아(Australasia): 남양(南洋)주(오스트레일리아 · 뉴질랜드 및 그 부근의 여러 섬의 총칭)

해설 유토피아(Utopia): '유토피아'란 책의 정식 명칭은 〈국가의 최선 정체와 새로운 섬 유토피아에 관하여 Concerning the highest state of the republic and the new island Utopia〉이다. 당시 유럽 군주들은 자신의 재산이나 영토를 늘리는 데에만 전념하는 한편, 민중은 '인클로저(enclosure)'에 의해 땅을 빼앗기고 심한 노동을 강요당했다. 국가나 법률도 가난한 사람들을 착취하기 위한 '부자들의 공모'에 의한 사물화에 지나지 않는다. '유토피아(utopia)'는 희랍어로 '이상적인 곳(perfect place)'이란 뜻도 되지만 '어디에도 없는 곳(no place)' 또는 '존재하지 않는 곳(place that does not exist)'이란 뜻도 된다. 〈Utopia 유토피아〉는 토마스 모어 경(Sir Thomas More)이 지어낸 대서양 연안에 있는 가공의 섬이다. 가공 인물의 이름 히슬로디(Hythloday)는 희랍어 hythlos(idle talk 잡담)와 daiein(distributing 재잘거리기)의 합성어다. 그가 완전한 사회적, 법률적, 정치적 제도를 갖춘 가공의 섬을 여행하면서 얻은 경험을 이야기한다. 그 뒤 '유토피아'는 현실적으로 이루기 불가능한 사회를 경멸적으로 언급하는 데 사용되기도 하지만, 이상 사회를 이루고자 하는 시도에 근거한 실제적 공동체를 묘사하는 데도 사용되었으며 그 결과 '이상향'의 대명사가 되었다.

4. 〈1984〉 속의 어구상의 오류

전쟁은 인민의 평화를 보장하고, 예속은 인민의 자유를 보장하고, 무지는 강력한 국력을 보장한다는 것이 이 소설의 이데올로기다. 그런데 오웰은 서술상의 오류를 범했다는 게 필자의 주장이다. war(전쟁), slavery(예속), ignorance(무지)는 수단이고 peace(평화), freedom(자유), strength(국력)가 목적이다. 따라서 이 슬로건이 병렬식 서술 관계의 일관성을 유지하려면, Freedom is slavery를 Slavery is freedom으로 바꿔야 더 적절하다. 만약 필자가 〈Nineteen Eighty-Four〉의 출판사인 Secker & Warburg (London)의 편집자였더라면 오웰에게 검토를 요청했을 것이다. 필자는 평소에 '창작에는 오류가 있을 수 있으나 번역에는 오역이 있을 수 없다'고 주장해 왔는데 그 실증적 예 중에 하나가 바로 이것이다. 물론 3장(Chapter Three)에서 다음과 같은 설명이 나오긴 한다.

You know the Party slogan: "Freedom is Slavery."
Has it ever occurred to you that it is reversible? Slavery is freedom.

'자유는 예속'이란 당(黨)의 슬로건을 알겠지.
그것을 역(逆)으로 생각해 본 적이 있나? 예속은 자유라고 말이야.

슬로건(slogan)이란 주의나 주장을 간결하게 나타내는 것이 그 목적이라고 볼 때 괜히 바꿔 말하여 사족(蛇足) 같은 부연 설명을 해 놓았다. 필자의 생각과 비교해 보자.

War is peace. Freedom is slavery. Ignorance is strength.

오웰 – 전쟁은 평화, 자유는 예속, 무지는 국력.

War is peace. Slavery is freedom. Ignorance is strength.

필자 – 전쟁은 평화, 예속은 자유, 무지는 국력.

■ **이 소설로 인하여 생겨난 신조어**

Orwellian	(형) 조직화되어 인간성을 잃은
Orwell(ian)ism	Orwell주의(선전 활동을 위한 사실의 조작과 왜곡)
Orwellian logic	Orwell식 논리
Orwellian ideas	Orwell식 사상
Orwellian disenchantment	Orwell식 각성
Orwellian thinking method	Orwell식 사고 방법

서기 1984년은 이미 지나갔지만 〈1984〉가 말하는 경고는 무한한 유효성을 갖는다. 오웰은 이 소설에서 doublespeak[doubletalk]라는 새로운 어법을 창시했다. 그러나 doublespeak [doubletalk]란 용어는 오웰이 만든 말은 아니다. doublespeak[doubletalk]란 말은 〈1984〉에 한 번도 등장하지 않는다. 그는 1948년에 〈1984〉를 써서 1949년에 발간했다. 그는 1950년에 사망했다. doublespeak란 단어는 그의 사후인 1950년대 초기에 만들어졌다. doubletalk도 최초의 사용은 1946년이다. 오웰은 newspeak, oldspeak, doublethink라는 말을 만들어냈다. 'War is peace. Freedom is slavery. Ignorance is strength'와 같은 가치의 혼돈을 나타낸 모순적인 예는 셰익스피어(Shakespeare)의 4대 비극의 하나인 맥베스(Macbeth)에서도 볼 수 있다.

Fair is foul, and foul is fair.
예쁜 것은 추한 것, 추한 것은 예쁜 것.

– 맥베스(Macbeth) 1막 1장에서 마녀들이 주고받은 대사

So foul and fair a day I have not seen.
아주 흐리면서 아주 맑은 날은 본 적이 없다.

– 1막 3장에서는 맥베스가 한 말

5. War is peace(전쟁은 평화)

라틴어로 된 Sic Vis Pacem Para Bellum이란 말이 있다. 영화 〈퍼니셔 The Punisher 응징하는 사람〉〈2004〉에서 대사로도 인용되었다. 영어로 바꾸면 If you want peace, prepare for war(평화를 원하면, 전쟁을 준비하라)다. 겉으로 보면 모순적이지만 국가 안보나 국제 정세를 논할 때 자주 인용되는 경구다. 그러나 War is peace(전쟁은 평화)라는 〈1984〉의 정치 슬로건은 표리부동한 정치 언어다. 전쟁은 국민을 하나로 묶는 역할을 했다는 것을 역사가 증명한다. 이러한 전쟁의 역할은 이 소설 속에서도 효과적으로 이용되고 있다. 당원의 저항 의지는 상실되고 당의 평화적인 통치가 가능하게 된다. 평화를 얻는 가장 쉬운 방법은 전쟁을 하는 것이다. 2장(Chapter Two)에 들어 있는 내용을 보자.

The war is waged by each ruling group against its own subjects, and the object of the war is not to make or prevent conquests of territory, but to keep the structure of society intact. The very word 'war,' therefore, has become misleading. It would probably be accurate to say that by becoming continuous war has ceased to exist. (omitted) A peace that was truly permanent would be the same as a permanent war. This-although the vast majority of Party members understand it only in a shallower sense-is the inner meaning of the Party slogan: War is Peace.

전쟁은 지배 집단이 그들의 백성들에게 거는 싸움이며, 전쟁의 목적은 영토의 정복이나 반항이 아니라 사회 구조를 그대로 유지하는 데 있다. 그러므로 전쟁이란 단어는 잘못된 것이다. 늘 전쟁이 계속되고 있기 때문에 전쟁이 없다는 말이 정확한 표현이다. (중략) 진실로 영원한 평화는 영원한 전쟁과 똑같다. 대부분의 당원들은 희미하게 이해할 뿐이지만 이것이 당의 슬로건 '전쟁은 평화'의 진의다.

6. Freedom is slavery(자유는 예속)

It is time for you to gather some idea of what power means. The first thing you must realize is that power is collective. The individual only has power in so far as he ceases to be an individual. You know the Party slogan: "Freedom is Slavery." Has it ever occurred to you that it is reversible? Slavery is freedom. Alone-free-the human being is always defeated. It must be so, because every human being is doomed to die, which is the greatest of all failures. But if he can make complete, utter submission, if he can escape from his identity, if he can merge himself in the Party so that he is the Party, then he is all-powerful and immortal.

이제는 자네가 권력이란 무엇인지에 대해 생각해 볼 때야. 자네가 맨 먼저 깨달아야 할 것은 권력이란 집단적이란 걸세. 개개인이 개인이 아닐 때에만 개개인은 권력을 갖게 돼. '자유는 예속'이란 당의 슬로건을 알겠지. 그것을 역(逆)으로 생각해 본 적이 있나? 예속은 자유라고 말이야. 혼자서 자유로이 있는 인간은 언제나 패배해. 그렇게 될 수밖에 없어. 왜냐하면 모든 인간은 죽게 되어 있고, 죽는 것은 가장 커다란 실패이기 때문이야. 그러나 완전하고 철저한 복종을 하면, 자신의 존재를 버리면, 당에 융합되어 자신이 곧 당이 되면, 그는 전능한 불멸의 존재가 돼.

– 3장(Chapter Three)에서 오브라이언(O'Brien)이 윈스턴(Winston)에게 말한 내용

7. 파놉티콘(Panopticon)과 시놉티콘(Synopticon)

Behind Winston's back the voice from the telescreen was still babbling away about pig-iron and the overfulfilment of the Ninth Three-Year Plan. The telescreen received and transmitted simultaneously. Any sound that Winston made, above the level of a very low whisper, would be picked up by it, moreover, so long as he remained within the field of vision which the metal plaque commanded, he could be seen as well as heard. There was of course no way of knowing whether you were being watched at any given moment. How often, or on what system, the Thought Police plugged in on any individual wire was guesswork. It was even conceivable that they watched everybody all the time. But at any rate they could plug in your wire whenever they wanted to. You had to live - did live, from habit that became instinct - in the assumption that every sound you made was overheard, and, except in darkness, every movement scrutinized.

윈스턴의 등 뒤에서 제1차 금속산업과 제9차 3개년 계획의 초과 달성에 대해 대형 TV 스크린이 여전히 지껄이고 있었다. 이 스크린은 저쪽에서 오는 걸 방송하는 동시에 이쪽 것을 전송하는 송신 · 수신 겸용이었다. 윈스턴이 내는 소리는 아무리 작게 속삭이는 소리라도 모두 걸려들었다. 그뿐 아니라 이 금속판의 시계(視界) 안에 들어 있는 한, 윈스턴이 하는 행동은 다 보이고 들렸다. 물론 언제 감시를 받는지 알 길이 없었다. 사상 경찰이 얼마나 자주, 그리고 어떤 방법으로 개인에게 감시 플러그를 끼우는가는 추측할 수밖에 없었다. 사상 경찰이 항상 모든 사람을 언제나 감시한다고 생각할 수도 있었다. 어떻든 그들은 하고 싶을 때면 언제든지 누구에게나 감시의 플러그를 꽂을 수 있었다. 그래서 사람들은 자신이 내는 소리는 모두 감청되고 캄캄할 때 외에는 자신의 모든 동작이 철저히 감시되고 있다는 전제 아래 살아가야 했다. - 아니 그 습관이 본능이 되어 살아갔다.

- 1장(Chapter One)

어휘 **pig iron**: 선철(銑鐵), 용광로에서 직접 얻어 주물의 원료로 쓰는 철). 제1차 금속산업
plug in (on): 플러그를 끼우다, ~의 코드를 콘센트에 끼우다, **plug in a toaster**(토스터에 플러그를 끼우다)
the Thought Police plugged in on any individual wire was guesswork에서 맨 앞에 명사절을 인도하는 접속사 that이 생략되어 있음.

어디에나 '빅 브라더가 당신을 주시하고 있다(BIG BROTHER IS WATCHING YOU)'는 포스터가 걸려 있다. 이 상황은 파놉티콘(panopticon) 개념과 동일하다. panopticon의 어원은 'pan(모두) + optic(보다)'이다. 이것은 근대 사회의 감시 체계를 설명하는 것으로 영국의 법학자인 벤담(Jeremy Bentham 1748~1832)이 착안한 죄수 교화 시설인 원형 감옥을 말한다. 중앙에 감시 공간이 있고 바깥 쪽으로 빙 둘러 죄수의 방이 있어 모든 죄수를 하나같이 감시할 수 있다. 간수는 죄수들을 볼 수 있지만 죄수들은 간수를 볼 수 없다. 따라서 죄수는 자신의 행동을 간수가 늘 보고 있다는 전제 하에 행동할 수밖에 없기 때문에 스스로 행동을 통제하게 된다. 죄수의 방은 항상 밝게 시설되어 있는 반면에 중앙의 감시소는 항상 어둡게 시설되어 있다. 죄수는 보이지 않는 곳에서 자신을 감시하는 시선 때문에 규율을 벗어나는 행동을 못한다.

오늘날 감옥과 같은 특수한 공간뿐 아니라 직장이나 백화점 등 모든 곳에 감시 카메라가 설치되어 있다. 우리나라의 경우 어림잡아 250만 대의 폐쇄회로 감시 카메라가 국민의 일상을 비춘다. ID카드는 일거수일투족을 회사에 보고한다. 휴대 전화는 소지자의 위치를 적나라하게 드러낸다. 그 정확성이 거의 몇 m까지에 이르렀다. 결국 현대인은 파놉티콘에 갇힌 죄수와 다름없다. '빅 브라더가 당신을 감시하고 있다'가 60년 만에 전자 정보 기술의 발전으로 현실화된 것이다. 현대인은 고도의 전자 정보 기술에 의한 '전자 감옥'에 살고 있는 것이다. 프랑스의 사회학자인 푸코(Michel Foucault 1926~1984)는 〈감시와 처벌 Surveiller et punir〉(1975)란 저서에서 파놉티콘이란 개념을 이용해 근대 체제를 '한 권력자가 만인을 감시하는 체제'라고 설명했다. 사람들은 정보를 쥔 자에게 스스로를 순응할 수밖에 없다는 것이다.

그런데 현대의 전자정보통신 파놉티콘은 벤담의 파놉티곤과는 다른 면이 있다. 과거에는 감시자가 감시의 수단을 독점했지만, 이제는 감시자가 피(被)감시자와 수단을 공유한다. 권력자가 만인을 감시하는 파놉티콘(panopticon) 개념은 21세기의 디지털정보화 사회에서 권력자와 대중이 동시에 서로를 감시하는 시놉티콘(synopticon) - syn(동시에) + optic(보다) - 이라는 개념으로 발전 계승되었다. 감시자만 대중들을 볼 수 있는 게 아니고, 피(被)감시자도 감시자를 볼 수 있다. 즉 감시하는 자가 감시당하는 '상호 감시' 시대가 온 것이다. 정치적으로 보면 권력자와 대중이 동시에 상호를 감시하는 메커니즘이다.

다수의 대중이 소수의 권력에 대한 감시가 가능하다. 따라서 시놉티콘(synopticon)은 '다수 시민에 의한 권력 감시체제'라는 정치적 해석이 가능하다. 인터넷이란 발언대를 확보한 대중들이 도리어 권력 자체를 감시할 수 있고, 인터넷이나 휴대전화 메시지로 순식간에 대규모 집회를 열 수 있다. '노무현 대통령의 당선'과 '미국산 소고기 수입 반대 촛불 집회'를 예로 들 수 있다. 정보화의 총아라고 할 수 있는 인터넷이 권력자의 의도를 무너뜨리는 도구로 사용될 수 있음을 보여주었다. '시민이 통치 대상이기를 거부하는 시대', '전자 민주주의의 시대'가 도래했다. 물론 전자 민주주의가 국민의 대의 민주주의에 대한 피로감을 씻어주기도 하지만 '민주 과잉 시대', 'Digital Populism'이란 역기능을 낳는 일면도 있다.

8. Ignorance is strength(무지는 국력)

어떤 신앙을 강하게 하는 유일한 방법은 그 신앙에 대한 모든 의심을 없애는 것이다. 어떤 신앙을 의심할 이유가 없다면 그 신앙은 없어지지 않는다. 무한히 의심하지 않을 수 있다면 그 신앙은 역시 무한하다. 인민을 무지하게 하면 의심하지 않게 되고 그 사상 속에서 강력한 힘이 창조된다. '무지는 국력이다(Ignorance is strength)'라는 슬로건을 내걸고 대중들이 생각하는 것을 막는다. 체제의 모순에 대한 당원들의 무지함은 당의 통치를 일사분란하게 한다. 과거에 있었던 사실에 대한 기록들을 수정하여 그 왜곡된 사실을 진리로 만든다. 전쟁과 같은 거대한 사건조차도 조작한다. 역사를 조작하여 대중을 무지하게 만든다. 빅 브라더는 역사를 통제함으로써 자신이 신과 같은 존재로 보이게 했다. 윈스턴 스스로도 결국에는 "God is power(신은 권력이다)"라고 인정한다.

Who controls the past controls the future. Who controls the present controls the past.
과거를 지배하는 자가 미래를 지배하며, 현재를 지배하는 자가 과거를 지배한다.

- 당의 또 다른 슬로건

9. 평화(平和)성(The Ministry of Peace)

Even the names of the four Ministries by which we are governed exhibit a sort of impudence in their deliberate reversal of the facts. The Ministry of Peace concerns itself with war, the Ministry of Truth with lies, the Ministry of Love with torture and the Ministry of Plenty with starvation. These contradictions are not accidental, nor do they result from ordinary hypocrisy; they are deliberate exercises in doublethink. For it is only by reconciling contradictions that power can be retained indefinitely.
인민을 다스리는 정부의 네 개 부처의 이름마저도 뻔뻔스럽게 사실을 계획적으로 뒤집어 놓은 것이다. 평화성은 전쟁을, 진리성은 거짓을, 애정성은 고문을, 풍부성은 궁핍을 담당한다. 이러한 모순은 우연이 아니요, 일상적인 위선으로 인한 것도 아니다. 이중사고의 계획적 실행이다. 왜냐하면 모순을 일치시킴으로서만 권력을 무한히 유지할 수 있기 때문이다.

- 1장(Chapter One)

평화성은 전쟁을 독려한다. 애정성은 아기를 낳기 위한 목적 외에는 사랑을 금지한다. 진리성은 정부의 선전에 맞춰 과거를 바꾼다. 풍부성은 궁핍을 연장시킨다. 평화성은 오세아니아(Oceania)에서 가장 주요한 기구다. 평화성은 자기 나라가 유라시아(Urasia)나 이스트아시아(Eastasia)와 끊임없이 교전 중이며, 전쟁에 이기기 위해서가 아니라 이기는 것 가까운 상태를 계속 유지하는 데 적절한 힘만을 필요로 한다고 보고 있다. 평화성은 부단한 전쟁(perpetual war)이라는 원칙을 축으로 한다. 끊임없는 선전으로 인하여 인민은 국가에 대한 모든 무의식적 분노를 적대 국가에 배출한다. 이것은 곧 국가의 안정이 전쟁에 있다는 것을 의미한다. 전쟁이 한쪽으로 기울어질 경우를 대비하여 전세가 한쪽으로 절대 기울어지지 않도록 하는 절대적 책임을 진다.

10. 애정(愛情)성(The Ministry of Love)

당은 당원에게 반(反)섹스(anti-sexualism)를 강요한다. 성적 애착(sexual attachments)은 당에 대한 절대적 충성(exclusive loyalty)을 감소시킬 수 있기 때문이다. 당에 대한 충성을 위해서는 성본능과 같은 기본적 본능의 억압을 필요로 한다. 당은 성적 충동(sex drive)을 억압(repression)시켜 성적 에너지를 당에 대한 충성 에너지로 바꾼다.

When you make love you're using up energy; and afterwards you feel happy and don't give a damn for anything. They can't bear you to feel like that. They want you to be bursting with energy all the time. All this marching up and down and cheering and waving flags is simply sex gone sour. If you're happy inside yourself, why should you get excited about Big Brother and the Three-Year Plans and the Two Minutes Hate and all the rest of their bloody rot?

사랑의 행위를 하게 되면 에너지가 소진된다. 그 다음엔 행복감을 느끼게 되고 다른 것에는 전혀 개의치 않게 된다. 그들은 당신이 그런 상태가 되는 것을 용납하지 못한다. 언제나 정력적으로 폭발하기를 원하는 거다. 왔다갔다 행진하고 갈채를 보내고 깃발을 흔드는 게 모두 섹스를 재미없게 하는 것일 뿐이다. 내면적으로 행복한데 뭣 때문에 '대형'이니 '3개년 계획'이니 '2분간 증오'니 따위의 어처구니없는 썩어빠진 일에 흥분한단 말인가?

-2장(Chapter Two)에서 줄리아(Julia)가 한 말

어휘 damn: (1) 저주, 매도. (2) (구어) 「부정어와 함께」 조금도, 요만큼도
do not care a damn = don't give a damn: (구어) 조금도 개의치 않다

3장(Chapter Three)에서 내부 당원(Inner Party member) 오브라이언이 윈스턴에게 한 말

We have cut the links between child and parent, and between man and man, and between man and woman. No one dares trust a wife or a child or a friend any longer. But in the future there will be no wives and no friends. Children will be taken from their mothers at birth, as one takes eggs from a hen. The sex instinct will be eradicated. Procreation will be an annual formality like the renewal of a ration card. We shall abolish the orgasm. Our neurologists are at work upon it now. There will be no loyalty, except loyalty towards the Party. There will be no love, except the love of Big Brother. There will be no laughter, except the laugh of triumph over a defeated enemy. There will be no art, no literature, no science. When we are omnipotent we shall have no more need of science. There will be no distinction between beauty and ugliness. There will be no curiosity, no enjoyment of the process of life. All competing pleasures will be destroyed.

우린 부모와 자식, 남자와 남자, 남자와 여자 간의 유대를 끊어버렸어. 어느 누구도 이젠 마누라나 자식이나 친구를 믿지 않는 거야. 미래에는 마누라도 친구도 없어진다. 암탉 둥지에서 달걀을 빼앗아오듯 아이들이 태어나자마자 어머니한테서 빼앗아 오는 거야. 성적 본능도 근절돼. 출산은 식량 배급 카드 갱신하듯 연 1회 행사일 뿐이야. 우리는 오르가슴(orgasm 성적 쾌감의 절정)을 없앨 거야. 지금 신경학자들이 이를 연구하고 있어. 충성심도 당에 대한 충성심만 존재할 뿐이야. 사랑도 대형에 대한 사랑만 존재할 뿐이야. 웃음도 적을 쳐부수고 승리감에 도취해 웃을 때에만 존재할 뿐이야. 미술도 문학도 과학도 없어질 거야. 우리가 전능해지면 과학의 필요성도 없어져. 아름다움과 추악함 간의 구별도 없어져. 호기심도 삶을 살아가는 즐거움도 없어져. 경쟁하는 즐거움도 모두 없어져.

해설 dare는 그 용법이 특별하다. 본동사로 사용될 경우 목적어에 to를 붙여도 되고 안 붙여도 된다. (I wonder how he dared (to) say that(어떻게 그가 감히 그런 말을 했을까). 본문 No one dares trust a wife or a child or a friend any longer에서는 to를 붙이지 않는 용법으로 사용되어 있다.

11. 진리(眞理)성(The Ministry of Truth)·풍부(豊富)성(The Ministry of Plenty)

북한 정권의 특성상 한국전쟁(6·25전쟁)과 관련된 기밀을 공개하지 않아 북한 사람 대부분이 아직도 6·25전쟁은 '남한에 의한 북침'으로 알고 있다. 소설 속에서 당은 'Who controls the past controls the future: who controls the present controls the past(과거를 지배하는 자가 미래를 지배한다. 현재를 지배하는 자가 과거를 지배한다)'라는 슬로건 아래 철저하게 역사를 관리한다. 진리성은 정책에 맞추어 역사를 다시 쓰고, 사실을 변조하여 선전 효과를 노린다. 이것이 곧 그들의 'truth(진리)' 창조다. 빅브라더의 예언이 잘못으로 판명될 경우 진리부의 종사자들은 거슬러 올라가 역사를 다시 써서 이미 과거에 한 빅브라더의 예언이 정확하다고 말한다.

주 newspeak(신어 新語): 소설 〈1984〉에 나오는 조어로 정부 관리 등이 여론 조작을 위해 쓰는 일부러 애매하게 말하여 사람을 기만하는 표현법.

번쩍이는 하얀 콘크리트로 된 거대한 피라미드형 구조물로 지상 300미터에 이르며 지상에 3,000개 이상의 방이 있다. 역시 거대한 지하 공간이 있는데 거기에는 아마 문서를 파기시키는 거대한 소각로가 있을 것으로 추측된다.

주 오웰은 런던대학교의 'Senate House'(행정본부 건물 명칭)에서 영감을 받아 이러한 묘사를 한 것으로 추측된다.

풍부성은 오세아니아의 경제를 책임진다. 건강하고 힘 있는 하층민보다 가난하고 허약한 하층민이 지배하기에 더 용이하다는 것이 사상의 중심 주제다. 대형 TV는 생산성이 실질적으로 감소할 때조차도 경제적 생산성을 증가시켰다고 종종 보도한다. 풍부성은 허튼 통계를 내놓는다. 그것은 하나의 난센스를 다른 난센스로 대체하는 것이다. 빈곤과 재정 부족을 옹호한다.

12. Doublethink(이중사고)

(1) 이북에 가서 살기는 싫어하면서도 친북주의자로 처신하는 것, (2) 언론의 자유를 말하면서 정부 비판 신문을 역사 반역이라고 공격하는 것, (3) 자기 자녀가 전교조 교사 밑에서 배우는 것은 꺼리면서도 전교조를 지지하는 것, (4) 산업화 주역을 독재 정권에 부역한 기득권 세력이라고 하면서도 그들이 이룩한 풍요에 무임 승차하는 것, (5) 자기 자녀는 미국으로 유학 보내면서도 미국산 쇠고기나 한 · 미 자유무역협정(Free Trade Agreement)을 반대하는 것, (6) 일제 강점기에 지배 계층이 일본인이었다고 해서 조선이라는 나라가 없어진 것은 아니라고 주장 - 나라의 존재는 지배 계층에 상관없이 다수의 국민에 의해 결정된다고 주장 - 하면서도, 발해사에 대해서는 발해의 지배 계층이 고구려인이었기 때문에 발해를 구성했던 다수의 말갈 사람에 상관없이 우리나라의 역사라고 주장하는 것. 이러한 모순성을 다른 말로 하면 '이중사고'다.

이중사고의 사전적 의미는 the act or power of holding two contradictory beliefs simultaneously, fervently accepting or believing both of them(두 개의 모순된 신념을 동시에 갖고 이 두 가지를 강하게 수용하거나 믿는 행위나 힘)이다. 〈1984〉의 이중사고는 심리 조작 기술이다. 소설에서 인민은 상반되는 사실을 동시에 수용하는 사고 기술에 길들여졌다. 〈1984〉가 출판(1949년 발간)되기 약 10년 전에 죽은 미국 소설가 피츠제럴드(Francis Scott Key Fitzgerald 1896~1940)는 이런 말을 했다. The test of a first-rate intelligence is the ability to hold two opposed ideas in the mind at the same time(일급(一級) 지성의 평가 기준은 마음속에 두 개의 상반되는 개념을 동시에 갖는 능력을 말한다). 이 말을 오웰의 이중사고와 관련해서 보면 신기하게 들린다.

해설 피츠제럴드(Francis Scott Key Fitzgerald 1896~1940): 20세기 미국 문학의 대표작 〈위대한 개츠비 The Great Gatsby〉(1925)의 작가다. 그는 "미국인의 삶에는 2막(두 번의 기회)은 없다(There are no second acts in American lives)"라는 유명한 말을 남겼다. 그의 이 말은 미국 사회의 냉혹한 현실의 벽을 상징하였다. 그러나 오바마(Obama)가 대통령이 될 정도로 미국은 많이 변했다.

다음은 오웰이 〈1984〉 1장(Chapter One)에서 이중사고(doublethink)란 말을 선보이며 구체적으로 설명한 내용이다. (독자의 이해를 돕기 위하여 이중사고의 구체적 사례를 명사구(주로 to부정사)별로 배치했다.)

Winston sank his arms to his sides and slowly refilled his lungs with air.
His mind slid away into the labyrinthine world of doublethink.
To know and not to know, to be conscious of complete truthfulness while telling carefully constructed lies, to hold simultaneously two opinions which cancelled out, knowing them to be contradictory and believing in both of them,
to use logic against logic, to repudiate morality while laying claim to it,
to believe that democracy was impossible and that the Party was the guardian of democracy, to forget whatever it was necessary to forget, then to draw it back into memory again at the moment when it was needed, and then promptly to forget it again:

and above all, to apply the same process to the process itself.
That was the ultimate subtlety:
consciously to induce unconsciousness,
and then, once again, to become unconscious of the act of hypnosis you had just performed.
Even to understand the word 'doublethink' involved the use of doublethink.

윈스턴은 양팔을 축 늘어뜨리고 천천히 다시 숨을 들이켰다.
그의 마음은 이중사고라는 미궁의 세계로 빠져 들어갔다.
알면서도 모른다는 것,
완전한 진실을 알면서도 한편으로는 조심스레 꾸며댄 거짓말을 한다는 것,
둘이 서로 모순임을 알면서도 둘 다 동시에 믿는다는 것,
모순인 줄 알면서 그 두 가지가 옳다고 동시에 믿는 것,
논리에 대항하여 논리를 만드는 것,
도덕성을 거부하면서도 자신은 도덕적이라고 자칭하는 것,
민주주의는 불가능하였다고 믿으면서도 당은 민주주의의 수호자였다고 믿는 것,
잊어야 할 필요가 있는 것은 무엇이든 잊어버리는 것,
그랬다가 필요한 순간에 다시 기억해내는 것,
그런 다음 곧 다시 잊어버리는 것:
그리고 무엇보다도, 이 과정 자체에 동일한 과정을 적용하는 것.
그것은 지극히 치밀했다:
의식적으로 무의식 상태에 빠지는 것,
그런 다음 다시 한 번, 자신이 막 행한 최면 행위를 의식하지 못하게 되는 것.
'이중사고'란 단어를 이해하는 것조차도 이중사고를 하는 것을 필요로 했다.

■ 이어서 〈1984〉에서 2장(Chapter Two) 본문 내용을 보자

Oceanic society rests ultimately on the belief that Big Brother is omnipotent and that the Party is infallible. But since in reality Big Brother is not omnipotent and the party is not infallible, there is need for an unwearying, moment-to-moment flexibility in the treatment of facts. The keyword here is blackwhite. Like so many Newspeak words, this word has two mutually contradictory meanings. Applied to an opponent, it means the habit of impudently claiming that black is white, in contradiction of the plain facts. Applied to a Party member, it means a loyal willingness to say that black is white when Party discipline demands this. But it means also the ability to believe that black is white, and more, to know that black is white, and to forget that one has ever believed the contrary. This demands a continuous alteration of the past, made possible by the system of thought which really embraces all the rest, and which is known in Newspeak as doublethink.

오세아니아의 사회는 궁극적으로 대형(大兄)은 전능하고 당은 잘못이 있을 수 없다는 신념에 기초하고 있다. 그러나 사실은 대형이 전능한 것도 아니고 당에 절대 잘못이 없는 것도 아니기 때문에 진상을 처리하는 데 있어서 시시각각 끊임없는 유연한 대처 능력이 필요하다. 여기에서 실마리가 되는 말이 흑백사고(blackwhite)란 단어다. 신어의 많은 단어들처럼 이 말의 의미도 양측이 서로 모순된다. 반대자에게 적용될 때는 명백한 사실인데도 불구하고 흑을 백이라고 뻔뻔스럽게 주장하는 습성을 의미한다. 당원에게 적용될 때는 당규가 요구하면 흑을 백이라고 자발적으로 말하는 충성심을 의미한다. 그러나 이 말 역시 흑을 백이라고 믿는 능력, 더 나아가 흑을 백이라고 아는 능력, 그리고 전에 반대로 믿은 적이 있다는 것을 망각하는 능력을 뜻한다. 이렇게 하려면 과거를 계속해서 수정해야 하며, 사고체계, 즉 신어로 이중사고(doublethink)라고 하는 사실상 그 외의 모든 것을 포함하는 사고체계에 의해 가능해진다.

농장주를 몰아낸 민주화 투사인 '돼지'가 사람이 떠난 농장에서 그 농장주를 닮아 가는 과정을 묘사한 오웰의 또 다른 소설 〈동물 농장 Animal Farm〉에서 볼 수 있는 이중사고를 보자.

그는 러시아 혁명과 스탈린의 배신에 바탕을 둔 정치 우화 〈동물 농장〉을 1944년에 완성했다. 농장의 동물들이 착취하는 주인(인간)을 몰아내어 그들 자신의 평등주의 사회를 세우지만 결국 동물들 중 영리하고 권력 지향적인 지도자 돼지가 혁명을 뒤엎고 독재 정권을 세워, 그들은 인간이 주인이었던 옛날보다 더 억압받고 무력하게 된다. 처음에는 이 짧은 걸작을 출판해줄 사람을 찾는 데 어려움을 겪었으나, 1945년 이 책이 출판되면서 유명해졌으며 처음으로 명성을 얻게 되었다.

All animals are equal, but some animals are more equal than others.
모든 동물은 평등하다. 그러나 다른 동물들보다 더욱 평등한 동물도 있다.

- 동물 농장

All criminals are equal, but some are more equal than others.
모든 죄인은 평등하다. 그러나 다른 죄인들보다 더욱 평등한 죄인도 있다.

- 위의 말을 흉내 내어 만들어 낸 말

Rich people are treated more leniently by the courts despite legal equality before the law.
법 앞의 법률적 평등에도 불구하고 법원은 부자를 보다 관대히 봐준다.

Primus inter pares(= First amongst equals).
동등한 자들 가운데 제1인자

- 민주국가의 통치자에게 흔히 적용되는 라틴어

이 말들은 이론과 말로는 평등이 존재하지만 실제적으로는 존재하지 않는 상황을 풍자하는 데 사용된다. 영국의 경제지 파이낸셜 타임스(the Financial Times)가 2007년 9월 12일 When Korea's tycoons get into legal trouble, their preferred means of transportation is the wheelchair(한국 재벌 총수들은 법적인 문제가 발생할 때마다 휠체어를 탄다).란 제목의 기사를 통해 이들에게 온정적인 '유전무죄 무전유죄'의 한국 사법제도를 비판했다.

13. 조지 오웰의 어록

Liberal: a power worshipper without power.
자유주의자: 권력을 숭배하나 권력이 없는 자.

The quickest way of ending a war is to lose it.
전쟁을 종식시키는 가장 빠른 방법은 전쟁에서 지는 것이다.

Advertising is the rattling of a stick inside a swill bucket.

광고란 구정물 양동이 안에 있는 막대기가 덜거덕거리는 것이다.

Speaking the truth in times of universal deceit is a revolutionary act.

온통 거짓의 시대에 진리를 말하는 것은 혁명적 행위다.

Saints should always be judged guilty until they are proved innocent.

성인이란 항상 무죄가 판명될 때까지 유죄 판결을 받고 있어야 한다.

For a creative writer possession of the truth is less important than emotional sincerity.

창조적 작가에게는 진리를 소유한다는 것이 감정적 충실보다 덜 중요하다.

Men can only be happy when they do not assume that the object of life is happiness.

인간은 삶의 목적이 행복이라고 치지 않을 때만이 행복할 수 있다.

On the whole human beings want to be good, but not too good and not quite all the time.

대체로 인간은 선량하기를 원한다. 그러나 아주 선량하거나 항상 선량하기를 원하지는 않는다.

If liberty means anything at all,
it means the right to tell people what they do not want to hear.

자유가 이왕 무언가를 의미한다면, 그것은 사람들이 듣기 싫어하는 것을 말하는 권리를 의미한다.

Every generation imagines itself to be more intelligent than the one that went before it, and wiser than the one that comes after it.

모든 세대는 자신의 세대가 그 이전의 세대보다 더욱 지적이라고 생각하며 이후 세대보다 더욱 현명하다고 생각한다.

Many people genuinely do not wish to be saints, and it is possible that some who achieve or aspire to sainthood have never had much temptation to be human beings.

많은 사람들은 성인이 되기를 진정 원치 않는다. 아마도 성인이 되었거나 성인이 되기를 열망하는 소수의 사람들은 아마도 속세의 인간이 되고자 하는 유혹에 그다지 빠져 보지 않은 사람들일 것이다.

Serious sport has nothing to do with fair play. It is bound up with hatred, jealousy, boastfulness, disregard of all rules and sadistic pleasure in witnessing violence.
In other words: it is war minus the shooting.

오락이 아닌 스포츠는 공정한 시합과 관련이 없다. 그것은 증오, 질투, 과장, 모든 규칙의 무시, 폭력을 목격할 때의 가학적 즐거움으로 점철되어 있다. 바꿔 말하면 총성 없는 전쟁이다.

An autobiography is only to be trusted when it reveals something disgraceful.
A man who gives a good account of himself is probably lying,
since any life when viewed from the inside is simply a series of defeats.

자서전이란 수치스러운 점을 밝힐 때만이 신뢰를 얻는다.
자신을 칭찬하는 사람은 십중팔구 거짓말을 하고 있다.
어떠한 삶이든 내면을 보면 패배의 연속일 뿐이기 때문이다.

Power is not a means, it is an end.
One does not establish a dictatorship in order to safeguard a revolution;
one makes the revolution in order to establish the dictatorship.

The object of persecution is persecution.
The object of torture is torture.
The object of power is power.

권력은 수단이 아니라 목적이다.
혁명 과업을 보장하기 위해 독재를 구축하진 않는다.
독재를 구축하기 위해 혁명을 한다.
박해의 목적은 박해다.
고문의 목적은 고문이다.
권력의 목적은 권력이다.

Pacifism is objectively pro-fascist. This is elementary common sense.
If you hamper the war effort of one side, you automatically help out that of the other.
Nor is there any real way of remaining outside such a war as the present one.
In practice, 'he that is not with me is against me.'

평화주의는 객관적으로 친(親)국수주의자다. 이것은 기본 상식이다.
한쪽의 전쟁 동원을 방해하면 자동적으로 다른 쪽의 전쟁 동원을 돕는 것이 된다.
현재의 전쟁(2차 대전)과 같은 전쟁을 도외시할 수 있는 실질적 방법이 없다.
실제적으로, '나와 함께하지 않는 자는 나를 반대하는 자다.'

–1942년 〈Partisan Review〉 영국의 평화주의자에 관하여

해설 (1) **War effort**(전쟁 동원): In politics and military planning, a war effort refers to a coordinated mobilization of society's resources-both industrial and human-towards the support of a military force.
정치 · 군사계획에 있어서 war effort란 군사력 지원을 위한 사회자본(산업 · 사람)의 통합 동원을 말한다.

(2) 밑줄 부분은 마태복음 12장 30절 · 누가복음 11장 23절 He that is not with me is against me, and he that does not gather with me scatters.(나와 함께하지 않는 자는 나를 반대하는 자요, 나와 함께 모이지 않는 자는 흩어지는 자이니라)에서 따온 말이다.

(3) **Partisan Review**: 1934년부터 2003년까지 발행된 미국의 정치 · 문학계간지

20 오스카 와일드 언어 해독

1. 셰익스피어 다음으로 많이 읽히는 작가

소설가·극작가·시인 오스카 와일드(Oscar Wilde)는 1854년 아일랜드 수도 더블린에서 태어나 1900년 파리에서 죽었다. 19세기 말 '예술을 위한 예술(art for art's sake)'을 주창한 영국 Aestheticism(유미주의·예술지상주의) 운동의 대표자다. 그는 1895년 동성연애와 연루된 유명한 민사·형사 재판에서 유죄 판결을 받는다. 1891년에 만난 앨프레드 더글러스 경과의 친밀한 교제는 더글러스의 부친인 퀸즈베리 후작을 몹시 노하게 했다. 드디어 후작에 의해 남색자라는 죄목으로 고소당하게 되자, 그는 앨프레드 더글러스로부터 힘을 얻어 명예훼손으로 후작을 맞고소한다. 그러나 증거가 드러나자 소송을 취하한다. 결국 그는 체포되어 재판을 받는다. 재심에서 유죄가 판명되어 1895년 5월 그는 2년간의 중노동형을 선고받고 2년 동안 복역한다. 1897년 5월 와일드는 파산 상태로 감옥에서 석방된다. 빅토리아 시대 영국의 근엄함과 위선을 날카롭게 풍자해 조국에서 배척받아 1897년 국외로 추방되어 유럽을 떠돈다. 끊임없이 재정 문제로 고통을 받아 싸구려 여인숙에서 지내다가 1900년 파리에서 귀 전염병으로 인한 격심한 뇌막염으로 쓸쓸히 생을 마감한다.

오스카 와일드는 '셰익스피어 다음으로 많이 읽히는 작가'다. 사후 100년 만인 1998년 그의 작품이 새롭게 조명되었다. 영국 정부의 주도로 런던 트라팔가르(Trafalgar) 광장에 그의 동상이 세워졌다. 특히 오스카 와일드의 어록을 이해하려면 암호를 해독하는 것처럼 상당한 사고가 필요하다. 그의 말은 재치와 독설로 가득 차 있을 뿐만 아니라 일반적인 상식을 풍자적으로 비꼬는 표현이 많기 때문이다. 빅토리아 여왕 시대의 위선을 가차 없이 폭로한 그의 최고의 작품 〈진지함의 중요성 The Importance of Being Earnest〉(1895년)이 특히 그렇다.

또한 그는 household word(흔히 쓰는 말)이나 old fashioned saying(옛날부터 내려온 속담)을 묘하게 변형시켜 말하는 경우가 많다. The Importance of Being Earnest에 It is simply washing one's clean linen in public(그것은 단지 잘난 체하며 자기들이 도덕적으로 우월하다는 것을 자랑하는 것에 불과하다)이란 말이 나오는데, 이것은 It is simple washing one's dirty linen in public(그것은 단지 불결한 내의를 여러 사람이 보는 데서 빠는 것에 불과하다 → 그것은 단지 집안의 수치를 외부에 까발리는 것에 불과하다)의 변형이다. 그의 어록을 다음의 항목으로 분류해 보았다.

주 각 항목의 어록이 제목과 정확히 일치하지 않을 수도 있다. 이 저술의 목적이 영어 학습에 있는 만큼 저자나 독자나 이 점에 지나치게 얽매일 필요는 없다고 본다.

2. 오스카 와일드의 반어(irony)

반어(反語)란 겉으로 표현한 내용과 속 마음에 있는 내용을 서로 반대로 말함으로써 독자에게 인상을 강하게 주고 문장의 변화를 주는 표현 방법이다. 예를 들면, '죽어도 아니 눈물 흘리오리다(대단히 슬플 때)', '빨리도 오는군(늦게 오는 사람에게)', '대단한 미인이군(못생긴 여자)' 등이다. 영어의 경우 '아주 지독한 날씨다'란 뜻으로 'This is a nice, pleasant sort of weather'라고 말하는 경우다.

Punctuality is the thief of time.

시간 엄수는 시간의 도둑이다.

해설 영국 시인 Edward Young(1681~1765)의 유명한 경구(aphorism) Procrastination is the thief of time(지연은 시간의 도둑이다).을 반어법(反語法)을 동원하여 한 말이다.

3. 오스카 와일드의 역설(paradox)

반어는 진술 자체에는 모순이 없고 다만 겉으로 표현한 말과 그 속에 담겨 있는 뜻이 서로 반대되는데 반해, 역설(逆說)은 진술 자체에 모순이 나타나 있다는 점이 다르다. 영어로 paradox 또는 contradiction이라고 한다. paradox는 배리(背理), 역리(逆理), 반리(反理), 또는 이율배반(二律背反) 등으로 번역되기도 한다. 원래의 의미는 '옳은 것 같으면서도 틀린 말'이지만, 넓은 의미로는 '틀린 것 같으면서도 옳은 말'도 포함된다. 특히 이 항목에 일반적인 상식을 풍자적으로 비꼬는 표현이 많다.

어휘 paradox: 역설
orthodox: 정통
heterodox: 이단

There is only one thing in the world worse than being talked about, and that is not being talked about.

이 세상에는 논의되어지는 것보다 더 나쁜 것 한 가지가 있다. 논의되어지지 않고 있다는 것, 그것이다.

주 being talked about을 that이 받고 있다.

Patriotism is the virtue of the vicious.

애국은 사악한 사람들의 덕목.

Chastity is the greatest form of perversion.

정숙은 가장 위대한 형태의 변태성욕.

주 최상급 형용사 greatest를 동원하여 perversion(변태성욕)의 개념을 역전시켜버린다. 〈분명함〉을 〈가장 나쁜 형태의 애매함〉으로, 〈애매함〉을 〈가장 나쁜 형태의 분명함〉으로 말하는 식.

Bore: a man who is never unintentionally rude.

따분한 사람: 언제나 고의적으로 무례한 사람.

Fox-hunting: The unspeakable chasing the uneatable.

여우사냥: 먹을 수 없는 것을 좇지만 그 기쁨은 말로 다할 수 없는 것.

Pessimist: One who, when he has the choice of two evils, chooses both.
비관주의자: 두 개의 악 중에서 고를 수 있는 기회가 주어질 때에 두 개를 다 고르는 사람.

What is a cynic? A man who knows the price of everything and the value of nothing.
냉소적인 사람이란? 모든 것의 가격을 알지만 그것들의 가치를 모르는 사람.

Fashion is a form of ugliness so intolerable that we have to alter it every six months.
패션이란 너무 추해서 6개월마다 바꾸어야 하는 것.

Experience is the name everyone gives to their mistakes.
경험이란 사람들이 자신의 실수에 붙이는 이름.

Scandal is gossip made tedious by morality.
스캔들이란 도덕성이 만들어낸 따분한 험담.

Morality is simply the attitude we adopt toward people we personally dislike.
도덕성이란 단지 우리가 개인적으로 싫어하는 사람에 대하여 우리가 선택하는 태도.

The pure and simple truth is rarely pure and never simple.
순수하고 단순한 진리는 좀처럼 순수하지도 않고 결코 단순하지도 않은 것.

The basis of optimism is sheer terror.
낙천주의의 기초는 완전한 공포.

A grand passion is the privilege of people who have nothing to do.
위대한 열정은 아무것도 할 일이 없는 사람의 특권.

Morality, like art, means drawing a line someplace.
도덕성이란 예술처럼 어딘가에 줄을 하나 긋는 것.

Popularity is the one insult I have never suffered.
인기는 내가 지금까지 결코 겪은 적이 없는 하나의 모욕.

Seriousness is the only refuge of the shallow.
진지함이란 천박한 사람들의 유일한 도피처.

Action is the last refuge of those who cannot dream.
행동은 꿈꿀 수 없는 사람들의 마지막 도피처.

Philanthropy is the refuge of rich people who wish to annoy their fellow creatures.
자선이란 동포를 괴롭히기를 원하는 부자들의 도피처.

The true mystery of the world is the visible, not the invisible.
이 세상의 진짜 신비는 볼 수 있는 것이지 볼 수 없는 것이 아니다.

Man can believe the impossible, but can never believe the improbable.
사람은 불가능한 것은 믿을 수 있지만, 있을 법하지 않는 것은 결코 믿을 수 없다.

I can believe anything, provided that it is quite incredible.
전혀 믿을 수 없는 것이라면 나는 어떤 것이든 믿을 수 있다.

It is only about things that do not interest one that one can give really unbiased opinions, which is no doubt the reason why an unbiased opinion is always valueless.

정말로 편견 없는 견해를 말할 수 있는 것은 관심을 끌지 못하는 주제에 관해서 뿐이다.
이것은 편견 없는 견해가 가장 무가치하다는 분명한 이유가 된다.

주 관계대명사 which의 선행사는 앞 문장 전체임.

4. 오스카 와일드의 교차대구어법(Chiasmus)

Nothing can cure the soul but the senses,
just as nothing can cure the senses but the soul.

어떤 것도 영혼은 고칠 수 없으나 감각은 고칠 수 있다.
어떤 것도 감각은 고칠 수 없으나 영혼은 고칠 수 있는 것과 꼭 마찬가지로.

해설 결국 영혼(soul)과 감각(senses) 둘 다 고칠 수 있기도 하고 없기도 하다는 말.

The advantage of the emotions is that they lead us astray,
and the advantage of science is that it is not emotional.

정서의 이점은 그것이 우리를 타락시킨다는 것이다.
과학의 이점은 그것이 정서적이 아니라는 것이다.

Selfishness is not living as one wishes to live,
it is asking others to live as one wishes to live.

이기주의란 자기가 살고 싶은 대로 사는 것이 아니다.
이기주의란 다른 사람이 자기가 살고 싶은 대로 살기를 원하는 것이다.

In the world there are only two tragedies.
One is not getting what one wants, and the other is getting it.

이 세상에는 오직 두 가지의 비극이 있다.
하나는 원하는 것을 얻지 못하는 것이고, 다른 하나는 그것을 얻는 것이다.

When we are happy we are always good,
but when we are good we are not always happy.

누구나 행복할 때는 항상 선량하다.
그러나 선량할 때 항상 행복한 것은 아니다.

Imagination is a quality given to a man to compensate for what he is not,
and a sense of humor is provided to console him from what he is.

상상력이란 어떤 사람에게 없는 것을 보상하기 위하여 그에게 주어진 것이고,
유머 감각이란 그에게 있는 것을 가지고 그를 위로하기 위하여 주어진 것이다.

As long as war is regarded as wicked, it will always have its fascination.
When it is looked upon as vulgar, it will cease to be popular.

전쟁이 사악한 것으로 간주되면, 그것은 항상 매력을 갖게 될 것이다.
전쟁이 천박한 것으로 간주되면, 그것은 인기가 없어지게 될 것이다.

5. except를 이용하여 부정적인 말을 숨기는 수사법

There is no sin except stupidity.

어리석음을 제외하고는 죄란 없다.

해설 결국 어리석음이 가장 나쁜 것이라는 의미.

She is a peacock in everything except beauty.

그녀는 모든 것을 뽐낸다. 미모를 제외하고는.

해설 그녀는 못생겼다는 의미.

To get back my youth I would do anything in the world,
except take exercise, get up early, or be respectable.

젊은 시절로 돌아간다면 이 세상의 어떤 일이든 하겠다.
운동하고, 일찍 일어나고, 혹은 존경받는 일을 제외하고.

해설 운동, 일찍 일어나는 것, 혹은 존경받는 일은 싫다는 의미.

One can survive everything, nowadays, except death,
and live down everything except a good reputation.

오늘날 인간은 모든 것으로부터 헤어날 수 있다. 단 죽음은 제외하고.
모든 것을 씻어버릴 수 있다. 단 명망은 제외하고.

어휘 live down: (과거의 불명예 · 죄과 등을) 씻다

6. 유혹에 대한 견해

I can resist anything but temptation.

나는 유혹 이외에 어떤 것도 거부할 수 있다.

Sometimes it takes courage to give into temptation.

때로는 유혹에 빠지는 데도 용기가 필요하다.

The only way to get rid of a temptation is to yield to it.
Resist it, and your soul grows sick with longing for the things it has forbidden to itself.

유혹을 뿌리치는 유일한 방법은 유혹에 굴복하는 것이다. 유혹에 저항하라. 그러면
당신의 영혼은 병들게 된다. 당신의 영혼에게 금지되었던 것들에 대한 갈망 때문에.

7. 결혼에 대한 견해

The proper basis for marriage is a mutual misunderstanding.

결혼의 진정한 원리는 상호 오해이다.

Bigamy is having one wife too many. Monogamy is the same.

이중 결혼이란 하나의 부인을 너무 많이 갖는 것이다. 일부일처제도 마찬가지다.

어휘 **digamy**: 재혼(再婚)
bigamy: 중혼(重婚)

The only charm of marriage is that it makes a life of deception necessary for both parties.

결혼의 유일한 매력은 양측에게 다 필요한 속임수의 인생을 만들어낸다는 것이다.

I have always been of opinion that a man who desires to get married should know either everything or nothing.

결혼하기를 원하는 사람은 모든 것을 알거나
아예 아무것도 아는 것이 없어야 한다는 것이 나의 평소 생각이다.

Rich bachelors should be heavily taxed.
It is not fair that some men should be happier than others.

부유한 독신 남자에게는 세금을 많이 부과해야 한다.
어떤 사람들이 다른 어떤 사람들보다 더 행복해야 한다는 것은 불공평하다.

When a woman marries again, it is because she detested her first husband.
When a man marries again, it is because he adored his first wife.
Women try their luck; men risk theirs.

여자가 다시 결혼한다면, 그것은 그녀의 첫 남편을 혐오했기 때문이다.
남자가 다시 결혼한다면, 그것은 그의 첫 아내를 흠모했기 때문이다.
여자는 행운을 얻기 위해 시도해 보지만, 남자는 행운을 얻기 위해 모험을 한다.

Men marry because they are tired, women because they are curious; both are disappointed.

남자는 지쳐서 결혼하고, 여자는 호기심으로 결혼하지만, 둘 다 실망한다.

8. 사랑에 대한 견해

The very essence of love is uncertainty.

사랑의 참된 본질은 불확실성이다.

Knowledge would be fatal, it is the uncertainty that charms one.
A mist makes things beautiful.

사람을 매혹하는 것은 불확실성이므로 뭔가를 알게 되면 파멸을 가져온다.
안개는 물체를 아름답게 보이게 한다.

The mystery of love is greater than the mystery of death.

사랑의 미스터리는 죽음의 미스터리보다 심오하다.

To love oneself is the beginning of a lifelong romance.

자신을 사랑하는 것은 평생 로맨스의 시작이다.

A man can be happy with any woman as long as he does not love her.

남자는 어떤 여자와 함께 있어도 행복할 수 있다. 그 여자를 사랑하지 않는 한.

해설 여자를 사랑하는 것이 반드시 행복한 것만은 아니라는 것을 역설적으로 표현.

Women love us for our defects. If we have enough of them, they will forgive us everything, even our intellects.

여자가 남자를 사랑하는 것은 남자가 가진 결점 때문이다. 남자가 결점을 많이 가지고 있다면, 여자는 남자의 모든 것을 용서할 것이다. 남자의 지성까지도.

Children begin by loving their parents; as they grow older they judge them; sometimes they forgive them.

어린이는 처음에는 부모를 사랑한다. 나이가 들어감에 따라 부모를 비난하며, 때로는 부모를 용서하기도 한다.

When one is in love, one always begins by deceiving one's self, and one always ends by deceiving others.

사랑할 때 처음에는 자신을 속이지만, 끝날 때는 남을 속이는 것이 공식이다.

Those who are faithful know only the trivial side of love: it is the faithless who know love's tragedies.

정숙한 사람은 사랑의 사소한 면만을 안다.
사랑의 비극을 아는 사람은 정숙하지 못한 사람이다.

The everyday world is shrouded. We see it dimly.
Only when we love do we see the true person.
The truth of a person is only visible through love.
Love is not the illusion. Life is.

세상사는 얇은 베일로 덮여져 있다. 그래서 흐릿하게 보인다.
사랑할 때야 비로소 그 사람의 진면목을 보게 된다.
사람의 진면목은 사랑을 통해서만 확실하게 볼 수 있다.
사랑이 아니라 삶이 환상인 것이다.

- 현대 유명 영국 극작가(dramatist)인 데이비드 헤어(David Hare 1947~)가 와일드의 생애를 소재로 하여 쓴 희곡 〈The Judas Kiss〉(1998)〉라는 작품에서의 와일드 대사

9. 친구에 대한 견해

I always like to know everything about my new friends, and nothing about my old ones.

나는 항상 새로운 친구에 대해서는 모든 것을 알고 싶고,
오래된 친구에 대해서는 아무것도 알고 싶지 않다.

I choose my friends for their good looks,
my acquaintances for their good characters,
and my enemies for their good intellects.
A man cannot be too careful in the choice of his enemies.

나는 훌륭한 용모를 보고 친구(親舊)를 선택한다.
나는 훌륭한 성격을 보고 면식(面識)을 선택한다.
나는 훌륭한 지성을 보고 적수(敵手)를 선택한다.
적수를 선택하는 데는 아무리 신중해도 지나치지 않다.

Anybody can sympathize with the sufferings of a friend,
but it requires a very fine nature to sympathize with a friend's success.
친구의 고통은 누구나 공감할 수 있지만,
친구의 성공을 공감하려면 대단히 훌륭한 인간성을 요한다.

Laughter is not at all a bad beginning for a friendship;
and it is by far the best ending for one.
웃음은 우정의 나쁜 시작이 결코 아니다. 웃음은 단연코 우정의 가장 좋은 끝이다(좋은 우정이란 웃고 만나서 웃고 헤어져야 한다).

해설 not at all과 a bad beginning을 병치시킨 이중 부정

Humanity takes itself too seriously. It's the world's original sin.
If the caveman had known how to laugh, history would have been different.
인류는 자신을 너무 진지하게 받아들인다. 이것은 인류의 원죄다.
석기 시대 사람이 웃는 방법을 알았더라면 역사는 달라졌을 것이다.

어휘 the world: (1) 세계, 지구 (2) (세계 속의) 사람, 인류

10. 종교에 대한 견해

A theologian is like a blind person in a dark room searching for a black cat which isn't there - and finding it!(신학자는 캄캄한 방에서 있지도 않은 검은 고양이를 찾으려 하고 마침내는 정말로 찾아내는 맹인과 같다!) 이 말의 작자가 오스카 와일드라고 알려져 있기도 하지만, 그의 작품 어느 곳에도 찾을 수 없다. Atheists Anonymous(성명 불명의 무신론자)의 aphorism(경구)다. 오스카 와일드는 의식이 몽롱한 마지막 순간에 그가 오랫동안 찬양했던 로마 가톨릭으로 개종했다. 다음은 종교에 관한 어록이다.

Religion is the fashionable substitute for belief.
종교는 신앙을 대신할 수 있는 멋있는 대안이다.

When the gods wish to punish us, they answer our prayers.
신이 우리를 벌하기 원할 때, 신은 우리의 기도에 답한다.

I sometimes think that God, in creating man, overestimated His ability.
때대로 나는 신이 인간을 만들 때 자기 힘을 좀 과대평가했다고 생각한다.

Missionaries are going to reform the world whether it wants to or not.
선교사는 세상이 원하든 안 원하든 세상을 개혁하려고 한다.

There is a luxury in self-reproach.
When we blame ourselves, we feel that no one else has a right to blame us.
It is the confession, not the priest, that gives us absolution.
자책에는 즐거운 면이 있다.
우리가 스스로를 비난할 때 그 밖의 어느 누구도 우리를 비난할 권리가 없다는 생각이 든다.
우리에게 면죄부를 주는 것은 고백이지 성직자가 아니다.

11. 자연에 대한 견해

At twilight, nature is not without loveliness,
though perhaps its chief use is to illustrate quotations from the poets.

황혼(黃昏)녘, 자연은 사랑스럽다.

비록 석양(夕陽)의 주요 쓰임새는 시인의 시구를 주로 인용한 것이긴 하지만.

어휘 **dark**(암흑 暗黑): 사물을 보는 데 필요한 빛이 없음

dusk(박명 薄明): **twilight**보다 어두우며 darkness에 가까움

dawn(여명 黎明): 새벽(**daybreak**). 비유적으로도 씀

twilight(황혼 黃昏): 일몰 후 어스름. 원래 **two light**의 뜻으로 밝음과 어둠 중간 빛을 말함

nightfall(해질녘): 땅거미

12. 예술에 대한 견해

I love acting. It is so much more real than life.

나는 연기를 좋아한다. 연기는 삶보다 훨씬 더 사실적이기 때문이다.

It is the spectator, and not life, that art really mirrors.

예술이 실제로 반영시키는 것은 관객이지 삶이 아니다.

When critics disagree, the artist is in accord with himself.

비평가들은 예술가와 의견이 다르지만, 예술가는 자기 자신과 의견이 일치한다.

One should either be a work of art, or wear a work of art.

누구나 예술 작품이 되거나, 예술 작품을 입거나 해야 한다.

Art is the most intense form of individualism that the world has known.

예술은 이 세상 사람들이 알고 있는 것 중에서 가장 심한 형태의 이기주의다.

It is only an auctioneer who can equally and impartially admire all schools of art.

예술의 모든 유파를 동등하고 공평하게 찬미할 수 있는 사람은 경매인뿐이다.

Every portrait that is painted with feeling is a portrait of the artist, not of the sitter.

열의를 갖고 그린 초상화는 모두 그것을 그린 화가의 초상이지 앉아 있는 사람의 초상이 아니다.

The stage is not merely the meeting place of all the arts,
but is also the return of art to life.

무대는 모든 예술이 만나는 장소일 뿐만 아니라, 예술을 삶으로 되돌려 놓는 장소다.

Paradoxically though it may seem,
it is none the less true that life imitates art far more than art imitates life.

역설적으로 들릴지 모르지만, 예술이 삶을 모방하는 것보다

삶이 예술을 훨씬 더 많이 모방하는 것이 사실이다.

I don't play accurately, any one can play accurately, but I play with wonderful expression.
As far as the piano is concerned, sentiment is my forte. I keep science for Life.

나는 정확히 연주하지 않는다. 정확한 연주는 누구나 할 수 있다. 그러나 나는 훌륭한 표현 감각을 가지고 연주한다. 피아노에 관한 한, 감정이 나의 장점이다. 정확성은 생활을 위해 남겨 놓고.

해설 I keep science for Life: (연주할 때에는 감정을 가지고) 실생활에서는 과학정신을 가지고 산다는 의미. science는 앞에 나온 정확성(accuracy ← accurately)의 동의어로 사용되어 있음.

We can forgive a man for making a useful thing as long as he does not admire it.
The only excuse for making a useless thing is that one admires it intensely.
All art is quite useless.

유용한 것을 만든 사람이 그것을 경탄하지 않는 한 그것을 만든 사람을 용서할 수 있다.
무용한 것을 만든 것에 대한 유일한 변명은 그것을 열렬히 경탄하는 것이다.
모든 예술은 완전히 무용한 것이다.

해설 모든 예술은 경탄의 대상이라는 것을 이렇게 표현함.

While one should always study the method of a great artist,
one should never imitate his manner.
The manner of an artist is essentially individual,
the method of an artist is absolutely universal.
The first is personality, which no one should copy;
the second is perfection, which all should aim at.

위대한 예술가의 형식(manner)은 모방해서는 안 된다.
위대한 예술가의 방식(method)은 항상 연구해야 하지만.
예술가의 형식(manner)은 본질적으로 개인적이다.
예술가의 방식(method)은 절대적으로 보편적이다.
형식은 개성이므로 누구도 모방해서는 안 된다.
방식은 완전성이므로 누구나 목표로 삼아야 한다.

어휘 manner(형식): 개인적 또는 독특한 방법
a strange manner of speaking: 좀 별난 말투
method(방식): 논리적 또는 조직적 방법
the best method to learn English: 영어를 배우는 최선의 방법

13. 여자에 대한 견해

A woman who cannot make her mistakes charming, is only a female.

자기의 실수를 아름답게 보이게 할 줄 모르는 여자는 암컷에 불과하다.

A woman begins by resisting a man's advances, and ends by blocking his retreat.

여자는 남자의 전진을 방해하는 것에서 시작하여 남자의 후퇴를 막는 것으로 끝난다.

The strength of women comes from the fact that psychology cannot explain us.
Men can be analyzed, women merely adored.

여자의 힘은 심리학이 인간을 설명할 수 없다는 사실에서 나온다.
남자는 분석될 수 있지만, 여자는 그저 숭배해야 할 대상이다.

No woman is a genius. They are a decorative sex.

They never have anything to say, but they say it charmingly.
Women represent the triumph of matter over mind,
just as men represent the triumph of mind over morals.

여자는 천재가 아니다. 여자는 장식용 성(性)이다.
여자는 말할 가치도 없는 것을 말하지만, 그것을 매력적으로 말한다.
여자는 정신에 대한 물질 우위(優位)를 대변한다.
남자가 도덕에 대한 정신 우위(優位)를 대변하는 것처럼.

14. 취미에 대한 견해

I adore simple pleasures. They are the last refuge of the complex.
나는 단순한 즐거움을 찬미한다. 단순한 즐거움은 복잡한 사람들의 마지막 도피처다.
I have the simplest of tastes. I am always satisfied with the best.
가장 단순한 것이 나의 취향이다. 나는 항상 제일 좋은 것에 만족한다.

I like hearing myself talk. It is one of my greatest pleasures.
I often have long conversations all by myself,
and I am so clever that sometimes I don't understand a single word of what I am saying.
나는 내 자신과 대화하는 것을 좋아한다. 이것은 나의 가장 커다란 즐거움의 하나다.
종종 나와 긴 대화를 나누지만, 내가 너무 똑똑해서 내 자신이 하는 말을 전혀 이해하지 못할 때도 있다.

A cigarette is the perfect type of a perfect pleasure.
It is exquisite, and it leaves one unsatisfied. What more can one want?
담배는 완벽한 즐거움을 주는 완벽의 전형(典型)이다.
정말 맛있으며, 더 원하게 만든다. 더 이상 무엇을 바라겠는가?

■ 담배에 대한 이야기

미국의 신학자 벌루(Hosea Ballou 1771~1852)는 I will be a slave to no habit; therefore farewell tobacco(나는 습관의 노예가 되지 않겠다. 그러므로 담배여 안녕)라고 말했지만 대부분의 담배 끊는 사람들은 The First one week is always the hardest(처음 한 주가 가장 힘든 법 · 처음 한 주가 고비)이라고 말한다. 한편 마크 트웨인(Mark Twain)은 이렇게 말했다. To cease smoking is the easiest thing I ever did; I ought to know because I've done it a thousand times(담배를 끊는다는 것은 내가 해본 일 중에서 가장 쉬운 일이다; 나는 그것을 천 번을 해보았기 때문에 그것을 아는 것은 당연하다).

영국 왕 제임스(James) 1세는 1604년에 영국 의사회의 도움을 받아 〈A Counterblast to Tobacco 담배에 대한 강력한 반대〉라는 책자를 출간하였다. 그 책에 이런 말이 있다. Smoking is a custom loathsome to the eye, hateful to the nose, harmful to the brain, and dangerous to the lungs(흡연은 눈에 거슬리고, 코에 나쁜 냄새를 주고, 뇌에 해롭고, 폐에 위험한 습관이다).

중국 명나라의 마지막 황제(1627~44 재위) 숭정제(崇禎帝)가 금연령을 반포하는 등 역사적으로 국민에게 금연을 권장했다. 반면 조선 제22대 왕(재위 1776~1800) 정조(正祖)는 "담배를 우리 강토의 백성에게 베풀어 모두 혜택을 받도록 하고 효과를 확산시키자"며 흡연을 장려하겠다고 천명했다. 서울대 규장각에 있는 정조 문집 〈홍재전서 弘齋全書〉 62권에 있는 내용이다. 골초인 정조가 금연 상소가 끊이지 않는 상황에서 노골적으로 흡연 장려를 주장했던 것이다.

15. 사람에 대한 견해

It is absurd to divide people into good and bad. People are either charming or tedious.

사람을 선한 사람과 악한 사람으로 나누는 것은 억지다.
사람은 매력적이든지 아니면 싫증나든지 둘 중 하나다.

I like persons better than principles,
and I like persons with no principles better than anything else in the world.

나는 원칙보다 사람을 더 좋아한다. 이 세상의 어떤 것보다 원칙 없는 사람을 더 좋아한다.

One is tempted to define man as a rational animal who always loses his temper
when he is called upon to act in accordance with the dictates of reason.

인간은 이성의 명령에 따라 행동해야 할 때 항상 화를 내는
이성적 동물이라고 정의 내리고 싶어 하는 게 누구나의 마음이다.

There are only two kinds of people who are really fascinating:
people who know absolutely everything, and people who know absolutely nothing.

정말로 매혹적인 사람들은 딱 두 종류다.
어떤 것이든지 다 아는 사람들과 전혀 아무것도 모르는 사람들이다.

One can always be kind to people about whom one cares nothing.

누구나 자기와 관계가 없는 사람에게는 항상 친절할 수 있다.

Most people are other people. Their thoughts are someone else's opinions,
their lives a mimicry, their passions a quotation.

대부분의 사람들은 자기가 아니다. 그들의 사상은 누군가의 지론이다.
그들의 삶은 모방이다. 그들의 취미는 남이 하니까 따라하는 것이다.

Whenever a man does a thoroughly stupid thing, it is always from the noblest motives.

사람이 철저히 우둔한 짓을 할 때 그것은 항상 가장 숭고한 동기에서 시작된다.

Man is least himself when he talks in his own person.
Give him a mask, and he will tell you the truth.

사람은 자신을 말할 때 자신에게서 가장 멀어진다. 가면을 주어라. 그러면 진실을 말할 것이다.

One should absorb the colour of life, but one should never remember its details. Details are always vulgar.

누구나 삶의 빛깔에 열중해야 한다. 그러나 그 세부를 기억해서는 안 된다.
세부는 항상 저속하다.

16. 인생에 대한 견해

Wisdom comes with winters.

지혜는 겨울과 함께 온다.

해설 흔히 봄은 youth(청춘)을, 여름과 가을은 prime years(가장 왕성한 연령대)를, 겨울은 older[senior] years(만년 晩年)로 묘사(depiction)된다. 뿐만 아니라 겨울은 hard time(궁핍한 시기)이나 tough experience(고달픈 경험)를 상징하기도 한다. 따라서 이 말은 세 개 단어의 두운(頭韻 alliteration) wi-를 살리는 효과를 겸하는 오스카 와일드 특유의 수사다.

One's real life is often the life that one does not lead.

흔히 인간의 진짜 삶은 본인이 의도하지 않은 삶이다.

Moderation is a fatal thing. Nothing succeeds like excess.

중용이란 치명적인 것이다. 지나친 것만큼 성공적인 것은 없다.

We're all in the gutter, but some of us are looking at the stars.

우리 모두는 하수구 속에 있으나, 그중에는 별을 보고 있는 사람도 있다.

Success is a science; if you have the conditions, you get the result.

성공은 과학이다. 성공 조건을 갖고 있으면 결과를 얻는다.

One should always play fairly when one has the winning cards.

이기는 카드를 갖고 있을 때 항상 공정하게 게임에 임해야 한다.

The aim of life is self-development.
To realize one's nature perfectly - that is what each of us is here for.

인생의 목적은 자기 계발이다.
자신의 자질을 완전히 실현하는 것. 그것이 우리 각자가 존재하는 목적이다.

My great mistake, the fault for which I can't forgive myself,
is that one day I ceased my obstinate pursuit of my own individuality.

내 스스로를 용서할 수 없는 나의 커다란 실수이자 결점은
언젠가 내가 내 자신의 개성을 끈질기게 추구하는 것을 중단했다는 것이다.

The brotherhood of man is not a mere poet's dream:
it is a most depressing and humiliating reality.

인간의 동포애란 시인의 단순한 꿈이 아니다. 그것은 대단히 우울하고 치욕적인 현실이다.

Philosophy teaches us to bear with equanimity the misfortunes of others.

철학은 우리에게 다른 사람의 불행을 냉정하게 견뎌낼 것을 가르친다.

My wallpaper and I are fighting a duel to the death. One or the other of us has to go.

내가 있는 방의 벽지와 내가 최후까지 결투하고 있다. 둘 중 하나는 사라져야 한다.

– at the end of his life(그의 임종 때)

17. 생활에 대한 견해

Good resolutions are simply checks that men draw on a bank where they have no account.

행실을 고치려는 결심은 예금 계좌가 없는 은행에서 발행하는 수표일 뿐이다.

A well-tied tie is the first serious step in life.

넥타이를 잘 매는 것은 삶의 진지한 첫 단계다.

To be natural is such a very difficult pose to keep up.

자연스러운 자세를 취하기란 대단히 어렵다.

People are very fond of giving away what they need most themselves.
It is what I call the depth of generosity.

사람들은 자기가 가장 필요로 하는 것을 남에게 주는 것을 대단히 좋아한다.
나는 그것을 '넓은 아량(the depth of generosity)'이라고 부른다.

Most modern calendars mar the sweet simplicity of our lives by reminding us
that each day that passes is the anniversary of some perfectly uninteresting event.

오늘날의 대부분의 달력은 매일매일이 완전히 흥미 없는 사건의 기념일이라는
것을 우리에게 알려줌으로써 단순한 삶이 주는 즐거움을 훼손한다.

18. 경제에 대한 견해

Anyone who lives within their means suffers from a lack of imagination.

분수에 맞게 사는 사람은 누구든 상상력이 부족하다.

어휘 **live within one's means**: 분수에 맞게 살다
live beyond[above] one's means: 분수에 지나치게 살다

When I was young, I thought money was the most important thing in life.
Now, when I'm old, I know it is.

돈이 이 세상에서 가장 중요한 것이라고 젊었을 때 생각했다.
이제 나이가 들어보니, 더욱 그러함을 알게 되었다.

해설 You can be young without money but you can't be old without it(젊어서는 돈이 없어도 되지만, 늙어서는 돈이 있어야 한다)는 〈뜨거운 양철지붕 위의 고양이 Cat on a Hot Tin Roof〉(1955)로 유명한 시나리오 작가 테네시 윌리엄스(Thomas Lanier Williams 1911~1983)의 말이다.

Like dear St. Francis of Assisi I am wedded to Poverty:
but in my case the marriage is not a success.

친애하는 아시시의 성 프란체스코와 같이 나는 빈곤과 결혼했다.
그러나 나의 경우는 성공하지 못한 결혼이다.

해설 프란체스코: 이탈리아 가톨릭교회의 성인(聖人)(1182~1226). 아시시(이탈리아 중부의 도시 출신으로 프란체스코 수도회를 창립하였으며, 청빈주의를 기본으로 수도 생활의 이상을 실현.

There are many things that we would throw away
if we were not afraid that others might pick them up.

우리는 내던져버리고 싶은 것들을 많이 갖고 있지만,
다른 사람들이 주워갈까 걱정되어 버리지를 못한다.

Ordinary riches can be stolen, real riches cannot.
In your soul are infinitely precious things that cannot be taken from you.

평범한 재산은 도둑질할 수 있지만, 진짜 재산은 도둑질할 수 없다.
영혼 속에는 남이 가져갈 수 없는 무한히 소중한 것들이 있다.

Romance should never begin with sentiment.
It should begin with science and end with a settlement.

로맨스는 감정으로 시작해서는 결코 안 된다.
로맨스는 과학으로 시작해서 정착으로 끝나야 한다.

해설 밑줄 부분이 대구를 이룬다.

어휘 **settlement**: (결혼 · 취직 등에 의한) 생활 안정, 자리 잡기, 일정한 직업을 갖기

19. 충고에 대한 견해

It is always a silly thing to give advice, but to give good advice is fatal.

충고를 하는 것은 어리석은 짓이지만, 좋은 충고를 하는 것은 중대한 실수를 하는 것이다.

The only thing to do with good advice is pass it on. It is never any use to oneself.

좋은 충고의 유일한 용도는 바로 다른 사람에게 전해주는 것이다.
자기 자신에게는 아무런 쓸모도 없는 것이니까.

'충고는 어린아이도 싫어한다'는 우리말 속담이 있다. '너를 생각해서 하는 말인데 ~' 식으로 말해도 당사자는 고깝게 생각한다. 이것이 충고다.

20. 아름다움에 대한 견해

Beauty is the wonder of wonders.
It is only the shallow people who do not judge by appearances.

미모는 경이로움 중 경이로움이다. 용모로 판단하지 않는 사람은 천박한 사람일 뿐이다.

Beauty is a form of genius - is higher, indeed, than genius, as it needs no explanation.
It is one of the great facts in the world like sunlight, or springtime,
or the reflection in dark water of that silver shell we call the moon.

미는 일종의 천재(천부의 재능)이며, 오히려 천재보다 한수 위다. 설명이 필요 없기 때문이다.
미는 햇빛, 혹은 봄철, 혹은 우리가 달이라고 부르는 그 은빛 조가비가 어두운 물에 비친
모습처럼 이 세상의 위대한 사실 중 하나다.

21. 영국과 미국에 대한 견해

To disagree with three-fourths of the British public is one of the first requisites of sanity.

영국 국민의 4분의 3이 가지고 있는 의견에 동의하지 않는 것은 건전한 정신의 첫 번째 필요조건 중 하나이다.

If England treats her criminals the way she has treated me,
she doesn't deserve to have any.

영국이 나를 다루는 방식으로 죄인을 다룬다면, 영국은 어떤 것도 가질 자격이 없다.

참고 와일드와 쇼는 contemporary(동시대 인물)
George Bernard Shaw(1856. 7. 26 ~ 1950. 11. 2)
Oscar Wilde(1854.10. 16 ~ 1900. 11. 30)

Standing between you the Englishman, so clever in your foolishness, and this Irishman, so foolish in his cleverness, I cannot in my ignorance be sure which of you is the more deeply damned.

어리석으면서도 아주 현명한 너희 잉글랜드 사람과 현명하면서도 아주 어리석은 이 아일랜드 사람 사이에 서 있기 때문에 나는 어느 쪽이 더 철저히 저주받은 쪽인지 나의 무지 때문에 확실히 알 수 없다.

- George Bernard Shaw

The English people do not like wit. They abhor those who are cleverer than they are.

영국인은 위트를 좋아하지 않는다. 그들은 자신보다 똑똑한 사람을 혐오하기 때문이다.

- 현대 유명 영국 극작가(dramatist)인 데이비드 헤어(David Hare 1947~)가 와일드의 생애를 소재로 하여 쓴 희곡 〈The Judas Kiss〉(1998)라는 작품에서의 와일드 대사

America had often been discovered before Columbus, but it had always been hushed up.

아메리카는 콜럼버스 이전에 종종 발견되었다. 그러나 그것은 항상 묵살되었다.

America is the only country that went from barbarism to decadence
without civilization in between.

미국은 문명이라는 중간 단계를 거치지 않고 야만에서 쇠퇴의 길로 이미 들어간 유일한 나라다.

Perhaps, after all, America never has been discovered.
I myself would say that it had merely been detected.

결과론적으로 말하면, 아마도 미국은 결코 발견(發見)된 것이 아닐 것이다.
단지 발각(發覺)된 것이라고 나 자신은 말하고자 한다.

어휘 **discover**: (아직 알려지지 아니한 사물 · 현상 · 사실 등을) 찾아내다 (목적어는 '새 항로', '새로운 유적' 등 달가운 것)
detect: (숨어 있는 것을) 찾아내다 (목적어는 '결함', '범죄' 등 달갑지 않은 것)

해설 주절의 시제가 과거(would)이므로 시제일치 원칙에 따라 had been detected가 되었다.

22. 역사와 교육에 대한 견해

Disobedience, in the eyes of anyone who has read history, is man's original virtue.
It is through disobedience and rebellion that progress has been made.

역사를 연구해온 사람의 눈으로 보면 불복종이란 인간 본래의 덕목이다.
진보가 이루어져온 것은 불복종과 반항을 통해서다.

The fact is, that civilization requires slaves.
The Greeks were quite right there.
Unless there are slaves to do the ugly, horrible, uninteresting work, culture, and contemplation become almost impossible.
Human slavery is wrong, insecure, and demoralizing.
On mechanical slavery, on the slavery of the machine, the future of the world depends.

사실, 문명은 노예를 필요로 한다.
그런 점에서 그리스는 아주 옳았다.
추하고, 끔찍하고, 따분한 노동을 할 노예가 없다면,
문화와 명상은 거의 불가능하게 된다.
인간 노예는 잘못이며, 기대할 수 없으며, 그리고 인간을 타락시킨다.
미래 세계는 기계의 노동, 즉 기계라는 노예 제도에 의존한다.

Everyone who is incapable of learning has taken to teaching.

배울 수 없는 사람은 누구나 가르치는 일에 적응한 적이 없는 사람이다.

어휘 **take to**: ~을 따르다, ~에 순응[적응]하다

The baby has taken to her new nursemaid.

아기가 새 유모를 따랐다.

The tree takes well to this soil.

그 나무는 이 토양에 잘 적응한다.

Society produces rogues, and education makes one rogue cleverer than another.

사회는 악한을 만든다. 교육은 이 악한을 저 악한보다 더 현명하게 만든다.

Education is an admirable thing, but it is well to remember from time to time that nothing that is worth knowing can be taught.

교육은 훌륭한 것이다. 그러나 알아야 할 가치가 있는 것은 결코
가르칠 수 있는 것이 아니라는 것을 때때로 상기하는 것이 좋다.

23. The Nightingale and the Rose(나이팅게일과 장미)

오스카 와일드의 동화(fairy tale)에 〈The Nightingale and the Rose 나이팅게일과 장미〉가 있다. 내용은 이렇다. 교수의 딸은 젊은 학생이 붉은 장미꽃을 가져오면 춤추겠다고 한다. 그러나 학생의 정원에는 붉은 장미가 없다. 참나무 둥지에서 청년의 딱한 사정을 듣던 나이팅게일(밤에 아름다운 소리로 우는 작은 새)은 붉은 장미를 만들어 주기로 결심한다. 달이 뜨자 음악으로 장미를 만든다. 가슴을 장미 가시에 대고 노래를 부른다. 가시가 가슴을 꿰뚫고 들어가게 한다. 심장의 피가 수액(樹液)으로 흘러들어가 장미의 피가 되게 한다. 그러면서 나이팅게일은 학생에게 이렇게 말한다.

Be happy, be happy; you shall have your red rose. I will build it out of music by moonlight, and stain it with my own heart's blood. All that I ask of you in return is that you will be a true lover, for Love is wiser than Philosophy, though she is wise, and mightier than Power, though he is mighty. Flame-coloured are his wings, and coloured like flame is his body. His lips are sweet as honey, and his breath is like frankincense.

기뻐하세요. 행복하세요. 당신은 붉은 장미를 가질 거예요. 오늘 달이 뜨면 나의 소리로 장미를 만들 거예요. 그리고 그 장미를 내 심장의 피로 물들일 거예요. 내가 그 대가로 당신에게 부탁하는 유일한 것은 당신이 진정으로 사랑하는 사람이 되어 달라는 것이에요. 철학이 현명하다 하지만 사랑은 철학보다 더 현명하기 때문이며, 권력이 강하다 하지만, 사랑은 권력보다 더 강하기 때문이에요. 사랑의 날개는 불꽃같은 색을 지니고 있으며 사람의 몸도 역시 불꽃같은 색이랍니다. 사랑의 입술은 꿀처럼 달콤하고 사랑의 숨결은 꽃향기와 같답니다.

해설 All that I ask of you in return is that you will be a true lover에서의 will은 제안 · 지시를 나타낸다. '~하는 거다.'(아랫사람에게), '~해주시는 겁니다.'(윗사람에게) 식의 부드러운 명령이다. 형태는 평서문이지만, 상대의 행동을 아예 정해 놓은 것 같은 여운을 풍기며, 정중한 것 같으면서도 실은 반대하지 못하게 하는 피할 수 없는 명령에 사용한다. You will (please) do as I tell you(내가 말한 대로 하세요).

24. In married life, three is company, and two is none

In married life, three is company, and two is none.

결혼 생활에서 셋이면 잘 유지가 되는데, 둘이면 그 결혼이 깨지게 된다.

와일드의 말 중에 "In married life, three is company, and two is none"이 있다. 이 말은 household word(흔히 쓰는 말), 'Two's company, three's none(둘이면 친구, 셋이면 남이다. 두 사람이면 좋은 짝이 되지만 세 사람이 되면 마음이 맞지 않아 갈라서게 된다)의 변형이다. 여기에서는 '결혼 생활에서 셋이면 잘 유지가 되는데, 둘이면 그 결혼이 깨지게 된다'가 올바른 번역이다. 적당히 외도를 하면 결혼 생활을 길게 유지할 수 있지만, 그런 도피처가 없으면 결혼 생활을 유지하기가 힘들다는 말이다. 이 말은 빅토리아 여왕 시대의 위선을 가차 없이 폭로한 1895년 작품 〈진지함의 중요성 The Importance of Being Earnest〉에 나오며, 소위 '신성한 결혼'이라는 일반적인 상식을 풍자적으로 비꼬는 표현이다.

INDEX

01 재치즉답 *Repartee*

02 모순어법 *Oxymoron*